教育政策辞典

范国睿 主编

《教育政策辞典》编委会 组编

华东师范大学出版社

《教育政策辞典》编委会

主　任：孙霄兵
副主任：黄兴胜　范国睿
主　编：范国睿
委　员（按姓氏笔划排序）：

孙霄兵　任友群　刘　涛　许芳杰　孙翠香　苏　娜　杜明峰
杨志刚　杨小微　杨文杰　杨福义　吴　华　张　丹　张远增
张致铭　张学敏　张猛猛　陈　洁　陈　婧　范国睿　金马妮
周　兢　赵　丽　胡耀宗　顾小清　钱　琳　郭声健　黄兴胜
黄忠敬　黄善强　盛　瑜　程建坤　童　康　熊　文　管淑一

前 言

教育是民族振兴、社会进步的基石,是提高国民素质、促进人的全面发展的根本途径,寄托着亿万家庭对美好生活的期盼。优先发展教育、提高教育现代化水平,对"全面建成小康社会,进而建成富强民主文明和谐的社会主义现代化国家、实现中华民族伟大复兴的中国梦"具有决定性意义。为了促进教育事业的发展,实现教育现代化,近年来,特别是党的十八大以来,我国出台了一系列重大教育政策。按照这些大政方针的部署,我国教育改革发展取得了显著成就,社会主义核心价值观教育深入推进,立德树人根本任务有效落实,学生思想道德素质持续向好,教育现代化取得新进展,为促进经济发展、社会和谐、文化繁荣作出了重要贡献。为及时、全面、准确地梳理和解读这些教育政策,方便广大教育工作者特别是从事教育管理工作的人员及时把握、了解国家最新教育宏观政策,我们尝试编撰《教育政策辞典》。本辞典主要反映我国教育改革发展的新部署和新趋势、人民群众所关注的教育热点难点问题以及个别外国教育政策,重点选择编撰若干个词条。

为保证政策条目的科学性、准确性和前瞻性,在教育部政策法规司的指导下,课题组组织国内著名师范院校和教育研究机构中对某一领域的教育改革与教育政策有深入研究的专家学者遴选词条。所选词条涉及"教育综合治理"、"学前教育"、"基础教育"、"高等教育"、"职业教育"、"特殊教育"、"民办教育"、"民族教育"、"德育与学生发展"、"体育"、"美育与艺术教育"、"教师与教师教育"、"教育信息化"、"教育督导、考试评价与招生制度改革"、"国外教育改革"以及"国际教育交流与合作"等16个核心领域。

词条释文坚持以文件为基本根据,以"以当前为主兼顾过往,国家为主兼顾地方"为基本原则,力求梳理系统全面、释义简明扼要,充分体现政策性、宏观性、趋势性的要求和简、实、新、准的特点。

辞典的编撰是一项艰苦而细致的工作,虽然编撰者全身心投入,但限于水平,在条目遴选、资料搜集、释文编撰等方面仍存在不足。欢迎广大读者提出批评和建议,以便我们今后进一步完善,更好地服务于我国教育事业。

《教育政策辞典》编委会

二〇一七年五月八日

凡 例

一、本辞典选编的教育政策涉及16个领域,计500余条目。

二、为方便查阅,本辞典"目录"按汉语拼音顺序排列;同音字,按四声顺序排列;同音、同调字,按笔画排列,笔画少的在前,多的在后;笔画数相同的,按起笔顺序排列;起笔笔形相同的,按次笔笔顺排列;余类推。由阿拉伯数字和外文字母开头的条目,集中放于最后。卷末附"分类索引",供读者查阅。

三、条目的归属涉及两个专题类别,以条目本身的特殊性归类,如"民族地区9+3免费职业教育"归为"民族教育",而非"职业教育"。

四、部分涉及国外教育改革的条目,标题附有外文名,涉及我国教育内容的条目,标题一般不附外文名。

五、需参见其他条目的,在其后加"(参见某条)"。参见条目一般不加释文,按其性质归属条目各类。

六、本辞典所用资料限于2017年1月前。

目 录

A

爱读书读好书善读书	1
爱国主义教育	1
"爱学习、爱劳动、爱祖国"教育	2
安全教育	4

B

班班通、堂堂用	5
办学自主权	6
本科教学评估	7
本科教学质量报告	8
本科质量标准	9
边远艰苦地区农村学校教师周转宿舍建设项目	10
不让一个孩子掉队法	10

C

产教融合发展	11
长江学者奖励计划	12
城市住宅小区配套幼儿园建设	13
城乡教育一体化	13
城乡统一、重在农村的义务教育经费保障机制	14

初中毕业升学体育考试	15
初中毕业生学业考试	16
初中就近免试入学	16
创客教育	17
创新创业教育	17

D — 19

大数据	19
大学生思想政治教育	20
大学水平考试	21
大学章程	21
大中小学生艺术展演	22
档案袋评价	23
地方本科高校转型	23
第四代教育评价	24
电子学籍	24
顶岗实习	25
独立学院	26
督导评估制度	27
督学责任区建设	28
督政、督学、评估监测三位一体的督导体系	29

E — 29

儿童发展综合统计制度	29

F — 30

发展性评价	30

法治教育	30
翻转课堂	32
泛在学习环境	32
防治中小学生欺凌和暴力	33
"放管服"改革	33

G 34

高等教育质量提升工程	34
高等教育自学考试	34
高等学校本科教学质量与教学改革工程	35
高等学校创新能力提升计划("2011计划")	36
高等学校分类入学考试	37
高等学校考试招生制度改革	38
高等学校会计制度	39
《高等学校理事会规程》	40
高等学校青年骨干教师国内访问学者接受计划	40
高等学校青年骨干教师培养计划	41
高等学校体育工作标准	42
高等学校信息公开制度	43
高等学校学生奖学金制度	43
《高等学校预防与处理学术不端行为办法》	44
《高等学校学术委员会规程》	45
高等学校学位评定委员会	46
高等学校哲学社会科学繁荣计划	46
高等学校智库建设	47
高等职业教育创新发展行动计划	48
高等职业教育考试招生制度改革	48
高等职业教育生均拨款制度	49
高考综合改革试点	50

高校国际交流与合作	51
高校民族预科班	52
高校现代远程教育试点工作	53
高校在线课程	53
高校招生"阳光工程"	54
高雅艺术进校园	54
高职高专人才培养评估	55
高职院校分类考试	56
高中毕业证书考试	56
高中阶段学校考试招生制度改革	57
个性化的学习环境	57
公办高校党委领导下的校长负责制	57
构建终身教育体系	58
购买教育服务	59
鼓励社会力量兴办教育促进民办教育健康发展	59
管办评分离	61
规范农村义务教育学校布局调整	62
规范性文件备案审查制度	63
规范中小学服务性收费和代收费管理	63
国际化课程	64
国际学生评估项目	65
国家教育标准体系	65
国家教育进步评价	66
国家教育考试	67
国家教育考试机构	67
国家教育考试违规处理	68
国家教育考试指导委员会	69
国家教育科学决策服务系统	70
国家教育云基础平台	70
国家精品开放课程	70

国家开放大学	71
国家课程/地方课程/学校课程	72
国家示范性高等职业院校建设计划	73
国家体育锻炼标准	74
国家通用少数民族语言文字规范	74
国家外语能力测评体系	76
国家学前教育三年行动计划	77
国家学生体质健康标准	77
国家义务教育质量基本标准	78
《国家中长期教育改革和发展规划纲要(2010—2020年)》	78
国家中等职业教育改革发展示范校建设计划	80
国家专业教学标准精品教材建设	81
国民体质测定标准	81
国培计划	82

H 84

核心素养	84
互联网+教育	84
混合所有制学校	85

J 86

基本公共教育服务体系	86
基础教育集团化办学	87
《基础教育课程改革纲要(试行)》	88
基础性发展目标	88
集中连片特困地区乡村教师生活补助	89
计算机自适应测验	90
技术教育创新人才培养计划	90

继续教育政策	91
绩效工资制度	91
加快发展民族教育	92
加快发展青少年校园足球	93
加快基本公共教育均衡发展	94
加强家庭教育指导	95
加强少先队活动	95
加强中小学劳动教育	96
家庭经济困难学生资助体系	97
减轻中小学课业负担	98
教师的权利与义务	99
教师教育	99
教师教育课程标准	100
教师教育课程改革	101
教师教育信息化建设	102
教师考核评价	102
教师培训课程学分互认	103
教师申诉制度	104
教师招聘制度	105
教师职称制度改革	105
教师职业道德	106
教师专业标准	106
教师专业发展	107
教师资格证制度	108
《教学成果奖励条例》	109
教学质量保障体系	110
《教育督导条例》	111
教育督导制度	111
教育对口支援	113
教育法律顾问制度	113

教育扶贫工程	114
教育服务贸易	115
教育管理公共服务平台	116
教育管理信息化	117
教育国际合作交流综合改革	118
教育国际化	118
教育行业信息技术安全	119
教育家办学	119
教育领域 PPP 项目	120
教育领域纠纷处理机制	121
教育领域特许经营	122
教育领域综合改革	122
教育内部审计制度	123
教育收费决策听证制度	124
教育收费治理	124
教育统计基础数据库	125
教育系统信息化公共服务和管理体系	126
教育现代化监测	126
教育信息化	127
教育信息化标准体系	127
教育行政处罚	128
教育行政审批制度改革	129
教育行政执法	130
教育与宗教相分离原则	131
教育政务信息化	131
教育质量监测	132
教育质量监测评估体系	133
教育质量评价	134
教育治理现代化	135
教育重大突发事件专项督导	136

教育资源公共服务平台　137
教职工代表大会　138
"节粮、节水、节电"教育　139
进城务工人员随迁子女教育　140
境外办学　141
捐资助学　142

K　142

开展0—3岁婴幼儿早期教育试点　142
科教结合协同育人行动计划　143
孔子学院　144
"控辍保学"工作机制　145
扩大教育消费　146

L　147

立德树人　147
利用信息化手段扩大优质教育资源覆盖面有效机制　147
"两免一补"政策　148
聋校义务教育课程设置实验方案　149
录取加分　150
录取批次　151

M　151

盲校课程标准　151
盲校义务教育课程设置实验方案　152
每天一小时校园体育活动　153
每一个学生成功法案　153

美国大学入学考试	154
免费师范毕业生在职攻读教育硕士	155
免费师范生	155
民办非企业单位	156
民办高等学校督导专员制度	157
民办高校自主招生制度	158
民办教师年金制度	158
民办教育发展专项资金	159
民办教育"十六字方针"	159
民办教育收费管理	160
《民办教育收费管理暂行办法》	161
民办教育综合改革试点	161
民办学校办学许可制度	162
民办学校变更与终止	163
民办学校董事会制度	164
民办学校法人财产权	164
民办学校法人登记	165
民办学校法人治理结构	165
民办学校分类管理	166
民办学校风险防范机制	167
民办学校教师保险制度	167
民办学校举办者	168
民办学校会计制度	169
民办学校年度检查制度	169
民办学校设立	170
民办学校收费	170
民办学校税收优惠	171
民办学校退出机制	172
民办学校学生学籍管理	172
民办学校与公办学校同等法律地位	173

民办学校章程	173
民办学校政府扶持	174
民办学校资产过户	174
民汉双语教学	175
民族地区9+3免费职业教育	176
民族地区寄宿制中小学	176
民族教育	177
民族团结教育	178
民族文化进校园	179
民族自治地方贫困县义务教育学校标准化建设	180
慕课(MOOC)	180

N 181

内地民族班	181
内涵式发展	182
农村教师队伍补充机制	183
农村教师队伍建设	184
农村留守儿童教育	185
农村校长助力工程	186
农村学生单独招生	186
农村学校艺术教育实验	187
农村义务教育阶段学校标准化建设	188
农村义务教育阶段学校教师特设岗位计划	189
农村义务教育学生营养改善计划	190
农村义务教育学生营养健康监测	191
农村中小学现代远程教育工程	191
农民工学历与能力提升行动计划	192

P — 193

培育和践行社会主义核心价值观	193
培智学校课程标准	194
培智学校义务教育课程设置实验方案	195
贫困地区定向招生专项计划	195
贫困地区义务教育薄弱学校基本办学条件改善计划	196
贫困地区优质教育资源共享	197
平行志愿投档	198
普惠性幼儿园	199
普及高中阶段教育	200
普及学前教育	201
普通高等学校民族班	202
普通高等学校体育教育本科专业课程方案	202
《普通高等学校学生管理规定》	203
《普通高等学校招生违规行为处理暂行办法》	204
普通高校招收高水平运动员	205
普通高中会考	205
普通高中校长专业标准	207
普通高中学生综合素质评价	207
普通高中学业水平考试	208
普通学校特殊教育资源教室建设	209

Q — 210

千人计划	210
青少年体育活动计划	211
清单管理	211
区域·城乡入学机会	212

区域教育中心 212
全国教师教育网络联盟计划 213
《全国普通高等学校体育课程教学指导纲要》 214
全国职业院校职业技能大赛 215
全国中小学生系列广播体操 215
全面加强和改进学校美育工作 216
全面提高高等教育质量 217
全民健身计划 218
《全民健身条例》 219
全纳教育 220

R 221

人才回流 221
人人皆学、处处能学、时时可学 221

S 222

"三个课堂"建设 222
"三区"人才支持计划教师专项计划 222
"三通工程" 223
"三通两平台" 224
《扫除文盲工作条例》 224
少数民族高层次骨干计划 225
少数民族汉语水平等级考试 226
少数民族双语教师培训 227
社会体育指导员管理 228
涉外办学规范管理 229
深度学习 229
省级政府教育统筹 229

师德建设长效机制 230

师范生教育实践 231

示范高中制度 231

数学和科学学习趋势国际测评项目 232

数字化教室 232

数字化图书馆 233

数字教育资源 233

数字校园建设 234

"双师型"教师队伍建设 235

"双一流"建设 236

素质教育 237

随班就读 238

T
239

特岗教师在职攻读教育硕士 239

特级教师 240

特殊教育改革实验区 241

特殊教育教师专业标准 241

特殊教育提升计划 242

特殊教育学校建设标准 243

特殊教育学校课程标准 243

体育传统项目学校 244

体育与健康课程标准 245

体育与健康课程目标 245

《托儿所幼儿园卫生保健管理办法》 246

W
247

万人计划 247

网络化、数字化、个性化、终身化教育体系	248
网络教学资源体系	248
微课	249
委托第三方参与教育评价	249
委托管理	249
未成年人保护	250
未成年人犯罪	251
无障碍环境建设	252

X — 253

西部中小学现代远程教育项目	253
现代大学制度	253
现代学徒制	254
现代学校制度	255
现代远程教育工程	256
现代职业教育体系	257
现代职业学校制度	257
《宪法》教育条款	258
乡村教师荣誉制度	258
乡村教师支持计划	259
小学教师专业标准	260
校车安全管理	260
校企合作/产教融合/工学结合	261
"校校通"	262
校长专业标准	263
新增招生计划向中西部高等教育资源短缺地区倾斜	263
信息化公共服务平台	264
信息化基础设施	264
信息技术安全	265

信息技术与教育教学深度融合示范培育推广计划	265
信息素养	266
学分认定与学分转换	266
学分银行	267
学科评估	268
学历学位互认	268
学前教育成本分担机制	269
学前教育发展指导意见	270
学前教育公共服务体系	270
学前教育国家实验区	271
学前教育资助制度	272
学前特殊教育	272
学区制对口招生	273
学生课业负担监测公告制度	273
《学生伤害事故处理办法》	274
学生申诉制度	275
学生体质健康标准	276
学生体质健康监测评价	276
学生违纪处分	277
学生运动技能等级评定标准	278
学术能力评估测试	278
学位证书制度	279
学习型社会	280
学校安全	280
学校的权利与义务	281
学校内部治理结构	282
学校体育报告公示制度	283
《学校体育工作条例》	283
《学校卫生工作条例》	284
《学校艺术教育工作规程》	285

学校与社会美育资源的统筹整合	286
学校章程	286
学业发展水平	287

Y 288

研究生教育综合改革	288
阳光体育运动	288
"一带一路"教育行动	289
一年多次考试	290
"一师一优课、一课一名师"活动	290
"一市两校"教育综合改革	291
伊拉斯谟计划	292
依法治教	292
依法治校	293
依法治校示范校建设	293
义务教育标准化	294
义务教育基本均衡县（市、区）评估	294
义务教育教师队伍"县管校聘"管理改革	295
义务教育阶段聋校教学与医疗康复仪器设备配备标准	296
义务教育阶段学校校长教师交流轮岗	297
义务教育均衡发展	297
义务教育均衡发展督导评估	299
义务教育课程标准	299
义务教育免试就近入学	300
义务教育学校标准化建设	301
义务教育学校管理标准	302
义务教育学校校长专业标准	303
义务教育"以县为主"管理体制	303
艺术特长生招考	304

英语授课品牌课程	305
优质教育信息惠民行动计划	306
优质数字教育资源共建共享机制	306
《幼儿园工作规程》	307
《幼儿园管理条例》	308
幼儿园教师专业标准	308
幼儿园教师资格准入制度	309
幼儿园教玩具配备标准	310
《幼儿园教育指导纲要(试行)》	310
幼儿园教职工配备标准	311
《幼儿园收费管理暂行办法》	312
幼儿园园长专业标准	313
幼儿园园长资格准入制度	313
"幼小衔接"	314
语言生活监测	314
语言文字规范(标准)	315
预算管理全过程审计	316
云计算	316
允许科研人员和教师依法依规适度兼职兼薪	317

Z   318

在线开放课程	318
职业教育活动周	319
职业教育集团化办学	319
职业教育教学改革	320
职业教育双证书制度	321
职业教育信息化建设	322
职业教育质量提升计划	323
职业教育专业教学资源库建设	323

条目	页码
职业培训	324
职业学校兼职教师管理制度	325
职业学校教师企业实践制度	325
职业院校教师素质提高计划	326
治理中小学有偿补课	327
智慧城市	328
中等职业教育国家助学金政策	329
中等职业教育免费政策	330
中等职业学校办学能力评估	330
中等职业学校教师专业标准	331
中等职业学校校长专业标准	332
中等职业学校注册入学	332
中高职衔接	333
《中共中央关于教育体制改革的决定》	333
《中国儿童发展纲要》	334
《中国教育改革和发展纲要》	335
中国教育监测与评价统计指标体系	335
《中国人民政治协商会议共同纲领》的教育规定	336
中国制造 2025 与职业教育转型	337
中华经典诵读	338
《中华人民共和国国家通用语言文字法》	338
《中华人民共和国教师法》	339
《中华人民共和国教育法》	340
《中华人民共和国民办教育促进法》	341
《中华人民共和国民办教育促进法实施条例》	341
《中华人民共和国民族区域自治法》	342
《中华人民共和国学位条例》	343
《中华人民共和国义务教育法》	343
中华优秀传统文化艺术传承学校建设	345
中外合作办学	345

中西部高等教育振兴计划	346
中西部教育发展行动计划	347
中西部农村骨干教师培训	348
中西部农村偏远地区学前教育巡回支教	349
中西部农村学前教育推进项目	350
中西部幼儿教师国家级培训计划	350
中小学家长委员会制度	351
中小学教辅材料规范管理	352
《中小学教科书选用管理暂行办法》	352
中小学教师信息技术应用能力标准	353
中小学教师信息技术应用能力培训课程标准	354
中小学教师信息技术应用能力提升工程	354
中小学教师资格定期注册制度	355
中小学教师资格考试	356
中小学教育质量综合评价改革	357
中小学教职工编制标准	357
中小学评价与考试制度	359
《中小学少数民族文字教材编写审定管理暂行办法》	359
中小学生守则	360
中小学生校服管理	361
中小学生学籍管理	361
中小学生学业质量绿色指标体系	362
中小学生艺术素质测评	363
中小学书法教育	364
中小学素质教育督导评估	364
中小学图书馆建设与应用	365
《中小学文明礼仪教育指导纲要》	366
中小学校舍安全保障长效机制	366
中小学校责任督学挂牌督导制度	367
中小学校长国家级培训计划	367

中小学心理健康教育特色学校争创计划 368

中小学心理健康教育指导 369

中小学学生学籍信息化管理 370

中小学幼儿园教师国家级培训计划 370

中学教师专业标准 371

中职质量年度报告 372

重大教育决策事项的民意调查制度 372

专业教育服务机构 373

卓越教师培养计划 373

卓越人才培养计划 374

自主招生 375

综合评价 376

综合实践活动 376

数字·字母 377

211 工程 377

《3—6 岁儿童学习与发展指南》 378

985 工程 379

STEAM 教育 380

STEM 教育 381

分类索引 382

德育与学生发展 382

高等教育 382

国际教育交流与合作 383

国外教育改革 383

基础教育 383

教师与教师教育 384

教育督导、考试评价与招生制度改革	385
教育信息化	386
教育综合治理	387
美育与艺术教育	388
民办教育	388
民族教育	389
特殊教育	389
体育	390
学前教育	390
职业教育	390

A

爱读书读好书善读书 2009年5月,习近平同志在中央党校2009年春季学期第二批进修班暨专题研讨班开学典礼的讲话中提出要认认真真读书,一是要爱读书,二是要读好书,三是要善读书。"爱读书、读好书、善读书"是习近平总书记向全党全社会发出的号召,对青少年的学习具有重要意义。青少年要爱读书。读好书就是要慎选优秀的作品来读,如古今中外优秀传统文化书籍等。善读书就是要有明确的目标、有不移的恒心,还要提高读书效率和质量,讲求读书方法和技巧,在爱读书、勤读书、读好书、善读书中提高思想水平、解决实际问题、实现自我超越。在"爱读书、读好书、善读书"精神的指引下,2012年11月,党的十八大报告提出"开展全民阅读活动"。2014年以来,"倡导全民阅读"连续三年写入国务院政府工作报告。《中华人民共和国国民经济和社会发展第十三个五年规划纲要》要求"推动全民阅读",并将全民阅读工程列为"十三五"时期文化重大工程之一,将全民阅读提升到国家战略高度。2016年我国首个国家级"全民阅读"规划《全民阅读"十三五"时期发展规划》(简称《规划》)出台。《规划》专门设计了少年儿童阅读工程以大力促进青少年儿童阅读;部署了"书香中国"系列活动、主题读书活动、全民阅读优质内容建设工程、全民阅读"七进"工程、重点群体阅读促进工程、全民阅读设施建设重点工程、数字化阅读建设重点工程等项目。

爱国主义教育 为继承和发扬爱国主义传统,振奋民族精神,凝聚全民族力量,1994年8月,中共中央发布《爱国主义教育实施纲要》(简称《纲要》)。《纲要》对实施爱国主义教育的基本原则作出规定,指出爱国主义教育必须以邓小平同志建设有中国特色社会主义理论和党的基本路线为指导,必须有利于促进社会主义现代化建设,有利于促进改革开放,有利于维护国家和民族的声誉、尊严、团结和利益,有利于促进祖国统一的事业。这一原则同时也是新时期爱国主义教育的基本指导思想。根据《纲要》精神,开展爱国主义教育的目的,是要振奋民族精神,增强民族凝聚力,树立民族自尊心和自豪感,巩固和发展最广泛的爱国统一战线,把人民群众的爱国热情引导和凝聚到建设有中国特色的社会主义伟大事业上来,培养有理想、有道德、有文化、有纪律的社会主义公民,进而为实现四化、振兴中华的共同理想团结奋斗。爱国主义教育必须坚持重在建设的方针;坚持对外开放的原则;突出时代特征。在爱国主义教育的内容方面,《纲要》强调爱国主义教育的素材非常广泛,要进行中华民族悠久历史、中华民族优秀传统文化、党的基本路线和社会主义现代化建设成就、中国国情、社会主义民主和法制、国防教育和国家安全、民族团结以及"和平统一、一国两制"方针的教育。在教育对象和途径方面,《纲要》指出爱国主义教育是全民教育,重点是广大青少年;学校是对青少年进行教育的重要场所,要把爱国主义教育贯穿到幼儿园直至大学的教学、育人全过程中去,特别要发挥好课堂教学主渠道的作用。《纲要》还对爱国主义教育基地建设、创造爱国主义教育的社会氛围、提倡礼仪等相关事项进行了指示。为进一步加强爱国主义教育,2004年9月,中宣部、教育部等10部委联合印发《关于加强和改进爱国主义教育基地工作的意见》(中宣发〔2004〕22号)(简称《意见》)。《意见》在《纲要》对爱国主义教育基地规定的基础上,进一步要求着力在征集保护文物、丰富教育内容,改进展示方式、增强教育效果,精心组织活动、扩大社会影响,加强内部管理、创造良好环境,树立服务意识、注重社会效益等五个方面下功夫;并部署制定完善门票优惠办法。为做好青少年的爱国主义教育工作,2009年4月,《共青团中央全国少工委关于在青少年中深入开展群众性爱国主义教育活动的通知》(中青联发〔2009〕12号)(简称《通知》)指出,在广大青少年中开展爱国主义教育活动,最核心的是要引导他们把坚持爱国主义、社会主义和党的领导三者有机统一起来,不断坚定跟党走中国特色社会主义道路的理想信念。根据《通知》精神,在青少年中深入开展群众性爱国主义教育活动需要着重把握六条原则:坚持分类引导,开展分层教育,积极引导青年进行正确的社会观察,体现时代特色,突出实践要求,努力吸引更多普通青少年直接参与。

"爱学习、爱劳动、爱祖国"教育 "爱学习、爱劳动、爱祖国"又称"三爱"教育,与"三节"教育合称"三爱三节"教育。2013年5月,习近平总书记在同全国各族少年儿童代表共庆六一国际儿童节时强调,"少年儿童从小就要立志向、有梦想,爱学习、爱劳动、爱祖国,德智体美全面发展,长大后做对祖国建设有用的人才"。随后,中共中央印发《中共中央关于全面深化改革若干重大问题的决定》(中国共产党第十八届中央委员会第三次全体会议通过)和《中共中央办公厅关于培育和践行社会主义核心价值观的意见》,要求加强社会主义核心价值体系教育,完善中华优秀传统文化教育,形成爱学习、爱劳动、爱祖国活动的有效形式和长效机制,增强学生社会责任感、创新精神、实践能力,努力培养德智体美全面发展的社会主义建设者和接班人。为了落实立德树人根本任务,加强社会主义核心价值体系教育,教育部决定从2013年秋季开学起,在全国各级各类学校深入开展爱学习、爱劳动、爱祖国(简称"三爱")教育,并印发《中共教育部党组关于在全国各级各类学校深入开展"爱学习、爱劳动、爱祖国"教育的意见》(教党〔2013〕25号)(简称《意见》)。《意见》要求,充分认识开展"三爱"教育的重要意义,将"三爱"教育纳入课堂教学中,广泛组织"三爱"主题宣讲活动,以"三爱"教育引领校园文化建设,把"三爱"教育贯穿于社会实践活动中,将"三爱"教育与入学教育结合起来,并在不断优化教育评价标准中体现"三爱"教育的要求,同时,深入开展"三爱"教育专题研究,切实加强"三爱"教育组织领导,营造"三爱"教育的良好氛围。2014年5月,中共中央印发《中共中央办公厅关于加强基层服务型党组织建设的意见》,要求强化基层党组织的服务功能。高校党组织要围绕立德树人、促进学生德智体美全面发展搞好服务,把思想教育与解决实际问题结合起来,搭建师生成长发展平台,引导广大师生讲理想跟党走、爱学习爱劳动爱祖国,培养中国特色社会主义事业合格建设者和可靠接班人。为了贯彻加强社会主义核心价值观教育,深入开展爱学习、爱劳动、爱祖国的"三爱"教育,2014年3月以来,教育部相继印发《教育部关于全面深化课程改革落实立德树人根本任务的意见》(教基二〔2014〕4号)、《教育部办公厅关于开展"礼敬中华优秀传统文化"系列活动的通知》(教思政厅函〔2014〕19号)、《中共教育部党组关于学习贯彻习近平总书记六一重要讲话精神的通知》(教党〔2014〕20号)和《中共教育部党组共青团中央关于在各级各类学校推动培育和践行社会主义核心价值观长效机制建设的意见》(教党〔2014〕40号)等文件,要求将"爱学习、爱劳动、爱祖国"教育要求融入到相关学科日常教学活动中,深入开展爱学习、爱劳动、爱祖国的"三爱"教育、民族团结的"三个认同"教育和节粮、节水、节电的"三节"教育,努力做到每一次活动不仅身心健康,而且陶冶情操;积极探索爱学习、爱劳动、爱祖国活动的有效形式和长效机制,努力为培育和践行社会主义核心价值观作贡献。2015年9月,教育部、中央文明办联合印发《教育部中央文明办关于深入开展文明校园创建活动的实施意见》（教基一〔2015〕7 号），随文下发《高校文明校园标准》、《中学文明校园标准》和《小学文明校园创建标准》，要求做好思想道德教育，加强社会主义核心价值观教育实践，充分利用重要时间节点开展"我的中国梦"主题教育实践活动，引导学生从小立志向、有梦想、爱学习、爱劳动、爱祖国。（参见"'节粮、节水、节电'教育"）

安全教育　安全教育包括公共安全教育、消防安全教育和国家安全教育等方面内容。为培养中小学生的公共安全意识，提高中小学生面临突发安全事件自救自护的应变能力，2007 年 2 月，《中小学公共安全教育指导纲要》（国办发〔2007〕9 号）（简称《公共安全教育纲要》）颁布，指出公共安全教育主要包括预防和应对社会安全、公共卫生、网络、自然灾害等六个模块，重点是帮助和引导学生了解基本的保护个体生命安全和维护社会公共安全的知识和法律法规，树立和强化安全意识，培养学生的社会安全责任感，正确处理个体生命与自我、他人、社会和自然之间的关系，了解保障安全的方法并掌握一定的技能。针对不同学段的公共教育内容，要因地制宜，科学规划，做到分阶段、分模块循序渐进地设置具体教育内容。《公共安全教育纲要》强调学校要在学科教学和综合实践活动课程中渗透公共安全教育内容，针对单一主题或多个主题来设计教学活动。对无法在其他学科中渗透的公共安全教育内容，可以利用地方课程的时间，采用多种形式，帮助学生系统掌握公共安全知识和技能。为了贯彻安全教育的相关部署，教育部印发《教育部办公厅关于做好第十七个全国中小学生安全教育日主题教育活动的通知》（教基一厅〔2012〕5 号）（简称《安全教育日通知》），就有关工作做出了全面部署。要求根据本地区的实际情况组织一次应急疏散演练，开展一次专门安全教育，让上下学交通安全、饮食卫生安全、消防安全等知识入脑入心。同时，为贯彻落实《国家中长期教育改革和发展规划纲要（2010—2020 年）》（中发〔2010〕12 号）和《消防法》有关要求，探索建立充分利用社会资源开展中小学社会实践的机制，教育部、公安部联合开展了首批全国中小学消防安全教育社会实践基地的申报工作。2012 年 11 月，教育部、公安部联合印发《关于公布首批全国中小学消防安全教育社会实践基地名单的通知》（教基一厅函〔2012〕64 号）（简称《消防安全教育通知》），确定中国消防博物馆等 100 个单位为首批全国中小学消防安全教育社会实践基地，希望它们发挥示范性带头作用，充分利用现有资源，制定中小学生社会实践活动方案和组织工作方案,认真组织好学生实践活动的接待工作,积极开展形式多样、内容丰富、贴近中小学生的消防安全宣传教育活动。另外,为迎接《中华人民共和国国家安全法》(简称《国家安全法》)颁布实施以来的首个全民国家安全教育日,要贯彻落实中央有关部署安排,在各级各类学校深入开展国家安全教育。2016年4月,《教育部办公厅关于深入开展首个全民国家安全教育日活动的通知》(教思政厅函〔2016〕14号),强调要系统宣传总体国家安全观战略思想,加大对《国家安全法》及《反恐怖主义法》、《反间谍法》等国家安全相关法律法规的普法宣传力度,让广大师生在教育活动中普遍掌握国家安全知识,提升国家安全意识,自觉维护国家安全。具体措施为:组织开展国家安全教育活动,加强国家安全教育教学,加大国家安全教育宣传力度。

班班通、堂堂用 "班班通、堂堂用"是为促进义务教育均衡发展,积极发展农村中小学现代远程教育,让广大中小学生共享优质教育资源的重要举措。推进"班班通、堂堂用",要求以应用为先导推进现代远程教育,以农村为重点,完善现代远程教育的网络,促进优质教育资源共享,建立教育信息化可持续发展机制。2010年7月,《国家中长期教育改革和发展规划纲要(2010—2020年)》(中发〔2010〕12号)(简称《教育规划纲要》)提出,充分发挥现代信息技术作用,促进优质教学资源共享。《教育信息化十年发展规划(2011—2020年)》(教技〔2012〕5号)确立基本建成人人可享有优质教育资源的信息化学习环境的发展目标。根据《教育规划纲要》和《教育信息化十年发展规划(2011—2020年)》的工作部署,2014年11月,教育部、财政部等部门联合印发《构建利用信息化手段扩大优质教育资源覆盖面有效机制的实施方案》(教技〔2014〕6号),要求全面推进"优质资源班班通",探索优质数字教育资源开发、应用、服务机制,巩固深化"教学点数字教育资源全覆盖"项目成果,全面实施中小学教师信息技术应用能力提升工程,建立教师信息技术应用能力标准体系,加大"信息惠民工程"中优质教育信息惠民行动计划的实施力度。随后,国务院下发《国家贫困地区儿童发展规划(2014—2020年)》(国办发

〔2014〕67号)和《国务院关于加快发展民族教育的决定》(国发〔2015〕46号),要求推进农村学校信息化建设,加强民族地区教育信息基础设施建设,加快推进"宽带网络校校通"、"优质资源班班通"、"网络学习空间人人通"。2016年6月,《教育信息化"十三五"规划》(教技〔2016〕2号)再次强调,全面推进"优质资源班班通",基本建成数字教育资源公共服务体系,为学习者享有优质数字教育资源提供方便快捷的服务。同时,《"十三五"国家信息化规划》(国发〔2016〕73号)也要求把在线教育普惠行动摆在优先发展的位置,明确提出:到2018年,"宽带网络校校通"、"优质资源班班通"、"网络学习空间人人通"取得显著进展;到2020年,基本建成数字教育资源公共服务体系,形成覆盖全国、多级分布、互联互通的数字教育资源云服务体系。

办学自主权 《国家中长期教育改革和发展规划纲要(2010—2020年)》(中发〔2010〕12号)(简称《教育规划纲要》)提出落实和扩大学校办学自主权,要求政府及其部门要树立服务意识,改进管理方式,完善监管机制,减少和规范对学校的行政审批事项,依法保障学校充分行使办学自主权和承担相应责任。高等学校按照国家法律法规和宏观政策,自主开展教学活动、科学研究、技术开发和社会服务,自主设置和调整学科、专业,自主制定学校规划并组织实施,自主设置教学、科研、行政管理机构,自主确定内部收入分配,自主管理和使用人才,自主管理和使用学校财产和经费。同时,扩大普通高中及中等职业学校在办学模式、育人方式、资源配置、人事管理、合作办学、社区服务等方面的自主权。为了贯彻《教育规划纲要》的要求,2012年6月,教育部印发《国家教育事业发展第十二个五年规划》(教发〔2012〕9号)(简称《规划》)。《规划》要求对各类学校的办学自主权予以支持,提出保障民办学校办学自主权,探索营利性和非营利性民办学校分类管理办法,清理并纠正对民办教育的各类歧视政策。同时要求健全学校管理的法律规章制度,以公办学校财政拨款制度、人事管理制度改革为重点,扩大学校办学自主权,探索建立具有中国特色的学校制度。《规划》针对高校办学提出要探索高等学校分类指导、分类管理的办法,落实高等学校办学自主权。此后,为落实党的十八届三中全会关于扩大学校办学自主权的部署,国家教育体制改革领导小组印发《国家教育体制改革领导小组办公室关于进一步落实和扩大高校办学自主权完善高校内部治理结构的意见》(教改办〔2014〕2号),要求支持高校科学选拔学生,深化考试招生制度改革;支持高校自主开展教育教学活动,深化人才培养模式改革;支持高校自主选聘教职工,发挥各类人才的积极性创造性;支持高校自主开展科学研究、技术开发和社会服务,为提升创新能力创造条件;支持高校自主管理使用学校财产经费,提高经费使用效益;支持高校扩大国际交流合作,提高高等教育国际化水平;严格规范教育行政审批,规范简化行政审批流程,坚持放权监管同步,健全高校用好办学自主权监管体系,健全质量评估监测制度、完善依法监管机制、建立动态调整机制。为落实关于扩大高校办学自主权的规定,教育部于2015年5月印发《教育部关于深入推进教育管办评分离促进政府职能转变的若干意见》(教政法〔2015〕5号),提出要依法明确和保障各级各类学校办学自主权,更加注重以法治方式保障学校办学自主权。在制定和修订相关法律法规时,进一步研究明确各级各类学校办学自主权;通过政府简政放权,进一步落实各级各类学校的法定办学自主权;通过章程制定,进一步健全法律法规规定的各项办学自主权的实施机制;通过完善法律救济机制,切实维护学校、师生合法权益。同时,《中华人民共和国教育法(2015年修正)》(主席令第39号)中规定,高校及其他教育机构按照章程自主管理。《中华人民共和国高等教育法(2015年修正)》(主席令第40号)中规定,高等学校应当面向社会,依法自主办学,实行民主管理。

本科教学评估 《国家中长期教育改革和发展规划纲要(2010—2020年)》(中发〔2010〕12号)(简称《教育规划纲要》)要求提高人才培养质量,健全教学质量保障体系,改进高校教学评估。为落实《教育规划纲要》精神,切实推进高等教育质量保障体系建设,全面提高本科教学水平和人才培养质量,教育部于2011年10月印发《教育部关于普通高等学校本科教学评估工作的意见》(教高〔2011〕9号)(简称《意见》),提出:开展教学评估的目的是促进高等学校全面贯彻党的教育方针,推进教学改革,提高人才培养质量,增强本科教学主动服务经济社会发展需要和人的全面发展需求的能力;促进政府对高等学校实施宏观管理和分类指导,引导高等学校合理定位、办出水平、办出特色;促进社会参与高等学校人才培养和评价、监督高等学校本科教学质量。本科教学评估的制度体系是指建立健全以学校自我评估为基础,以院校评估、专业认证及评估、国际评估和教学基本状态数据常态监测为主要内容,政府、学校、专门机构和社会多元评价相结合,与中国特色现代高等教育体系相适应的教学评估制度。其内容包括教学基本状态数据常态监测、学校自我评估、实现分类的院校评估、开展专业认证及评估和探索国际评估等。为保障本科教学评估工作的顺利开展，《意见》要求完善中央和省级政府两级分工明确、各负其责的本科教学评估工作制度，建立与"管办评分离"相适应的评估工作组织体系；教育部设立普通高等学校本科教学工作评估专家委员会，开展评估研究、政策咨询、指导检查、监督和仲裁等；加强评估工作管理，切实推进"阳光评估"。2013年12月，教育部印发《教育部关于开展普通高等学校本科教学工作审核评估的通知》（教高〔2013〕10号），决定开展普通高等学校本科教学工作审核评估，并随文下发《普通高等学校本科教学工作审核评估方案》（简称《评估方案》）。《评估方案》对普通高等学校本科教学工作审核评估实施办法和本科教学工作审核评估范围做了详细规定。文件指出，审核评估旨在推进人才培养多样化，强调尊重学校办学自主权，体现学校在人才培养质量中的主体地位。要求在审核评估过程中实行信息公开制度，严肃评估纪律，开展"阳光评估"，确保评估工作有序、规范、公平、公正。

本科教学质量报告　　为贯彻《国家中长期教育改革和发展规划纲要（2010—2020年）》（中发〔2010〕12号）精神，落实其中关于"建立高等学校质量年度报告发布制度"的要求，强化教学工作中心地位，提高高等学校人才培养质量，教育部印发《关于"985工程"高校公布2010年〈本科教学质量报告〉的通知》（教高司函〔2011〕137号），决定在"985工程"高校先行公布2010年《本科教学质量报告》。在总结了39所高水平大学发布2010年本科教学质量报告工作基础上，教育部于2012年8月印发《关于继续试点部分高等学校编制发布〈本科教学质量报告〉的通知》（教高司函〔2012〕118号），决定"211工程"高校编制并发布2011年《本科教学质量报告》，要求高度重视《本科教学质量报告》编制工作，本科教学质量报告应围绕本科人才培养工作的关键要素，既要反映高等教育人才培养的共性，又能充分反映高等学校自身的特性，展现学校本科教学的新思想、新政策、新措施、新成果，其中包括本科教育基本情况、师资与教学条件、教学建设与改革、质量保障体系、学生学习效果、特色发展和需要解决的问题等方面的重点内容。《本科教学质量报告》应客观反映学校实际情况，紧扣本科教学工作，分析教学基本状态，突出教学改革亮点、成就和经验，准确把握存在的问题，全面展示本科人才培养状况和教学质量，并在报告中体现《本科教学质量报告支撑数据》。随后，教育部相继印发《教育部办公厅关于普通高等学校编制发布 2012 年〈本科教学质量报告〉的通知》(教高厅函〔2013〕33 号)和《教育部办公厅关于普通高等学校编制发布 2013 年〈本科教学质量报告〉的通知》(教高厅函〔2014〕35 号),国务院教育督导委员会下发《国务院教育督导委员会办公室关于普通高等学校编制发布 2014 年〈本科教学质量报告〉的通知》(国教督办函〔2015〕40)和《国务院教育督导委员会办公室关于普通高等学校编制发布 2015—2016 年〈本科教学质量报告〉的通知》(国教督办函〔2016〕75 号),要求各省级教育行政部门和高校应根据各自地域、不同类型学校的办学特点,在充分分析和认真总结提炼的基础上,紧扣本科教学工作,分析教学基本状态,突出教学改革亮点、成就和经验,准确把握存在的问题,实事求是地撰写质量年度报告,全面展示本科教学质量和人才培养状况。

本科质量标准　为贯彻《国家中长期教育改革和发展规划纲要(2010—2020 年)》(中发〔2010〕12 号)精神,落实提升高等教育质量的要求,教育部于 2013 年 7 月启动"本科质量保证标准"(简称"标准")研制工作。2014 年 4 月,教育部高等教育司在北京组织召开本科专业类教学质量国家标准研制工作会议,对"标准"研制工作进行了阶段性总结,并于 2014 年 5 月下发《高等学校本科专业类教学质量国家标准研制工作会议纪要》(教高司函〔2014〕22 号)。会议提出,研究制定专业类教学质量国家标准是教育部 2014 年的重点工作,这是转变政府职能、简政放权的重要体现,是科学理顺"管、办、评"三者关系的重要环节,也是一项关系高等教育长远发展、关系高等教育改革全局的基础性工作。会议强调,"标准"编制过程中要明确"标准"的定位是本专业类人才培养质量的基本要求,不能把目前已经开设专业的现状作为标准的底线;"标准"要力争成为专业准入标准、专业建设标准和专业评价标准,准入标准中应有一定的定量指标;"标准"应根据专业类建设现状、专业改革要求,以及国际通行标准确定课程体系,应在各专业类教指委内部达成共识,并征求高校、行业等各方的意见;同时,"标准"研制要尊重学科发展规律和人才培养规律,要有广阔的视野,既与国际前沿接轨,又具有中国特色。《普通高等学校本科教学质量保证标准》包括质量目标、教学资源、教学过程、质量管理 4 个方面;每个方面各包括 3 个要素,总计 12 个要素,对每个要素都规定了基本要求。另外,在 2016 年中国高等教育学会学术年会暨高等教育国际论坛上,教育部相关负责人透露,我国将在 2017 年实施本科人才培养质量国家标准,该标准将成为本科人才培养质量的基本要求。

边远艰苦地区农村学校教师周转宿舍建设项目　《国家中长期教育改革和发展规划纲要(2010—2020 年)》(中发〔2010〕12 号)明确提出了"建设农村艰苦边远地区学校教师周转宿舍"的任务。2010 年 9 月,教育部、国家发展改革委印发《关于实施农村边远艰苦地区学校教师周转宿舍建设试点项目的指导意见》(教发厅〔2010〕7 号),就试点目标任务、试点范围、适用对象和资金安排、指导原则和基本要求、组织实施和管理等提出了明确的意见和要求。项目实施范围主要为中西部 23 个省(区、市)、新疆生产建设兵团和黑龙江省农垦总局。中央专项资金将主要支持整体新建,同时支持对学校现有校舍进行改扩建,以及利用中小学布局调整后的富余校舍改扩建周转宿舍。自该项目实施以来,通过中央和地方的共同努力,"十二五"期间,从"最边远、最艰苦、最困难、最急需"的地方做起,重点支持省内经济社会发展滞后、自然条件恶劣、地理交通不便的县,新建和改扩建一批布局合理、实用适用的农村学校教师周转宿舍,努力改善边远艰苦地区农村学校教师工作和生活条件,吸引和留住优秀人才在农村长期从教、终身从教,稳定农村教师队伍,促进城乡教师交流,为推进义务教育均衡发展创造条件。2012 年 8 月,国务院印发《国务院关于加强教师队伍建设的意见》(国发〔2012〕41 号)(简称《意见》)。根据《意见》要求,同年 12 月,教育部、中央编办、国家发展改革委等部门印发《教育部中央编办国家发展改革委财政部人力资源和社会保障部关于大力推进农村义务教育教师队伍建设的意见》(教师〔2012〕9 号),要求中央安排基建投资,支持建设农村艰苦边远地区学校教师周转宿舍。

不让一个孩子掉队法　2002 年 1 月,时任美国总统布什签署了《不让一个孩子掉队法》(*No Child Left Behind Act*,NCLB),勾画了 21 世纪初美国基础教育与改革的宏伟蓝图,进一步强化了国家的责任意识。NCLB 法案在教育内容上注重语言、数学等基础知识教学,强调关注美国传统历史教学;在教育形式上强调建立标准、实施规范的考试制度,强调秩序,鼓励优秀者脱颖而出等。NCLB 法案的颁布是美国联邦政府以法律形式推动中小学教育改革的重大行动。该法案强调阅读领先,实施阅读优异法案(Reading Excellent Act)、家庭读写计划(Family

Literacy Programs)、儿童早期阅读计划(Early Childhood Reading Initiative)以提高学生读写能力。帮助英语欠熟练的学生达到英语流利水平,实施优化双语教育计划,对低学业水平的各州采取制裁措施。改进数学和科学教学,加强学生科学素养。提高教师素质,促进教师制度改革。提高家长选择权和促进学校革新计划、校际竞争与政府支持并举。创建安全学校,保证学生的身心健康发展。大力发展教育技术,提升教育质量。加大联邦政府对教育的权力,奖励与制裁并举,大力提高教育投资效益。提高学业标准,确定办学责任,缩小弱势群体儿童与主流社会儿童的学业差距。为少数民族族裔和服役军人家庭的孩子提供补偿性帮助等。

产教融合发展 2013年11月,中共中央印发《中共中央关于全面深化改革若干重大问题的决定》(2013年11月12日中国共产党第十八届中央委员会第三次全体会议通过),提出要深化教育领域综合改革,加快现代职业教育体系建设,深化产教融合、校企合作,培养高素质劳动者和技能型人才。根据党中央、国务院作出的这一重大战略部署,国务院2014年5月印发《国务院关于加快发展现代职业教育的决定》(国发〔2014〕19号)(简称《决定》),提出按照产教融合、特色办学的总体要求,同步规划职业教育与经济社会发展,协调推进人力资源开发与技术进步,推动教育教学改革与产业转型升级衔接配套。《决定》要求职业院校突出办学特色,强化校企协同育人;健全企业参与制度,研究制定促进校企合作办学的有关法规和激励政策,深化产教融合,鼓励行业和企业举办或参与举办职业教育,发挥企业重要办学主体作用。为深化产教融合、校企合作,教育部相继印发《教育部关于开展现代学徒制试点工作的意见》(教职成〔2014〕9号)和《教育部国家发展改革委财政部关于引导部分地方普通本科高校向应用型转变的指导意见》(教发〔2015〕7号),要求坚持产教融合发展的原则,进一步完善校企合作育人机制,创新技术技能人才培养模式。为了大力推进产教融合、校企合作,培养应用型技术型人才,2016年3月以来,出台了《中共中央关于深化人才发展体制机制改革的意见》、《中华人民共和国国民经济和社会发展第十三个五年规划纲要》(第十二届全国人民代表大会第四次会议批准)等文件,要求建立产教融合、校企合作的技术技能人才培养模式。文件提出大力培养支撑中国制造、中国创造的技术技能人才队伍,推进职业教育产教融合,加快构建现代职业教育体系,深化技术技能人才培养体制改革,加强统筹协调,形成工作合力。创新技术技能人才教育培训模式,开展校企联合培养试点。研究制定技术技能人才激励办法,探索建立企业首席技师制度,试行年薪制和股权制、期权制。推动具备条件的普通本科高校向应用型转变,推动专业设置、课程内容、教学方式与生产实践对接,实行国家基本职业培训包制度。

长江学者奖励计划　为加强教师队伍建设,《国家中长期人才发展规划纲要(2010—2020年)》(中发〔2010〕12号)(简称《人才规划纲要》)提出要通过"高素质教育人才培养工程"在高等学校培养造就一批教学名师和学科领军人才。为贯彻落实《国家中长期教育改革和发展规划纲要(2010—2020年)》和《人才规划纲要》,大力吸引、培养造就一批具有国际影响的学科领军人才,2011年12月,教育部下发《"长江学者奖励计划"实施办法》(教人〔2011〕10号)(简称《办法》),此前的《"长江学者与创新团队发展计划"长江学者聘任办法》文件同时废止。《办法》包括总则、岗位职责、基本条件、聘任程序、支持方式、考核管理、附则等内容。"长江学者奖励计划"是国家重大人才工程的重要组成部分,与"海外高层次人才引进计划"、"青年英才开发计划"等共同构成国家高层次人才培养支持体系。"长江学者奖励计划"支持高等学校聘任长江学者特聘教授、讲座教授,实行岗位聘任制,每年聘任特聘教授150名,聘期为5年;讲座教授50名,聘期为3年,实施经费由中央财政专项支持。高等学校应为长江学者提供必要的科研条件。教育部"创新团队发展计划"重点支持由长江学者领衔的学术团队;鼓励东部地区优秀人才应聘中西部高校长江学者岗位;对中西部高校聘任的长江学者,实行倾斜政策;设立长江学者支持项目。高等学校对长江学者实行聘期目标管理,聘期结束后,由高等学校进行考核,并将考核结果报教育部备案;教育部每年对长江学者履职情况进行检查评估,按年度向高等学校拨付奖金;对不合格者,停发奖金或追回已发放的奖金,并视情况撤销其"长江学者"称号。为贯彻落实党的十八届三中全会精神,加快形成具有竞争力的高校人才制度,2013 年 12 月,《教育部办公厅关于进一步加强和规范高校人才引进工作的若干意见》(教人厅〔2013〕7 号)提出东部高校不得到中西部高校招聘长江学者,长江学者特聘教授等在同一时间内应只有一个全职工作岗位,不得兼职,长江学者特聘教授在聘期内不得担任学校领导职务或调离受聘岗位等要求,进一步完善了管理措施。

城市住宅小区配套幼儿园建设 为贯彻落实党的十七届五中全会、全国教育工作会议精神和《国家中长期教育改革和发展规划纲要(2010—2020 年)》(中发〔2010〕12 号),积极发展学前教育,着力解决当前存在的"入园难"问题,满足适龄儿童入园需求,促进学前教育事业科学发展,2010 年 11 月,国务院出台《国务院关于当前发展学前教育的若干意见》(国发〔2010〕41 号)(简称《意见》)。《意见》要求采用多种形式扩大学前教育资源。城镇小区没有配套幼儿园的,应根据居住区规划和居住人口规模,按照国家有关规定配套建设幼儿园。新建小区配套幼儿园要与小区同步规划、同步建设、同步交付使用。建设用地按国家有关规定予以保障。未按规定安排配套幼儿园建设的小区规划不予审批。城镇小区配套幼儿园作为公共教育资源由当地政府统筹安排,举办公办幼儿园或委托办成普惠性民办幼儿园。城镇幼儿园建设要充分考虑进城务工人员随迁子女接受学前教育的需求。

城乡教育一体化 为进一步深化教育体制改革,根据《国家中长期教育改革和发展规划纲要(2010—2020 年)》的部署,2010 年 10 月,国务院印发《关于开展国家教育体制改革试点的通知》(国办发〔2010〕48 号),2012 年 6 月,教育部印发《国家教育事业发展第十二个五年规划》(教发〔2012〕9 号),要求推进义务教育学校标准化建设,探索城乡教育一体化发展的有效途径和发展机制,逐步统一城乡教育规划、建设标准、经费投入、师资配备和管理体制,探索城乡教育联动发展新模式,逐步实现城乡一体化。为了贯彻国家关于城乡教育一体化的要求,要求建立城乡统一、重在农村的义务教育经费保障机制。此后,为解决城乡二元结构、乡村优质教育资源紧缺、城镇教育资源配置不适应新型城镇化发展和大班额等问题,2016 年 7 月,国务院出台《国务院关于统筹推进县域内城乡义务教育一体化改革发展的若干意见》(国发〔2016〕40 号)(简称《意见》)。《意见》指出,统筹城乡义务教育一体化要坚持"优先发展,统筹规划;深化改革,创新机制;提高质量,公平共享;分类指导,有序推进"的基本原则,加快推进县域内城乡义务教育学校建设标准统一、教师编制标准统一、生均公用经费基准定额统一、基本装备配置标准统一和"两免一补"政策城乡全覆盖,到 2020 年,城乡二元结构壁垒基本消除,义务教育与城镇化发展基本协调;城乡学校布局更加合理,大班额基本消除,乡村完全小学、初中或九年一贯制学校、寄宿制学校标准化建设取得显著进展,乡村小规模学校(含教学点)达到相应要求;城乡师资配置基本均衡,乡村教师待遇稳步提高、岗位吸引力大幅增强,乡村教育质量明显提升,教育脱贫任务全面完成;义务教育普及水平进一步巩固提高,九年义务教育巩固率达到 95%;县域义务教育均衡发展和城乡基本公共教育服务均等化基本实现。为了完成这些目标,《意见》要求同步建设城镇学校,努力办好乡村教育,科学推进学校标准化建设,实施消除大班额计划,完善职称评聘政策,改革乡村教师待遇保障机制,健全长效联动机制,改革教育治理体系、控辍保学机制和随迁子女就学机制,加强留守儿童关爱保护。确保各项措施顺利实施,要加强党的领导,落实政府责任,明确部门职责,加强督导检查,营造良好氛围。

城乡统一、重在农村的义务教育经费保障机制 为统筹城乡义务教育资源均衡配置,推动义务教育事业持续健康发展,国务院于 2015 年 11 月出台《国务院关于进一步完善城乡义务教育经费保障机制的通知》(国发〔2015〕67 号)(简称《通知》)。《通知》要求,按照"坚持完善机制,城乡一体;坚持加大投入,突出重点;坚持创新管理,推进改革;坚持分步实施,有序推进"的总体要求,在整合农村义务教育经费保障机制和城市义务教育奖补政策的基础上,建立城乡统一、重在农村的义务教育经费保障机制。要求统一城乡义务教育"两免一补"政策,统一城乡义务教育学校生均公用经费基准定额,巩固完善农村地区义务教育学校校舍安全保障长效机制,巩固落实城乡义务教育教师工资政策。《通知》强调,各地区、各有关部门要加强组织领导,确保资金落实,强化监督检查,推进统一城乡义务教育经费保障机制各项工作落实到位。2016 年,《中华人民共和国国民经济和社会发展第十三个五年规划纲要》(2016 年 3 月 16 日第十二届全国人民代表大会第四次会议批准)、《国务院关于统筹推进县域内城乡义务教育一体化改革发展的若干意见》(国发〔2016〕40 号)陆续出台,要求各部门要积极建立和完善城乡统一、重在农村的义务教育经费保障机制。

初中毕业升学体育考试 为了全面贯彻党的教育方针、提高学生素质,依照《学校体育工作条例》(国家体育运动委员会令第 11 号)中"体育课是学生毕业、升学考试科目"的规定,并根据《全国部分省市初中毕业生升学体育考试工作座谈会纪要》(教体厅〔1997〕4 号)精神,教育部于 1997 年 11 月下发《教育部关于初中毕业生升学体育考试工作实施方案》(简称《方案》)。《方案》规定,升学体育考试实施对象为所有参加升学(即升入普通高中、职业高中、中等专业学校和中等师范学校)考试的初中毕业生。"体育考试"工作在国家教委统一领导下,由各省、自治区、直辖市教育行政部门和招生部门制定统一的考试方案、计分标准、考试项目等,具体的考试则由区、县按照上述规定组织实施。考试项目由各地教育行政部门根据本地实际情况确定,评分标准的确定要体现"体育考试"是水平考试的性质。"体育考试"成绩必须计入各类升学的录取总分。同时,《方案》对收费办法、免考与缓考、考务工作安排、保障措施等作了相关规定。为进一步规范考试,做好体育考试中安全防事故的有关工作,2005 年 3 月,教育部下发《教育部办公厅关于做好初中毕业升学体育考试安全工作的通知》(教体艺厅〔2005〕2 号)。2007 年 8 月,教育部出台《教育部办公厅关于在部分地区开展初中毕业升学体育考试试点工作的通知》(教体艺厅函〔2007〕31 号),提出试点工作的主要内容和目标是将初中毕业升学体育考试内容与《国家学生体质健康标准》测试项目和要求有机结合,充分发挥激励和促进学生参加体育锻炼的作用;将初一、初二年级学生所测的《国家学生体质健康标准》成绩和平时体育课成绩按一定比例计入初中毕业升学体育考试成绩,以此促进初中阶段学生都能积极参加体育锻炼。2012 年 10 月,国务院下发《国务院办公厅转发教育部等部门关于进一步加强学校体育工作若干意见的通知》(国发办〔2012〕53 号),要求建立健全学校体育的监测评价机制,各学校每年对所有学生进行体质健康测试,将测试结果纳入国家学生体质健康标准数据管理系统并将有关情况向学生家长通报。各地要把学生体质健康水平作为学生综合素质评价的重要指标,将学生日常参加体育活动情况、体育运动能力以及体质健康状况等作为重要评价内容,因地制宜地组织实施好初中毕业升学体育考试。

初中毕业生学业考试　为贯彻落实《中共中央国务院关于深化教育改革全面推进素质教育的决定》《国务院关于基础教育改革与发展的决定》等文件精神，2004年4月，教育部印发了《国家基础教育课程改革实验区2004年初中毕业考试与普通高中招生制度改革的指导意见》（教基厅〔2004〕2号），提出初中毕业生学业考试（简称学业考试）是义务教育阶段的终结性考试，目的是全面、准确地反映初中毕业学生在学科学习目标方面所达到的水平。考试结果既是衡量学生是否达到毕业标准的主要依据，也是高中阶段学校招生的重要依据之一。学业考试应在课程内容结束后由当地教育行政部门统一组织；学业考试的命题应根据学科课程标准，加强试题与社会实际和学生生活的联系，注重考查学生对知识与技能的掌握情况；学业考试可采用纸笔测验、听力测试以及口试、实验操作等多种形式；要明确命题、审题和阅卷的程序和要求，逐步建立命题、审题和阅卷制度，加强命题、审题和阅卷人员的队伍建设。同时，学业考试的成绩应根据各学科课程标准的基本要求确定合格标准，提供普通高中录取用的学业成绩应以等级的形式呈现，等级数和等级标准应由各地根据考试结果，并结合当地优质高中资源的实际情况确定。任何单位和个人不得以任何形式根据考试成绩给地区、学校和学生排队或公布名次。

初中就近免试入学　为振兴民族教育、提高教育质量，《国家中长期教育改革和发展规划纲要（2010—2020年）》（中发〔2010〕12号）要求进行考试招生制度的改革，包括中等学校考试招生制度和推进初中就近免试入学。为落实义务教育免试就近入学要求，健全科学、明晰、便利的小学升入初中制度，规范招生入学行为，提高治理水平，促进教育公平，教育部印发《关于进一步做好小学升入初中免试就近入学工作的实施意见》（教基一〔2014〕1号）（简称《意见》）。《意见》指出，县级教育行政部门要根据适龄学生人数、学校分布、所在学区、学校规模、交通状况等因素，按照就近入学原则为每一所初中合理划定对口小学（单校划片）。对于城市老城区暂时难以实行单校划片的，可按照初中新生招生数和小学毕业生基本相当的原则为多所初中划定同一招生范围（多校划片）。优质初中要纳入多校划片范围，片区划定后要相对稳定，确需调整时要由县级教育行政部门邀请相关单位和家长代表参与，进行审慎论证。县级教育行政部门应充分利用全国中小学生学籍信息管理系统组织实施小升初工作，严格实行"一人一籍、籍随人走"，提高学籍管理信息化水平，为小升初学生登记、随机派位及遏制学生无序流动等提供基础性保障。要做好随迁子女就学工作，坚持深化改革，分类推进，妥善解决外来务工人员随迁子女小升初问题。省级教育行政部门要依法制定随迁子女初中入学的政策措施，县级教育行政部门做好实施工作。随迁子女特别集中的地方，要扩大公办学校容量，鼓励社会力量办学，购买民办学校服务，加大对接收随迁子女学校的支持力度，满足随迁子女入学需求。教育行政部门"一把手"要负总责，分管领导具体负责，明确岗位职责，加强协调配合，建立科学有序、运转高效、公正透明的小升初工作机制。

创客教育 创客（Maker/Hacker）起源于美国，由克里斯·安德森在《创客：新工业革命》一书中提出，是指不以盈利为目的，努力把各种创意转变为现实的人，是热衷于创意、设计、制造的个人设计制造群体。互联网时代使得人们的创新项目得到了及时的分享和交流，也鼓励和促进越来越多的人加入到创客的行列。创客空间应运而生，它是一个具有加工车间、工作室功能的开放的实验室，创客们可以在创客空间里共享资源和知识，来实现他们的想法。美国最早的创客空间——圣弗朗西斯科 Noise space 的创始人之一是"创客教父"米奇·奥特曼，他发明的一键式万能电视遥控器 TV-B-Gone、同步人脑波的 Brain Machine 等都获得了人们的欢迎，也使创客变为一种职业成为可能。开展创客教育，是指为解决中小学教育体制中创新能力培养的不足等问题而将创客理念引入中小学教育体系中，实施一系列关于创新动手技能训练的综合课程。2016 年 2 月，中国电子学会现代教育技术分会创客教育专委会聚集了创客、创客教育界的 20 余位专家和实践者共同研讨出了创客教育的定义：创客教育是创客文化与教育的结合，是基于学生兴趣，以项目学习为方式，使用数字化工具，倡导造物，鼓励分享，培养跨学科解决问题能力、团队协作能力和创新能力的一种素质教育。创客教育的宗旨是要把教育的培养方案与学生的综合能力和素质相匹配，把学生的应试能力逐渐转变为全面发展的综合素质。创客教育可以弥补我国当前的教育模式的不足，为我国的教育革新提供方向。

创新创业教育 为全面贯彻落实党的十七大提出的"提高自主创新能力，建设创新型国家"和"促进以创业带动就业"的战略要求，2010 年 4 月，教育部下发《教育部关于成立2010—2015年教育部高等学校创业教育指导委员会的通知》(教高函〔2010〕3号),决定成立教育部高等学校创业教育指导委员会。2010年5月,教育部印发《教育部关于大力推进高等学校创新创业教育和大学生自主创业工作的意见》(教办〔2010〕3号),提出要通过加强创新创业教育课程体系建设、师资队伍建设、开展创新创业实践活动、建立创新创业教育教学质量监控系统,加强理论研究和组织经验交流等方面大力推进高等学校创新创业教育工作;通过建设创业基地,制定相关认定办法,规范创业基地管理,将创业基地作为大学生开展创新创业教育的和实践的平台;通过落实创业扶持政策,争取地方政府和社会的资金支持,对有创业条件的高校学生开展创业培训,提供创业信息服务等措施,进一步落实和完善大学生自主创业扶持政策,加强创业指导和服务工作。要求省级教育行政部门、高等学校将创新创业教育纳入重要议事日程,积极通过各种渠道进行宣传,形成推进高校创业教育和大学生自主创业的工作合力。2010年10月,国务院印发《国务院办公厅关于开展国家教育体制改革试点的通知》(国办发〔2010〕48号),规定:完善教学质量标准,探索通识教育新模式,建立开放式、立体化的实践教学体系,加强创新创业教育。为推动高等学校创业教育科学化、制度化、规范化建设,切实加强普通高等学校创业教育工作,2012年8月,教育部印发《普通本科学校创业教育教学基本要求(试行)》(教高厅〔2012〕4号)。2015年全国教育工作会议进一步强调"深化创新创业教育改革,动员全社会重视和支持大学生就业创业"。同年5月,国务院下发《国务院办公厅关于深化高等学校创新创业教育改革的实施意见》(国办发〔2015〕36号)(简称《意见》)。《意见》指出,开展创新创业教育要明确指导思想,坚持"育人为本,提高培养质量;问题导向,补齐培养短板;协同推进,汇聚培养合力"的基本原则,要求从完善人才培养质量标准、创新人才培养机制、丰富和健全创新创业教育课程体系、改革教学方法和考核方式、加强创新创业实践、改革教学和学籍管理制度、强化教师创新创业教育能力、完善学生创业指导服务、健全创新创业资金支持和政策保障体系等方面着手继续推进学生创新创业教育。到2020年,建立健全课堂教学、自主学习、结合实践、指导帮扶、文化引领融为一体的高校创新创业教育体系,人才培养质量显著提升,学生的创新精神、创业意识和创新创业能力明显增强,投身创业实践的学生显著增加。同时,《国务院关于印发统筹推进世界一流大学和一流学科建设总体方案的通知》(国发〔2015〕64号)也要求加强创新创业教育,大力推进个性化培养,全面提升学生的综合素质、国际视野、科学精神和创业意识、创造能力。另外,《国家教育事业发展"十三五"规划》(国发〔2017〕4 号)也对创新创业教育作了部署,鼓励高等学校和职业学校建设学生创新创业服务平台,完善创新创业教育课程体系和管理制度,引导鼓励学生积极参与创新活动和创业实践,强化毕业论文、毕业设计的创新创业导向,开展创新创业竞赛,营造创新创业校园文化。

大数据 信息技术与经济社会的交汇融合引发了数据迅猛增长,数据已成为国家基础性战略资源。目前,我国在大数据发展和应用方面已具备一定基础,但也存在政府数据开放共享不足、创新应用领域不广等问题,亟待解决。为贯彻落实党中央、国务院决策部署,全面推进我国大数据发展和应用,加快建设数据强国,2015 年 8 月,国务院印发了《促进大数据发展行动纲要》(国发〔2015〕50 号)(简称《纲要》)。《纲要》论述了大数据发展的形势和重要意义;指出大数据成为推动经济转型发展的新动力,成为重塑国家竞争优势的新机遇,成为提升政府治理能力的新途径;制定了未来 5 到 10 年大数据发展的主要目标,即打造精准治理、多方协作的社会治理新模式,建立运行平稳、安全高效的经济运行新机制,构建以人为本、惠及全民的民生服务新体系,开启大众创业、万众创新的创新驱动新格局,培育高端智能、新兴繁荣的产业发展新生态。在此目标下,明确了"加快政府数据开放共享,推动资源整合,提升治理能力;推动产业创新发展,培育新兴业态,助力经济转型;强化安全保障,提高管理水平,促进健康发展"三大主要任务,在三大主要任务下还分设了大力推动政府部门数据共享、发展新兴产业大数据、健全大数据安全保障体系等 17 个子任务,并详细提出了 10 个大数据发展专栏。为进一步推进大数据发展,各部门需完善组织实施机制,加快法规制度建设,健全市场发展机制,建立标准规范体系,加大财政金融支持,加强专业人才培养,促进国际交流合作。

大学生思想政治教育 为提高大学生的思想政治素质,促进大学生的全面发展,2004年8月,中共中央、国务院印发《中共中央国务院关于进一步加强和改进大学生思想政治教育的意见》(中发〔2004〕16号)(简称《意见》)。《意见》提出,要充分认识加强和改进大学生思想政治教育是一项重大而紧迫的战略任务。加强和改进大学生思想政治教育要坚持以马克思列宁主义、毛泽东思想、邓小平理论和"三个代表"重要思想为指导,坚持教书与育人相结合、教育与自我教育相结合、政治理论教育与社会实践相结合、解决思想问题与解决实际问题相结合、教育与管理相结合、继承优良传统与改进创新相结合的基本原则,落实以理想信念教育为核心、以爱国主义教育为重点、以基本道德规范为基础、以大学生全面发展为目标,全面加强大学生思想政治教育。为了加强和改进大学生思想政治教育,要充分发挥课堂教学在大学生思想政治教育中的主导作用;努力拓展新形势下大学生思想政治教育的有效途径;充分发挥党团、班级和社团等组织在大学生思想政治教育中的重要作用;大力加强大学生思想政治教育工作队伍建设;努力营造大学生思想政治教育工作的良好社会环境;切实加强对大学生思想政治教育工作的领导。为深入贯彻《意见》和全国加强和改进大学生思想政治教育工作会议精神,2005年4月,共青团中央印发《共青团中央关于进一步加强和改进大学生思想政治教育的实施意见》(中青发〔2005〕16号),要求按照"统一思想,明确使命;狠抓落实,务求实效;完善机制,着眼长远;把握规律,开拓创新"的实施要求,深化理论学习教育活动,广泛开展社会实践活动,建设健康向上的校园文化,积极促进大学生就业创业,关心和服务经济困难大学生,加强大学生心理健康教育,强化网络思想教育功能,加强宣传和活动阵地建设,加强理论研究。为加强和改进大学生思想政治教育工作的进展及成效,2012年2月以来,中共中央宣传部、教育部出台了《中共中央宣传部教育部关于印发〈全国大学生思想政治教育工作测评体系(试行)〉的通知》(教思政〔2012〕2号)和《中共中央宣传部教育部关于开展〈全国大学生思想政治教育工作测评体系(试行)〉贯彻执行情况自测自评工作的通知》(教思政函〔2013〕11号),要求对党委政府和高校加强和改进大学生思想政治教育工作的进展及成效进行评估。同时,2016年12月7日,全国高校思想政治工作会议召开,习近平主席发表重要讲话,强调高校思想政治工作根本在于做人的工作,中心环节在于立德树人,核心在于提高人才培养能力。

大学水平考试　大学水平考试(The College Level Examination Program，CLEP)是由美国大学委员会(The College Board)主办、教育测验服务中心(Educational Testing Service，ETS)承办,在全美影响范围最大最广的以考试获得学分的大学水平考试制度,属国际级考试项目。美国的CLEP制度与我国的高等教育自学考试有很多相似的地方。CLEP制度的最高领导机构是美国大学委员会,负责制定发展规划、设置考试课程。ETS提供考试指导资料、组织命题、实施考试、评阅试卷、报告分数。美国教育理事会(ACE)向各考点推荐可授予学位的合格成绩标准(及格线),供各普通高校在确定具体课合格分数时参与。CLEP的课程考试命题委员会由在普通大学里从事某门课程教学的教授组成,其考点由具有学位授予权的高等教育机构(主要是普通高校)组成。在美国,CLEP制度被认为是快捷有效地积累学分、取得学位的一种高等教育形式。CLEP的考试主要由大学生、已经参加工作的成人(公司职员)和业余学习的学生构成。CLEP考试科目由公共课和专业基础课两部分组成,通常在一个专业领域方向上,设置一门公共课和若干专业基础课。专业基础课程的考试内容覆盖了普通高校里需要在一个学期学习完成的课程内容。为保证考生进行充分的学习,CLEP要求每位考生不能在6个月之内参加同一门课程的两次考试。

大学章程　《国家中长期教育改革和发展规划纲要(2010—2020年)》(中发〔2010〕12号)(简称《教育规划纲要》)提出要实施现代大学制度改革试点,制定和完善学校章程。根据《教育规划纲要》的部署,2010年10月,国务院出台《国务院办公厅关于开展国家教育体制改革试点的通知》(国办发〔2010〕48号),决定在部分地区和学校开展国家教育体制改革试点,改革高等教育管理方式,建设现代大学制度,推动建立健全大学章程,完善高等学校内部治理结构。为进一步完善中国特色现代大学制度,指导和规范高等学校章程建设,2011年7月,教育部出台《高等学校章程制定暂行办法》(中华人民共和国教育部令第31号)(简称《办法》),其包括章程内容、制定程序、核准与监督等方面内容。《办法》规定,章程是高等学校依法自主办学、实施管理和履行公共职能的基本准则。应当按照高等教育法的规定,载明学校的登记名称、机构性质、培养目标、办学方向、办学层次、主要学科门类和领导体制等方面的内容;并按照高等教育法的规定,健全学校办学自主权的行使与监督机制,明确教学活动、招生方案、学校规划的制定与实施等事项的基本规则、决策程序与监督机制。同时,章程应当依照法律及其他有关规定,健全党委领导下的校长负责制的实施规则;应当根据学校实际与发展需要,科学设计学校的内部治理结构和组织框架;应当明确规定学校学术委员会、学位评定委员会以及其他学术组织的组成原则、负责人产生机制、运行规则与监督机制;应当明确规定教职工代表大会、学生代表大会的地位作用、职责权限、组成与负责人产生规则,以及议事程序等。章程的制定过程,应当按照民主、公开的原则,成立专门起草组织开展章程起草工作。章程草案应提交教职工代表大会讨论,征求意见结束后,应当将章程草案等内容提交校长办公会议审议,经校长办公会议讨论通过后,由学校党委会讨论审定。另外,《办法》对章程核准与监督也作了规定。为做好《办法》的学习宣传和贯彻实施工作,教育部印发《教育部办公厅关于学习宣传、贯彻实施〈高等学校章程制定暂行办法〉的通知》(教政法厅〔2011〕1号)和《教育部办公厅关于加快推进高等学校章程制定、核准与实施工作的通知》(教政法厅〔2014〕2号)等文件。

大中小学生艺术展演 为全面贯彻国家的教育方针,加强学校艺术教育工作,促进学生全面发展,教育部于2002年7月下发《学校艺术教育工作规程》(教育部令第13号)(简称《规程》),提出课外、校外艺术教育活动是学校艺术教育的重要组成部分,学校应当面向全体学生组织艺术社团或者艺术活动小组,每个学生至少要参加一项艺术活动。省、地、县各级教育行政部门应当定期举办学生艺术展演活动。全国每三年举办一次中学生(包括中等职业学校的学生)艺术展演活动,每三年举办一次全国大学生(包括高等职业学校的学生)艺术展演活动。国务院教育行政部门根据需要组织学生参加国际学生艺术活动。根据《规程》的规定,2014年11月,教育部下发《教育部关于举办全国第五届中小学生艺术展演活动的通知》(教体艺函〔2014〕6号),要求加强领导,提供保障;认真组织,注重实效;重视宣传,扩大影响;注重总结,促进发展。同时,2015年全国教育工作会议要求"继续深入开展艺术展演、高雅艺术进校园等活动,不断提高我国学生的艺术修养"。为深入贯彻落实《中共中央关于繁荣发展社会主义文艺的意见》和《国务院办公厅关于全面加强和改进学校美育工作的意见》精神,根据《规程》,教育部于2016年8月下发《教育部关于举办全国第五届大学生艺术展演活动的通知》(教体艺函〔2016〕5号),要求展演活动要贯彻党的十八届三中、四中、五中全会和习近平总书记系列重要讲话精神,坚持以立德树人为根本任务,充分发挥大学生艺术展演在提高学生审美和人文素养方面的独特作用。展演活动要坚持面向全体学生、坚持先进文化导向、坚持普及与提高相结合的活动原则;提出展演活动的项目分为四大类、三个阶段;规定了活动经费的解决办法。

档案袋评价　　档案袋评价又称"学习档案评价"或"学生成长记录袋评价",是以档案袋为依据而对评价对象进行的客观、综合的评价,是 20 世纪 90 年代伴随着西方"教育评价改革运动"而出现的一种新型质性教育教学评价工具。档案袋是指由学生在教师的指导下搜集起来的可以反映学生的努力情况、进步情况、学习成就等一系列学习作品的汇集,展示了学生在某一段时间内、某一领域内的技能的发展。在一般教学情境下,档案袋评价的使用目的主要分为总结性评价、形成性评价、诊断性评价、最高行为评价、典型行为或个人独特性评价。档案袋的评价有利于促进评价与教学的结合。档案袋内的作品是有一定的标准的对课堂学习成果的评价。档案袋有利于全面深入地展示学生的学习能力。在没有压力和时间限制的情况下,学生可以利用各种资源和参考资料,与他人合作完成高质量的工作。档案袋能够促进学生的主动学习。

地方本科高校转型　　2014 年 5 月,国务院出台《国务院关于加快发展现代职业教育的决定》(国发〔2014〕19 号),提出要引导一批普通本科高校向应用技术类型高校转型,重点举办本科职业教育。2015 年 3 月,十二届人大三次会议《政府工作报告》提出,全面推进现代职业教育体系建设,引导部分地方本科高校向应用型转变。为贯彻落实党中央、国务院关于引导部分地方普通本科高校向应用型转变(简称转型发展)的决策部署、推动高校转型发展,2015 年全国教育工作会议强调推动地方本科高校转型发展。同年 10 月,教育部、国家发展改革委、财政部印发《教育部国家发展改革委财政部关于引导部分地方普通本科高校向应用型转变的指导意见》(教发〔2015〕7 号)(简称《意见》)。《意见》要求:要充分认识推动部分普通本科高校转型发展的重要意义,坚持顶层设计、综合改革,需求导向、服务地方,试点先行、示范引领,省级统筹、协同推进的基本思路,落实转型发展的主要任务,明确类型定位和转型路径,加快融入区域经济社会发展,抓住新产业、新业态和新技术发展机遇,建立学校、地方、行业、企业和社区共同参与的合作办学、合作治理机制和合作发展平台,建立紧密对接产业链、创新链的专业体系,创新应用型、技术技能型人才培养模式,深化人才培养方案和课程体系改革,加强实验实训实习基地建设,促进与中职、专科层次高职的有机衔接,广泛开展面向一线技术技能人才的继续教育,深化考试招生制度改革,加强"双师双能型"教师队伍建设,提升以应用为驱动的创新能力,完善校内评价制度和信息公开制度。为了推进地方本科高校的转型,要求落实省级政府统筹责任,加快推进配套制度改革,加大对试点高校的政策支持,加大改革试点的经费支持;总结推广改革试点典型经验,营造良好改革氛围和舆论环境。2016年3月《政府工作报告》和2016年全国教育工作会议再次强调推动具备条件的普通本科高校向应用型转变。

第四代教育评价 "第四代教育评价"是兴起于美国的一种教育评价理论。其创立者认为,教育评价已经经历了三种理论形态,在此之前的教育评价为"前三代教育评价"。第一代评价理论时间大致在1900—1930年,这一代评价理论的标志是"测量"理论的形成和测验技术的大量实际运用。第二代评价理论时间大致在1930—1940年前后,以泰勒的教育评价理论为标志,侧重对测验结果进行描述。第三代评价理论时间大致在1950—1970年,它以"价值判断"为评价特征。"第四代教育评价"建构了自己的理论框架。首先,它体现了共同建构和全面参与的评价思想:"第四代评价"理论把"评价"视为是所有参与评价活动的人们的共同建构过程,认为评价并不是外在于人的、纯客观的过程,而是评价者与评价对象双方交互作用、共同建构统一的过程。其次,它认为任何评价描述的并不是事物的真正的、客观的状态,而是参与评价的每个人或团体关于评价对象的一定阶段和层次上的主观认识,评价结果反映的事实是某种心理的"建构物"。最后,它认为评价与参与评价活动者的生理、心理以及社会和文化条件紧密相关,也就是说评价结果并不依赖于其与客观实际情况相符程度如何,而是很大程度上取决于所有参与评价者的意见一致性程度如何。

电子学籍 为加快推进教育现代化、提高科学管理水平、深入实施素质教育的客观要求、转变管理方式、改进工作作风,2013年8月,教育部印发了《中小学生学籍管理办法》(教基一〔2013〕7号)(简称《办法》)。《办法》规定,学生学籍管理采用信息化方式,实行分级负责、省级统筹、属地管理、学校实施的管理体制。学生初次办理入学注册手续后,学校应为其采集录入学籍信息,建立学籍档案,通过电子学籍系统申请学籍号。学籍档案分为电子档案和纸质档案。学籍主管部门应通过电子学籍系统及时核准学生学籍,并利用电子学籍系统进行查重。电子档案纳入电子学籍系统管理,纸质档案由学校学籍管理员负责管理。正常升级学生的学籍信息更新,由电子学籍系统完成。学生学籍信息发生变化,学校应及时维护电子学籍系统中的有关信息,并将证明材料归入学生学籍档案。学校应将义务教育阶段学生辍学情况依法及时以书面形式上报当地乡镇人民政府、县级教育行政部门和学籍主管部门,在义务教育年限内为其保留学籍,并利用电子学籍系统进行管理。同时,为适应加快发展现代职业教育和教育管理信息化的需要,提高职业教育信息化管理和服务水平,提升中等职业教育治理能力,完善中等职业教育制度体系,教育部于 2014 年 11 月印发《中等职业学历教育学生学籍电子注册办法(试行)》(教职成〔2014〕12 号)(简称《注册办法》)。《注册办法》包括总则、新生学籍电子注册、在校生学籍电子注册维护、学生毕(结)业档案维护、信息服务和保障措施等方面内容。《注册办法》规定,本办法适用于普通中等专业学校、成人中等专业学校、职业高中、技工学校等中等职业学历教育学生,含各类跨阶段学习形式的中等职业教育阶段学生。教育行政部门和学校通过全国中等职业学校学生管理信息系统(简称学生系统)为每名中等职业学校学生建立学籍电子档案。学籍电子档案和学籍纸质档案基本信息一致。学生系统建设、维护、使用实行分级负责,实行国家宏观指导、省级统筹、属地管理、学校负责的管理制度。按照《中小学生学籍管理办法》和《中等职业学历教育学生学籍电子注册办法(试行)》要求,决定开展小学新生和中职新生电子学籍接续工作,教育部印发《教育部办公厅关于做好 2015 年秋季小学新生和中职新生电子学籍接续工作的通知》(教办厅函〔2015〕43 号),要求充分认识做好学籍接续工作的重要意义,明确学籍接续的主要任务,切实做好技术保障工作。

顶岗实习　为提高教育质量,《国家中长期教育改革和发展规划纲要(2010—2020年)》(中发〔2010〕12 号)提出实行工学结合、校企合作、顶岗实习的人才培养模式。在第十一届全国人民代表大会常务委员会第八次会议上,教育部部长周济作了《国务院关于职业教育改革与发展情况的报告》(简称《报告》)。《报告》提出深化教育教学改革,大力推行工学结合、校企合作、顶岗实习,积极推进集团化办学;普遍推行工学结合、校企合作、顶岗实习的人才培养模式，全面落实中等职业学校学生顶岗实习一年、高等职业院校学生顶岗实习半年的制度。为规范和推进职业学校开展学生顶岗实习工作，维护顶岗实习学生、学校和企业的合法权益，2012年11月，教育部制定《职业学校学生顶岗实习管理规定（试行）》（征求意见稿）（简称《规定》）。《规定》包括总则、组织与计划、过程管理、考核与奖惩、安全与保障等方面内容。《规定》指出，学生顶岗实习是指职业学校按照专业培养目标要求和教学计划安排，组织在校学生到企（事）业等用人单位的实际工作岗位进行的实习。学校组织学生顶岗实习，应当遵守相关法律法规，全面贯彻国家的教育方针，实施素质教育，坚持教育与生产劳动和社会实践相结合，遵循学生成长规律和职业能力形成规律，培养学生职业道德、职业技能，提高教育质量，促进学生全面发展和稳定就业。顶岗实习应当按照育人为本、学以致用、专业对口、理论与实践相结合的原则实施。为贯彻落实相关文件精神，规范职业学校学生实习工作，维护学生、学校和实习单位的合法权益，提高技术技能人才培养质量，2016年4月，教育部、财政部、人力资源和社会保障部等五部门联合印发《职业学校学生实习管理规定》（教职成〔2016〕3号），具体包括总则、实习组织、实习管理、实习考核和安全职责等方面内容。本规定所指职业学校学生实习是指实施全日制学历教育的中等职业学校和高等职业学校学生按照专业培养目标要求和人才培养方案安排，由职业学校安排或者经职业学校批准自行到企（事）业等单位进行专业技能培养的实践性教育教学活动，包括认识实习、跟岗实习和顶岗实习等形式。为进一步规范和加强职业学校顶岗实习教学、管理和服务，2016年7月，教育部公布首批《职业学校专业（类）顶岗实习标准目录》（教职成厅函〔2016〕29号）（简称《顶岗实习标准》），规定首批目录涉及30个专业（类）的70个顶岗实习标准，强调顶岗实习是职业教育专业教学的重要组成部分。《顶岗实习标准》是组织开展专业顶岗实习的教学基本文件，是明确实习目标与任务、内容与要求、考核与评价等的基本依据。要求各地教育行政部门、各级职业学校按照顶岗实习标准要求，结合实际认真贯彻执行。

独立学院　为更好地促进独立学院持续、健康发展，2003年4月，教育部印发《关于规范并加强普通高校以新的机制和模式试办独立学院管理的若干意见》的通知（教发〔2003〕8号）（已失效），对独立学院的举办原则、举办主体的条件、专业设置，独立学院的财产、财务管理以及变更和解散、撤消等方面的工作提出了指导。为了规范普通高等学校与社会组织或者个人合作举办独立学院活动,维护受教育者和独立学院的合法权益,促进高等教育事业健康发展,根据高等教育法、民办教育促进法、民办教育促进法实施条例,2008年2月,教育部出台《独立学院设置与管理办法》(教育部令第26号)(简称《管理办法》),其中包括总则、设立、组织与活动、管理与监督、变更与终止、法律责任等方面的内容。《管理办法》规定,本办法所称"独立学院",是指实施本科以上学历教育的普通高等学校与国家机构以外的社会组织或者个人合作,利用非国家财政性经费举办的实施本科学历教育的高等学校。独立学院是民办高等教育的重要组成部分,属于公益性事业。独立学院及其举办者应当遵守法律、法规、规章和国家有关规定,贯彻国家的教育方针,坚持社会主义办学方向和教育公益性原则。国家保障独立学院及其举办者的合法权益。国务院教育行政部门负责全国独立学院的统筹规划、综合协调和宏观管理。省、自治区、直辖市人民政府教育行政部门主管本行政区域内的独立学院工作,依法履行独立学院办学许可证的管理、招生简章和广告备案的审查、独立学院相关信息的发布、年度检查、表彰奖励、违法违规行为的查处等职责。2015年11月,根据《教育部关于废止和修改部分规章的决定》(教育部令第38号)对《管理办法》的第二十九条第一款进行了修正。同时,《国家中长期教育改革和发展规划纲要(2010—2020年)》(中发〔2010〕12号)(简称《教育规划纲要》)提出大力支持民办教育,具体包括完善独立学院管理和运行机制,深化办学体制改革试点,探索独立学院管理和发展的有效方式等。为了贯彻《教育规划纲要》的部署,2015年10月,《教育部国家发展改革委财政部关于引导部分地方普通本科高校向应用型转变的指导意见》(教发〔2015〕7号)提出引导部分地方普通本科高校向应用型转变,各地要结合本地本科高校的改革意愿和办学基础,在充分评估试点方案的基础上确定试点高校。试点高校应综合考虑民办本科高校和独立学院。

督导评估制度 建立对县级人民政府教育工作进行督导评估的制度,是按照党的十六大提出的决策、执行、监督相协调的要求,促进县级人民政府实施科教兴国战略、依法履行教育管理职责的一项重要举措。为进一步贯彻落实《国务院关于进一步加强农村教育工作的决定》(国发〔2003〕19号),2003年12月,国务院印发《国务院办公厅转发教育部关于建立对县级人民政府教育工作进行督导评估制度意见的通知》(国办发〔2004〕8号)(简称《通知》)。《通知》明确规定,对县级人民政府教育工作的督导评估由省级人民政府负责,主要从县级教育的领导职责、教育改革与发展、经费投入与管理、办学条件、教师队伍建设、教育管理六个方面进行评估。督导评估"坚持公开、公平、公正,坚持督政与督学相结合,鉴定性评估和发展性评估相结合,经常性检查和综合性督导评估相结合",先由县级自评,再由地级市复查,然后通过省级督导评估,最后进行结果反馈。为进一步落实教育督导评价制度,2011年1月,教育部出台了《中等职业教育督导评估办法》(教督〔2011〕2号),提出督导评估主要围绕中等职业教育发展的宏观政策建设与制度创新、经费投入、办学条件保障及发展水平与特色等方面内容进行。2012年9月,教育部出台了《教育部关于进一步加强中小学校督导评估工作的意见》(教督〔2012〕9号),提出对中小学学校章程与发展规划、资源的利用效率、教学质量、学生的健康成长和全面管理等情况进行督导评估。同年12月,教育部印发《学前教育督导评估暂行办法》(教督〔2012〕5号),提出学前教育督导评估的主要内容是督促检查、考核奖惩和问责机制、经费投入、学前教育资源、教师队伍建设、幼儿园"小学化"和学前教育发展水平等方面内容。

督学责任区建设 为贯彻落实《国家中长期教育改革和发展规划纲要(2010—2020年)》(中发〔2010〕12号),进一步健全教育督导制度,规范学校办学行为,教育部于2012年5月印发《教育部关于加强督学责任区建设的意见》(教督〔2012〕7号)(简称《意见》)。《意见》提出要充分认识加强督学责任区建设的意义,按照"因地制宜、分级负责、全面覆盖、推动工作"的原则设立督学责任区,责任区督学要按照"依法监督、正确指导、及时反馈、深入调研、合理建议"的工作方针,采取随机听课、查阅资料、列席会议、座谈走访、问卷调查、校园巡视等方式开展随机督导工作。责任区督学在同级教育督导部门的领导下开展工作,对中小学校督导检查实行组长负责制,进行随访督导。同时加强对督学责任区的管理。为了进一步加强中小学学校的督导工作,教育部2012年9月印发《教育部关于进一步加强中小学校督导评估工作的意见》(教督〔2012〕9号),要求规范督导评估管理,推行督学责任区制度,对责任区域的中小学校进行经常性督导工作,明确责任督学职责,加强对学校教育教学工作的督查和指导。2014年2月,为了落实《教育规划纲要》和《教育督导条例》(国务院令第624号)要求,国务院督导委员会办公室印发了《深化教育督导改革转变教育管理方式的意见》(国教督办〔2014〕3号),进一步强调了加强督学责任区建设的必要性,强调各地要结合本地实际加强督学责任区的制度建设,合理规划本区域内督学责任区,合理配备督学,建立督学工作长效机制。

督政、督学、评估监测三位一体的督导体系　为贯彻党的十八大及十八届二中、三中全会精神,落实《国家中长期教育改革和发展规划纲要(2010—2020年)》和《教育督导条例》(国务院令第624号)要求,推动教育事业的科学发展,国务院督导委员会办公室印发了《深化教育督导改革转变教育管理方式意见》(国教督办〔2014〕3号)(简称《意见》)。《意见》提出国家要建立督促地方政府依法履行教育职责的督政体制、指导各级各类学校规范办学提高教育质量的督学体制、科学评价教育教学质量的评估测量体系,形成督政、督学、评价监测三位一体的教育督导体系。《意见》强调,在督政方面,要重点做好四项工作:建立地方政府履行教育职责督导制度;建立专项督导制度,建立重大教育突发事件督导制度;做好义务教育均衡发展督导工作,建立省级义务教育均衡发展工作考核评估制度;建立对地方教育行政部门督导制度。在督学方面,应加强督学责任区建设,建立中小学校责任督学挂牌督导制度;加强学校视导队伍建设,建立学校视导员制度;积极开展对各级各类学校教育教学质量、办学条件、规范办学行为和实施素质教育的督导评估;针对教育热点难点问题认真开展专项督导,促使问题有效解决,特别是破解义务教育择校难题、减轻学生课业负担,及时回应社会关切。在评估监测方面,应建立健全各级各类教育质量监测指标体系,完善基础教育质量监测标准和工具,建立县域义务教育均衡发展监测制度和对地方政府发展教育事业情况监测制度;根据各级各类教育的发展现状和实际需要,开展教育质量监测工作;培育和扶持一批专业评估机构,引导社会力量参与教育质量评估监测;加强教育质量监测国际交流,积极参与国际组织的教育质量监测项目。同时,《教育部2015年工作要点》(教政法〔2015〕3号)再次强调要依法健全教育督导体系,加快形成督政、督学、评估监测三位一体的教育督导体系。

儿童发展综合统计制度　为促进我国经济和社会的发展,推进社会主义现代化建设,实现经济和社会的全面进步,培养、造就适应新世纪需要的高素质人才队伍,必须从儿童早期着手。国务院先后颁布了《中国儿童发展纲要(2001—2010年)》和《中国儿童发展纲要(2010—2020年)》,提出了儿童发展的主要目标和策略措施。十年来,国家加快完善保护儿童权利的法律体系,强化政府责任,不断提高儿童工作的法制化和科学化水平,我国儿童生存、保护、发展的环境和条件得到明显改善,儿童权利得到进一步保护,儿童发展取得了巨大成就。在监测与评估中,提出要建立儿童发展综合统计制度,目的在于规范和完善与儿童生存、发展有关的统计指标和分性别统计指标,将其纳入国家和部门常规统计和统计调查,建立和完善国家、省、地三级儿童发展监测数据库。

F

发展性评价 为贯彻《国家中长期教育改革和发展规划纲要(2010—2020年)》(中发〔2010〕12号),教育部印发了《教育信息化十年发展规划(2011—2020年)》(教技〔2012〕5号)和《教育部关于全面深化课程改革落实立德树人根本任务的意见》(教基二〔2014〕4号),提出要加强发展性评价,探索建立以学习者为中心的教学新模式;发挥评价促进学生成长、教师发展和改进教学实践的功能。为深化高等教育领域综合改革,破除束缚高校教师发展的体制机制障碍,教育部于2016年8月印发《教育部关于深化高校教师考核评价制度改革的指导意见》(教师〔2016〕7号),要求把握考核评价的基本原则,坚持发展性评价与奖惩性评价相结合,充分发挥发展性评价对于教师专业发展的导向引领作用,合理发挥奖惩性评价的激励约束作用,形成推动教师和学校共同发展的有效机制。积极推进发展性评价改革,引领教师专业发展。支持高校普遍建立教师发展中心,完善教师培训和专业发展机制。支持高校开展教师发展性评价改革,加大对教师专业发展的政策支持与经费投入。通过引领示范,以点带面,逐步全面推开发展性评价改革。

法治教育 2014年10月,《中共中央关于全面推进依法治国若干重大问题的决定》规定,把法治教育纳入国民教育体系,从青少年抓起,在中小学设立法治知识课程。为落实《国家中长期教育改革和发展规划纲要(2010—2020年)》(中发〔2010〕12号)提出的工作任务,落实依法治国的要求,2016年1月,教育部颁布《依法治教实施纲要(2016—2020年)》(教政法〔2016〕1号),要求全面加强学生法治教育,积极推进青少年法治教育实践基地建设,健全青少年法治教育支持体系,着力提升中小学法治教育教师专业素质。为深入贯彻党的十八届四中全会关于"将法治教育纳入国民教育体系,从青少年抓起,在中小学设立法治知识课程"的要求,全面落实加强法治教育的工作部署,2016年6月,教育部、司法部、全国普法办颁布《青少年法治教育大纲》(教政法〔2016〕13号)(简称《大纲》)。《大纲》指出,要充分认识到青少年法治教育的重要性和紧迫性。强调开展法治教育要以社会主义核心价值观为主线,以宪法教育为核心,以权利义务教育为本位,以贴近青少年实际、提高教育效果为目的,以构建系统完整的法治教育体系为途径,实现如下目标:以社会主义核心价值观为引领,普及法治知识,养成守法意识,使青少年了解、掌握个人成长和参与社会生活必需的法律常识和制度,明晰行为规则,自觉遵法、守法;规范行为习惯,培育法治观念,增强青少年依法规范自身行为、分辨是非、运用法律方法维护自身权益、通过法律途径参与国家和社会生活的意识和能力;践行法治理念,树立法治信仰,引导青少年参与法治实践,形成对社会主义法治道路的价值认同、制度认同,成为社会主义法治的忠实崇尚者、自觉遵守者、坚定捍卫者。《大纲》指出,青少年法治教育要以法律常识、法治理念、法治原则、法律制度为核心,围绕青少年的身心特点和成长需求,结合青少年与家庭、学校、社会、国家的关系,分阶段、系统安排公民基本权利义务、家庭关系、社会活动、公共生活、行政管理、司法制度、国家机构等领域的主要法律法规以及我国签署加入的重要国际公约的核心内容;按不同的层次和深度,将自由、平等、公正、民主、法治等理念,宪法法律至上、权利保障、权力制约、程序正义等法治原则,立法、执法、司法以及权利救济等法律制度,与法律常识教育相结合,在不同学段的教学内容中统筹安排、层次递进。要充分发挥学校主导作用,与家庭、社会密切配合,拓宽教育途径,创新教育方法,实现全员、全程、全方位育人。同时,要加强组织与制度保障,加强师资队伍建设,健全评价机制,完善教育教学资源保障和经费保障。同年9月,《关于加强青少年法治教育实践基地建设的意见》(教政法〔2016〕16号)出台,提出要更加结合实际建立青少年法治教育实践基地。2016年12月,中共中央办公厅、国务院办公厅印发《关于进一步把社会主义核心价值观融入法治建设的指导意见》,要求坚持从青少年抓起,切实把法治教育纳入国民教育体系,使青少年从小树立宪法意识、国家意识和法治观念。《国家教育事业发展"十三五"规划》(国发〔2017〕4号)也对开展法治教育作了部署。

翻转课堂　翻转课堂是指通过重新调整课堂内外的时间,将学习的决定权从教师转移给学生。在这种教学模式下,教师不再占用课堂的时间来讲授信息。课堂内的时间,学生更专注于主动的基于项目的学习。课后,学生自主规划学习内容、学习节奏、风格和呈现知识的方式,教师则采用讲授法和协作法来满足学生的需要和促成他们的个性化学习,其目标是为了让学生通过实践获得更真实的学习。学生可通过视频讲座、播客、电子书等数字资源在任何时候查阅材料,还能在网络上开展讨论。翻转课堂带来教学与学习模式的重大改变。2017年1月,《国家教育事业发展"十三五"规划》(国发〔2017〕4号)提出,全力推动信息技术与教育教学深度融合。建设课程教学与应用服务有机结合的优质在线开放课程和资源库,全面推进"优质资源班班通",鼓励教师利用信息技术提升教学水平、创新教学模式,利用翻转课堂、混合式教学等多种方式用好优质数字资源。

泛在学习环境　泛在学习是指利用信息技术为学习者提供一个可以在任何地方、任何时候使用手边可以取得的科技工具来进行学习活动的学习环境。泛在学习创造智能化的环境让学习者充分获取学习信息。在泛在学习环境中,学习者根据各自的需要在多样的空间以多样的方式进行学习,即所有的实际空间都成为学习的空间。2012年9月召开的第一次全国教育信息化工作电视电话会议提出,教育信息化是创造泛在学习环境的必由之路。教育信息化具有突破时空限制、快速复制传播的独特优势,可以创造无所不在的学习环境,提供丰富多样的教育资源和个性化的学习支持,使所有学习者都能随时、随地、随需开展学习,为构建人人皆学、时时能学、处处可学的学习型社会提供有力支撑。当前,多地已将泛在学习环境建设纳入到教育发展规划之中,如《上海市中长期教育改革和发展规划纲要(2010—2020年)》《浙江省发展和改革委员会浙江省教育厅关于印发浙江省教育事业发展"十三五"规划的通知》(浙发改规划〔2016〕554号)等。

防治中小学生欺凌和暴力　为全面推进依法治教,严肃校规校纪,规范学生行为,促进学生身心健康,2016年1月,教育部印发《依法治教实施纲要(2016—2020年)》(教政法〔2016〕1号),要求深化教育行政执法体制机制改革,对校园欺凌、性侵犯学生等违法犯罪行为建立"零容忍"机制,加强部门合作,会同政法部门依法严肃查处。为了加强校园欺凌的预防和处理,2016年4月,国务院教育督导委员会印发《国务院教育督导委员会办公室关于开展校园欺凌专项治理的通知》(国教督办函〔2016〕22号),要求开展以校园欺凌治理为主题的专题教育,开展品德、心理健康、安全教育和法制教育;完善校园欺凌的预防和处理制度、措施,建立校园欺凌事件应急处置预案,明确相关岗位教职工预防和处理校园欺凌的职责;加强校园欺凌治理的人防、物防和技防建设,开展学生心理健康咨询和疏导,公布学生救助或校园欺凌治理的电话号码并明确负责人;及时发现、调查处置校园欺凌事件,严肃处理实施欺凌的学生,对涉嫌违法犯罪的,要及时向公安部门报案并配合立案查处;加强对学校开展校园欺凌专项治理的指导和检查。在此基础上,进行全面自查、督查和总结,形成报告并逐级上报。为切实防治学生欺凌和暴力事件的发生,2016年11月,《教育部等九部门关于防治中小学生欺凌和暴力的指导意见》(教基一〔2016〕6号)出台,要求通过加强中小学生思想道德教育、法治教育和心理健康教育,开展预防欺凌和暴力专题教育等途径,积极有效地预防学生欺凌和暴力;依法依规处置学生欺凌和暴力事件,保护遭受欺凌和暴力学生身心安全;通过加强部门统筹协调,落实家长监护责任,加强平安文明校园建设等途径,形成防治学生欺凌和暴力的工作合力。

"放管服"改革　为落实党的十八大和十八届二中、三中、四中全会有关全面深化改革、加快转变政府职能的部署,2015年5月,国务院批准《2015年推进简政放权放管结合转变政府职能工作方案》(国发〔2015〕29号),提出了深入推进教科文卫体领域改革职能转变的要求:研究推进教科文卫体领域创新管理和服务;落实好教科文卫体领域取消下放的行政审批事项,加强对教科文卫体领域取消下放行政审批事项的事中事后监管措施;对教科文卫体领域现有行政审批事项进行全面梳理,逐项分析研究确需保留的事项;应该取消或下放的事项,以此为促进大众创业、万众创新和增加公共产品、公共服务清障搭台。同月,国务院召开推进简政放权放管结合职能转变工作电视电话会议,李克强总理在会上作了《简政放权放管结合优化服务深化行政体制改革切实转变政府职能》的讲话。根据国务院推进简政放权、放管结合、优化服务改革的要求,2016 年全国教育工作会议强调深化"放管服"改革,要求继续简政放权,深化管办评分离改革;创新监管方式,提高监管的针对性有效性;强化服务意识,让学校把更多的时间精力用在办学治校上。随后,教育部相继印发《教育部办公厅关于落实国务院决定取消中央指定地方实施行政审批事项的通知》(教政法厅〔2016〕1 号)和《教育部办公厅关于取消相关事项证明的公告》(教政法厅〔2016〕2 号)等文件。根据文件要求,各级教育行政部门要坚决贯彻落实国务院取消行政审批的决定,取消若干证明,并做好取消审批事项的后续衔接工作,加强后续监管;同时,加强对相关配套管理的规章和规范性文件的清理,坚持依法行政。

高等教育质量提升工程　为促进教育公平,提高教育质量,增强可持续发展能力,《国家中长期教育改革和发展规划纲要(2010—2020 年)》(中发〔2010〕12 号)指出要围绕教育改革发展战略目标,以加强薄弱环节和关键领域为重点,组织实施一批重大工程,其中就包括高等教育质量提升工程。高等教育质量提升工程包括实施中西部高等教育振兴计划,加强中西部地方高校优势学科和师资队伍建设;实施东部高校对口支援中西部高校计划,加大对中西部高校的扶持力度;支持建设一批高等学校产学研基地;实施基础学科和应用学科拔尖学生培养试验计划;继续实施"985 工程"和优势学科创新平台建设,继续实施"211 工程"并启动特色重点学科项目;继续实施"高校本科教学质量与教学改革工程"、"研究生教育创新"、"高校哲学社会科学繁荣计划"和"高校高层次创新人才计划"。

高等教育自学考试　为建立高等教育自学考试制度,完善高等教育体系,根据《宪法》"鼓励自学成才"的规定,1988 年 3 月,国务院发布《高等教育自学考试暂行条例》(简称《条例》),并根据《国务院关于修改部分行政法规的决定》(国务院令第 653 号)对其进行修订。《条例》包括考试机构、开考专业、考试办法、考籍管理、社会助学、毕业人员的使用与待遇、考试经费、奖励和处罚等方面内容。《条例》规定,高等教育自学考试,是对自学者进行以学历考试为主的高等教育国家考试,是个人自学、社会助学和国家考试相结合的高等教育形式。《条例》规定,中华人民共和国公民均可依照本条例的规定参加高等教育自学考试。高等教育自学考试的专科(基础科)、本科等学历层次,与普通高等学校的学历层次水平的要求应相一致。全国高等教育自学考试指导委员会(简称全国考委)负责全国高等教育自学考试工作。省、自治区、直辖市高等教育自学考试委员会在省、自治区、直辖市人民政府领导和全国考委指导下进行工作,具体负责贯彻执行高等教育自学考试的方针、政策、法规和业务规范,拟定开考专业,指定主考学校等工作。市辖区高等教育自学考试工作委员会在地区行署或市(区)人民政府领导和省考委的指导下,开展本地区高等教育自学考试的组织等工作。国家鼓励企业、事业单位和其他社会力量,根据高等教育自学考试的专业考试计划和课程自学考试大纲的要求,通过多种形式开展助学活动。同时,《条例》还对高等教育自学考试毕业证书获得者的工资待遇、考试经费的使用、违法行为的处罚等内容进行了规定。为了发展高等教育事业,实施科教兴国战略,《中华人民共和国高等教育法(2015年修正)》规定,国家实行高等教育自学考试制度,经考试合格的,发给相应的学历证书或者其他学业证书。为深化教育体制改革,根据《国家中长期教育改革和发展规划纲要(2010—2020年)》(中发〔2010〕12号)的部署,2010年10月,国务院印发《国务院办公厅关于开展国家教育体制改革试点的通知》(国办发〔2010〕48号),决定在部分地区和学校开展国家教育体制改革试点,要求完善高等教育自学考试、成人高等教育招生考试制度,探索构建人才成长"立交桥"。

高等学校本科教学质量与教学改革工程 为全面贯彻落实科学发展观,切实把高等教育重点放在提高质量上,2007年1月,教育部、财政部印发《教育部财政部关于实施高等学校本科教学质量与教学改革工程的意见》(教高〔2007〕1号),决定实施"高等学校本科教学质量与教学改革工程"(简称"质量工程")。为了加强"质量工程"项目管理,确保项目建设取得实效,根据文件要求和国家有关法律法规,2007年以来,教育部和财政部相继印发《高等学校本科教学质量与教学改革工程项目管理暂行办法》(教高〔2007〕14号)和《高等学校本科教学质量与教学改革工程专项资金管理暂行办法》(财教〔2007〕376号),以此保障"质量工程"项目的实施。同时,《国家中长期教育改革和发展规划纲要(2010—2020年)》(中发〔2010〕12号)(简称《教育规划纲要》)提出提高人才培养质量,继续实施"高等学校本科教学质量与教学改革工程"。为贯彻落实《教育规划纲要》和相关文件精神,深化本科教育教学改革,提高本科教育教学质量,2011年7月,教育部、财政部印发《教育部财政部关于"十二五"期间实施"高等学校本科教学质量与教学改革工程"的意见》(教高〔2011〕6号)(简称《意见》),决定在"十二五"期间继续实施"高等学校本科教学质量与教学改革工程"(简称"本科教学工程")。要求充分认识实施"本科教学工程"的重要意义,坚持以邓小平理论和"三个代表"重要思想为指导,通过实施"本科教学工程",初步形成中国特色的人才培养质量评价标准;形成一批引领改革的示范性专业;建成一批服务国家战略性新兴产业和艰苦行业发展需要的专业点;形成一批培养高素质人才的支撑专业点;建立与国际实质等效的工程、医学等专业认证体系;形成一批优质教育教学资源;建设开放共享的大学生实验实践教学平台;提高大学生解决实际问题的实践能力和创新创业能力;实现中青年教师培养培训常态化、制度化。"本科教学工程"项目建设主要包括质量标准建设、专业综合改革、国家精品开放课程建设与共享、实践创新能力培养和教师教学能力提升等方面内容。为了保障"本科教学工程"的顺利实施,要求规范建设资金使用与加强组织管理。根据《意见》的总体安排,教育部相继联合印发《教育部关于批准实施"十二五"期间"高等学校本科教学质量与教学改革工程"2012年建设项目的通知》(教高函〔2012〕2号)和《教育部关于批准实施"十二五"期间"高等学校本科教学质量与教学改革工程"2013年建设项目的通知》(教高函〔2013〕2号)等。

高等学校创新能力提升计划("2011计划") 为促进高等教育与科技、经济、文化的有机结合,大力提升高等学校的创新能力,支撑创新型国家和人力资源强国建设,2012年3月,教育部、财政部出台《教育部财政部关于实施高等学校创新能力提升计划的意见》(教技〔2012〕6号)(简称《意见》),决定实施"高等学校创新能力提升计划"(简称"2011计划")。《意见》要求按照"国家急需、世界一流"的要求,瞄准科学前沿和国家发展的重大需求,坚持需求导向、全面开放、深度融合、创新引领的基本原则,构建协同创新的新模式与新机制,形成有利于协同创新的文化氛围;建立一批"2011协同创新中心";推动知识创新、技术创新、区域创新的战略融合,支撑国家创新体系建设。《意见》将构建协同创新平台与模式、建立协同创新机制与体制作为重点任务,并从组织管理、操作实施、支持方式三个方面对计划的管理实施进行了规定。同年5月,为落实《意见》的组织实施,教育部、财政部下发《"高等学校创新能力提升计划"实施方案》(教技〔2012〕7号)(简称《方案》),进一步细化了"2011计划"中的总体目标和重点任务,并将协同创新中心分为四种类型。《方案》要求"2011计划"的实施要坚持统筹部署、分层实施、分类发展、择优支持、广泛聚集、多元投入的原则。由教育部、财政部联合成立"2011计划"领导小组,由来自有关部门、高校、科研机构、行业企业、社会团体以及国际的知名专家组成"2011计划"专家咨询委员会,引入相对独立的第三方评审、监督机制。"2011计划"的实施分为培育组建、评审认定、绩效评价三个步骤。经批准认定的"2011协同创新中心",国家、地方将根据实际情况和需求,给予新的、更大的政策支持力度,中央财政设立专项资金,给予引导性或奖励性支持。牵头和参与单位须严格按照国家财政的有关规定,加强对专项资金的监督和管理,一旦发生违规违纪现象,将从严从重处罚。情节严重的,可直接撤销"2011协同创新中心"。

高等学校分类入学考试　　为了推进素质教育实施和创新人才培养,《国家中长期教育改革和发展规划纲要(2010—2020年)》(中发〔2010〕12号)(简称《教育规划纲要》)要求进行考试招生制度改革,规划成立国家教育考试指导委员会,研究制定考试改革方案,指导考试改革试点,逐步实施高等学校分类入学考试,深化考试内容和形式改革,着重考查综合素质和能力。为了贯彻落实《教育规划纲要》精神,推动高等学校在新的历史起点上的科学发展,2012年3月,教育部制定《高等教育专题规划》(教高〔2012〕5号),要求改革高等学校考试招生制度,逐步实施高等学校分类入学考试,建立健全有利于优秀人才选拔的录取机制。同时,教育部印发的《国家教育事业发展第十二个五年规划》(教发〔2012〕9号),再次强调推进高等学校招生制度改革,成立国家教育考试指导委员会,对考试招生制度改革进行整体设计和评估论证,指导考试改革试点;要求开展高等学校分类入学考试改革,实行择优录取、自主录取、推荐录取、定向录取、破格录取等多种方式,有条件地区可对部分科目开展一年多次考试和社会化考试的试点,并将高中学业水平考试和综合素质评价有机纳入高等学校招生选拔工作。

高等学校考试招生制度改革 为进一步深化改革,以改革促发展,主动适应时代特点及其对人才素质能力结构的要求,着力引导人才全面素质的提高和创新人才的培养,使高考的作用进一步完善,1999年2月,教育部下发《教育部关于进一步深化普通高等学校招生考试制度改革的意见》(教学〔1999〕3号),要求在改革中始终坚持有助于高等学校选拔人才、有助于中学实施素质教育、有助于高等学校扩大办学自主权的三项原则,在高考科目设置改革方面,用三年左右的时间推行"3+X"科目设置方案,鼓励开展综合能力测试,以支持中学实施素质教育,引导中学生全面学习、掌握中学阶段相应的基础知识、基本技能,并形成较强的能力。在高考内容的改革方面,总体上将更加注重对考生能力和素质的考查;命题范围遵循中学教学大纲,但不拘泥于教学大纲;试题设计增加应用性和能力型题目。在高考形式改革方面,在一次性全国统考暂时不变的情况下,积极探索一年两次考试的方案,在试点的基础上待条件成熟时再实施。在录取方式改革方面,重点实施计算机网上录取。2001年5月,《国务院关于基础教育改革与发展的决定》规定,改革高等学校招生考试内容,探索多次机会、双向选择、综合评价的考试、选拔方式,推进高等学校招生考试和选拔制度改革。2008年1月,教育部下发《教育部关于普通高中新课程省份深化高校招生考试改革的指导意见》(教学〔2008〕4号),规定改革的主要任务是全面落实科学发展观,统筹高校招生考试、录取和中学综合评价,推进综合改革,建立在国家统一考试录取基础上的全面、综合、多元化的考试评价制度和高等学校多样化的选拔录取制度。具体包括:建立和完善对普通高中学生的综合评价制度,并逐步纳入高校招生选拔评价体系;进一步深化统一考试内容改革;进一步推进高等学校选拔录取模式和方式改革。改革的实施要加强组织领导,确保积极稳妥地实施高考改革,积极建设良好的高考改革环境。2010年7月,《国家中长期教育改革和发展规划纲要(2010—2020年)》(中发〔2010〕12号)提出要"完善高等学校考试招生制度,深化考试内容和形式改革,着重考查综合素质和能力。"2014年9月,国务院就深化考试招生制度改革下发《国务院关于深化考试招生制度改革的实施意见》(国发〔2014〕35号),提出要改进招生计划分配方式,改革考试形式和内容,改革招生录取机制,改革监督管理机制,启动高考综合改革试点。同时,要求加强组织领导,细化实施方案,有序推进改革实施。为进一步完善和规范高校自主招生试点工作,2014年12月,教育部下发《教育部关于进一步完善和规范高校自主招生试点工作的意见》(教学〔2014〕18

号),要求明确高校自主招生功能及定位,完善申请报名和审核程序,合理确定考核内容和形式,规范录取程序和要求,加强信息公开公示,严厉查处各类违规行为,自主招生考核要安排在全国统一高考后进行。此后,2015年与2016年全国教育工作会议均提到要"深入推进考试招生制度改革"。各省市也开始针对本地区情况出台相关政策,如上海市下发了《上海市深化高等学校考试招生综合改革实施方案的通知》(沪府发〔2014〕57号),浙江省印发了《浙江省人民政府关于印发浙江省深化高校考试招生制度综合改革试点方案的通知》(浙政发〔2014〕37号),这些制度和措施有力保证了高校入学考试与招生制度改革工作的平稳推进。

高等学校会计制度 为适应财政预算改革和高等学校经济业务发展需要,进一步规范高等学校的会计核算,提高会计信息质量,根据《中华人民共和国会计法》和《事业单位会计准则》(财政部令第72号),结合《高等学校财务制度》(财教〔2012〕488号),财政部于2013年12月对《高等学校会计制度(试行)》(财预字〔1998〕105号)进行了修订,并印发了《高等学校会计制度》(简称《制度》)。此前下发的《高等学校会计制度(试行)》(〔88〕教计字163号及〔98〕财预字第105号)失效。《制度》要求高等学校的会计核算在执行该制度的同时,还应当按照国家有关基本建设会计核算的规定单独建账、单独核算。高等学校会计核算一般采用收付实现制,并对于高校会计要素、会计科目财务报表编报作出了规定,同时对会计科目的名称及其编号分为资产类、负债类、净资产类、收入类、支出类等五大类作了说明,对会计条目的使用进行了界定。在会计报表格式和财务报表编制说明中对相关收支表应包含的项目和具体格式进行了说明。为了确保新旧制度顺利过渡,2014年1月,财政部下发了《新旧高等学校会计制度有关衔接问题的处理规定》(财会〔2014〕3号)(简称《规定》),规定了新旧高等学校会计制度有关衔接问题的处理。《规定》要求,从2014年1月起,各高等学校要按照新制度的规定进行会计核算和编报财务报表,将原账目余额作为期初余额转入新账,按照新制度编制资产负债表,并及时调整会计信息系统;按照新制度将基建账相关数据并入新账,在按国家有关规定单独核算基本建设投资的同时,将基建账相关数据并入单位会计"大账";新制度还设置了"累计折旧"科目,以核算高等学校对固定资产计提的累计折旧。随文下发的《新旧高等学校会计制度会计科目对照表》对于财务报表新旧科目衔接作出了说明。

《高等学校理事会规程》 为推进中国特色现代大学制度建设,健全高等学校内部治理结构,促进和规范高等学校理事会建设,增强高等学校与社会的联系和合作,根据《中华人民共和国高等教育法》及国家有关规定,2014年7月,教育部制定《普通高等学校理事会规程(试行)》(教育部令第37号)(简称《规程》)。《规程》要求高等学校应建立并完善理事会制度和章程,并向社会公布理事会组成及其章程。理事会组成人员一般不少于21人,各方面代表在理事会所占的比例应当相对均衡,可设理事长一名,副理事长若干名;理事会每届任期一般为5年,理事可以连任,可设秘书处,负责安排理事会会议。理事会应当建立例会制度,每年至少召开一次全体会议,会议应遵循民主协商的原则,建立健全会议程序和议事规则。高等学校应当提供必要的经费保证理事会正常开展活动。理事会的主要作用为:密切社会联系,提升社会服务能力,与相关方面建立长效合作机制;扩大决策民主,保障与学校改革发展相关的重大事项,在决策前,能够充分听取相关方面意见;争取社会支持,丰富社会参与和支持高校办学的方式与途径;完善监督机制,健全社会对学校办学与管理活动的监督、评价机制,提升社会责任意识。理事会主要职责为:审议通过理事会章程、章程修订案;决定理事的增补或者退出;就学校发展相关的重大问题进行决策咨询或者参与审议;参与审议学校开展社会合作,提出咨询建议,支持学校开展社会服务;研究学校面向社会筹措资金、整合资源的目标、规划等,监督筹措资金的使用;参与评议学校办学质量,提出合理化建议或者意见;学校章程规定或者学校委托的其他职能。《规程》指出,高等学校使用董事会、校务委员会等名称建立的相关机构适用本规程。民办高等学校理事会或者董事会不适用《规程》,但可参照《规程》,适当扩大理事会组成人员的代表性。

高等学校青年骨干教师国内访问学者接受计划 根据全国人才工作会议精神和《2003—2007年教育振兴行动计划》(国发〔2004〕5号)的部署,为推进高等学校大力实施人才强校战略,实施高等学校"高层次创造性人才计划",2004年6月以来,教育部相继印发《教育部关于〈高等学校"高层次创造性人才计划"实施方案〉和有关实施办法的通知》(教人〔2004〕4号)和《高等学校青年骨干教师国内访问学者项目实施办法》(教人厅〔2004〕8号)等文件,提出实施"高等学校青年骨干教师国内访问学者项目"。选派对象应是国内重点高等学校、国家重点学科、重点科研基地的青年骨干教师;国内访问学者的培养工作实行指导教师负责制;设立"高等学校教师国内访问学者资金";通过个人申请、单位推荐、教育部宏观调控的方式,每年选拔1000名高等学校青年骨干教师赴国内重点高等学校参与科研工作,跟踪学术前沿。为进一步发展民族地区高等教育,2005年10月,教育部印发《教育部关于贯彻落实〈中共中央国务院关于进一步加强民族工作加快少数民族和民族地区经济社会发展的决定〉做好民族教育工作的通知》(教民〔2005〕13号),要求通过"西部之光"、"高等学校青年骨干教师国内访问学者"、"博士服务团"等项目向民族地区的倾斜,促进民族地区高校的学术交流和教师队伍建设。为了做好高等学校青年骨干教师国内访问学者工作,教育部颁布《关于做好2006年高等学校青年骨干教师国内访问学者工作的通知》(教人司〔2006〕123号)、《关于做好2008年高等学校青年骨干教师国内访问学者工作的通知》(教人司〔2008〕24号)。为深入贯彻落实《国家中长期教育改革和发展规划纲要(2010—2020年)》(中发〔2010〕12号)和《国务院关于加强教师队伍建设的意见》(国发〔2012〕41号),进一步加强高等学校青年教师队伍建设,2012年9月,教育部、中央组织部、中央宣传部等部门联合颁布《教育部中央组织部中央宣传部国家发展改革委财政部人力资源和社会保障部关于加强高等学校青年教师队伍建设的意见》(教师〔2012〕10号),要求:扩大国家公派留学"高等学校青年骨干教师出国研修项目"(包括在站博士后研究人员)选派规模,名额分配向中西部地区高校倾斜;各地各校要积极拓宽渠道,支持青年教师赴海外进修深造,参加国际学术交流和合作研究。为做好2013年高等学校青年骨干教师国内访问学者选派工作,2013年3月,教育部颁布《关于做好2013年高等学校青年骨干教师国内访问学者选派工作的通知》(教师司〔2013〕18号),提出2013年《高等学校青年骨干教师国内访问学者项目》计划资助1000名左右高等学校青年骨干教师,重点支持地方高校。2016年4月,教育部下发《关于做好2016年高等学校青年骨干教师国内访问学者选派工作的通知》(教师司〔2016〕11号),要求做好国内访问学者的选派工作。

高等学校青年骨干教师培养计划　为了提升教师队伍整体素质,吸引、稳定和培养有志于高等教育事业的优秀青年骨干教师,促使高校制定青年骨干教师培养计划,鼓励和支持青年骨干教师在职提升学位层次和学术水平,2004年6月,教育部印发《"青年骨干教师培养计划"实施办法》(教人〔2004〕4 号)(简称《办法》)。《办法》要求坚持学校主体原则、项目引导原则、全面提高素质原则、向中西部高等学校倾斜原则。《办法》规定将不定期向社会公布各高等学校教师特别是青年教师的结构状况,将高等学校培养青年骨干教师的成绩和效果作为高等学校水平评估的一项重要指标;追踪青年骨干教师的工作情况,并作为资助高等学校培养教师工作的重要依据之一;高等学校要采取相应政策措施,努力提高教师整体学位层次,加大博士后流动站建设力度,积极吸引出站人员充实教师队伍。教育部将实施"高等学校青年骨干教师在职学位提升项目"、"高等学校青年骨干教师出国研修项目"、"高等学校青年骨干教师国内访问学者项目"、"高等学校青年骨干教师高级研修班"并继续实施"高等学校全国优秀博士学位论文作者资助项目"、"留学回国人员科研启动基金项目",并辅之以名师巡讲和精品课程推广使用,开展教师培训(讲习)班等多种措施推动高等学校青年骨干教师队伍建设。为了贯彻落实《2003—2007 年教育振兴行动计划》(国发〔2004〕5 号),2004 年 10 月,教育部办公厅印发了《高等学校青年骨干教师国内访问学者项目实施办法》(教人厅〔2004〕8 号),决定实施"高等学校青年骨干教师国内访问学者项目"。根据《国家中长期教育改革和发展规划纲要(2010—2020 年)》(中发〔2010〕12 号)(简称《教育规划纲要》),2011 年教育部制定了《全国教育人才发展中长期规划(2010—2020 年)》(教人〔2011〕1 号),提出通过实施"高校哲学社会科学繁荣计划"、"新世纪优秀人才支持计划"、"高等学校青年骨干教师培养计划",加大对青年学术英才的培养支持力度。为深入贯彻《教育规划纲要》和《国务院关于加强教师队伍建设的意见》(国发〔2012〕41 号),进一步加强高等学校青年教师队伍建设,教育部等六部门联合下发了《教育部中央组织部中央宣传部国家发展改革委财政部人力资源和社会保障部关于加强高等学校青年教师队伍建设的意见》(教师〔2012〕10 号),要求培养一批创新思维活跃、学术视野宽阔、发展潜力大的青年骨干教师和学科带头人。

高等学校体育工作标准 为深入贯彻落实《中共中央国务院关于加强青少年体育增强青少年体质的意见》(中发〔2007〕7 号)和《国家中长期教育改革和发展规划纲要(2010—2020 年)》(中发〔2010〕12 号),推动学校体育科学发展,促进学生健康成长,2012 年 10 月,国务院出台《国务院办公厅转发教育部等部门关于进一步加强学校体育工作若干意见的通知》(国办发〔2012〕53 号),提出教育部将组织制订高等学校体育工作基本标准和高等职业学校体育课程教学指导纲要,并适时组织开展高等学校体育工作评估。为落实上述文件精神,加强高等学校体育工作,切实提高高校学生体质健康水平,促进学生全面发展,2014年6月,教育部出台《高等学校体育工作基本标准》(教体艺〔2014〕4号)(简称《基本标准》)。《基本标准》是对全日制普通高等学校体育工作的基本要求,也是评估、检查高等学校体育工作的重要依据。《基本标准》规定,体育工作要全面贯彻党的教育方针,服务立德树人根本任务,将学校体育纳入学校全面实施素质教育的各项工作。统筹规划学校体育发展,把增强学生体质和促进学生健康作为学校教育的基本目标之一和重要工作内容。设置体育工作机构,配备专职干部、教师和工作人员,同时加强体育工作管理。《基本标准》还对体育课程设置与实施、课外体育活动与竞赛、学生体质监测与评价,以及基础能力建设与保障等方面的内容进行了规定。为了贯彻《基本标准》的要求,教育部印发《教育部办公厅关于组织开展〈高等学校体育工作基本标准〉实施情况专项调研的通知》(教体艺厅函〔2016〕11号),检查《基本标准》落实情况。

高等学校信息公开制度 为保障公民、法人和其他组织依法获取高等学校信息,促进高等学校依法治校,根据高等教育法和政府信息公开条例的有关规定,2014年4月,教育部发布《高等学校信息公开办法》(教育部令第29号)(简称《办法》)。《办法》规定,高等学校在开展办学活动和提供社会公共服务过程中产生、制作、获取的以一定形式记录、保存的信息,应当按照有关法律法规和本办法的规定公开。国务院教育行政部门负责指导、监督全国高等学校信息公开工作。省级教育行政部门负责统筹推进、协调、监督本行政区域内高等学校信息公开工作。办法还就总则、公开的内容、公开的途径和要求、监督和保障等内容进行了规定。为进一步推进高校信息公开工作,扩大社会监督,提高教育工作透明度,根据《中华人民共和国政府信息公开条例》《高等学校信息公开办法》,2014年7月,教育部又发布了《教育部关于公布〈高等学校信息公开事项清单〉的通知》(教办函〔2014〕23号),对确保信息真实及时、建立即时公开制度、完善年度报告制度、构建统一公开平台、加强公开监督检查等内容进行了规定。

高等学校学生奖学金制度 为激励普通本科高校、高等职业学校学生勤奋学习、努力进取,在德、智、体、美等方面得到全面发展。2007年6月,财政部、教育部开始实施《普通本科高校、高等职业学校国家奖学金管理暂行办法》(财教〔2007〕90号)(简称《办法》),《国家助学奖学金管理办法》(财教〔2005〕75号)同时废止。《办法》规定了国家奖学金的奖励标准与基本申请条件,名额分配与预算下达程序,评审程序及公示要求,奖学金发放、管理与监督办法。《办法》规定,本办法所称普通本科高校、高等职业学校是指根据国家有关规定批准设立、实施高等学历教育的全日制普通本科高等学校、高等职业学校和高等专科学校。国家奖学金由中央政府出资设立,用于奖励高校全日制本专科学生中特别优秀的学生。同月,财政部、教育部出台《普通本科高校、高等职业学校国家励志奖学金管理暂行办法》(财教〔2007〕91号),用于奖励资助高校全日制本专科学生中品学兼优的家庭经济困难学生。同时,《国家中长期教育改革和发展规划纲要(2010—2020年)》(中发〔2010〕12号)也要求,健全国家资助政策体系,根据经济发展水平和财力状况,建立国家奖助学金标准动态调整机制。

《高等学校预防与处理学术不端行为办法》 为有效预防和严肃查处高等学校发生的学术不端行为,维护学术诚信,促进学术创新和发展,根据相关法律法规,教育部发布《高等学校预防与处理学术不端行为办法》(教育部令第40号)(简称《办法》)。《办法》包括总则、教育与预防、受理与调查、认定、处理、复核和监督等内容。《办法》要求高等学校应当完善学术治理体系,建立科学公正的学术评价和学术发展制度;开展学术规范和学术诚信教育;建立健全科研管理制度,健全学术规范监督机制;建立教学科研人员学术诚信记录。高等学校应当明确具体部门,负责受理对本校教学科研人员、管理人员及学生学术不端行为的举报。应以书面方式实名举报;以匿名方式举报,但事实清楚、证据充分或者线索明确的,高等学校应当视情况予以受理;对媒体公开报道、其他学术机构或者社会组织主动披露的涉及本校人员的学术不端行为,高等学校应当主动进行调查处理。高等学校受理机构认为举报材料符合条件的,应当交由学校学术委员会按照相关程序组织开展调查,并通知举报人;不予受理的,应当书面说明理由。高等学校学术委员会应当组成调查组负责调查,在查清事实的基础上形成调查报告,学校学术委员会应当对调查报告进行审查。高等学校应当根据学术委员会的认定结论和处理建议,结合行为性质和情节轻重,对学术不端行为责任人作出处理,同时向有关主管部门提出处理建议。经调查认定,不构成学术不端行为的,高等学校应当通过一定方式为其消除影响、恢复名誉等。举报人或者学术不端行为责任人对处理决定不服的,可以书面形式向高等学校提出异议或复核申请,对复核决定不服可向有关主管部门提出申诉。对本校发生的学术不端行为,未能及时查处并做出公正结论的,主管部门应当追究相关领导的责任。高等学校有组织地实施学术不端行为的,将撤销高等学校由此获得的相关权利,并追究学校主要负责人、直接负责人的责任。

《高等学校学术委员会规程》 为促进高等学校规范和加强学术委员会建设,完善内部治理结构,保障学术委员会在教学、科研等学术事务中有效发挥作用,2014年1月,教育部根据《中华人民共和国高等教育法》及相关规定,制定《高等学校学术委员会规程》(教育部令第35号)(简称《规程》)。《规程》包括总则、组成规则、职责权限和运行制度等内容。《规程》规定,高等学校应当依法设立学术委员会,并以学术委员会作为校内最高学术机构,学校应当结合实际,依据《规程》制定学术委员会章程或通过学校章程。学术委员会的运行经费,应当纳入学校预算安排。高等学校学术委员会应当遵循学术规律,鼓励学术创新,促进学术发展和人才培养。学术委员会应由学校不同学科、专业的教授及具有正高级以上专业技术职务的人员组成,并应当有一定比例的青年教师。学术委员会委员实行任期制,任期一般可为4年,可连选连任,但连任最长不超过2届,委员任职及辞职需经学术委员会全体会议讨论决定。学术委员会设立秘书处,处理学术委员会的日常事务;学术委员会实行例会制度,每学期至少召开1次全体会议,议事决策实行少数服从多数的原则。可以根据议题,设立旁听席,允许相关学校职能部门、教师及学生代表列席旁听。决定应当予以公示,并设置异议期。建立年度报告制度,对学术委员会的运行及履行职责的情况进行总结并提交教职工代表大会审议。学术委员会委员享有以下权利:知悉或质询与学术事务相关的学校各项管理制度、信息等;对学校学术事务及学术委员会工作提出建议、实施监督。履行以下义务:遵守国家法律法规、遵守学术委员会章程、积极参加学术委员会会议及有关活动。学术委员会要审议如下事务:学科、专业及教师队伍建设规划,以及科学研究、对外学术交流合作等重大学术规划;自主设置或者申请设置学科专业;学术机构设置方案;教学科研成果、人才引进人选,人才培养质量的评价标准及考核办法;学术评价、争议处理规则,受理有关学术不端行为的举报;学位授予标准及细则,学术委员会专门委员会组织规程；学校教师职务聘任的学术标准与办法；其他学术事务。

高等学校学位评定委员会 为了促进我国科学专门人才的成长,促进各门学科学术水平的提高和教育、科学事业的发展,以适应社会主义现代化建设的需要,1980年2月,全国人大常委会通过《中华人民共和国学位条例》,1981年5月,国务院批准实施《中华人民共和国学位条例暂行实施办法》,对学位评定委员会的相关职责、人员组成、任期等进行了规定。2004年8月,全国人大常委会审议通过《中华人民共和国学位条例(2004年修正)》(简称《条例》)。《条例》规定,授予学位的高等学校和科学研究机构(简称学位授予单位)及其可以授予学位的学科名单,由国务院学位委员会提出,经国务院批准公布。学位授予单位,应当设立学位评定委员会。委员会成员应包括学位授予单位主要负责人和教学、研究人员。学位评定委员会主席由学位授予单位具有教授、副教授或相当职称的主要负责人担任；参加学位评定委员会的教学人员从本校讲师以上教师中遴选；授予学士学位、硕士学位和博士学位的单位,参加学位评定委员会的教学、研究人员,主要应当从本单位副教授、教授或相当职称专家中遴选；授予博士学位的单位,学位评定委员会中至少应当有半数以上的教授或相当职称的专家。学位评定委员会可以按学位的学科门类,设置若干分委员会,协助学位评定委员会工作。学位评定委员会主要职责为：审查通过接受申请硕士学位和博士学位的人员名单；确定硕士学位的考试科目、门数和博士学位基础理论课和专业课的考试范围,审批主考人和论文答辩委员会成员名单；通过学士学位获得者的名单；作出授予硕士学位的决定；审批申请博士学位人员免除部分或全部课程考试的名单；作出授予博士学位的决定；通过授予名誉博士学位的人员名单；作出撤销违反规定而授予学位的决定；研究和处理授予学位的争议和其他事项。当非学位授予单位和学术团体对于授予学位的决议和决定持有不同意见时,可以向学位授予单位或国务院学位委员会提出异议,学位授予单位或国务院学位委员会应当对提出的异议进行研究和处理。

高等学校哲学社会科学繁荣计划 为贯彻落实《国家中长期教育改革和发展规划纲要(2010—2020年)》(中发〔2010〕12号)和《中共中央办公厅、国务院办公厅转发《教育部关于深入推进高等学校哲学社会科学繁荣发展的意见》的通知》(中办发〔2011〕31号),全面规划2011—2020年高等学校哲学社会科学发展,2011年11月,教育部、财政部制定了《高等学校哲学社会科学繁荣计划(2011—2020年)》(教社科〔2011〕3号)(简称《计划》)。《计划》规定未来十年的主要任务是:大力提升人才培养、科学研究、社会服务、文化传承创新的能力和水平;全面提高高等教育质量,积极推进高等学校哲学社会科学创新体系建设,为建设国家哲学社会科学创新体系,构建以当代中国马克思主义为指导,具有中国特色、中国风格、中国气派的哲学社会科学提供有力支撑,为全面建设小康社会作出新贡献。《计划》将建设重点放在马克思主义理论研究和建设工程、人文社会科学重点研究基地建设、哲学社会科学基础研究、哲学社会科学应用对策研究、哲学社会科学优秀成果推广普及、哲学社会科学优秀成果和优秀人才推向世界、哲学社会科学基础支撑和信息化建设的加强、哲学社会科学优秀成果评奖和表彰八个方面。《计划》由中央财政支持,也鼓励地方积极筹措经费。为了规范、繁荣计划的资金管理,教育部、财政部联合制定了《高等学校哲学社会科学繁荣计划专项资金管理办法》,共同成立繁荣计划管理委员会,建立和完善包括经费在内的管理体制,对于组织实施也进行了规定。

高等学校智库建设 为推进中国特色新型高校智库建设,为党和政府科学决策提供高水平智力支持,2014年2月,教育部下发《中国特色新型高校智库建设推进计划》(教社科〔2014〕1号)(简称《计划》)。《计划》将高校智库的功能定位为:为国家科学决策提供理论支撑,针对重大问题提供针对性、操作性的政策建议,培养中国特色复合型智库人才,解答社会热点问题,引导社会舆论,开展人文交流,推动公共外交。要求建立以学者为核心、以机构建设为重点、以项目为抓手、以成果转化平台为基础的形式多样、结构合理的高校智库组织形式。《计划》要求智库要根据国家需要,将经济建设、政治建设、文化建设、社会建设、生态文明建设、党的建设、外交与国际问题、"一国两制"实践与推进祖国统一作为主攻方向;以2011协同创新中心和人文社科重点积极建设为抓手,以高校哲学社会科学"走出去计划"为依托,通过社科专题数据库和实验室建设计划、高等学校软科学研究基地建设,打造新型智库机构;借助高端智库人才计划、科研骨干研修跟踪培养计划和智库人才交流,着力打造高校智库队伍。《计划》要求从健全管理体制、政策支持、经费保证三个方面为智库的建设提供保障。为深入贯彻落实党的十八大和十八届三中、四中全会精神,加强中国特色新型智库建设,2015年1月,中共中央办公厅、国务院办公厅印发《关于加强中国特色新型智库建设的意见》,提出深入实施中国特色新型高校智库建设推进计划,推动高校智力服务能力整体提升,深化高校智库管理体制改革,实施高校哲学社会科学走出去计划以推动高校智库发展完善。

高等职业教育创新发展行动计划 为贯彻落实《国务院关于加快发展现代职业教育的决定》(国发〔2014〕19号)和全国人大常委会职业教育法执法检查有关要求,2015年10月,教育部下发了《高等职业教育创新发展行动计划(2015—2018年)》(教职成〔2015〕9号)(简称《行动计划》)。《行动计划》包括总体要求、主要任务与举措、保障措施等内容。高等职业教育创新发展行动计划要求坚持政府推动与引导社会力量参与相结合、坚持顶层设计与支持地方先行先试相结合、坚持扶优扶强与提升整体保障水平相结合、坚持教学改革与提升院校治理能力相结合的基本原则。力争通过三年建设,使高等职业教育整体实力显著增强,人才培养的结构更加合理、质量持续提高,服务"中国制造2025"的能力和服务经济社会发展的水平显著提升,促使高等教育结构优化成效更加明显。《行动计划》要求将扩大优质教育资源的总量和覆盖面、增强院校办学活力、加强技术技能积累、完善质量保障机制、着力提升思想政治教育质量作为主要任务。教育部负责协调,国务院相关部门牵头制定国家层面的政策、制度和标准,省级政府是实施行动计划的责任主体,各地教育行政部门要统筹规划,保证任务落实,强化管理督查。

高等职业教育考试招生制度改革 《国家中长期教育改革和发展规划纲要(2010—2020年)》(中发〔2010〕12号)(简称《教育规划纲要》)提出"探索招生与考试相对分离的办法,政府宏观管理,专业机构组织实施,学校依法自主招生,学生多次选择,逐步形成分类考试、综合评价、多元录取的考试招生制度"。为贯彻落实党的十八大精神和《教育规划纲要》,着力构建现代职业教育体系和技术技能人才培养"立交桥",2013年4月,教育部下发《教育部关于积极推进高等职业教育考试招生制度改革的指导意见》(教学〔2013〕3号),要求按照有利于科学选拔人才、促进学生健康发展和维护社会公平的原则,逐步与普通高校本科考试分离,重点探索"知识+技能"的考试评价办法,逐步形成省级政府为主统筹管理,学生自主选择、学校多元录取、社会有效监督的中国特色高等职业教育考试招生制度。招生学校可依据考生相关文化成绩和技能成绩,建立以高考为基础的考试招生办法;示范性高等职业学校和现代学徒制试点学校等,可于高考前单独组织文化和技能考试,以改革单独考试招生办法;办学定位明确及招生管理规范的高等职业学校的社会急需的特色专业,可于高考前依据考生普通高中学业水平考试成绩和综合素质评价结果,择优录取,以探索综合评价招生办法;完善面向中职毕业生的技能考试招生办法;高等职业学校要进一步优化面向初中应届毕业生的三二分段制和五年一贯制招生专业结构,合理安排招生计划以规范中高职贯通的招生办法;实施技能拔尖人才免试招生办法,从而建立和完善多样化的高等职业教育考试招生方式。各省(区、市)要加强组织领导,制定配套政策和实施方案,并报教育部备案;要不断完善考试科目、内容、方式和录取办法,提高高等职业教育人才选拔的科学性;要深入实施高校招生阳光工程,进一步加大信息公开力度,确保公平公正;要全面深入宣传改革的意义和相关政策,营造良好社会氛围。此外,2015年全国教育工作会议提出要重点抓好中高职衔接、职普沟通、分类考试招生等制度建设,打通职业教育学生上升流动的通道。为深化考试招生制度改革,2016全国教育工作会议提出要加快推行高职分类考试,进一步扩大录取比例。

高等职业教育生均拨款制度 为提升职业教育发展保障水平,2014年5月,国务院印发《国务院关于加快发展现代职业教育的决定》(国发〔2014〕19号)(简称《决定》),提出地方人民政府要依法制定并落实职业院校生均经费标准或公用经费标准,改善职业院校基本办学条件;建立完善以促进改革和提高绩效为导向的高等职业院校生均拨款制度,引导高等职业院校深化办学机制和教育教学改革。根据《决定》有关精神,为促进高等职业教育(简称高职教育)改革发展,整体提高高等职业院校(含高等专科学校,以下简称高职院校)经费水平和人才培养质量,促进高职院校办出特色、办出水平,2014年10月,财政部、教育部下发《财政部教育部关于建立完善以改革和绩效为导向的生均拨款制度加快发展现代高等职业教育的意见》(财教〔2014〕352号),要求认识到建立完善以改革和绩效为导向的高职院校生均拨款制度的重要意义,进一步加大高职教育财政投入,逐步健全多渠道筹措高职教育经费的机制。要求坚持明确责任、多元投入、促进改革、注重绩效的原则,通过明确生均拨款制度的实施范围,科学合理确定拨款标准,注重发挥导向作用,建立以地方为主的高职院校生均拨款制度。文件提出,从 2014 年起,中央财政建立"以奖代补"机制,激励和引导各地建立完善高职院校生均拨款制度,促进高职教育改革发展。各地财政、教育等相关部门要落实工作职责,健全工作机制,切实加强组织领导,共同推进建立完善高职院校生均拨款制度;要积极推动高职院校围绕发展现代高职教育转变办学理念,着力推进改革创新;要积极探索建立高职教育经费使用绩效评价机制,积极开展绩效评价;要充分发挥现代信息技术的作用,切实加强管理监督,确保学生数等信息真实准确。省级财政、教育部门要强化省级督促引导举办高职院校的市、县级政府,落实建立完善所属高职院校生均拨款制度所需经费。

高考综合改革试点　为贯彻落实党中央、国务院决策部署,深化考试招生制度改革,2014 年 9 月,国务院印发《国务院关于深化考试招生制度改革的实施意见》(国发〔2014〕35 号)(简称《意见》)。《意见》提出启动高考综合改革试点。首先,改革考试科目设置。增强高考与高中学习的关联度,考生总成绩由统一高考的语文、数学、外语 3 个科目成绩和高中学业水平考试 3 个科目成绩组成;保持统一高考的语文、数学、外语科目不变、分值不变,不分文理科,外语科目提供两次考试机会;计入总成绩的高中学业水平考试科目,由考生根据报考高校要求和自身特长,在思想政治、历史、地理、物理、化学、生物等科目中自主选择。其次,改革招生录取机制,探索基于统一高考和高中学业水平考试成绩、参考综合素质评价的多元录取机制;高校要根据自身办学定位和专业培养目标,研究提出考生高中学业水平考试科目报考要求和综合素质评价使用办法,提前向社会公布。再次,开展改革试点,按照统筹规划、试点先行、分步实施、有序推进的原则,选择有条件的省(市)开展高考综合改革试点;及时调整充实、总结完善试点经验,切实通过综合改革,更好地贯彻党的教育方针,全面实施素质教育,增加学生的选择性,分散学生的考试压力,促进学生全面而有个性的发展;2014 年上海市、浙江省分别出台高考综合改革试点方案,从 2014 年秋季新入学的高中一年级学生开始实施;试点要为其他省(区、市)高考改革提供依据。为了"落实并深化考试招生制度改革"要求,2016 年 2 月,教育部印发《教育部关于做好 2016 年普通高校招生工作的通知》(教学〔2016〕3 号),要求上海市、浙江省教育行政部门要切实抓好高考综合改革试点工作,及时研究解决改革进程中的困难和问题,有关高校要积极配合拟启动高考综合改革试点的省份,切实做好提出高中学业水平考试科目要求和综合素质评价使用办法的工作。同时,参加高考综合改革试点省(市)招生的高校,要按试点省(市)要求提前确定招生专业(或专业类)对高中学业水平考试的科目要求及学生综合素质档案材料的使用办法等,提前向社会公布。

高校国际交流与合作 2011年8月,在《国家中长期教育改革和发展规划纲要(2010—2020年)》(简称《教育规划纲要》)颁布实施一周年教育部党组务虚会上,教育部国际合作与交流司(港澳台事务办公室)对全国教育工作会议召开一年来的高校国际交流与合作进展进行了总结。指出,《教育规划纲要》实施一年来,中外合作办学审批工作常态化得到有效推动:依法批准设立中山大学中法核工程与技术学院,批准华东师范大学和纽约大学合作筹备并设立具有法人资格的上海纽约大学;中外合作办学监管工作得到有效推进,加强监管工作信息平台、颁发证书认证注册平台、质量评估机制和执法处罚机制建设,完成辽宁、天津、江苏、河南四省市中外合作办学评估试点工作;会议发布并实施《留学中国计划》,提出"扩大规模、优化结构、规范管理、保证质量"的工作方针,启动由教育部等六个部委组成的来华留学工作部际协调机制建设;设立中美人文交流专项奖学金;印发了《教育部外交部关于进一步做好在外留学人员工作的意见》,及时调整了33个国家正规高等院校名单;建立"中俄学院"和"中俄工科大学联盟"合作平台、中德职教合作联盟以及中德高教战略合作伙伴关系;启动"亚洲校园"试点项目,促进中日韩大学学分互认及人才联合培养。在此基础上,教育部国际合作与交流司(港澳台事务办公室)拟继续制定《教育部关于推动高等教育中外合作办学科学发展的若干意见》(简称《意见》),鼓励高等教育和职业教育中外合作办学。《意见》提出成立全国中外合作办学专家评议委员会,推进中外合作办学项目审批改革试点,建立全国统一的中外合作办学机构和项目信息发布平台及违规通报制度;全面实施本科以上中外合作办学机构和项目质量评估,探索建立中外合作办学质量认证制度;按照"官民并举、双边多边互动"的原则,全方位、多层次、有重点、分步骤推进教育国际交流与合作;重点巩固中美、中俄人文合作两大支柱,丰富中国与东盟、东北亚、非洲、阿拉伯、拉美、上海合作组织合作内涵,提升合作质量;推动建立中国—欧盟人文交流机制;按照"改革创新、促进发展、转变职能、简政放权"的思路,重点在中外合作办学、扩大来华留学规模、来华留学生管理培养模式和加强区域性教育交流与合作四个方面,配合和支持地方及高校开展教育体制改革试点项目,推进办学体制、管理体制、保障机制和人才培养模式改革。

高校民族预科班　为加快培养少数民族人才,提高少数民族高等教育质量、培养合格的少数民族专门人才,1992 年 11 月,国家教育委员会发布《国家教委办公厅关于加强普通高等学校少数民族预科班工作的意见》(教民厅〔1992〕17 号)(简称《意见》)。《意见》规定高等院校民族预科班的任务是采取特殊措施,加强少数民族学生文化基础知识的学习,为其进入高等院校本、专科学习,打下扎实的基础。预科班招生计划,由有关省、自治区、国务院有关部委及其教育部门制定,要注意面向边疆和农、牧、山区定向招生,从参加当年高考的少数民族考生中择优录取。学生的学习时间一般为一年,最多不超过两年。预科后的所学专业,应在预科招生时确定,除特殊情况外,一般不再变动。预科学生实行淘汰制,学习期满后,政治表现好,经举办预科的学校和接受学生的高校共同按国家教委有关规定进行考核,成绩合格者,可直接升入有关高等学校学习,不再参加全国高校统一招生考试;不合格者退回原地。《意见》要求各高校制定适用的教学计划,编写教学大纲和教材。主管部门按财政部核定标准和学生人数下达经费,预科班学生的待遇,根据国家教委、财政部(87)教计字 139 号文件规定,在预科学习期间,按民族学院学生标准同等对待;转入本、专科后,按所在学校规定标准执行。随后又相继下发《国家教委办公厅关于普通高校少数民族预科班从 1993 年秋季开始使用统编教材的通知》(教民厅〔1993〕10 号)、《教育部办公厅关于全国普通高等学校民族预科班、民族班招生、管理等有关问题的通知》(教民厅〔2003〕2 号)、《教育部关于印发〈普通高等学校少数民族预科班、民族班招生工作管理规定〉、〈普通高等学校招收非西藏生源定向西藏就业学生工作管理规定〉、〈普通高等学校招收内地西藏班、新疆高中班学生工作管理规定〉的通知》(教民〔2005〕7 号),完善管理规定。同时,《国家中长期教育改革和发展规划纲要(2010—2020 年)》(中发〔2010〕12 号)提出"进一步办好高校民族预科班"。为规范预科班、硕士基础强化班的管理,提高教育教学质量和办学水平,2010 年 7 月,教育部下发《普通高等学校少数民族预科班高层次骨干人才硕士研究生基础强化班管理办法》(教民〔2010〕11 号)等文件。

高校现代远程教育试点工作 1999年1月，国务院印发《国务院批转教育部面向21世纪教育振兴行动计划的通知》（国发〔1999〕4号），提出实施"现代远程教育工程"，形成开放式教育网络，构建终身学习体系。为落实文件精神，推动现代远程教育工程的进展，积极发展高等教育，教育部决定从1999年开始支持若干所高等学校建设网络教育学院，开展现代远程教育试点工作教育，目的在于总结基于计算机网络条件下的现代远程教育教学模式、管理模式和运行机制。为落实《面向21世纪教育振兴行动计划》，推动现代远程教育工程的进展，积极发展高等教育，教育部印发《关于支持若干所高等学校建设网络教育学院开展现代远程教育试点工作的几点意见》（教高厅〔2000〕10号）（简称《意见》）。《意见》提出，试点工作的主要任务包括：开展学历教育和非学历教育，探索网络教学模式和网络教学法工作的管理机制，形成网上资源建设者。《意见》还就试点学校的基本条件、管理方式等作出规定。自1999年至2002年，已先后批准45所高等学校开展现代远程教育试点工作。为进一步扩展现代远程教育试点规模，2002年2月，教育部印发《教育部办公厅关于对北京科技大学等21所高校开展现代远程教育试点工作的批复》（教高厅〔2002〕2号），新增北京科技大学等21所学校为现代远程教育试点学校，进一步扩大试点规模。

高校在线课程 为加快推进适合我国国情的在线开放课程和平台建设，2015年4月，教育部出台《教育部关于加强高等学校在线开放课程建设应用与管理的意见》（教高〔2015〕3号）（简称《意见》）。《意见》指出，高校在线课程要立足自主建设，采取"高校主体、政府支持、社会参与"的方式，坚持以公益性服务为基础，引入竞争机制；注重应用共享，坚持应用驱动、建以致用，整合优质教育资源和技术资源；加强规范管理，坚持依法管理，明确学校和平台运行机构的主体责任，完善课程内容审查制度。《意见》提出的重点建设任务包括：建设一批以大规模在线开放课程为代表、课程应用与教学服务相融通的优质在线开放课程；认定一批国家精品在线开放课程；建设在线开放课程公共服务平台；促进在线开放课程广泛应用；规范在线开放课程的对外推广与引进；加强在线开放课程建设应用的师资和技术人员培训；推进在线开放课程学分认定和学分管理制度创新。

高校招生"阳光工程" 为确保考试平稳有序、录取公平公正,2005年3月,教育部出台《教育部关于高等学校招生工作实施阳光工程的通知》(教学〔2005〕4号),决定在高等学校招生工作中实施阳光工程。要求明确高校招生工作实施阳光工程的指导思想和工作目标;依法管理,从严治招,进一步完善高校招生各项管理规章制度;明确内容,严格要求,进一步完善招生信息公开制度;突出重点,强化管理,进一步规范招生行为。同时,加强招生宣传,全面提高服务质量;明确责任,严肃纪律,加强监督,确保阳光工程目标的实现。为了贯彻文件精神,教育部印发《教育部关于普通高中新课程省份深化高校招生考试改革的指导意见》(教学〔2008〕4号)和《教育部办公厅公安部办公厅关于印发〈高等学校招生信息管理规定(试行)〉的通知》(教学厅〔2008〕5号)等文件,要求深入实施高校招生"阳光工程"。为全面贯彻《国家中长期教育改革和发展规划纲要(2010—2020年)》(中发〔2010〕12号),更加深入地实施高校招生"阳光工程",2011年7月,教育部印发《教育部关于深入实施高校招生阳光工程的意见》(教学〔2011〕9号)(简称《意见》)。《意见》指出要进一步提高对高校招生阳光工程的认识,进一步完善高校招生信息公开制度,进一步推进高校招生诚信体系建设,完善诚信承诺机制、审核公示机制、档案管理机制和违规惩处机制。同时,进一步提高招生考试工作水平和服务质量,加强招生考试管理,提升招生考试服务,创新争议解决模式。为进一步推进高校招生信息公开工作,2013年10月,教育部印发了《教育部关于进一步推进高校招生信息公开工作的通知》(教学函〔2013〕9号),要求高校招生要进一步扩大信息公开范围,逐步建立更加公开透明的高校招生工作体系。

高雅艺术进校园 为加强美育,培养学生良好的审美情趣和艺术素养,贯彻落实《国家中长期教育改革和发展规划纲要(2010—2020年)》(中发〔2010〕12号),推进高雅艺术进校园活动的制度化、规范化,2010年11月,教育部、文化部、财政部下发《教育部文化部财政部关于开展高雅艺术进校园活动的指导意见》(教体艺〔2010〕4号),提出高雅艺术进校园的活动宗旨是通过政府购买文艺院团服务、给大学生提供免费欣赏高雅艺术的形式,以引领青年学生提高审美修养,提升精神境界,满足精神文化生活的需求;建设"向真、向善、向美、向上"的校园文化,优化艺术教育环境;为弘扬民族文化、建设中华民族共有精神家园奠定基础。活动坚持育人为本,面向全体学生;坚持先进文化导向和高雅艺术品位;坚持合作发展策略的原则。全国活动组委会负责研究议定高雅艺术进校园活动的重大事项,协调、处理活动过程中的有关问题;省级活动组委会根据全国活动组委会制定的年度活动计划,向全国活动组委会提出本省(区、市)翌年活动申请;开展高雅艺术进校园活动的高校要认真组织开展高雅艺术进校园活动,加强对活动的宣传,及时收集、汇报学生的反馈意见;参加高雅艺术进校园活动的艺术院团要根据高雅艺术进校园活动的宗旨提出演出剧目(节目、曲目)计划,及时把优秀剧目(节目、曲目)送到高校,积极主动指导高校学生艺术社团,辅导排练和演出,帮助高校学生艺术社团提高水平。高雅艺术进校园活动专项经费每年列入年度预算,纳入中央部门预算支出绩效考核范围,各有关单位和学校必须按照国家经费管理使用规定,专款专用,提高资金使用效益。同时,2015年全国教育工作会议强调"继续深入开展艺术展演、高雅艺术进校园等活动,不断提高我国学生的艺术修养"。

高职高专人才培养评估 为全面提高高等职业教育教学质量,2006年11月,教育部印发《教育部关于全面提高高等职业教育教学质量的若干意见》(教高〔2006〕16号),要求"加强教学评估,完善教学质量保障体系"。为落实文件精神,促进高等职业院校加强内涵建设,深化校企合作、工学结合的人才培养模式,2008年4月,教育部印发《高等职业院校人才培养工作评估方案》(教高〔2008〕5号)(简称《方案》),要求所有独立设置的高等职业院校,每学年度须按要求填报《高等职业院校人才培养工作状态数据采集平台》,原《教育部关于进一步推进高职高专院校人才培养工作水平评估的若干意见》(教高〔2005〕4号)、《教育部办公厅关于全面开展高职高专院校人才培养工作水平评估的通知》(教高厅〔2004〕16号)同时废止。《方案》要求围绕影响院校人才培养质量的关键因素,通过对《高等职业院校人才培养工作状态数据采集平台》数据的分析,辅以现场有重点的考察,全面了解学校的实际情况,提出改进工作的意见和建议。评估坚持学校自评与专家评估相结合、静态与动态相结合、全面了解与重点考察相结合、评价与引导相结合的原则。申请评估的基本条件为高等职业院校自有毕业生起至有三届毕业生前必须参加一次人才培养评估,但必须符合以下条件:一是独立设置的高职高专院校,并达教育部《普通高等学校基本办学条件指标(试行)》(教发〔2004〕2号)的有关要求;二是核算教师总数时,兼职教师等非专任教师数按每年授课160学时为1名教师计算,专兼教师之比无限制;三是实验、实习、实训场所(含合作共建)及附属用房生均占有面积(平方米/生)达标。评估工作实施由省级教育行政部门按照教育部的要求负责组织,依靠专家和专业评估机构开展工作。评估结论由省级教育行政部门予以审定、公布,并及时反馈给学校,学校根据评估意见制定并实施整改措施,若二次评估仍未通过,省级教育行政部门应采取暂缓安排招生计划等措施。各省级教育行政部门应将本年度评估结论和省内评估工作总结于当年12月底之前上报教育部备案,评估过程中有违反评估纪律的要及时严肃处理。

高职院校分类考试　为深化考试招生制度改革,办好人民满意的教育,建设人力资源强国提供有力保障,2014年9月,国务院印发《国务院关于深化考试招生制度改革的实施意见》(国发〔2014〕35号)(简称《意见》)。《意见》要求加快推进高职院校分类考试。高职院校考试招生与普通高校相对分开,实行"文化素质+职业技能"评价方式。中职学校毕业生报考高职院校,参加文化基础与职业技能相结合的测试。普通高中毕业生报考高职院校,参加职业适应性测试,文化素质成绩使用高中学业水平考试成绩,参考综合素质评价。学生也可参加统一高考进入高职院校。2015年通过分类考试录取的学生占高职院校招生总数的一半左右,2017年成为主渠道。为了贯彻《意见》的要求,教育部出台《教育部关于做好2015年普通高校招生工作的通知》(教学〔2015〕1号),要求加快推进高职院校分类考试,进一步完善高职院校多样化分类招考方式,适度增加分类招考计划。

高中毕业证书考试　高中毕业证书考试(The Higher School Certificate,HSC),是澳大利亚新南威尔士州的高中毕业文凭证书,可以称为澳大利亚新南威尔士州的一种高考模式。学生要获得此证书,必须要完成11年级(Year 11)和12年级(Year 12)的教育。在12年级的时候,学生拥有10个学分(units)以上方可参加高考。HSC高考系统首次公布是在1967年,然后在2001年开始施行。HSC为考试提供了一百多门考试科目,这些考试科目与中学的课程相匹配,给予了学生更多选择的权利。HSC的课程主要包括:基础课程、扩展课程和职业技能课程。基础课程由新州教学委员会制定,是考试的必选科目。扩展课程为学有余力的学生和培养学生多方面的兴趣而开设,分为初级课程和高级课程。职业技能课程则是为毕业后直接找工作的学生开设。学生参加HSC考试获得高中毕业证书后既可直接进入社会就业,也可去各类职业技术学校或继续教育学院(TAFE)学习。

高中阶段学校考试招生制度改革　《国家中长期教育改革和发展规划纲要（2010—2020年）》（中发〔2010〕12号）提出要完善中等学校考试招生制度，改进高中阶段学校考试招生方式，发挥优质普通高中和优质中等职业学校招生名额合理分配的导向作用。根据党的十八届五中全会精神和《国务院关于深化考试招生制度改革的实施意见》（国发〔2014〕35号）的要求，2016年9月，教育部印发《教育部关于进一步推进高中阶段学校考试招生制度改革的指导意见》（教基二〔2016〕4号）（简称《意见》）。《意见》要求，坚持育人为本、普职并重、公平公正、科学规范和因地制宜的基本原则，到2020年左右初步形成基于初中学业水平考试成绩、结合综合素质评价的高中阶段学校考试招生录取模式和规范有序、监督有力的管理机制，促进学生全面发展健康成长，维护教育公平。实现这一目标，需要重点落实以下任务：推行初中学业水平考试，完善学生综合素质评价，改革招生录取办法，进一步完善自主招生政策，加强考试招生管理。保障高中阶段学校考试招生各项任务的顺利推进，需要加强组织领导，深化教学改革，提升保障能力，做好宣传引导。

个性化的学习环境　个性化的学习环境是终身学习和学习型社会的重要条件，也是教育信息化建设的目标之一。2012年3月，教育部印发《教育信息化十年发展规划（2011—2020年）》（教技〔2012〕5号），提出未来要基本形成学习型社会的信息化支撑服务体系，充分发挥政府、学校和社会力量的作用，面向全社会不同群体的学习需求建设便捷灵活和个性化的学习环境，终身学习和学习型社会的信息化支撑服务体系基本形成。为了贯彻相关文件精神和国家的工作部署，地方纷纷出台对应政策文件，如《江苏省人民政府办公厅关于印发江苏省"十二五"教育发展规划的通知》（苏政办发〔2011〕174号）、《河南省教育厅关于印发〈河南省教育信息化十年发展规划（2011—2020年）〉的通知》（豫教科技〔2012〕147号）、《广东省教育厅关于印发〈广东省教育信息化发展"十二五"规划〉的通知》（粤教电〔2012〕1号）等，多地"十二五"教育发展规划和教育信息化十年发展规划都将"个性化的学习环境"列为学习型社会的建设项目之一，并以信息化建设为抓手。

公办高校党委领导下的校长负责制　为了加强和改善党对普通高等学校的领导，加强高等学校党的建设，办好有中国特色的社会主义大学，1996年4月，中共中央组织部颁布《中国共产党普通高等学校基层组织工作条例》，提出高等学校实行党委领导下的校长负责制。校党委统一领导学校工作，支持校长按照《中华人民共和国教育法》的规定积极主动、独立负责地开展工作，保证教学、科研、行政管理等各项任务的完成。为了保障党委领导下的校长负责制的实行，《国家中长期教育改革和发展规划纲要（2010—2020年）》（中发〔2010〕12号）再次强调完善公办高校党委领导下的校长负责制，加强民办高校党的建设，推动大学章程和大学理事会建设，促进中小学家长委员会建设，完善中国特色现代学校制度。2014年10月，中共中央印发了《关于坚持和完善普通高等学校党委领导下的校长负责制的实施意见》（简称《意见》）。《意见》指出党委领导下的校长负责制是中国共产党对国家举办的普通高等学校（简称高等学校）领导的根本制度，是高等学校坚持社会主义办学方向的重要保证，必须毫不动摇、长期坚持并不断完善。《意见》的主要精神有：第一，党委统一领导学校工作。高等学校党的委员会是学校的领导核心，履行党章等规定的各项职责，把握学校发展方向，决定学校重大问题，监督重大决议执行，支持校长依法独立负责地行使职权，保证以人才培养为中心的各项任务完成。第二，校长主持学校行政工作。校长是学校的法定代表人，在学校党委领导下，贯彻党的教育方针，组织实施学校党委有关决议，行使高等教育法等规定的各项职权，全面负责教学、科研、行政管理工作。第三，健全党委与行政议事决策制度，完善协调运行机制，加强组织领导。

构建终身教育体系　《国家中长期教育改革和发展规划纲要（2010—2020年）》（中发〔2010〕12号）（简称《教育规划纲要》）提出，构建灵活开放的终身教育体系，搭建终身学习"立交桥"。建立学分认定、积累与转换制度，实现学习成果的互认和衔接，多地建立起终身教育学分银行体系。根据《教育规划纲要》部署，搭建终身学习"立交桥"，促进各级各类教育纵向衔接、横向沟通，提供多次选择机会，满足个人多样化的学习和发展需要；健全宽进严出的学习制度，办好开放大学，改革和完善高等教育自学考试制度；建立继续教育学分积累与转换制度，实现不同类型学习成果的互认和衔接。为全面落实《教育规划纲要》，2011年8月以来，《教育部关于推进中等和高等职业教育协调发展的指导意见》（教职成〔2011〕9号）、《教育部关于全面提高高等教育质量的若干意见》（教高〔2012〕4号）和《国务院关于深化考试招生制度改革的实施意见》（国发〔2014〕35号）等文件相继出台，要求推动建立继续教育国家制度，构建衔接沟通各级各类教育、认可多种学习成果的终身学习"立交桥"，为职业教育毕业生在职继续学习提供条件。教育部还联合地方着手探索相关改革示范区。2012年1月，天津市人民政府、教育部联合出台《国家职业教育改革创新示范区建设实施方案》（津政发〔2012〕2号），提出建设市民终身学习的学分记录、认定、存储、转换的学分银行，探索设立市民学习账户，建立学分积累与转换制度，开展学历教育与职业资格证书及非学历教育培训互认等试点，搭建市民终身学习"立交桥"。同时，2016年6月，教育部等九部门印发《教育部等九部门关于进一步推进社区教育发展的意见》（教职成〔2016〕4号），提出要加强社区教育实验区和示范区建设，推进市民学分银行建设的示范引领作用，进一步提升社区教育服务能力和水平。

购买教育服务 《中华人民共和国民办教育促进法（2016年修正）》（主席令第55号）规定，县级以上各级人民政府可以采取购买服务、助学贷款、奖助学金和出租、转让闲置的国有资产等措施对民办学校予以扶持。2014年5月，国务院印发《国务院关于加快发展现代职业教育的决定》（国发〔2014〕19号），提出引导支持社会力量兴办职业教育，探索公办和社会力量举办的职业院校相互委托管理和购买服务的机制。为健全中国特色教育管理制度、现代学校制度和教育评价制度，加快推进教育治理体系和治理能力现代化，2015年5月，教育部印发《教育部关于深入推进教育管办评分离促进政府职能转变的若干意见》（教政法〔2015〕5号），要求创新提供公共教育服务方式，健全政府购买教育服务机制，在决策咨询、学校管理、提供义务教育和学前教育学位、师资培训、特殊人群服务、教育质量和办学绩效评价等领域推广政府购买服务，提高公共教育服务的质量和效率，使大众创业、万众创新的活力进一步激发出来，形成教育促进经济社会发展的新局面。

鼓励社会力量兴办教育促进民办教育健康发展 为了鼓励社会力量办学，维护举办者、学校及其他教育机构、教师及其他教育工作者、受教育者的合法权益，促进社会力量办学事业健康发展，1997年7月，国务院出台《社会力量办学条例》（国务院令第226号）。此后，《中华人民共和国民办教育促进法》（主席令第80号）（简称《民办教育促进法》）颁发，1997年7月31日国务院颁布的《社会力量办学条例》同时废止。《民办教育促进法》包括总则、设立、学校的组织与活动、教师与受教育者、学校资产与财务管理、管理与监督、扶持与奖励、变更与终止及法律责任等方面内容,对社会力量办学进行了规范。同时,《国务院关于深化改革加快发展民族教育的决定》(国发〔2002〕14号)要求,鼓励和支持社会力量办学,支持东、中部地区社会力量在少数民族和西部地区办学,或者面向少数民族和西部地区在东、中部地区办学;鼓励社会力量办学,支持和调动社会力量参与教育"帮困济贫"行动,对纳税人向少数民族和西部地区农牧区义务教育的捐赠,在应纳税所得额中全额扣除。2010年7月,《国家中长期教育改革和发展规划纲要(2010—2020年)》(中发〔2010〕12号)要求完善体制和政策,鼓励社会力量兴办教育,不断扩大社会资源对教育的投入。深化公办学校办学体制改革,积极鼓励行业、企业等社会力量参与公办学校办学。为贯彻落实《国务院关于鼓励和引导民间投资健康发展的若干意见》(国发〔2010〕13号)、《国家中长期教育改革和发展规划纲要(2010—2020年)》(中发〔2010〕12号),鼓励和引导民间资金发展教育和社会培训事业,促进民办教育健康发展,2012年6月,教育部发布《教育部关于鼓励和引导民间资金进入教育领域促进民办教育健康发展的实施意见》(教发〔2012〕10号)(简称《意见》)。《意见》要求,根据指导思想,遵循"育人为本,德育为先;分类管理,公益导向;优化环境,综合施策;依法管理,规范办学;鼓励改革,上下联动"的基本原则,加强党对民办学校的领导,切实加强民办学校党的建设,加强和改进民办学校思想政治教育工作。创新体制机制,建立分类管理制度,建立差别化政策体系,放宽办学准入条件,拓宽办学筹资渠道,探索多元主体合作办学,健全学校退出机制。完善扶持制度,加大财政投入力度,创新财政扶持方式,落实同等资助政策,落实税费优惠等激励政策,实行差别化用地政策,实行分类收费政策,保障依法自主办学,保障学校师生权益。加快现代学校制度建设,完善学校法人治理,健全资产管理和财务会计制度,规范学校办学行为,落实安全管理责任。提高教育教学质量,明确学校办学定位,加强教师队伍建设,引进培育优质教育资源。提高管理服务水平,强化部门协调机制,改进政府管理方式,健全监督管理机制,发挥行业组织作用,切实加强宣传引导。为了鼓励社会力量兴办教育,促进民办教育健康发展,有关部门要进一步解放思想,凝聚共识,加强领导,周密部署,切实落实鼓励社会力量兴办教育的各项政策措施。地方各级人民政府要根据本意见,因地制宜,积极探索,稳步推进。

管办评分离　《国家中长期教育改革和发展规划纲要（2010—2020年）》（中发〔2010〕12号）（简称《教育规划纲要》）提出要以转变政府职能和简政放权为重点，深化教育管理体制改革，提高公共教育服务水平。其中一个重要方面是明确各级政府责任，规范学校办学行为，促进管办评分离，形成政事分开、权责明确、统筹协调、规范有序的教育管理体制。同时，《中共中央关于全面深化改革若干重大问题的决定》指出，深入推进管办评分离，扩大省级政府教育统筹权和学校办学自主权，完善学校内部治理结构。强化国家教育督导，委托社会组织开展教育评估监测。健全政府补贴、政府购买服务、助学贷款、基金奖励、捐资激励等制度，鼓励社会力量兴办教育。为了贯彻《教育规划纲要》和深化改革的有关部署，加快推进教育治理体系和治理能力现代化，2015年5月，教育部印发《教育部关于深入推进教育管办评分离促进政府职能转变的若干意见》（教政法〔2015〕5号）（简称《意见》）。《意见》指出，推进教育管办评分离具有重要意义，要坚持"权责统一、统筹兼顾、放管结合和有序推进"的基本原则，推进教育管办评分离改革。推进依法行政，形成政事分开、权责明确、统筹协调、规范有序的教育管理体制。加大政府简政放权力度，推行清单管理方式，加快国家教育基本标准建设，健全依法、科学、民主决策机制，建立健全教育行政执法机制，加强和完善政府服务机制，加大行政监督和问责力度。推进政校分开，建设依法办学、自主管理、民主监督、社会参与的现代学校制度。依法明确和保障各级各类学校办学自主权，加强学校章程和配套制度建设，完善学校内部治理结构，健全面向社会开放的办学机制，完善校务公开制度。推进依法评价，建立科学、规范、公正的教育评价制度。推动学校积极开展自我评价，提高教育督导实效，支持专业机构和社会组织规范开展教育评价，切实保证教育评价质量，切实发挥教育评价结果的激励与约束作用。同时，要精心组织实施，切实把推进教育管办评分离各项任务落到实处。为了推进教育管办评分离改革，教育部印发《教育部办公厅关于组织申报教育管办评分离改革试点的通知》（教政法厅〔2015〕1号），决定开展教育管办评分离改革试点工作，试点内容包括：加大简政放权力度，加强和完善政府服务机制；完善监督制约机制，做好事中、事后监管；健全学校自主发展、自我约束的运行机制；推动教育领域去行政化，取消校长行政级别；健全学校面向社会开放办学机制；探索第三方评估，发挥教育评价结果的激励与约束作用等等。同时确立北京市东城区教育委员会、上海市教育委员会、无锡市教育局等若干家单位为全国教育管办评分离改革综合试点单位，并印发《教育部办公厅关于确定教育管办评分离改革试点单位和试点任务的通知》(教政法厅函〔2015〕49号),对试点任务和工作作了部署。另外,《中华人民共和国国民经济和社会发展第十三个五年规划纲要》(第十二届全国人民代表大会第四次会议批准)和《国家教育事业发展"十三五"规划》(国发〔2017〕4号)也对管办评分离工作作出部署,要求实行管办评分离,扩大学校办学自主权,完善教育督导,加强社会监督。"十三五"期间,基本实现管办评分离,形成政府依法管理、学校依法自主办学、社会各界依法参与和监督的格局,教育治理体系和治理能力现代化水平明显提升。

规范农村义务教育学校布局调整　为解决农村学生上学路途变远、交通安全隐患增加、家庭经济负担加重、农村寄宿制学校不足和一些城镇学校班额过大等问题,2012年9月,国务院出台《国务院办公厅关于规范农村义务教育学校布局调整的意见》(国办发〔2012〕48号)(简称《意见》)。《意见》要求,首先,科学制定农村义务教育学校布局规划。合理确定县域内教学点、村小学、中心小学、初中学校布局,以及寄宿制学校和非寄宿制学校的比例,农村义务教育学校布局要保障学生就近上学的需要。其次,严格规范学校撤并程序和行为。确因生源减少需要撤并学校的,县级人民政府必须严格履行撤并方案的制定、论证、公示、报批等程序;坚决制止盲目撤并农村义务教育学校。再次,办好村小学和教学点。提高村小学和教学点的生均公用经费标准,保证其正常运转;研究完善符合村小学和教学点实际的职称评定标准,职称晋升和绩效工资分配向村小学和教学点专任教师倾斜;加快推进农村教育信息化建设,为村小学和教学点配置数字化优质课程教学资源。中心学校要发挥管理和指导作用,统筹安排课程,组织巡回教学,开展连片教研,推动教学资源共享,提高村小学和教学点教学质量。另外,解决学校撤并带来的突出问题。加强农村寄宿制学校建设和管理;认真落实《校车安全管理条例》;通过合理分流学生等措施,逐步解决学校撤并带来的"大班额"问题。同时,开展农村义务教育学校布局调整专项督查。省级人民政府教育督导机构要对农村义务教育学校布局是否制订专项规划、调整是否合理、保障措施是否到位、工作程序是否完善、村小学和教学点建设是否合格等进行专项督查,督查结果要向社会公布。县级人民政府要认真开展农村义务教育学校布局调整工作检查,及时发现并解决好存在的问题。教育部要会同有关部门加强对各地规范农村义务教育学校布局调整工作的督促指导。

规范性文件备案审查制度　《中华人民共和国立法法(2015年修正)》规定,行政法规、地方性法规、自治条例和单行条例、规章应当在公布后的三十日内依照规定报有关机关备案;国务院、中央军事委员会、最高人民法院、最高人民检察院和各省、自治区、直辖市的人民代表大会常务委员会认为行政法规、地方性法规、自治条例和单行条例同宪法或者法律相抵触的,可以向全国人民代表大会常务委员会书面提出进行审查的要求,由常务委员会工作机构分送有关的专门委员会进行审查、提出意见。为了贯彻《立法法》的相关规定,2001年12月,《法规规章备案条例》(国务院令第337号)要求,依照本条例的有关规定,建立相关的备案审查制度,维护社会主义法制的统一,保证法律、法规的正确实施。2013年11月,《中共中央关于全面深化改革若干重大问题的决定》(中国共产党第十八届中央委员会第三次全体会议通过),要求健全法规、规章、规范性文件备案审查制度。同时,《中共中央关于全面推进依法治国若干重大问题的决定》(中国共产党第十八届中央委员会第四次全体会议通过)、《法治政府建设实施纲要(2015—2020年)》(中发〔2015〕36号)提出要加强备案审查制度和能力建设,把所有规范性文件纳入备案审查范围,健全公民、法人和其他组织对规范性文件的建议审查制度,依法撤销和纠正违宪违法的规范性文件,禁止地方制发带有立法性质的文件;并加大备案审查力度,做到有件必备、有错必纠。

规范中小学服务性收费和代收费管理　为治理教育乱收费现象,进一步规范教育收费行为,2010年7月,教育部和发改委印发《国家发展改革委教育部关于规范中小学服务性收费和代收费管理有关问题的通知》(发改价格〔2010〕1619号)(简称《通知》)。《通知》规定,中小学服务性收费是指学校(包括义务教育学校、高中阶段学校、中等职业学校)在完成正常的教学任务外,为在校学生提供由学生或学生家长自愿选择的服务而收取的费用;中小学代收费是指学校为方便学生在校学习和生活,在学生或学生家长自愿的前提下,为提供服务的单位代收代付的费用;严禁将讲义资料、试卷等作为服务性收费和代收费事项;农村地区义务教育阶段学校除按规定向学生收取作业本费、向自愿入伙的学生收取伙食费外,严禁收取其他任何费用。《通知》提出,中小学服务性收费和代收费项目、收费标准由省级教育主管部门提出意见,经省级价格主管部门审核,两部门共同报省级人民政府审定后执行。服务性收费和代收费必须坚持自愿和非营利原则,严禁强制或变相强制提供服务并收费。执行服务性收费和代收费公示制度,通过多种形式将按规定权限批准的中小学服务性收费和代收费项目、标准等主动向社会公开。加强服务性收费和代收费资金管理,服务性收费和代收费不属于行政事业性收费,不实行收支两条线管理,代收费收入由学校全部转交提供服务的单位,不得计入学校收入;严禁任何部门、单位或个人以任何理由截留、挪用、挤占服务性收费和代收费资金。同时加强服务性收费和代收费监督检查。

国际化课程　为提升教育国际化水平,有效利用优势国际教育资源,各地着力加强国际化课程建设。《中共云南省委云南省人民政府关于加快推进高等院校实施"走出去"战略提高高等教育国际化水平的若干意见》(云发〔2006〕11号)、《江苏省中长期教育改革和发展规划纲要(2010—2020年)》(苏发〔2010〕11号)、《浙江省中长期教育改革和发展规划纲要(2010—2020年)》(浙委〔2010〕96号)、《辽宁省中长期教育改革和发展规划纲要(2010—2020年)》(辽委发〔2010〕19号)、《福建省人民政府办公厅转发省教育厅关于福建省教育改革试点总体方案的通知》(闽政办〔2011〕83号)、《浙江省高等教育"十二五"发展规划(2011—2015年)》(浙教高科〔2011〕153号)、《北京市人民政府办公厅关于印发本市中长期教育改革和发展规划纲要(2010—2020年)任务分工的通知》(京政办发〔2011〕72号)、《中共昆明市委办公厅昆明市人民政府办公厅印发关于加快推进昆明市教育国际化发展指导意见的通知》(昆办通〔2015〕112号)、《北京市"十三五"期间教育科学研究规划纲要》(京教策〔2016〕1号)、《浙江省教育事业发展"十三五"规划》(浙发改规划〔2016〕554号)等文件均就国际化课程建设作出指示。各地因地制宜开展国际化课程建设,重点加强优势和特色学科的国际化课程建设;引进优质合作办学项目;重视国际化课程人才队伍建设;整合国际化课程,加大网络课程开发力度;逐步加大双语或外语教学比例。

国际学生评估项目 1997年,经济合作与发展组织(Organization for Economic Co-operation and Development,简称OECD)设立"国际学生评估项目"(Program for International Student Assessment,简称PISA)。PISA是一项多维度、实质性的国际教育调查研究。经合组织强调,PISA旨在透过学生测试成绩和问卷调查,为各国政府和教育政策制定者提供多侧面教育信息,便于了解本国教育发展状况,分析造成当下教育状况的各种原因,从而为各国制定正确有效的教育决策及推进教育改革发展提供国际参照数据和成功经验。2000年,OECD进行了第一次PISA测试,此后每三年举行一次。第一次参加测试的共有32个国家,其中,除28个经合组织成员国外,另有巴西、拉脱维亚、列支敦士登和俄罗斯四个非成员国。PISA项目的研究对象是义务教育末期的学生(15岁学生),即未来社会公民,研究内容是其在个人、工作和社会生活中,运用已学知识和已具备的技能态度去解决问题的能力。PISA的测试领域为阅读、数学和科学,以测试学生的阅读素养、数学素养和科学素养,每个领域的测试框架都包含"定义与特征"、"内容维度"、"认知能力维度"和"情境维度"。PISA除了评估学生成绩外,还收集有关学生、家庭和制度方面的数据来解释学生成绩的差异。2009年上海首次参加PISA测试,并在第四次PISA测试中取得阅读、数学、科学素养第一的佳绩。2015年,北京、上海、江苏、广东组成的中国部分地区联合体(B-S-J-G,China)参与测试,位居总分第十。

国家教育标准体系 为大力提高教育事业的发展质量和效益,1993年7月以来,中共中央、国务院印发《中国教育改革和发展纲要》(中发〔1993〕3号)和《国务院关于〈中国教育改革和发展纲要〉的实施意见》(国发〔1994〕39),提出发展基础教育,必须继续改善办学条件,逐步实现标准化;建立各级各类教育的质量标准和评估指标体系。为深化教育体制改革,国家颁发基本学制、课程设置和课程标准、学校人员编制标准、教师资格和教职工基本工资标准等规定,1998年12月,教育部发布《面向21世纪教育振兴行动计划》(教究厅〔1999〕1号),提出要形成现代化基础教育课程框架和标准,充实学校设置标准。2001年5月,国务院发布《国务院关于基础教育改革与发展的决定》,提出由国家确定义务教育的课程标准,并由国家来制定中小学课程发展总体规划,确定国家课程门类和课时,制定国家课程标准,同时提出了中小学教材版式国家标准、中小学教职工编制标准、工资标准、经费标准、收费标准和学生体质健康标准等。为了建设和完善国家教育标准体系,促进经济社会发展,《国家中长期教育改革和发展规划纲要(2010—2020年)》(中发〔2010〕12号)明确提出制定教育质量国家标准,建立和完善国家教育基本标准。为了贯彻关于国家教育标准体系建设的有关部署,《国务院关于加强教师队伍建设的意见》(国发〔2012〕41号)提出完善教师专业发展标准体系,出台幼儿园、小学、中学、职业学校、高等学校、特殊教育学校教师专业标准及高等学校教职工编制标准、师范类专业认证标准等。同时,教育部印发《国家教育事业发展第十二个五年规划》(教发〔2012〕9号),要求建立国家教育标准体系:建立标准修订机制,定期对相关教育标准适用性进行审查;设立国家教育标准中心,加强教育标准的研究和制定,到2015年初步形成国家教育标准体系。2015年5月,教育部印发《教育部关于深入推进教育管办评分离促进政府职能转变的若干意见》(教政法〔2015〕5号),提出加快国家教育基本标准建设;系统梳理我国教育标准建设情况,出台国家教育标准体系框架;规范标准发布程序,出台国家教育标准审定办法,健全教育标准制定和审查机制,提高教育标准的权威性、适切性,形成具有国际视野、富有中国特色的分层、分类教育标准体系。同时,国务院印发《国家标准化体系建设发展规划(2016—2020年)》(国办发〔2015〕89号),也要求加快城乡义务教育公办学校标准化建设,基本建成具有国际视野、适合中国国情、涵盖各级各类教育的国家教育标准体系。2016年1月教育部印发《依法治教实施纲要(2016—2020年)》(教政法〔2016〕1号),提出构建多元参与的教育治理体制,要求加快国家教育标准体系建设,改革、完善教育标准起草与审查机制,到2020年形成系统、完善的国家教育标准体系。

国家教育进步评价 美国"国家教育进步评价"(National Assessment to Educational Progress,简称 NAEP)也被称为"国家成绩报告单",是美国国内唯一长期且具有全国代表性的教育评价体系,在美国教育领域占据着独特的地位,在世界范围内也产生了重要影响,成为其他国家建立教育质量检测体系的榜样,被多个国家借鉴和模仿。NAEP的项目包括全国性评价和州评价,旨在检测全国及各州学生在核心学科领域知道什么,能做什么。全国评价每年实施一次,以4、8、12年级学生为样本,评价内容包括阅读、数学、科学、写作、美国历史、经济学、公民学、地理和历史等9个科目,但每轮评价只选择其中的两到三个科目和两个年级的学生参加。州评价每两年实施一次，以4、8年级学生为样本，评价内容为数学、阅读、科学和写作4个科目。数学和阅读评价各州必须参加，其他两个科目则遵循各州自愿的原则。另外，NAEP的长期评价趋势旨在提供有关青少年在学业成绩方面长期变化发展的信息。它每四年实施一次，以9、13、17岁的学生为样本。评价的科目包括数学、科学、阅读和写作。其测量方式是固定不变的，不随课程以及教育实践的变化而改变。除了常规性的主要评价和长期趋势评价，为了更加充分地利用NAEP平台，NAEP体系还要进行一系列的相关辅助性研究。持续进行的研究项目包括特许学校试验性研究、中学毕业成绩单研究、全国印第安教育研究、口语阅读研究、私立学校学生成绩研究等。这些研究项目针对特定的学生群体，根据他们在NAEP主要评价中的成绩来检测其学业成就。

国家教育考试 《中华人民共和国教育法（2015年修正）》规定，国家实行国家教育考试制度，国家教育考试由国务院教育行政部门确定种类，并由国家批准的实施教育考试的机构承办，同时，规定了考生在国家教育考试中的法律责任，例如不得非法获取考试试题或者答案，不得携带或者使用考试作弊器材、资料，不得抄袭他人答案，不得让他人代替自己参加考试，不得有其他以不正当手段获得考试成绩的作弊行为等。为规范国家教育考试违规的认定和处理，《国家教育考试违规处理办法》（中华人民共和国教育部令第18号）规定，国家教育考试是普通和成人高等学校招生考试、全国硕士研究生招生考试、高等教育自学考试等，由国务院行政部门确定实施，由经批准的教育考试机构承办，在全国范围内统一举行的教育考试。我国国家教育考试制度是由国家法律、法规规定的针对教育测量与招生选拔的考试制度。从行政主体划分来看，分别是教育部教育考试中心、各省考试院、地市教育局招生办公室、县级教育局招生办公室。另外，国家教育考试的试题清样、试卷、答卷的交接、印制、运送和保管，应严格按照教育部、中宣部、公安部、国家保密局联合印发的《国家教育考试考务安全保密工作规定》（教考试〔2004〕2号）和教育部《国家教育考试试卷印制安全保密规范》、《国家教育考试试卷印制规范》、《国家教育考试制卷监印规范》（教考试〔2014〕1号）等有关要求执行。

国家教育考试机构 《中华人民共和国教育法》规定，国家实行国家教育考试制度,国家教育考试由国务院教育行政部门确定种类,并由国家批准的实施教育考试的机构承办。在《中华人民共和国教育法》颁行之前,教育考试由国家行政机关组织实施,行政机关(主要是指教育行政机关)是教育考试唯一的组织者、实施者。教育考试机构附属于行政机关。从国家教育考试机构的沿革来看,1953—1954年,国家成立全国高等学校招生委员会。1964年,高教部设立学生管理司,负责全国统一招生考试工作的管理。文革期间,我国教育停滞不前,改革开放以后,恢复了全国统一命题考试的体制。1987年,国家教育委员会成立"考试管理中心",建立了第一个管理考试业务工作的专门机构。1990年,"国家教委考试管理中心"改为"国家教委考试中心",确立了教育考试机构的"事业单位"性质。1994年,为整合教育系统国家考试的资源和职能,国家教委考试中心与高等教育自学考试办公室合并成立新的国家教委考试中心(后为教育部考试中心),其后随着高校招生和自学考试业务的合并,各省、自治区、直辖市先后成立了教育考试院(局、中心),统一管理实施国家教育考试,并开展面向社会的考试服务,履行招生考试管理和考试业务的双重职责,形成了行政管理与业务管理的混合型专门机构。

国家教育考试违规处理　为规范对国家教育考试违规行为的认定与处理,维护国家教育考试的公平、公正,保障考生和考试工作人员的合法权益,2004年5月,教育部出台《国家教育考试违规处理办法》(教育部令第18号),并于2012年1月通过《教育部关于修改〈国家教育考试违规处理办法〉的决定》(教育部令第33号)(简称《办法》)。《办法》包括总则、违规行为的认定与处理、违规行为认定与处理程序等方面的内容。《办法》规定,国家教育考试是指普通和成人高等学校招生考试、全国硕士研究生招生考试、高等教育自学考试等,由国务院教育行政部门确定实施,由经批准的实施教育考试的机构承办,面向社会公开、统一举行,其结果作为招收学历教育学生或者取得国家承认学历、学位证书依据的测试活动。《办法》规定对参加国家教育考试的考生以及考试工作人员、其他相关人员违反考试管理规定和考场纪律,影响考试公平、公正的行为进行认定与处理。考生不遵守考场纪律,不服从考试工作人员的安排与要求,出现了携带规定以外的物品进入考场,未在规定的座位参加考试,在考试过程中旁窥,将试卷、答卷带出考场等行为被认定为考试违纪;考生违背考试公平、公正原则,在考试过程中出现携带与考试相关的材料或电子设备参加考试、抄袭他人试卷、由他人冒名参加考试、在答卷上填写与本人身份不符的信息等行为认定为考试作弊;教育考试机构、考试工作人员在考试过程中或者在考试结束后发现伪造证件或证明获得考试资格和考试成绩,评卷过程中发现答案雷同,考场秩序混乱,出现大面积抄袭,则认定考生实施了作弊行为;考生及其他人员应当自觉维护考试秩序,服从考试工作人员的管理,不得扰乱考试秩序;考生有考试违纪行为之一的,取消该科目的考试成绩。考生有作弊行为之一的,其所报名参加考试的各阶段、各科成绩无效;参加高等教育自学考试的,当次考试各科成绩无效。如果出现组织团伙作弊、向考场外发送试题信息、使用有关设备接受信息实施作弊、伪造、变更身份证及其他证明资料,或由他人替考的,可视情节轻重给予处罚;构成犯罪的,由司法机关依法追究刑事责任。同时,《办法》还就违规的处理程序进行了规定。

国家教育考试指导委员会 《国家中长期教育改革和发展规划纲要(2010—2020年)》(中发〔2010〕12号)(简称《教育规划纲要》)提出成立国家教育考试指导委员会,研究制定考试改革方案,指导考试改革试点。为贯彻《教育规划纲要》精神,提高我国高等教育质量,教育部印发《教育部关于全面提高高等教育质量的若干意见》(教高〔2012〕4号)和《国家教育事业发展的第十二个五年规划》(教发〔2012〕9号),要求深入推进高考改革,成立国家教育考试指导委员会,研究制定考试改革方案,指导考试改革试点,逐步形成分类考试、综合评价、多元录取的高校考试招生制度。根据有关文件精神,2012年7月,国家教育考试指导委员会正式成立。委员会下设三个专家工作组,成员主要有教育部等相关部门的12位司长、部分省市教育厅负责人、教育考试专家、院校代表等。国家教育考试指导委员会成立大会上通过了《国家教育考试指导委员会章程》和《国家教育考试指导委员会细则》。根据《章程》规定,委员会主要职能包括:对国家教育考试重大问题进行调研,提出意见、建议;对国家教育考试重大政策进行论证,提出咨询意见;研究制定国家教育考试改革方案,指导国家教育考试改革试点。国家教育考试指导委员会由"国家教育体制改革领导小组"直接领导,并对该领导小组负责。2012年12月,国家教育考试指导委员会举行第二次全体会议,会上强调,国家教育考试指导委员会要全面调查研究,深入基层了解情况,及时发现新鲜经验;积极建言献策,努力集思广益,广泛凝聚共识,多为国家教育考试改革提供决策咨询;主动引导舆论,增进群众理解,形成合理预期,为顺利推进改革营造良好社会环境。

国家教育科学决策服务系统 国家教育科学决策服务系统,作为教育部"教育服务与监管体系信息化建设"的重点项目,是教育科学决策的核心支撑体系,也是推动教育理论和政策研究深刻变革的公共服务平台。为贯彻落实《中共中央关于全面深化改革若干重大问题的决定》提出的"构建利用信息化手段扩大优质教育资源覆盖面的有效机制,逐步缩小区域、城乡、校际差距"的战略部署,加快推进教育信息化工作,根据《国家中长期教育改革和发展规划纲要(2010—2020年)》(中发〔2010〕12号)和《教育信息化十年发展规划(2011—2020年)》(教技〔2012〕5号)的工作部署,2014年11月,教育部、财政部、国家发展改革委等部门联合印发《构建利用信息化手段扩大优质教育资源覆盖面有效机制的实施方案》(教技〔2014〕6号)(简称《方案》)。《方案》提出,建设教育管理公共服务平台,构建国家教育决策与服务支持系统,实现内部相关数据资源的整合与集成、教育与经济社会数据的关联与分析,为教育决策提供及时和准确的数据支持,促进教育治理体系和治理能力现代化水平的提升。

国家教育云基础平台 国家教育云基础平台是我国教育信息化基础能力建设的重要组成部分。2012年3月,《教育信息化十年发展规划(2011—2020年)》(教技〔2012〕5号)提出,教育云基础平台等教育信息化支撑环境的全面覆盖,是实现教育信息化的重要公共基础。国家教育云基础平台建设要充分整合和利用各级各类教育机构的信息基础设施,建设覆盖全国、分布合理、开放开源的基础云环境,支撑形成云基础平台、云资源平台和云教育管理服务平台的层级架构。到2015年,初步建成国家教育云基础平台,支持教育云资源平台和管理服务平台的有效部署与应用,同时为IPv4和IPv6用户提供教育基础云服务。

国家精品开放课程 为促进现代信息技术在教学中的应用,共享优质教学资源,进一步促进教授上讲台,全面提高教育教学质量,2003年4月,教育部印发《教育部关于启动高等学校教学质量与教学改革工程精品课程建设工作的通知》(教高〔2003〕1号),决定在全国高等学校(包括高职高专院校)中启动高等学校教学质量与教学改革工程精品课程建设工作,力求建立校、省、国家三级精品课程体系。精品课程是具有一流教师队伍、一流教学内容、一流教学方法、一流教材、一流教学管理等特点的示范性课程,其中"国家精品课程"由教育部组织专家评审并授予称号。同年5月,教育部印发《国家精品课程建设工作实施办法》(教高厅〔2003〕3号),就国家精品课程的申报和评审方式、运行和知识产权管理、经费支持等进行进一步的规定。为贯彻《国家中长期教育改革和发展规划纲要(2010—2020年)》(中发〔2010〕12号)的要求,2011年7月,教育部、财政部印发《关于"十二五"期间实施"高等学校本科教学质量与教学改革工程"的意见》(教高〔2011〕6号)(简称《意见》),提出国家精品开放课程建设与共享的建设任务。要求利用现代信息技术,发挥高校人才优势和知识文化传承创新作用,组织高校建设一批精品视频公开课程;按照资源共享的技术标准,对已经建设的国家精品课程进行升级改造,更新完善课程内容,建设一批资源共享课;完善和优化课程共享系统,大幅度提高资源共享服务能力;继续建设职能完善、覆盖全国、服务高效的高校教师网络培训系统,积极开展教师网络培训。根据《意见》精神,为加强优质教育资源开发和普及共享,进一步提高高等教育质量,服务学习型社会建设,2011年10月,教育部印发《关于国家精品开放课程建设的实施意见》(教高〔2011〕8号),指出国家精品开放课程包括精品视频公开课与精品资源共享课,是以普及共享优质课程资源为目的、体现现代教育思想和教育教学规律、展示教师先进教学理念和方法、服务学习者自主学习、通过网络传播的开放课程。2012年5月,教育部出台《精品资源共享课建设工作实施办法》(教高厅〔2012〕2号)(简称《办法》),对精品资源共享课建设的目标与任务、组织与实施,国家级精品资源共享课建设要求和保障措施作了规定。为进一步保证批准立项的国家级精品资源共享课项目课程建设、共享应用和持续建设质量,根据《教育部关于国家精品开放课程建设的实施意见》和《精品资源共享课建设工作实施办法》,2013年12月,教育部印发《国家级精品资源共享课项目管理办法》(教高司函〔2013〕129号),对课程建设的质量保障和监督职责分工、课程上网要求、维护与更新等进行了规范。

国家开放大学　　为构建灵活开放的终身教育体系,2010年7月,《国家中长期教育改革和发展规划纲要(2010—2020年)》(中发〔2010〕12号)提出健全宽进严出的学习制度,办好开放大学,改革和完善高等教育自学考试制度。开放大学是我国现代大学制度的重要组成部分,《国务院办公厅关于开展国家教育体制改革试点的通知》(国办发〔2010〕48号)曾提出完善我国现代大学制度。为了落实国家关于办好开放大学的意见,2012年12月,教育部印发《教育部关于同意在中央广播电视大学基础上建立国家开放大学的批复》(教发函〔2012〕103号),同意在中央广播电视大学基础上建立国家开放大学,指出：国家开放大学是教育部直属的,以现代信息技术为支撑,主要面向成人开展远程开放教育的新型高等学校;坚持非学历继续教育和学历继续教育并举,可以设置本科专业,可授予学士学位。为了规范开放大学建设的管理,2014年4月,财政部、国家发展改革委印发《财政部国家发展改革委关于明确国家开放大学收费项目等问题的通知》(财综〔2014〕21号),就国家开放大学的收费问题进行进一步规定。2016年1月,教育部出台《教育部关于办好开放大学的意见》(教职成〔2016〕2号)(简称《意见》),就探索具有中国特色、体现时代特征的开放大学办学模式提出意见。《意见》要求开放大学的举办要秉持以下原则：坚持中国特色,提升办学水平;坚持开放办学,服务全民学习;坚持质量第一,实现"宽进严出";坚持深化改革,创新发展模式。《意见》提出,当前举办开放大学的主要目标包括：到2020年,初步建成中国特色开放大学体系,现代信息技术应用更加成熟,优质教育资源更加丰富,学习条件更加先进,学习制度更加灵活,办学体系不断完善,基本满足多样化学习需求,为学习型社会提供重要支撑,为人力资源开发提供重要保障。为了实现这一目标,要求明确功能定位,创建新型高校;完善办学基础设施,营造数字化学习环境;强化信息技术应用,提高在线教育水平;完善办学系统,提升线下支持能力;建设优质课程,满足学习需求;完善专业建设制度,提高专业建设质量;创新学习组织模式,提高教育教学效果;强化质量保障,确保"宽进严出";建设"学分银行",实现学习成果积累和转换;创新师资队伍建设,适应教学变革需要;积极开展多方合作,汇聚优质教育资源;完善治理结构,提高治理能力。

国家课程/地方课程/学校课程　2001年6月,教育部印发《基础教育课程改革纲要(试行)》(教基〔2001〕17号)(简称《纲要》),推行基础教育课程改革。《纲要》提出,为改变课程管理过于集中的状况,须实行国家、地方、学校三级课程管理,增强课程对地方、学校及学生的适应性。教育部总体规划基础教育课程,制订基础教育课程管理政策,确定国家课程门类和课时。制订国家课程标准,积极试行新的课程评价制度。省级教育行政部门应依据国家课程管理政策和本地实际情况,制订本省(自治区、直辖市)实施国家课程的计划,规划地方课程,报教育部备案并组织实施。经教育部批准,省级教育行政部门可单独制订本省(自治区、直辖市)范围内使用的课程计划和课程标准。学校在执行国家课程和地方课程的同时,应视当地社会、经济发展的具体情况,结合本校的传统和优势、学生的兴趣和需要,开发或选用适合本校的课程。各级教育行政部门要对课程的实施和开发进行指导和监督,学校有权力和责任反映在实施国家课程和地方课程中所遇到的问题。

国家示范性高等职业院校建设计划　为进一步贯彻落实《中华人民共和国职业教育法》和《中华人民共和国劳动法》,适应全面建设小康社会对高素质劳动者和技能型人才的迫切要求,促进社会主义和谐社会建设,2005年10月,国务院印发《国务院关于大力发展职业教育的决定》(国发〔2005〕35号)(简称《决定》),要求加强示范性职业院校建设。为贯彻落实《决定》精神,提高高等职业教育质量,增强高等职业院校服务经济社会发展的能力,2006年11月,教育部、财政部下发《教育部财政部关于实施国家示范性高等职业院校建设计划加快高等职业教育改革与发展的意见》(教高〔2006〕14号)(简称《意见》),要求充分认识实施国家示范性高等职业院校建设计划的重大意义,并对建设计划的目标任务和主要内容、具体步骤进行了说明。为促进高等职业教育的改革与发展,2007年7月,教育部、财政部下发《国家示范性高等职业院校建设计划管理暂行办法》(教高〔2007〕12号)(简称《暂行办法》)。《暂行办法》包括总则、管理职责、申报评审与组织实施、资金管理、监督检查与验收、负责等部分。《暂行办法》要求按照地方为主、中央引导、突出重点、协调发展的原则,选择办学定位准确、产学结合紧密、改革成绩突出、制度环境良好、辐射能力较强的高等职业院校,进行重点支持,带动全国高等职业院校办出特色,提高水平。通过实施国家示范性高等职业院校建设计划,使示范院校办学能力和服务能力有较大提高,发挥示范院校的示范作用,带动高等职业教育加快改革与发展,逐步形成结构合理、功能完善、质量优良的高等职业教育体系。《暂行办法》规范和加强了国家示范性高等职业院校建设计划的项目管理。此外,《国家中长期教育改革和发展规划纲要(2010—2020年)》(中发〔2010〕12号)(简称《教育规划纲要》)提出"支持高等职业教育示范校建设"。为贯彻落实《教育规划纲要》,创新高等职业教育办学体制机制,深化教育教学改革,2010年7月,教育部、财政部下发《教育部财政部关于进一步推进"国家示范性高等职业院校建设计划"实施工作的通知》(教高〔2010〕8号),对国家示范性高等职业院校建设提出了相关要求。

国家体育锻炼标准　为构建全民健身公共服务体系,激发广大人民群众参加体育锻炼的积极性和主动性,不断增强体育意识,提高全民族的身体素质,根据《中华人民共和国体育法》、《全民健身条例》的精神要求,2013年12月,体育总局、教育部、全国总工会下发《国家体育锻炼标准施行办法》(体群字〔2013〕153号)(简称《办法》),原国家体委1990年1月6日发布的《国家体育锻炼标准施行办法》同时废止。《国家体育锻炼标准》(简称《标准》)包括年龄分组、测验项目、评级标准、评分标准和测验细则五部分,测试项目涵盖人体的力量、速度、耐力、灵敏、柔韧五类素质,评级标准分为优秀、良好、及格和不及格四个等级。《办法》规定,《标准》以检验公民体育锻炼效果、评价身体素质为目的,以测验达标为手段的评价体系,由有关部门负责,在国家机关、企业事业单位、学校、社区、乡村和有关组织中全面开展。国家机关、企业事业单位和有关组织应当发动、组织本单位人员开展《标准》测验达标活动,并与工间(前)操和业余健身活动、运动会、体质测定等结合起来;基层文化体育组织、居民委员会和村民委员会应当组织居民开展《标准》测验达标活动,并与全民健身活动结合起来;学校应当组织学生按照教育部制定的学校学生体育锻炼标准开展测验达标活动。对参加测验达到优秀、良好和及格等级者应发给相应等级的奖章、证书,国家体育总局负责设计制作《标准》的标识和奖章、证书,并制定奖章、证书的颁发办法。负责实施《标准》和组织开展达标测验活动的部门和单位可以使用《标准》标识制作其他形式的奖品,但不得以此赢利。鼓励对身体素质有特殊要求的部门和单位将《标准》测验达标结果作为招工、人员素质评价、保险等工作的参考依据。

国家通用少数民族语言文字规范　《中华人民共和国国家通用语言文字法》(主席令第37号)规定,各民族都有使用和发展自己的语言文字的自由,少数民族语言文字的使用依据宪法、民族区域自治法及其他法律的有关规定。为了做好《国家通用语言文字法》的学习宣传和贯彻实施工作,2000年11月,中共中央宣传部、全国人大教科文卫委员会、教育部、司法部、国家语言文字工作委员会联合印发《关于学习宣传和贯彻实施〈中华人民共和国国家通用语言文字法〉的通知》(教语用〔2000〕6号),提出既要注意把握好国家的语言文字政策,也要正确阐述和执行国家的少数民族语言文字政策以及方言、繁体字使用政策和外国语言文字在我国使用的政策。2005年7月,民族语言文字规范标准建设及信息化工作会议在乌鲁木齐市召开,会议强调要坚持和落实科学发展观,按照全面、协调、可持续发展的要求,加快民族语言文字规范标准建设,提高民族语言文字的规范化水平,促进民族语言文字信息化的发展。为认真贯彻落实党和国家的民族政策法规,做好少数民族语言文字管理工作,2010年5月,国家民族事务委员会颁布《国家民委关于做好少数民族语言文字管理工作的意见》(民委发〔2010〕第53号),强调做好少数民族语言文字管理工作的重要意义,明确少数民族语言文字管理工作的指导思想、基本原则和主要任务,采用依法保障少数民族语言文字在相关领域的应用等途径做好少数民族语言文字管理工作,完善少数民族语言文字管理工作的保障机制。根据上述文件精神,结合文化工作的实际情况,2011年6月,文化部、教育部等联合颁布《文化部、教育部、国家语言文字工作委员会关于在文化系统贯彻实施〈中华人民共和国国家通用语言文字法〉的通知》(文政法发〔2001〕20号),要求把握好国家的语言文字政策,正确阐述和执行国家的少数民族语言文字政策以及方言、繁体字使用政策和外国语言文字在我国使用的政策。2012年12月,教育部、国家语言文字工作委员会印发了《国家中长期语言文字事业改革和发展规划纲要(2012—2020年)》(教语用〔2012〕第1号),要求正确处理各种语言文字关系,建立和完善语言资源库,探索方言使用和保护的科学途径,用现代技术手段记录保存少数民族濒危语言。为提高民族语文工作决策的科学性,2013年3月,国家民族事务委员会颁布《国家民委关于成立国家民委民族语文工作专家咨询委员会的通知》,决定成立国家民委民族语文工作专家咨询委员会,为国家民委少数民族语言文字工作提供政策研究、决策咨询等服务。为贯彻中央关于大力推广和规范使用国家通用语言文字、科学保护各民族语言文字的精神,落实相关任务要求,教育部、国家语委于2015年5月启动了中国语言资源保护工程(简称语保工程),决定在全国范围内开展以语言资源调查、保存、展示和开发利用等为核心的各项工作。为加强对少数民族语言调查工作的指导,教育部、国家语委、国家民委组织专家根据我国少数民族语言的分布和差异情况研究制定了《中国语言资源保护工程少数民族语言调查点总体规划(2015—2019年)》。为推进语保工程民语总体规划的落实,推动各地各校按时保质完成调查任务,2016年5月,教育部、国家民族教育委员会颁布《教育部办公厅国家民委办公厅关于推进中国语言资源保护工程少数民族语言调查的通知》(教语信厅函〔2016〕2号),要求各地各校认真落实语保工程相关工作和技术规范,严格遵守《中国语言资源调查手册·民族语言》(暂分藏缅语族、壮侗语族、苗瑶语族、突厥语族、蒙古语族、满—通古斯语族、朝鲜语、俄罗斯语等8个语种)要求,严格执行工程管理办法规定的中期检查、年度报告、验收等制度,精心组织实施,确保工程质量。2016年8月,为科学保护各民族语言文字,教育部、国家语委制定了《国家语言文字事业"十三五"发展规划》(教语用〔2016〕3号),提出要加快少数民族语言文字法制化、规范化、标准化、信息化建设。

国家外语能力测评体系 为了促进教育公平、科学选才,推进外语教学与考试改革,建设标准统一、功能多元的外语能力测评体系,为各级各类外语教学、学习和测评提供外语能力测评尺度和测评方法,科学认定外语学习者的学习成果和水平,2014年9月,国务院印发的《国务院关于深化考试招生制度改革的实施意见》(国发〔2014〕35号)提出,加强"外语能力测评体系建设",改革考试内容形式,从国家层面对我国外语教学和考试制度综合改革提出了明确要求。外语能力测评体系的覆盖范围包括听说读写译综合语言运用能力、大中小学各级各类教育、外语学习教学以及测评三个范围。我国外语能力测评体系的主要任务包括制定中国英语能力等级量表、研发国家英语能力等级考试、推动外语考试内容与形式改革、制定适合我国国情的外语考试质量标准、逐步推行形成性评估和终结性评估相结合的评价体系。中国英语能力等级量表包括:提供统一的能力标准,使基础教育到高等教育沿着同一个轨道循序渐进,实现英语教学"一条龙";对语言能力进行全面、清晰的界定和描述,在我国英语学习、教学和测评之间架起一座桥梁;提供对各种英语考试衔接定位、对英语能力自我诊断的共同标准,实现多种学习成果的沟通互认。国家英语能力等级考试要以中国英语能力等级量表为准则参照,整合我国各阶段各项英语考试,减少重复考试,评价综合语言运用能力,满足毕业、升学、就业、出国等多元化需求。

国家学前教育三年行动计划　为贯彻落实党的十七届五中全会、全国教育工作会议精神和《国家中长期教育改革和发展规划纲要(2010—2020年)》(中发〔2010〕12号),积极发展学前教育,着力解决当前存在的"入园难"问题,满足适龄儿童入园需求,促进学前教育事业科学发展,国务院印发《国务院关于当前发展学前教育的若干意见》(国发〔2010〕41号),要求统筹规划,实施学前教育三年行动计划。各省(区、市)政府要深入调查,准确掌握当地学前教育基本状况和存在的突出问题,结合本区域经济社会发展状况和适龄人口分布、变化趋势,科学测算入园需求和供需缺口,确定发展目标,分解年度任务,落实经费,以县为单位编制学前教育三年行动计划,有效缓解"入园难"。按照国务院统一部署,于2011—2013年各地以县为单位编制实施第一期学前教育三年行动计划,2014—2016年实施第二期学前教育三年行动计划(简称"二期行动计划")。2014年11月,教育部、国家发展改革委、财政部印发《教育部国家发展改革委财政部关于实施第二期学前教育三年行动计划的意见》,要求"坚持公益普惠、注重可持续发展、强化政府职责"的基本原则,到2016年,全国学前三年毛入园率达到75%左右;城镇和经济发达地区的农村全面普及学前三年教育,其他农村地区特别是集中连片特困地区学前三年毛入园率有较大增长;初步建成以公办园和普惠性民办园为主体的学前教育服务网络;逐步建立起以公共财政投入为主的农村学前教育成本分担机制;幼儿园办园水平和保教质量显著提高。为了完成"二期行动计划"的目标,要求加快发展公办幼儿园,积极扶持普惠性民办幼儿园,进一步加大学前教育投入,加强幼儿园教师队伍建设,健全幼儿园监管体系,加强幼儿园保育教育指导,落实扩大总量、调整结构、健全机制和提升质量的重点任务。

国家学生体质健康标准　2007年4月,教育部、国家体育总局下发《教育部国家体育总局关于实施〈国家学生体质健康标准〉的通知》(教体艺〔2007〕8号),随文下发了《国家学生体质健康标准》和《〈国家学生体质健康标准〉实施办法》。2007年8月,教育部办公厅下发《关于教育部直属高等学校实施〈国家学生体质健康标准〉的通知》(教体艺厅函〔2007〕24号),要求部属高校自2007年新学期起率先全面实施《国家学生体质健康标准》,特别是要在新学期开学后首先组织对本科新生的测试工作,并将测试数据报送至教育部。2014年7月,教育部办公厅下发了《关于2014年〈国家学生体质健康标准(2014年修订)〉测试和上报工作的通知》(教体艺厅函〔2014〕30号）（简称《标准》），要求全国普通小学、普通初中、普通高中、中等职业学校和普通高等学校在2014年全面实施《标准》，并开展覆盖本校全体学生的测试和数据上报工作。《标准》规定学生体测的分组为小学、初中、高中每个年级为一组；大学一、二年级为一组，三、四年级为一组。小学、初中、高中、大学各组别的测试指标均为必测指标。其中，身体形态类中的身高、体重，身体机能类中的肺活量，以及身体素质类中的50米跑、坐位体前屈为各年级学生共性指标。《标准》还指出，体测的学年总分由标准分与附加分之和构成，满分为120分。标准分由各单项指标得分与权重乘积之和组成；附加分根据实测成绩，对1分钟跳绳、引体向上、仰卧起坐等加分指标进行加分。各组学生按总分评定等级，分为优秀、良好、及格、不及格。学生测试成绩评定达到良好及以上者，方可参加评优与评奖；成绩达到优秀者，方可获体育奖学分。测试成绩评定不及格者，在本学年度准予补测一次，补测仍不及格，则学年成绩评定为不及格。学生因病或残疾可向学校提交暂缓或免予执行《标准》的申请，经医疗单位证明、体育教学部门核准，可暂缓或免予执行《标准》，并填写《免予执行〈国家学生体质健康标准〉申请表》，存入学生档案。

国家义务教育质量基本标准　《国家中长期教育改革和发展规划纲要（2010—2020年）》（中发〔2010〕12号）提出，提高义务教育质量，要建立国家义务教育质量基本标准和监测制度，并严格执行义务教育国家课程标准、教师资格标准。2011年3月全国人民代表大会第四次会议批准的《中华人民共和国国民经济和社会发展第十二个五年规划纲要》提出为全面实施素质教育，要建立国家义务教育质量基本标准和监测制度，切实减轻中小学生课业负担。同时，2012年9月，国务院印发《关于加强教师队伍建设的意见》（国发〔2012〕41号），提出完善教师专业发展标准体系，出台幼儿园、小学、中学、职业学校、高等学校、特殊教育学校教师专业标准，高等学校教职工编制标准，师范类专业认证标准等。同年，《国务院关于深入推进义务教育均衡发展的意见》（国发〔2012〕48号）提出"推进义务教育学校标准化建设"。

《国家中长期教育改革和发展规划纲要（2010—2020年）》　根据党的十七大关于"优先发展教育，建设人力资源强国"的战略部署，为促进教育事业科学发展，全面提高国民素质,加快社会主义现代化进程,制定《国家中长期教育改革和发展规划纲要(2010—2020年)》。在深入调研、广泛征求意见的基础上,2010年7月,中共中央、国务院颁发了《国家中长期教育改革和发展规划纲要(2010—2020年)》(中发〔2010〕12号),要求根据"优先发展、育人为本、改革创新、促进公平、提高质量"的工作方针,坚持以人为本、全面实施素质教育是教育改革发展的战略主题,实现"到2020年,基本实现教育现代化,基本形成学习型社会,进入人力资源强国行列"的战略目标。为了实现这一目标,首先,要明确发展任务。具体包括:基本普及学前教育,重点发展农村学前教育;巩固提高九年义务教育水平,推进义务教育均衡发展,减轻中小学生课业负担;加快普及高中阶段教育,全面提高普通高中学生综合素质,推动普通高中多样化发展;大力发展职业教育,调动行业企业的积极性,加快发展面向农村的职业教育,增强职业教育吸引力;全面提高高等教育质量和人才培养质量,提升科学研究水平,增强社会服务能力,优化结构办出特色;加快发展继续教育,建立健全继续教育体制机制,构建灵活开放的终身教育体系;重视和支持民族教育事业,全面提高少数民族和民族地区教育发展水平;关心和支持特殊教育,完善特殊教育体系,健全特殊教育保障机制。其次,深化教育体制改革。具体内容包括:实施人才培养体制改革,更新人才培养观念,创新人才培养模式,改革教育质量评价和人才评价制度;推进考试招生制度改革,完善中等学校考试招生制度和高等学校考试招生制度,加强信息公开和社会监督;建设现代学校制度,推进政校分开、管办分离,落实和扩大学校办学自主权,完善中国特色现代大学制度和中小学学校管理制度;深化办学体制改革,大力支持民办教育,依法管理民办教育;加强管理体制改革,健全统筹有力、权责明确的教育管理体制,加强省级政府教育统筹,转变政府教育管理职能;扩大教育开放,加强国际交流与合作,引进优质教育资源,提高交流合作水平。再次,完善保障措施。包括:建设高素质教师队伍,加强师德建设,提高教师业务水平,提高教师地位待遇,健全教师管理制度;加大教育投入,完善投入机制,加强经费管理,保障经费投入;加快教育信息基础设施建设,加强优质教育资源开发与应用,构建国家教育管理信息系统,加快教育信息化进程;推进依法治教,完善教育法律法规,全面推进依法行政,大力推进依法治校,完善督导制度和监督问责机制;实施重大项目和改革试点,组织实施义务教育学校标准化建设、义务教育教师队伍建设、推进农村学前教育和职业教育基础能力建设等重大项目,开展推进素质教育、义务教育均衡发展、职业教育办学模式改革和考试招生制度改革等试点。另外,要加强组织领导,以保证战略目标的实现。

国家中等职业教育改革发展示范校建设计划　在财政部等四部门印发的《关于中等职业学校农村家庭经济困难学生和涉农专业学生免学费工作的意见》(财教〔2009〕442号)中,提出在实施免学费政策的同时,国务院相关部门将选择部分中等职业学校进行改革创新示范。2010年5月,教育部、人力资源和社会保障部、财政部下发《实施国家中等职业教育改革发展示范学校建设计划》(教职成〔2010〕9号),决定从2010年到2013年组织实施国家中等职业教育改革发展示范学校建设计划。同时,《国家中长期教育改革和发展规划纲要(2010—2020年)》(中发〔2010〕12号)提出,"支持一批中等职业教育改革示范校和优质特色校建设,支持高等职业教育示范校建设"。为规范和加强国家中等职业教育改革发展示范学校建设计划项目管理,提高建设计划实施和项目管理效益,促进中等职业教育改革发展,2011年7月,教育部、人力资源和社会保障部、财政部下发《国家中等职业教育改革发展示范学校建设计划项目管理暂行办法》(教职成〔2011〕7号)(简称《办法》)。《办法》提出从2010年到2013年,中央财政重点支持1000所中等职业学校改革创新,形成一批代表国家职业教育办学水平的中等职业学校,在中等职业教育改革发展中发挥引领、骨干和辐射作用。示范校的主要任务是改革培养模式、改革教学模式、改革办学模式、创新教育内容、加强队伍建设、完善内部管理、改革评价模式。教育部、人力资源和社会保障部、财政部负责印发项目年度申报工作的通知,各省级相关部门根据通知要求共同制订本地工作计划,教育部会同人力资源和社会保障部和财政部组织专家对各地申报的计划和项目学校进行复审,确定项目学校名单,公布审定结果。项目建设周期原则上为2年,完成后,项目学校应撰写项目总结报告,由省级教育、人力资源社会保障和财政部门初审后,向教育部、人力资源和社会保障部、财政部申请项目验收。项目将建立部际联合监督检查、地方监管和项目学校自我监测的三级监控考核体系,对项目学校建设计划的实施全过程进行审核、监控和考核,计划实施过程中有违规行为的,可视其情节轻重给予警告、中止或取消项目等处理。

国家专业教学标准精品教材建设　为全面提升本科教材质量,充分发挥教材在提高人才培养质量中的基础性作用,2011年4月,教育部下发《教育部关于"十二五"普通高等教育本科教材建设的若干意见》(教高〔2011〕5号),提出"十二五"普通高等教育本科教材建设,要坚持育人为本,充分发挥教材在提高人才培养质量中的基础性作用;坚持全面推进、突出重点,明确责任、确保质量,锤炼精品、改革创新,分类指导、鼓励特色的基本原则。教育部在"十二五"本科国家级规划教材建设工作中强调:各级教育行政部门要强化对教材建设的宏观指导,加强政策支持和经费保障,建立以提高高等教育质量为核心的教材建设长效机制;统筹教材建设工作、加强教材编写队伍建设、强化教材建设管理、做好教材选用工作,充分发挥高等学校、专家与行业组织在教材建设中的主体作用。为充分发挥教材建设在提高人才培养质量中的基础性作用,促进现代职业教育体系建设,全面提高职业教育教学质量,2012年11月,教育部下发《教育部关于"十二五"职业教育教材建设的若干意见》(教职成〔2012〕9号),要求坚持以科学发展观为指导,全面落实教育规划纲要,以服务为宗旨,以就业为导向,完善教材管理体制,创新教材建设机制,促进现代职业教育体系建设;以突出对接、提高质量、完善机制为重点,加强队伍建设、深化产教合作、实施精品战略、规范出版选用,全面提升职业教育教材建设水平,进一步提高职业教育人才培养质量的总体思路。力求在"十二五"期间,建设一支能够适应职业教育改革发展要求的教材建设队伍;编写出版一大批高质量教材,实现职业教育教材建设机制不断创新,建立符合我国国情、具有时代特征的现代职业教育教材体系。要完善教材管理体制,提高教材管理水平;完善教材开发机制,发挥行业指导作用;完善教材准入机制,规范教材选用秩序;完善教材评价机制,优化结构提高质量,以强化教材建设规范管理。

国民体质测定标准　2000年,国家体育总局会同10个有关部门对3—69岁的国民进行了首次全国性体质监测,获取了20世纪末我国国民体质状况资料。此后,国家体育总局组织专家利用这些数据,在《中国成年人体质测定标准》的基础上,制定了《国民体质测定标准》(简称《标准》)。为推动和规范《国民体质测定标准》(以下简称《标准》)的施行工作,指导国民科学健身,促进全民健身活动的开展,提高全民族的身体素质,2003年7月,体育总局、教育部等十一部门联合下发《国民体质测定标准施行办法》(体群字〔2003〕69号)(简称《办法》),要求坚持以科学、规范、安全、便民的原则施行《标准》。国务院体育行政部门主管全国的《标准》施行工作，地方各级体育行政部门主管本行政区域内的《标准》施行工作，国务院教育行政部门负责在全国各级各类学校施行《学生体质健康标准》工作，国务院卫生、民政、劳动保障、农业、民族等部门和工会、共青团、妇联等社会团体在各自的职责范围内负责施行《标准》工作。提倡国民在经常参加体育锻炼的基础上，定期按照《标准》进行体质测定。各级体育行政部门应当将施行《标准》与开展国民体质监测结合进行；扶持建立体质测定站；培训体质测定人员；划拨用于施行《标准》的专项经费；收集并统计分析施行《标准》的信息资料。各级国民体质监测中心应当将施行《标准》作为工作职责。体育教学、科研等单位应当做好施行《标准》的科研、培训和指导工作。城市街道办事处应当将施行《标准》作为社区建设的内容，县、乡镇应当将施行《标准》作为农村体育工作的重要内容，机关、企业事业单位和社会团体应当有组织、有制度地开展体质测定工作。体质测定站应当具备相关条件，严格按照《标准》规范操作，为受试者提供测定结果并给予科学健身指导；保存测定数据和资料；对受试者的测定结果保密。从事营利性体质测定服务的，应当向当地工商行政管理部门办理登记注册，并接受其指导、监督和管理。对体质有特殊要求的部门和单位可将《标准》作为招生、招工、保险等体质考核的参考依据。

国培计划 根据党的十七大关于"加强教师队伍建设，重点提高农村教师素质"的要求和《国家中长期教育改革和发展规划纲要（2010—2020年）》（中发〔2010〕12号）精神，为进一步加强教师培训，全面提高教师队伍素质，2010年6月，教育部、财政部颁布《教育部财政部关于实施"中小学教师国家级培训计划"的通知》（教师〔2010〕4号），决定从2010年起实施"中小学教师国家级培训计划"（简称"国培计划"），规定"国培计划"包括"中小学教师示范性培训项目"和"中西部农村骨干教师培训项目"两项内容。为进一步加强中小学教师培训工作，2011年1月，教育部颁布《教育部关于大力加强中小学教师培训工作的意见》（教师〔2011〕1号），要求以实施"国培计划"为抓手，推动各地通过多种有效途径，有目的、有计划地对全体中小学教师进行分类、分层、分岗培训。为加强农村幼儿教师队伍建设，提高农村幼儿教师素质，同年9月，教育部、财政部颁布《教育部财政部关于实施幼儿教师国家级培训计划的通知》（教师〔2011〕5号），规定培训对象为中西部地区农村公办幼儿园（含部门、集体办幼儿园）和普惠性民办幼儿园园长、骨干教师、转岗教师;培训项目包括农村幼儿教师短期集中培训、农村幼儿园"转岗教师"培训和农村幼儿园骨干教师置换脱产研修。为进一步完善和推进师范生免费教育,2012年1月,国务院转发《教育部等部门关于完善和推进师范生免费教育意见的通知》(国办发〔2012〕2号),要求符合条件的免费师范毕业生在职培训纳入中小学教师国家级培训计划。为规范"国培计划"项目管理,提高培训质量,同年5月,教育部颁布《"国培计划"课程标准(试行)》(教师厅函〔2012〕5号)(简称《标准》)。《标准》根据不同类别、层次、岗位教师教育教学能力提升和专业发展的需求确定。《标准》按学科(领域)分学段、分项目设置,包括课程目标、建议课程内容、课程设置与实施建议三部分,另附主题式培训设计样例。为加快农村义务教育教师队伍建设,建立城乡一体化义务教育发展机制,2012年9月,教育部、中央编办、国家发展改革委等联合颁布《教育部中央编办国家发展改革委财政部人力资源和社会保障部关于大力推进农村义务教育教师队伍建设的意见》(教师〔2012〕9号),要求:继续实施"中小学教师国家级培训计划";加强农村教师国家级示范培训;加强音体美、科学、综合实践等农村紧缺薄弱学科课程教师和民族地区双语教师培训。为进一步规范国家级教师培训计划管理,2013年1月,教育部、财政部印发《教育部办公厅财政部办公厅关于〈"国培计划"示范性集中培训项目管理办法〉等三个文件的通知》(教师厅〔2013〕1号)。《"国培计划"示范性集中培训项目管理办法》和《"国培计划"示范性远程培训项目管理办法》要求通过对全国中小学、幼儿园骨干教师和教师培训者的集中培训,培养一批"种子"教师,引领和推动"国培计划"中西部农村中小学骨干教师培训项目和幼儿园教师培训项目以及各地教师培训工作的开展;《"国培计划"中西部农村中小学骨干教师培训项目和幼儿园教师培训项目管理办法》要求通过对农村义务教育阶段教师和农村幼儿园教师进行有针对性的专业培训,提高教师教育教学能力和整体素质,引导各地规范教师培训管理,为义务教育均衡发展和普及学前教育提供师资保障。根据《乡村教师支持计划(2015—2020年)》(国办发〔2015〕43号)总体部署,为做好乡村教师培训工作,2015年9月,教育部财政部颁布《教育部财政部关于改革实施中小学幼儿园教师国家级培训计划的通知》(教师〔2015〕10号),要求从2015年起,"国培计划"集中支持中西部乡村教师校长培训;继续实施"国培计划"——中西部项目和幼师国培项目,对中西部地区乡村中小学幼儿园教师进行专业化培训;继续实施"国培计划"——示范性项目,加强培训团队建设,探索培训新模式,推进"国培计划"改革创新。

H

核心素养　2014年4月,教育部印发《教育部关于全面深化课程改革落实立德树人根本任务的意见》(教基二〔2014〕4号),要求研究制定学生发展核心素养体系和学业质量标准。在此基础上,2016年2月,《国务院办公厅关于印发全民科学素质行动计划纲要实施方案(2016—2020年)的通知》(国办发〔2016〕10号)要求,基于学生发展核心素养框架,完善中小学科学课程体系,研究提出中小学科学学科素养,更新中小学科技教育内容,加强对探究性学习的指导。2016年9月,中国学生发展核心素养研究成果发布会在北京师范大学举行。指出,学生发展核心素养主要指学生应具备的、能够适应终身发展和社会发展需要的必备品格和关键能力。研究学生发展核心素养是落实立德树人根本任务的一项重要举措,也是适应世界教育改革发展趋势、提升我国教育国际竞争力的迫切需要。中国学生发展核心素养,以科学性、时代性和民族性为基本原则,以培养"全面发展的人"为核心,分为文化基础、自主发展、社会参与三个方面,综合表现为人文底蕴、科学精神、学会学习、健康生活、责任担当、实践创新六大素养,具体细化为国家认同等十八个基本要点。根据这一总体框架,可针对学生年龄特点进一步提出各学段学生的具体表现要求。

互联网＋教育　"互联网＋"是把互联网的创新成果与经济社会各领域深度融合,推动技术进步、效率提升和组织变革,提升实体经济创新力和生产力,形成更广泛的以互联网为基础设施和创新要素的经济社会发展新形态。为加快推动互联网与各领域深入融合和创新发展,充分发挥"互联网＋"对稳增长、促改革、调结构、惠民生、防风险的重要作用,2015年7月,国务院出台《国务院关于积极推进"互联网＋"行动的指导意见》(国发〔2015〕40号),要求坚持"开放共享、融合创新、变革转型、引领跨越和安全有序"的基本原则,到2025年实现网络化、智能化、服务化、协同化的"互联网＋"产业生态体系基本完善,"互联网＋"新经济形态初步形成,"互联网＋"成为经济社会创新发展的重要驱动力量。为了实现这一目标,要求实施"互联网＋"益民服务行动。在教育领域中,探索新型教育服务供给方式。鼓励互联网企业与社会教育机构根据市场需求开发数字教育资源,提供网络化教育服务。鼓励学校利用数字教育资源及教育服务平台,逐步探索网络化教育新模式,扩大优质教育资源覆盖面,促进教育公平。鼓励学校通过与互联网企业合作等方式,对接线上线下教育资源,探索基础教育、职业教育等教育公共服务供给的新方式。推动开展学历教育在线课程资源共享,推广大规模在线开放课程等网络学习模式,探索建立网络学习学分认定与学分转换等制度,加快推动高等教育服务模式变革。因此,有学者认为,"互联网＋教育"是国家战略"互联网＋"的重要组成部分,是教育改革发展的先锋和新锐,是加快教育现代化进程的有力引擎。

混合所有制学校　为加快发展现代职业教育,2015年全国教育工作会议提出要"优化职业教育资源配置,探索股份制、混合所有制、委托管理、购买服务等形式,引导社会力量举办和参与举办职业教育"。为贯彻落实《国务院关于加快发展现代职业教育的决定》和全国人大常委会职业教育法执法检查有关要求,推动高等职业教育创新发展,2015年10月,教育部发布《高等职业教育创新发展行动计划(2015—2018年)》(教职成〔2015〕9号)(简称《计划》)。《计划》要求坚持"政府推动与引导社会力量参与相结合、顶层设计与支持地方先行先试相结合、扶优扶强与提升整体保障水平相结合、教学改革与提升院校治理能力相结合"的基本原则。强化地方政府统筹发展职业教育的责任,落实高等职业院校办学自主权,探索本科层次职业教育实现形式;充分发挥市场机制作用,引导社会力量参与办学,发挥企业重要办学主体作用,从而探索发展股份制、混合所有制高等职业院校。《计划》还要求深化办学体制改革,鼓励社会力量以资本、知识、技术、管理等要素参与公办高等职业院校改革;试点社会力量通过政府购买服务、委托管理等方式参与办学活力不足的公办高等职业院校改革;鼓励民间资金与公办优质教育资源嫁接合作,在经济欠发达地区扩大优质高等职业教育资源以探索混合所有制办学。通过鼓励企业和公办高等职业院校合作,举办适用公办学校政策、具有混合所有制特征的二级学院;鼓励专业技术人才、高技能人才在高等职业院校建设股份合作制工作室;支持成立混合所有制高等职业院校联盟;鼓励行业企业办和民办高等职业院校建立教师年金制度,支持营利性民办高等职业院校探索建立股权激励机制。

J

基本公共教育服务体系　《国家中长期教育改革和发展规划纲要（2010—2020年）》（中发〔2010〕12号）（简称《教育规划纲要》）提出要建成覆盖城乡的基本公共教育服务体系，逐步实现基本公共教育服务均等化，缩小区域差距；各级政府要切实履行统筹规划、政策引导、监督管理和提供公共教育服务的职责，建立健全公共教育服务体系，逐步实现基本公共教育服务均等化，维护教育公平和教育秩序。为贯彻《教育规划纲要》精神，2012年6月，教育部印发《国家教育事业发展第十二个五年规划》（教发〔2012〕9号），提出健全基本公共教育服务体系。首先，完善基本公共教育服务。按照基本公共服务普及普惠的要求，巩固城乡免费九年义务教育，促进义务教育均衡发展；基本普及高中阶段教育，重点加强中等职业教育；基本建立"广覆盖、保基本、多形式、有质量"的学前教育体系，重点发展农村学前教育。完善进城务工人员随迁子女、家庭经济困难学生和残疾学生的教育保障政策体系。基本建成服务全民的教育信息与资源共享平台。推广和规范使用国家通用语言文字，提升语言文字应用能力，推进语言文字规范标准和信息化建设。根据经济发展和教育发展水平、群众意愿，不断提高基本公共教育服务的总供给水平。探索多样化提供形式，积极引入竞争机制，完善基本公共教育服务的供给体制。其次，建立基本公共教育服务体系评价机制。研究制定基本公共教育服务体系监测与评价指标体系。以九年义务教育巩固率和高中阶段教育毛入学率为重点，开展对地方落实国家"十二五"规划纲要目标、推进基本公共教育服务体系建设情况的监测评价，引导地方加快完善基本公共教育服务体系，不断提高服务水平。再次，促进基本公共教育服务均等化。推动各级政府将基本公共教育服务均等化作为全社会基本公共服务均等化评价的核心指标。探索建立地方政府基本公共教育服务均等化能力评价体系，研究建立以基本公共教育服务均等化为导向的公共教育财政体制和分配方式。政府一般性转移支付向基本公共教育服务倾斜，重点扶持薄弱地区、薄弱学校、困难群体，努力让广大人民群众共同享有更加均等化的基本公共教育服务。

基础教育集团化办学　1999年,杭州市率先开启了义务教育公办名校集团化办学的探索。为了贯彻落实《国务院关于基础教育改革与发展的决定》(国发〔2001〕21号),积极探索引入市场机制,多渠道筹措教育资金,增加教育投入,加快学校建设,2001年11月,浙江省人民政府办公厅转发省教育厅等单位《关于进一步拓宽教育融资渠道加快教育事业发展的意见》(浙政办发〔2001〕78号),提出各地可探索组建以优秀学校为龙头,跨地区、跨类别学校的教育集团。2002年6月以来,杭州市相继出台《杭州市人民政府关于深化改革加快发展率先实现基础教育现代化的决定》(杭政〔2002〕10号)、《中共杭州市委、杭州市人民政府关于进一步推进基础教育改革和发展的若干意见》(市委发〔2004〕42号)、《中共杭州市委办公厅杭州市人民政府办公厅关于实施中小学名校集团化战略的若干意见》(市委办发〔2006〕100号)、《中共杭州市委杭州市人民政府关于进一步推进名校集团化战略的意见》(市委〔2007〕34号)和《中共杭州市委杭州市人民政府关于进一步推进名校集团化战略的实施意见》(市委〔2009〕19号)等一系列文件。文件明确指出,积极鼓励多形式多体制办学,确立实施名校集团化战略,积极鼓励名校实施集团化办学,以名校为龙头,推进"名校+新校"、"名校+民校"、"名校+名企"、"名校+弱校"、"名校+农校"等多种办学模式,推进优质教育的普及化发展。同时,要求拓展名校集团化办学领域,向农村教育、弱势群体教育等教育领域延伸。在国家层面,为了治理择校乱收费问题,2010年10月,教育部印发了《教育部关于治理义务教育阶段择校乱收费问题的指导意见》(教基一〔2010〕6号),指出各地教育行政部门要确定现有优质学校辐射范围,探索通过实行学区化管理、集团化办学、结对帮扶等多种模式,发挥优质学校的示范引领作用,共享优质教育资源。为了实现教育均衡发展,解决教育资源较好学校的"大班额"问题,国务院、教育部等部门相继出台了《国务院办公厅关于规范农村义务教育学校布局调整的意见》(国办发〔2012〕48号)、《教育部国家发展改革委财政部关于全面改善贫困地区义务教育薄弱学校基本办学条件的意见》(教基一〔2013〕10号)、《国务院办公厅关于加快中西部教育发展的指导意见》(国办发〔2016〕37号)和《国务院关于统筹推进县域内城乡义务教育一体化改革发展的若干意见》(国发〔2016〕40号)。文件要求通过实施学区管理、建立学校联盟、探索集团化办学等措施,扩大优质教育资源覆盖面,合理分流学生,避免学生向少数学校过度集中,解决"大班额"问题。

《基础教育课程改革纲要(试行)》　为大力推进基础教育课程改革,调整和改革基础教育的课程体系、结构、内容,构建符合素质教育要求的新的基础教育课程体系,2001年6月,教育部印发《基础教育课程改革纲要(试行)》(教基〔2001〕17号)(简称《纲要》)。《纲要》提出课程改革的目标是,改变课程过于注重知识传授的倾向,改变课程结构过于强调学科本位、科目过多和缺乏整合的现状,改变课程内容"难、繁、偏、旧"和过于注重书本知识的现状,改变课程实施过于强调接受学习、死记硬背、机械训练的现状,改变课程评价过分强调甄别与选拔功能的现状,改变课程管理过于集中的现状。为了改变基础教育的这些状况,要求改革课程结构,设置九年一贯的义务教育课程,小学阶段以综合课程为主,初中阶段设置分科与综合相结合的课程,高中以分科课程为主,从小学至高中设置综合实践活动并作为必修课程,农村中学课程要为当地社会经济发展服务;规范课程标准,课程标准应体现国家对不同阶段的学生在知识与技能、过程与方法、情感态度与价值观等方面的基本要求,国家课程标准的制定要依据各门课程的特点,幼儿园教育要依据幼儿身心发展的特点和教育规律;改革教学过程,注重培养学生的独立性和自主性,引导学生质疑、调查、探究,在实践中学习,促进学生在教师指导下主动地、富有个性地学习,同时大力推进信息技术在教学过程中的普遍应用;完善课程开发与管理,教材改革应有利于引导学生利用已有的知识与经验,也应有利于教师创造性地进行教学,同时,完善基础教育教材管理制度,实现教材的高质量与多样化,实行国家、地方和学校三级课程管理;改革课程评价,建立促进学生全面发展的评价体系,改革和完善考试制度;保障课程改革的组织和实施,采取加强教师培养和培训等途径保障课程改革的组织和实施。

基础性发展目标　为进一步贯彻落实《中共中央国务院关于深化教育改革全面推进素质教育的决定》(中发〔1999〕9号)和《国务院关于基础教育改革与发展的决定》(国发〔2001〕21号)精神,坚持教育创新,全面推进素质教育,2002年12月,教育部印发《教育部关于积极推进中小学评价与考试制度改革的通知》(教基〔2002〕26号)(简称《通知》)。《通知》要求,建立以促进学生发展为目标的评价体系,主要包括基础性发展目标和学科学习目标两个方面。其中基础性发展目标包括:道德品质,即爱祖国、爱人民、爱劳动、爱科学、爱社会主义;遵纪守法、诚实守信、维护公德、关心集体、保护环境。公民素养,即自信、自尊、自强、自律、勤奋;对个人的行为负责;积极参加公益活动;具有社会责任感。学习能力,即有学习的愿望与兴趣,能运用各种学习方式来提高学习水平,有对自己的学习过程和学习结果进行反思的习惯;能够结合所学不同学科的知识,运用已有的经验和技能,独立分析并解决问题;具有初步的研究与创新能力。交流与合作能力,即能与他人一起确立目标并努力去实现目标,尊重并理解他人的观点与处境,能评价和约束自己的行为;能综合地运用各种交流和沟通的方法进行合作。运动与健康,即热爱体育运动,养成体育锻炼的习惯,具备锻炼健身的能力、一定的运动技能和强健的体魄,形成健康的生活方式。审美与表现,即能感受并欣赏生活、自然、艺术和科学中的美,具有健康的审美情趣;积极参加艺术活动,用多种方式进行艺术表现。为贯彻《通知》的要求,2004年以后,教育部相继印发《国家基础教育课程改革实验区2004年初中毕业考试与普通高中招生制度改革的指导意见》(教基厅〔2004〕2号)和《教育部关于基础教育课程改革实验区初中毕业考试与普通高中招生制度改革的指导意见》(教基〔2005〕2号),要求初中生综合素质评价的内容应以《通知》中提出的道德品质、公民素养、学习能力、交流与合作能力、运动与健康、审美与表现等六个方面的基础性发展目标为基本依据,各地可结合实际情况将其具体化,使综合素质评价的方法具有可行性,并力求评价结果的科学和公正。

集中连片特困地区乡村教师生活补助　　根据《中共中央国务院关于加快发展现代农业进一步增强农村发展活力的若干意见》(中发〔2013〕1号)要求,2013年9月,教育部、财政部颁布《教育部财政部关于落实2013年中央1号文件要求对在连片特困地区工作的乡村教师给予生活补助的通知》(教财函〔2013〕106号),要求落实乡村教师生活补助,坚持"地方自主实施、中央综合奖补"的原则,地方是落实乡村教师生活补助政策的责任主体,所需资金由地方财政承担,中央财政给予奖补。为认真贯彻党中央、国务院关于加强教师队伍建设的部署和要求,采取切实措施加强老少边穷岛等边远贫困地区乡村教师队伍建设,明显缩小城乡师资水平差距,2015年6月,国务院颁布《关于印发乡村教师支持计划(2015—2020年)》(国办发〔2015〕43号),要求提高乡村教师生活待遇,全面落实集中连片特困地区乡村教师生活补助政策,依据学校艰苦、边远程度实行差别化的补助标准,中央财政继续给予综合奖补。为准确掌握各地连片特困地区乡村教师生活补助政策实施情况,及时核拨中央综合奖补资金,2016年3月,教育部发布《教育部办公厅关于

2015年连片特困地区乡村教师生活补助实施情况的通报》(教师厅〔2016〕4号)，要求：出台专门政策，尽快实现全覆盖；加大资金投入，逐步提高补助标准；健全管理机制，确保数据准确有效。为统筹推进县域内城乡义务教育一体化改革发展，2016年7月，国务院颁布《国务院关于统筹推进县域内城乡义务教育一体化改革发展的若干意见》(国发〔2016〕40号)，要求改革乡村教师待遇保障机制。各地要实行乡村教师收入分配倾斜政策，落实并完善集中连片特困地区和边远艰苦地区乡村教师生活补助政策，因地制宜稳步扩大实施范围，按照越往基层、越往艰苦地区补助水平越高的原则，使乡村教师实际工资收入水平不低于同职级县镇教师工资收入水平。

计算机自适应测验 计算机自适应测验（Computerized Adaptive Testing，简称CAT）是近年来发展起来的一种新的测验形式。这种测验以项目反应理论为基础，以计算机技术为手段，在题库建设、选题策略等方面形成了一套理论和方法。计算机自适应测验是在项目反应理论基础上发展起来的一种测验，它是一种在项目水平上进行分析的测验。这种测验的编制者认为，要测量一个人的能力，最理想的项目就是难度适中的项目，即他答对或答错的概率都在 0.5 左右。在测验开始时，计算机一般给出一个难度中等的题目，如果被试做对，计算机就会估计被试的能力高于中等水平，然后再给其一个难度高一点的题目；如果被试做错，计算机就会估计其能力低于中等水平，然后给被试一个难度较低一点的题目。计算机根据被试第二题的回答情况，对被试的能力再作估计，在第二次估计基础上，计算机在题库中选择最接近其能力估计值的题目，接着根据被试反应，对其能力再进行估计。这样，随着被试做的题目增多，计算机对其能力的估计精度越来越高，最后估计值将收敛于一点，该点就是该被试的能力较精确的估计值。计算机自适应测验具有其他测验无法相比的优点：它能因人而异地选题，题目针对性强，可以用较少的题目较精确地估计被试的能力；它不必规定测验举行的时间，被试可选择自己最理想的时间进行测验；它可采用多媒体技术，可创设各种生动、形象的情景，使测验呈现方式能满足多种测验目的，同时更能激发被试的测验动机；它能让人及时了解测验结果，并能方便地通过网络将测验结果传送到所需部门或个人。

技术教育创新人才培养计划 为全面提升教师信息技术应用能力，2013年10月，教育部发布《教育部关于实施全国中小学教师信息技术应用能力提升工程的意见》(教师〔2013〕13号),要求教育部整合信息技术应用能力相关培训项目,发挥示范引领作用,推动包括"乐高技术教育创新人才培养计划"在内的项目与各地教师培训的融合,通过提供课程资源、培训骨干培训者和共建培训平台等方式,扩大优质资源辐射范围。"乐高技术教育创新人才培养计划"由我国教育部与丹麦乐高集团合作开展。在"2010—2014年技术教育创新人才培养计划"合作备忘录的指导下,乐高教育为我国百余所中小学以及高等学府创建了科学探究实验室和通用科学实验室,并提供乐高教育器材。同时,乐高教育在全国47所师范院校创建地区教师培训中心。

继续教育政策 《国家中长期教育改革和发展规划纲要(2010—2020年)》(中发〔2010〕12号)提出构建灵活开放的终身教育体系。一方面,要构建完备的终身教育体系。学历教育和非学历教育协调发展,职业教育和普通教育相互沟通,职前教育和职后教育有效衔接,继续教育参与率大幅提升,基本形成终身教育体系。另一方面,构建灵活开放的终身教育体系。发展和规范教育培训服务,统筹扩大继续教育资源。鼓励学校、科研院所、企业等相关组织开展继续教育。加强城乡社区教育机构和网络建设,开发社区教育资源。大力发展现代远程教育,建设以卫星、电视和互联网等为载体的远程开放继续教育及公共服务平台,为学习者提供方便、灵活、个性化的学习条件。此外,加强终身教育体制机制建设试点。建立区域内普通教育、职业教育、继续教育之间的沟通机制;建立终身学习网络和服务平台;统筹开发社会教育资源,积极发展社区教育;建立学习成果认证体系,建立"学分银行"制度等。同时,《中华人民共和国教育法》规定,国家适应社会主义市场经济发展和社会进步的需要,推进教育改革,推动各级各类教育协调发展、衔接融通,完善现代国民教育体系,健全终身教育体系,提高教育现代化水平。

绩效工资制度 为深化事业单位收入分配制度改革,推进义务教育学校绩效工资制度,2008年12月,国务院和教育部先后出台《国务院办公厅转发人力资源和社会保障部财政部教育部关于义务教育学校实施绩效工资指导意见的通知》(国办发〔2008〕133号)和《教育部关于做好义务教育学校教师绩效考核工作的指导意见》(教人〔2008〕15号)。根据文件精神,自2009年1月1日起,义务教育学校正式工作人员实施绩效工资。绩效工资考核坚持"尊重规律、以人为本;以德为先;注重实绩;激励先进,促进发展;客观公正,简单易行"的基本原则,具体内容包括:教师履行《义务教育法》、《教师法》、《教育法》等法律法规规定的教师法定职责,以及完成学校规定的岗位职责和工作任务的实绩,包括师德和教育教学、从事班主任工作等方面的实绩。绩效工资总量核定暂按学校工作人员上年度12月份基本工资额度和规范后的津贴补贴水平核定;义务教育学校实施绩效工资同清理规范义务教育学校津贴补贴结合进行,将规范后的津贴补贴和原国家规定的年终一次性奖金纳入绩效工资总量。绩效工资分为基础性和奖励性两部分,基础性绩效工资占绩效工资总量的70%,一般按月发放;奖励性绩效工资主要体现工作量和实际贡献等因素,在考核的基础上,由学校确定分配方式和办法。绩效考核过程中,要不断完善绩效考核载体,要积极探索、创新绩效考核的机制与方法,规范考核程序,健全考核组织;在教师绩效考核中要坚持公平公正、公开透明,充分发扬民主,增强绩效考核工作的透明度和考核结果的公信力。绩效考核一般由学校按规定的程序与年度考核结合进行,可采取定性与定量相结合,教师自评与学科组评议、年级组评议、考核组评议相结合,形成性评价和阶段性评价相结合等方法,同时适当听取学生、家长及社区的意见。同时,要高度重视绩效考核结果的合理运用,将绩效考核结果作为教师资格认定、岗位聘任、职务晋升、培养培训、表彰奖励等工作的重要依据。绩效考核是一项复杂的系统工程,各地区、各部门要密切配合,加强工作指导,建立有效的监督工作机制等,保障绩效工资制度顺利实施。为进一步完善义务教育学校绩效工资制度,2016年7月,国务院颁布《国务院统筹推进县域内城乡义务教育一体化改革发展的若干意见》(国发〔2016〕40号),提出核定义务教育学校绩效工资总量时统筹考虑当地公务员实际收入水平,确保县域内义务教育教师平均工资收入水平不低于当地公务员的平均工资收入水平。

加快发展民族教育 为贯彻落实《中共中央国务院关于进一步加强民族工作加快少数民族和民族地区经济社会发展的决定》(中发〔2005〕10号)精神,加快发展民族教育,2005年10月,教育部颁布《教育部关于贯彻落实〈中共中央国务院关于进一步加强民族工作加快少数民族和民族地区经济社会发展的决定〉做好民族教育工作的通知》(教民〔2005〕第13号),要求进一步加大对民族教育的宣传力度,把搞好民族教育放在更加突出的位置。同时,《国家中长期教育改革和发展规划纲要(2010—2020年)》(中发〔2010〕12号)要求重视和支持民族教育事业;全面提高少数民族和民族地区教育发展水平;促进民族地区各级各类教育协调发展。为了贯彻相关文件精神,促进民族地区各类教育健康、协调发展,2011年12月,教育部颁布《教育部关于设立教育部民族教育发展中心的通知》(教人函〔2011〕第9号),决定设立教育部民族教育发展中心,负责开展民族教育研究工作,参与拟订民族教育发展规划,对重点民族地区教育政策、民族教育特殊性问题进行研究,提出具体政策建议;开展双语教育、学校民族团结教育和民族教育政策宣传等工作。为了加快推进少数民族和民族地区教育发展,2015年8月,国务院颁布《国务院关于加快发展民族教育的决定》(国发〔2015〕第46号),要求到2020年,民族地区教育整体发展水平及主要指标接近或达到全国平均水平,逐步实现基本公共教育服务均等化。要求准确把握新时期民族教育的指导思想、基本原则和发展目标;打牢各族师生中华民族共同体思想基础;全面提升各级各类教育办学水平;切实提高少数民族人才培养质量;重点加强民族教育薄弱环节建设;建立完善教师队伍建设长效机制;落实民族教育发展的条件保障;切实加强对民族教育的组织领导。2016年5月,国务院颁布的《国务院办公厅关于加快中西部教育发展的指导意见》(国办发〔2016〕第37号)再次强调,在区域发展总体战略中要把民族教育摆在更加重要的位置。

加快发展青少年校园足球 为推进全国青少年校园足球工作,加强全国青少年校园足球工作的领导、规划与管理,2015年1月,教育部下发《教育部关于成立全国青少年校园足球工作领导小组的通知》(教体艺函〔2015〕1号),并随文下发了《全国青少年校园足球工作领导小组工作职责及议事规则》。经国务院同意,教育部会同国家发展改革委等五部门,共同成立全国青少年校园足球工作领导小组(简称领导小组)。领导小组是全国青少年校园足球工作协调、议事和决策机构,主要职责包括:贯彻落实国家有关学校体育和校园足球的法律法规、方针政策和重要文件精神;审议全国青少年校园足球的规章制度和管理办法;研究决定全国青少年校园足球的重大政策和发展事项;部署全国青少年校园足球年度工作计划;负责全国青少年校园足球的规划和指导,检查督促校园足球开展情况;审议全国青少年校园足球经费预算和决算。2015年全国教育工作会议提出"加快普及校园足球运动,对特色学校遴选、师资培训和竞赛方案等作出具体安排,各地要按照要求,抓紧开展工作,围绕'强基础、调机制、上水平'这三个核心,迈开新步伐、步入新轨道"。为加快发展青少年校园足球,贯彻党的教育方针、促进青少年身心健康,夯实足球人才根基,2015年7月,教育部等六部门下发了《教育部等六部门关于加快发展青少年校园足球的实施意见》(教体艺〔2015〕6号)(简称《意见》)。《意见》要求把发展青少年校园足球作为落实立德树人根本任务、培育和践行社会主义核心价值观的重要举措,坚持改革创新、坚持问题导向、坚持统筹协调、坚持因地制宜的基本原则,力求到2020年基本建成符合人才成长规律、青少年广泛参与、运动水平持续提升、体制机制充满活力、基础条件保障有力、文化氛围蓬勃向上的中国特色青少年校园足球发展体系。《意见》将提高校园足球普及水平、深化足球教学改革、加强足球课外锻炼训练、完善校园足球竞赛体系、畅通优秀足球苗子的成长通道作为重点任务;提出通过加强师资队伍建设、改善场地设施条件、健全学生参与足球激励机制、加大经费支持力度、完善安全保险制度、鼓励社会力量参与以加强保障措施;通过充分发挥全国青少年校园足球工作领导小组作用,把发展青少年校园足球纳入重要工作日程,优化发展青少年校园足球舆论环境以加强工作的组织领导。

加快基本公共教育均衡发展 基本公共教育均衡发展是国家发展的重大关切。2016年3月,《中华人民共和国国民经济和社会发展第十三个五年规划纲要》提出推进教育现代化,加快基本公共教育均衡发展。要求建立城乡统一、重在农村的义务教育经费保障机制,加大公共教育投入向中西部和民族边远贫困地区的倾斜力度。科学推进城乡义务教育公办学校标准化建设,改善薄弱学校和寄宿制学校办学条件,优化教育布局,努力消除城镇学校"大班额",基本实现县域校际资源均衡配置,义务教育巩固率提高到95%。加强教师队伍特别是乡村教师队伍建设,落实乡村教师支持计划,通过政府购买岗位等方式,解决结构性、阶段性、区域性教师短缺问题。改善乡村教学环境。鼓励普惠性幼儿园发展,加强农村普惠性学前教育,实施学前教育三年行动计划,学前三年毛入园率提高到85%。普及高中阶段教育,率先对建档立卡的家庭经济困难学生实施普通高中免除学杂费,高中阶段教育毛入学率达到90%以上。提升残疾人群特殊教育普及水平、条件保障和教育质量。积极推进民族教育发展,科学稳妥推行双语教育,加大双语教师培训力度。

加强家庭教育指导　《中华人民共和国未成年人保护法（2012年修正）》（主席令第65号）规定，父母或者其他监护人应当学习家庭教育知识，正确履行监护职责，抚养教育未成年人。有关国家机关和社会组织应当为未成年人的父母或者其他监护人提供家庭教育指导。《中华人民共和国教育法（2015年修正）》规定，学校、教师可以对学生家长提供家庭教育指导。《中华人民共和国反家庭暴力法》（主席令第37号）规定，未成年人的监护人应当以文明的方式进行家庭教育，依法履行监护和教育职责，不得实施家庭暴力。《国家中长期教育改革和发展规划纲要（2010—2020年）》要求充分发挥家庭教育在儿童少年成长过程中的重要作用。家长要树立正确的教育观念，掌握科学的教育方法，尊重子女的健康情趣，培养子女的良好习惯，加强与学校的沟通配合，共同减轻学生课业负担。为了贯彻有关家庭教育的法律法规和政策要求，积极发挥家庭教育在少年儿童成长过程中的重要作用，促进学生健康成长和全面发展，2015年10月，教育部出台《教育部关于加强家庭教育工作的指导意见》（教基一〔2015〕10号）（简称《意见》），提出家长要明确在家庭教育中的主体责任，依法履行家庭教育职责，严格遵循孩子成长规律，不断提升家庭教育水平。《意见》提出要充分发挥学校在家庭教育中的重要作用，加强指导家庭教育工作，丰富学校指导服务内容，发挥好家长委员会作用；同时中小学幼儿园要建立家长委员会，并将家长委员会纳入学校日常管理，制订家长委员会章程，并且共同办好家长学校。加快形成家庭教育社会支持网络，构建家庭教育社区支持体系，统筹协调各类社会资源单位，给予困境儿童更多关爱帮扶，特别是流动儿童、留守儿童、残疾儿童和贫困儿童。另外，完善家庭教育工作保障措施，加强组织领导，加强科学研究和宣传引导，通过加强家庭教育工作，推动家庭、学校、社会密切配合，共同培养德智体美劳全面发展的社会主义建设者和接班人。同时，《教育部等九部门关于进一步推进社区教育发展的意见》（教职成〔2016〕4号）和《国家教育事业发展"十三五"规划》（国发〔2017〕4号）等文件，再次明确强调，积极面向学生家长开展教育理念、教育方法等方面的家庭教育指导，明确家庭教育责任，强化家长教育，普及家庭教育常识，引导父母做好学生的第一任老师，促进青少年人格养成、心理健康成长。

加强少先队活动　为贯彻《国家中长期教育改革和发展规划纲要（2010—2020年）》（中发〔2010〕12号），把社会主义核心价值体系融入中小学教育全过程，2012

年 9 月,教育部印发《教育部关于加强中小学少先队活动的通知》(教基二〔2012〕3号)(简称《通知》)。《通知》要求,充分认识加强少先队活动的重要意义,准确把握少先队活动的总体要求。要把少先队活动作为国家规定的必修的活动课,确保少先队活动的时间;充分尊重少年儿童的主体地位,遵循少年儿童的年龄特点,精选与少年儿童学习、生活经验密切相关的教育内容,采取少年儿童易于接受的方式,组织开展丰富多彩的实践性、体验性活动,科学设计少先队活动的内容和形式。为了落实少先队活动的总体要求,需切实加强少先队活动保障。加强组织领导,科学规划少先队活动的课时安排、活动管理、辅导员队伍建设等;加强少先队辅导员队伍建设,切实做好少先队辅导员的选拔、聘任、培训等工作,不断提高辅导员队伍的整体素质;加强少先队活动基地建设,挖掘各种社会资源,有效整合、利用各级各类校外教育机构为少先队活动的开展提供必要的条件保障。

加强中小学劳动教育　为培养学生劳动兴趣、磨练学生意志品质、激发学生的创造力、促进学生身心健康和全面发展,2015 年 7 月,教育部、共青团中央、全国少工委联合出台《教育部共青团中央全国少工委关于加强中小学劳动教育的意见》(教基一〔2015〕4 号)(简称《意见》)。《意见》指出开展劳动教育要坚持思想引领、有机融入、实际体验和适当适度的基本原则,计划用 3—5 年时间,统筹资源,构建模式,推动建立课程完善、资源丰富、模式多样、机制健全的劳动教育体系,形成普遍重视劳动教育的氛围;推动在全国创建一批国家级劳动教育实验区,推动地方创建一批省级劳动教育实践基地和劳动教育特色学校,带动全国中小学劳动教育深入开展。《意见》要求,加强劳动教育要抓好关键环节,落实相关课程,将国家规定的综合实践活动课程、通用技术课程作为实施劳动教育的重要渠道,结合实际在地方和学校课程中加强劳动教育,并在其他学科教学和少先队活动课中也有机融入劳动教育内容;开展校内劳动,在学校日常运行中渗透劳动教育,大力开展与劳动有关的兴趣小组、社团、俱乐部活动,广泛组织以劳动教育为主题的班团队会、劳模报告会、手工劳技展演,提高学生劳动意识;组织校外劳动,将校外劳动纳入学校的教育工作计划,充分利用劳动教育实践基地、综合实践基地和其他社会资源,结合研学旅行、团日队日活动和社会实践活动,组织学生学工学农;鼓励家务劳动,教育学生自己事情自己做,家里事情帮着做,学校应安排适量的劳动家庭作业,要密切家校联系,形成劳动教育合力。为保障各项工作的顺利开展,要加强统筹协调,加强师资队伍建设,强化资源开发和加强督导评价等途径保障劳动教育。

家庭经济困难学生资助体系　为切实解决家庭经济困难学生的就学问题,2007年5月,国务院印发《国务院关于建立健全普通本科高校高等职业学校和中等职业学校家庭经济困难学生资助政策体系的意见》(国发〔2007〕13号),指出要充分认识建立健全家庭经济困难学生资助政策体系的重大意义。按照《中共中央关于构建社会主义和谐社会若干重大问题的决定》的有关要求,加大财政投入,落实各项助学政策,扩大受助学生比例,提高资助水平,从制度上基本解决家庭经济困难学生的就学问题。为了实现这一目标,要坚持"加大财政投入、经费合理分担、政策导向明确、多元混合资助、各方责任清晰"的基本原则,完善国家奖学金制度,完善国家助学金制度,进一步完善和落实国家助学贷款政策,对教育部直属师范大学新招收的师范生实行免费教育,学校按照有关规定实施学费减免、国家助学贷款风险补偿、勤工助学、校内无息借款、校内奖助学金和特殊困难补助等。为建立健全家庭经济困难学生资助政策体系,加强组织领导,确保资金落实,规范收费管理和加大宣传力度,《国家中长期教育改革和发展规划纲要(2010—2020年)》(中发〔2010〕12号)(简称《教育规划纲要》)要求逐步实行中等职业教育免费制度,完善家庭经济困难学生资助政策;建立普通高中家庭经济困难学生国家资助制度;完善普通本科高校、高等职业学校和中等职业学校家庭经济困难学生资助政策体系。为贯彻落实《教育规划纲要》精神,完善国家资助政策体系,切实解决普通高中家庭经济困难学生的就学问题,2010年9月,财政部、教育部出台《财政部教育部关于建立普通高中家庭经济困难学生国家资助制度的意见》(财教〔2010〕356号)。文件提出,按照"加大财政投入、经费合理分担、政策导向明确、多元混合资助、各方责任清晰"的基本原则,建立以政府为主导,国家助学金为主体,学校减免学费等为补充,社会力量积极参与的普通高中家庭经济困难学生资助政策体系,从制度上基本解决普通高中家庭经济困难学生的就学问题。要求建立国家助学金制度;建立学费减免等制度,鼓励社会捐资助学。此后,国务院出台的《国务院关于统筹推进县域内城乡义务教育一体化改革发展的若干意见》(国发〔2016〕40号)也提出改革控辍保学机制,加大对家庭经济困难学生的社会救助和教育资助力度,优先将建档立卡的贫困户家庭学生纳入资助范围。

减轻中小学课业负担 《国家中长期教育改革和发展规划纲要(2010—2020年)》(中发〔2010〕12号)(简称《教育规划纲要》)提出减轻中小学生课业负担,并明确减轻学生课业负担是全社会的共同责任,政府、学校、家庭、社会必须共同努力,标本兼治,综合治理,把减负落实到中小学教育全过程,促进学生生动活泼学习、健康快乐成长,率先实现小学生减负。为贯彻《教育规划纲要》和相关文件精神,2013年3月,教育部印发《教育部办公厅关于开展义务教育阶段学校"减负万里行"活动的通知》(教基一厅函〔2013〕13号),决定从2013年3月起,在全国范围内开展以"宣传典型经验、规范办学行为、更新教育观念、营造良好氛围"为主题的义务教育阶段学校"减负万里行"活动。同时,要求根据《义务教育学校规范办学行为专项督查项目》开展专项督查,规范办学行为。专项督查项目包括:规范招生入学和分班,规范考试科目与次数,学生作息时间和作业量安排,规范教育教学活动和教育评价五个方面。坚持免试就近入学原则,加强招生管理,规范入学秩序;探索加强对各类校外培训机构的监管措施,完善培训管理,推动行业自律;制订中小学教育质量综合评价改革方案,探索科学评价,完善考评体系;做好义务教育学校"减负"经验的收集、整理工作,及时总结经验,全面推广典型。在"减负万里行"活动的基础上,教育部决定自2014年4月起在全国范围内开展义务教育阶段学校"减负万里行·第2季"活动,并印发《教育部办公厅关于开展义务教育阶段学校"减负万里行·第2季"活动的通知》(教基一厅函〔2014〕13号),要求:深化综合改革,从源头上减轻学生过重课业负担;加大治理力度,坚决纠正不规范办学行为;开展巡视督查,确保减负要求落到实处;深入宣传引导,积极营造良好氛围;加强组织领导,务求活动取得实效。同时,2013年6月,教育部出台《教育部关于推进中小学教育质量综合评价改革的意见》(教基二〔2013〕2号)(简称《意见》),要求建立体现素质教育要求、以学生发展为核心、科学多元的中小学教育质量评价制度,切实扭转单纯以学生学业考试成绩和学校升学率评价中小学教育质量的倾向,促进学生全面发展、健康成长。要求把学生的品德发展水平、学业发展水平、身心发展水平、兴趣特长养成、学业负担状况等方面作为评价学校教育质量的主要内容,着力构建中小学教育质量综合评价指标体系。学业负担状况主要考查学生的客观学习负担和主观学习感受,可以通过学习时间、课业质量、课业难度、学习压力等关键性指标进行评价,减轻学生过重的课业负担,提高学习的有效性和学习乐趣。为减轻学生学业负担,教育部还出台《严禁中小学校和在职中小学教师有偿补课的规定》等文件。

教师的权利与义务 1993年10月,中华人民共和国第八届全国人民代表大会常务委员会第四次会议通过《中华人民共和国教师法》(主席令第15号)(简称《教师法》),并于2009年8月修订《中华人民共和国教师法(2009年修正)》(主席令第18号)。《教师法》规定,教师的权利包括:进行教育教学活动,开展教育教学改革和实验;从事科学研究、学术交流,参加专业的学术团体,在学术活动中充分发表意见;指导学生的学习和发展,评定学生的品行和学业成绩;按时获取工资报酬,享受国家规定的福利待遇以及寒暑假期的带薪休假;对学校教育教学、管理工作和教育行政部门的工作提出意见和建议,通过教职工代表大会或者其他形式,参与学校的民主管理;参加进修或者其他方式的培训。《教师法》规定教师应当履行下列义务:遵守宪法、法律和职业道德,为人师表;贯彻国家的教育方针,遵守规章制度,执行学校的教学计划,履行教师聘约,完成教育教学工作任务;对学生进行宪法所确定的基本原则的教育和爱国主义、民族团结的教育,法制教育以及思想品德、文化、科学技术教育,组织、带领学生开展有益的社会活动;关心、爱护全体学生,尊重学生人格,促进学生在品德、智力、体质等方面全面发展;制止有害于学生的行为或者其他侵犯学生合法权益的行为,批评和抵制有害于学生健康成长的现象;不断提高思想政治觉悟和教育教学业务水平。

教师教育 《中华人民共和国义务教育法(2006年修正)》(中华人民共和国主席令第52号)规定,县级以上人民政府应当加强教师培养工作,采取措施发展教师教育。为培养大批优秀的教师,鼓励更多的优秀青年终身做教育工作者,2007年5月,国务院转发《教育部直属师范大学师范生免费教育实施办法(试行)》(国办发〔2007〕34号)(简称《办法》),要求大力推进教师教育改革,特别要根据基础教育发展和课程改革的要求,精心制订教育培养方案。依据《办法》精神,要安排名师给免费师范生授课,选派高水平教师担任教师教育课程教学,建立师范生培养导师制度。为深入贯彻《办法》规定,进一步完善和推进师范生免费教育,培养造就大批优秀教师,2012年1月,国务院转发《关于完善和推进师范生免费教育的意见》

（国办发〔2012〕2号），要求推进教师教育改革创新。部属师范大学要选择一批县（区）开展教师教育改革创新试点工作，构建师范大学、地方人民政府与中小学校共同培养师范生的新机制。免费师范生在校期间要到试点学校进行一个学期的教育实习。安排更多名师给免费师范生上课，聘请的优秀中小学教师应不少于教育类课程教学教师人数的20%。继续支持教师教育创新平台建设，推进教师教育内涵发展，探索优秀教师培养新模式，全面提高教师教育质量。为深入实施科教兴国战略和人才强国战略，进一步加强教师队伍建设，同年8月，国务院颁布《国务院关于加强教师队伍建设的意见》（国发〔2012〕41号），要求推动信息技术与教师教育深度融合；构建以师范院校为主体、综合大学参与、开放灵活的中小学教师教育体系。为全面贯彻落实党的教育方针、努力办好基础教育、加强教师队伍建设，2016年9月，教育部颁布《中共教育部党组关于教育系统学习贯彻习近平总书记教师节重要讲话精神的通知》（教党〔2016〕44号），要求研制出台推动教师教育发展的政策举措；推动实践导向的教师教育课程内容改革和以师范生为中心的教学方法变革；通过做强做优教师教育，从源头上加强教师队伍建设，让一批又一批好老师源源不断涌现。

教师教育课程标准　为贯彻落实《国家中长期教育改革和发展规划纲要（2010—2020年）》，深化教师教育改革，全面提高教师培养质量，建设高素质专业化教师队伍，2011年10月，教育部印发《教育部关于大力推进教师教育课程改革的意见》（教师〔2011〕6号）（简称《意见》），随文下发《教师教育课程标准（试行）》（简称《标准》）。教师教育课程标准体现国家对教师教育机构设置教师教育课程的基本要求，是制定教师教育课程方案、开发教材与课程资源、开展教学与评价，以及认定教师资格的重要依据。《标准》以"育人为本、实践取向、终身学习"为基本理念，规定了幼儿园职前教师教育课程目标与课程设置，小学职前教师教育课程目标与课程设置，中学职前教师教育课程目标与课程设置和在职教师教育课程设置框架建议。为了贯彻《标准》，《意见》要求创新教师教育课程理念，优化教师教育课程结构，改革课程教学内容，开发优质课程资源，改进教学方法和手段，强化教育实践环节，加强教师养成教育，建设高水平师资队伍，建立课程管理和质量评估制度，加强组织领导和条件保障。

教师教育课程改革　《国家中长期教育改革和发展规划纲要（2010—2020年）》（中发〔2010〕12号）（简称《教育规划纲要》）要求加强教师教育，构建以师范院校为主体、综合大学参与、开放灵活的教师教育体系。深化教师教育改革，创新培养模式，增强实习实践环节，强化师德修养和教学能力训练，提高教师培养质量。为贯彻落实《教育规划纲要》，深化教师教育改革，全面提高教师培养质量，建设高素质专业化教师队伍，2011年10月，教育部颁布《教育部关于大力推进教师教育课程改革的意见》（教师〔2011〕6号），要求创新教师教育课程理念，实施《教师教育课程标准（试行）》；优化教师教育课程结构；改革课程教学内容；开发优质课程资源，实施"教师教育国家精品课程建设计划"；改进教学方法和手段；加强教师养成教育，将《中小学教师职业道德规范》列为教师教育必修课程；建设高水平师资队伍；建立课程管理和质量评估制度；加强组织领导和条件保障。同时，2012年9月，教育部、国家发展改革委、财政部印发《教育部国家发展改革委财政部关于深化教师教育改革的意见》（教师〔2012〕13号），要求深化教师教育课程改革；开展师范类专业综合改革试点；优化课程结构，强化教师教育课程；切实落实师范生到中小学（幼儿园）教育实践不少于一个学期制度；实施"教师教育国家级精品资源共享课程建设计划"；大力推进小班化教学，改进教学方法与手段，提高课堂教学效率；加强师德教育和养成教育，着力培养师范生的社会责任感、创新精神和实践能力；加强优质教师培训课程资源建设，形成资源共建共享平台；改进教师培训教学组织方式，采取案例式、探究式、参与式、情景式、讨论式等多种方式，提高教师培训质量。随后，按照《教育部关于大力推进教师教育课程改革的意见》（教师〔2011〕6号）和《精品资源共享课建设工作实施办法》（教高厅〔2012〕2号）有关要求，教育部印发《教育部办公厅关于开展教师教育国家级精品资源共享课建设工作的通知》（教师厅〔2012〕6号），决定启动实施教师教育国家级精品资源共享课建设计划，并出台《教师教育国家级精品资源共享课建设计划实施办法》，对教师教育国家级精品资源共享课的建设目标、建设方式、建设要求和保障措施作了规定。2014年8月，教育部颁布《教育部关于实施卓越教师培养计划的意见》（教师〔2014〕5号），要求建立模块化的教师教育课程体系。构建公共基础课程、学科专业课程、教师教育课程比重适当、结构合理、理论与实践深度融合的课程体系。把社会主义核心价值观纳入教师教育课程体系，融入师范生培养全过程。采取将教书育人楷模、一线优秀教师请进课堂等方式,丰富师德教育的内涵与形式。落实《教师教育课程标准(试行)》,打破教育学、心理学、学科教学法"老三门"的课程结构体系,开设模块化、选择性和实践性的教师教育课程。突出实践导向的教师教育课程内容改革。紧密结合中小学教育教学实践,全面改革教师教育课程内容。在教师教育课程中充分融入优秀中小学教育教学案例。将学科前沿知识、课程改革和教育研究最新成果充实到教学内容中,及时吸收儿童研究、学习科学、心理科学、信息技术的新成果。

教师教育信息化建设　　教师教育信息化建设是适应信息化社会的发展要求,以信息化带动教育现代化,促进教师教育跨越式发展的一项重要任务。2002年3月,教育部印发《教育部关于推进教师教育信息化建设的意见》(简称《意见》),就"十五"期间教师教育信息化建设的指导思想、原则、发展目标和措施作出重要部署。依据《意见》精神,"十五"期间教师教育信息化建设要坚持"以教育信息基础设施建设为基础,以信息资源开发为核心,以推进现代信息技术和教育技术的广泛应用为重点,以提高教师教育质量为根本"的原则,加快以各级各类师范院校为主体的教师教育机构信息基础设施和资源建设,逐步构建全国教师教育信息化网络教育体系;全面推进现代信息技术和教育技术在教师教育中的普及和应用,显著提高中小学教师的信息素养,促进信息技术与学科课程的整合;积极促进教师教育教学方法和手段、管理体制和办学方式的改革创新,探索并初步构建信息环境下教师教育的有效模式。落实这一目标,要加快教师教育信息基础设施建设;加快教师教育信息资源建设;加强师范院校信息技术和教育技术等专业建设,培养、培训适应普及信息技术教育需要的中小学教师;以科学研究为先导,积极探索和构建现代信息技术环境下教师教育教学与教学管理新模式;加强领导、管理和评估。意见还提出,教师教育信息化建设应坚持统筹规划,突出重点;坚持资源共享,协同发展;坚持探索创新,注重应用;坚持政府引导,因地制宜。

教师考核评价　　为了贯彻落实《中共中央关于教育体制改革的决定》,20世纪80年代,国务院和教育部(原为国家教育委员会)相继印发《国务院办公厅转发国家教育委员会等部门关于实施义务教育法若干问题意见的通知》、《中小学教师考核合格证书试行办法》(〔86〕教师字009号)(已失效)、《国家教育委员会关于幼儿园教师考核的补充意见》(〔86〕教初字 012 号)和《国家教育委员会关于继续做好中小学教师考核合格证书试行工作的意见》(〔89〕教师字 003 号)等文件,要求建立教师考核制度,对考核的内容和要求作了规定,同时要求对不具备国家规定学历和不能胜任教学工作的中小学教师,应组织他们在职进修学习,并进行考核。为了加强对教师的考核,《中华人民共和国教师法》(主席令第 15 号)规定,学校或者其他教育机构应当对教师的政治思想、业务水平、工作态度和工作成绩进行考核。教育行政部门对教师的考核工作进行指导、监督。考核应当客观、公正、准确,充分听取教师本人、其他教师以及学生的意见。教师考核结果是受聘任教、晋升工资、实施奖惩的依据。1996 年,教育部印发《关于"九五"期间加强中小学教师队伍建设的意见》(教人〔1996〕89 号),要求加强教师考核,建立健全教师考核制度,把教师职业道德作为教师考核的重要内容。2000 年以来,国务院、人事部、教育部等相继印发《关于深化中小学人事制度改革的实施意见》(国人部发〔2003〕24 号)、《国家教育事业发展第十二个五年规划》(教发〔2012〕9 号)和《国务院关于加强教师队伍建设的意见》(国发〔2012〕41 号)等文件,要求进一步健全和完善教师考核评价制度。完善重师德、重能力、重业绩、重贡献的教师考核评价标准,探索实行学校、学生、教师和社会各界多元评价办法,健全工作程序和评审规则,建立评审专家责任制,推行评价结果公示制度;将考核结果作为收入分配、奖惩和聘用(聘任)的重要依据;完善高等学校教师分类管理和评价办法。同时,为了深化高校教师考核评价制度改革,2016 年 8 月,教育部印发《教育部关于深化高校教师考核评价制度改革的指导意见》(教师〔2016〕7 号)(简称《意见》),要求将教师考核评价作为高等教育综合改革的重要内容,坚持问题导向推进改革,坚持考核评价改革的正确方向,把握考核评价的基本原则;加强师德考核力度,突出教育教学业绩,完善科研评价导向,重视社会服务考核,引领教师专业发展。为了保障考核评价制度改革的顺利实施,《意见》要求,加强组织领导,合理运用考核评价结果,建立政策联动机制,推进部门协调落实。

教师培训课程学分互认 为贯彻落实党的十七大"加强教师队伍建设,重点提高农村教师素质"及十七届三中全会"健全农村教师培养培训制度,提高农村教师素质"的要求,进一步推进教师网联计划,推动中小学教师培训工作的创新与发展,提高农村中小学教师教育教学能力和学历层次,2009 年 5 月,教育部印发《教育部办公厅关于支持开展"高等教育自学考试义务教育专业"课程与在职中小学教师非学历培训课程学分互认试点工作的通知》（教师厅〔2009〕1 号）（简称《通知》）。《通知》指出，教育部支持全国高等教育自学考试指导委员会开设"高等教育自学考试义务教育专业（专科、独立本科段）"，并在河北、山西、江苏、浙江等 15 个省份先期开展在职中小学校教师学历教育与非学历培训学分互认试点工作。要求该专业依托"全国中小学教师继续教育网"和县级教师培训机构开展网络助学，建立面向农村教师的学习与考试服务支持体系，实行"注册学习制"，采用分散自学与集中学习相结合的方式开展学习与助学活动。对参加本专业课程学习考试合格者，可按 1 学分折合 16 学时的比例计入当期教师继续教育非学历培训学时；参加省级师资培训主管部门组织的非学历培训成绩合格者，按 16 学时折合 1 学分的比例折算为本专业学分，免修不超过 12 学分的选修课。"全国中小学教师教育技术能力建设计划"中的教育培训课程纳入本专业公共基础课程，教师修完本门课，参加教育部考试中心组织的 NTET 考试并获得合格证书，按 50 学时记入当期教师继续教育学时。《通知》要求，各地要充分重视试点工作，将其纳入本地区教师培训工作总体规划，加强组织管理，根据实际情况制定相关政策，支持中小学在职教师参加本专业学习，严把考试关，切实保证教师培训质量。

教师申诉制度　为了保障教师的合法权益，建设具有良好思想品德修养和业务素质的教师队伍，促进社会主义教育事业的发展，1993 年至 1995 年，全国人大常委会和国家教育委员会先后颁布《中华人民共和国教师法》（主席令第 15 号）和《〈中华人民共和国教师法〉若干问题的实施意见》（教人〔1995〕81 号），法令对教师申诉提出了实施意见，具体为：教师对学校或者其他教育机构提出的申诉，由其所在区域的主管教育行政部门受理；对学校或者其他教育机构提出的申诉，主管教育行政部门应当在收到申诉书的次日起三十天内进行处理。2012 年，为全面推进依法治教，教育部印发《全面推进依法治校实施纲要》（政法〔2012〕9 号），提出学校要设立教师申诉或者调解委员会。为贯彻落实依法治教精神，2016 年 1 月，教育部印发《依法治教实施纲要（2016—2020 年）》（教政法〔2016〕1 号），提出要在未来 5 年内，健全教育领域纠纷处理机制，制定《教师申诉办法》，健全教师申诉制度。

教师招聘制度 为推动教育的改革与发展,加强高等学校教师队伍建设,1999年,教育部印发《关于新时期加强高等学校教师队伍建设的意见》(教人〔1999〕10号),提出在教师聘任中实行师德"一票否决制",并将教师工作量完成情况与教学质量的优劣作为教师聘任的依据。进入新世纪,为大力推进基础教育的改革与发展,国务院先后印发《国务院关于基础教育改革与发展的决定》(国发〔2001〕21号)和《国务院办公厅关于完善农村义务教育管理体制的通知》(国办发〔2002〕28号),提出推行教师聘任制,建立"能进能出、能上能下"的教师任用新机制;并且要按需设岗、公开招聘、平等竞争、择优聘任、严格考核、合同管理。按照党中央、国务院关于完善人才评价机制和深化职称制度改革的要求,2015年8月,人力资源和社会保障部、教育部印发《关于深化中小学教师职称制度改革的指导意见》(人社部发〔2015〕79号),进一步提出要建立与事业单位聘用制度和岗位管理制度相衔接、符合教师职业特点、统一的中小学教师职称(职务)制度,具体内容为:中小学教师岗位出现空缺,教师可以跨校评聘;实现中小学教师职务聘任和岗位聘用的统一;建立健全考核制度,加强聘后管理,在岗位聘用中实现人员能上能下;健全完善评聘监督机制,确保评聘过程公开透明。

教师职称制度改革 为促进教育事业的科学发展,加强中小学教师队伍建设,推进职称制度分类改革,根据2008年7月国务院办公厅印发的《人力资源和社会保障部主要职责内设机构和人员编制规定》(国办发〔2008〕68号)中提出的深化职称制度改革工作的要求,2009年1月,人力资源和社会保障部、教育部印发《深化中小学教师职称制度改革试点指导意见》(人社部发〔2009〕13号),决定在吉林省、山东省和陕西省各选择一个地级市开展中小学教师职称制度改革试点工作。2011年至2012年,《国家中长期教育改革和发展规划纲要(2010—2020年)》(中发〔2010〕12号)和《国家教育事业发展第十二个五年规划》(教发〔2012〕9号)等文件相继出台,提出深化中小学教师职称制度改革,要建立与事业单位岗位聘用制度相衔接、符合中小学教师职业特点的职务(职称)制度,在中小学设置正高级职称;要扩大中小学教师职称制度改革试点。为进一步完善人才评价机制、深化职称制度改革要求,2015年8月,人力资源和社会保障部、教育部正式印发《关于深化中小学教师职称制度改革的指导意见》(人社部发〔2015〕79号),提出要建立统一的中小学教师职务制度、统一的职称(职务)等级以及名称的制度体系,制定中小学教师专业技术水平评价的基本标准,建立以同行专家评审为基础的业内评价机制,实现与事业单位岗位聘用制度的有效衔接。

教师职业道德 为引导广大教师进一步增强教书育人的责任感和使命感,全面提高高校师德水平,全国人大常委会先后颁布《中华人民共和国教师法(2009年修正)》(主席令第18号)和《中华人民共和国高等教育法(2015年修正)》(主席令第7号),提出教师应当遵守宪法、法律和职业道德,为人师表;高等学校应当对教师的职业道德进行考核,考核结果作为聘任或者解聘、晋升、奖励或者处分的依据。为进一步加强教师职业道德,全面推进素质教育,2000年以来,教育部先后颁布《中等职业学校教师职业道德规范(试行)》(教职成〔2000〕4号)、《中小学教师职业道德规范》(教师〔2008〕2号)和《高等学校教师职业道德规范》(教人〔2011〕11号),提出中等职业学校、中小学以及高等学校的教师职业道德规范内容包括:爱国守法,拥护中国共产党领导,拥护中国特色社会主义制度,遵守宪法和法律法规;敬业爱生,履行教师职责,爱护所有学生;教书育人,尊重学生个性,促进学生全面发展;严谨治学,恪守学术规范,不断更新知识结构,努力增强实践能力;服务社会,传播优秀文化,普及科学知识,热心公益;为人师表,以高尚师德、人格魅力和学识风范教育感染学生,以身作则。为进一步规范教师职业行为,保障教师、学生的合法权益,2014年1月,教育部印发《中小学教师违反职业道德行为处理办法》(教师〔2014〕1号)(简称《办法》)。《办法》规定,教师有下列行为之一的,视情节轻重分别给予相应处分:在教育教学活动中有违背党和国家方针政策的言行;在教育教学活动中遇突发事件时,不履行保护学生人身安全职责;在教育教学活动和学生管理、评价中不公平公正对待学生,产生明显负面影响;在招生、考试、考核评价、职务评审、教研科研中弄虚作假、营私舞弊;体罚学生或以侮辱、歧视等方式变相体罚学生;对学生实施性骚扰或者与学生发生不正当关系;索要或者违反规定收受家长、学生财物;组织或者参与针对学生的经营性活动,或者强制学生订购教辅资料、报刊等谋取利益;组织、要求学生参加校内外有偿补课,或者组织、参与校外培训机构对学生有偿补课;其他严重违反职业道德的行为。

教师专业标准 为加强教师队伍建设,构建教师队伍建设标准体系,国务院先后颁布了《国家中长期教育改革和发展规划纲要(2010—2020年)》(中发〔2011〕12

号)和《国务院加强教师队伍建设的意见》(国发〔2012〕41号),提出要完善教师专业发展标准体系,出台幼儿园、小学、中学、职业学校、高等学校、特殊教育学校教师专业标准。按照这一要求,2012年以来,教育部先后印发《幼儿园教师专业标准(试行)》、《小学教师专业标准(试行)》和《中学教师专业标准(试行)》(教师〔2012〕1号)、《中等职业学校教师专业标准(试行)》(教师〔2013〕12号)、《特殊教育教师专业标准(试行)》(教师〔2015〕7号),分别提出幼儿园、小学、中学、中等职业学校以及特殊教育学校的教师专业标准,提出了师德为先、学生为本、能力为重、终身学习的基本理念;此外,在专业理念方面,强调理解与认识自身的职业特性,以正确的态度对待学生与教育教学,个人修养良好,行为得体;在专业知识方面,有一定的教育知识、专业背景知识、课程教学知识与通识性知识;在专业能力方面,懂得教学设计与实施,管理班级活动,进行教育教学评价与有效的沟通合作,并不断反思改进工作。

教师专业发展　为深化教师教育改革,推进教师教育内涵式发展,2012年,国务院与教育部先后颁布《国务院关于加强教师队伍建设的意见》(国发〔2012〕41号)、《教育部国家发展改革委财政部关于深化教师教育改革的意见》(教师〔2012〕13号)和《国务院关于加强高等学校青年教师队伍建设的意见》(教师〔2012〕10号),明确了一些基本要求:完善教师专业发展标准体系,要出台幼儿园、小学、中学、职业学校、高等学校、特殊教育学校教师专业标准;为推进高等学校中青年教师专业发展,要设立教师教学发展中心,开展教师培训、产学交流、教学研究、教学咨询、评估管理以及职业发展咨询等;要实行5年一周期不少于360学时的教师全员培训制度,推动教师专业发展常态化。为进一步落实《国务院关于加强教师队伍建设的意见》(国发〔2012〕41号)中关于落实教师专业发展标准体系的要求,2012年以来,教育部先后印发《幼儿园教师专业标准(试行)》、《小学教师专业标准(试行)》和《中学教师专业标准(试行)》(教师〔2012〕1号)、《中等职业学校教师专业标准(试行)》(教师〔2013〕12号)、《特殊教育教师专业标准(试行)》(教师〔2015〕7号),作为引领幼儿园、小学、中学、中等职业学校和特殊教育教师专业发展的基本准则。为进一步丰富教师专业发展的内涵,2012年底至2014年,教育部发布《中小学心理健康教育指导纲要(2012年修订)》(教基一〔2012〕15号)和《中小学教师信息技术应用能力标准(试行)》(教师厅〔2014〕3号),提出要把教师心理健康教育作为教师专业发展的重要方面,中小学要将教师信息技术应用能力作为推动教师专业发展的重要依据。为进一步引领教师专业发展机制,2016年8月,教育部出台《教育部深化高校教师考核评价制度改革的指导意见》(教师〔2016〕7号),提出将教师专业发展纳入考核评价体系,高校应增设教师专业发展考评指标,根据学校实际情况细化对教师专业发展的具体要求,并加大对教师专业发展的政策支持与经费投入。

教师资格证制度　为了提高教师素质,建设具有良好思想品德修养和业务素质的教师队伍,促进社会主义教育事业的发展,1994年1月,全国人大常委会颁布《中华人民共和国教师法》(主席令第15号),对教师资格进行了划定,提出中国公民凡遵守宪法和法律,热爱教育事业,具有良好的思想品德,具备本法规定的学历或者经国家教师资格考试合格,有教育教学能力,经认定合格的,可以取得教师资格。依据《中华人民共和国教师法》,1995年至2000年,国务院与教育部先后颁布《教师资格条例》(国务院令第188号)和《〈教师资格条例〉实施办法》(中华人民共和国教育部令第10号),法令中对教师资格考试科目、标准和考试大纲、举行时间进行了规定,提出:教师资格认定机构每年春季、秋季各受理一次教师资格认定申请,并根据教师资格专家审查委员会的审查意见,来认定教师资格,并颁发相应的教师资格证书;教师资格证书由国务院教育行政部门统一印制,统一编号。为加强教师资格证书管理,维护教师资格制度和教师资格证书的严肃性,依照《教师资格条例》和《〈教师资格条例〉实施办法》,2001年8月,教育部印发《教师资格证书管理规定》(教人〔2001〕6号),提出持证人应妥善保管教师资格证书,不得出借、涂改、转让;持证人的教师资格证书如果遗失,由持证人在公开发行的报刊上刊登遗失声明,并向原发证机关提出补发教师资格证书的书面申请;持证人的教师资格证书因损毁影响使用的,由持证人向原发证机关提出换发新证书的书面申请。为进一步完善教师资格证制度,2012年6月,教育部办公厅等部门发布《教育部办公厅中共中央台湾工作办公室秘书局国务院港澳台事务办公室秘书行政司关于港澳人士和台湾同胞在内地(大陆)高校申请教师资格证有关问题的通知》(教师厅〔2012〕5号),提出在内地(大陆)高校工作的港澳人士和台湾同胞,凡办理了居住证明的,根据自愿原则,可申请认定内地(大陆)高校相应种类的教师资格,申请的条件和程序与内地(大陆)申请人相同。为贯彻落实《国家中长期教育改革和发展规划纲要(2010—2020年)》(中发〔2010〕12号),2012年9月,国务院颁布《国务院关于深入推进义务教育均衡发展的意见》(国发〔2012〕48号),提出为合理配置教师资源,要实行教师资格证有效期制度。

《教学成果奖励条例》 为鼓励教育工作者从事教育教学研究,提高教学水平和教育质量,1994年3月,颁布了《教学成果奖励条例》(国务院令第151号)(简称《条例》)。《条例》规定,教学成果是指反映教育教学规律,具有独创性、新颖性、实用性,对提高教学水平和教育质量、实现培养目标产生明显效果的教育教学方案。国家级教学成果奖分为特等奖、一等奖、二等奖三个等级,每4年评审一次;各级各类学校、学术团体和其他社会组织、教师及其他个人的教学成果具备国内首创、经过2年以上教育教学实践检验或在全国产生一定影响等条件均可申请教学成果奖。为实施《教学成果奖励条例》,发挥国家级教学成果奖在教学实践、改革、研究中的引领和激励作用,提高教育质量,2012年10月,教育部出台《〈教学成果奖励条例〉实施办法(征求意见稿)》(简称《办法》)。《办法》对国家级教学成果奖的适用范围、评审组织、评审程序、法律责任等方面作了明确规定。《办法》规定,教师、各级各类学校、学术团体、其他社会组织和个人申请基础教育、职业教育和高等教育国家级教学成果奖,以及国家级教学成果奖的推荐、评审、授奖与相关管理,适用本办法;国务院教育行政部门负责国家级教学成果奖的评审、批准和授予工作,并确定国家级教学成果奖各个奖励等级的数量、奖金数额、评审期限等;国家级教学成果奖的推荐、评审和授奖,实行科学、客观、公开、公平、公正原则;国务院教育行政部门成立国家级教学成果奖励工作领导小组,负责国家级教学成果奖励的宏观管理和指导,对国家级教学成果奖各评审委员会的评审结果进行审定。申请国家级教学成果奖的,由成果的持有单位或者个人,向所在地的省、自治区、直辖市人民政府教育行政部门提出申请;申请国家级教学成果奖的个人,应当主持并直接参与成果的方案设计、论证、研究和实践过程,并作出主要贡献,取得实际效果;省、自治区、直辖市人民政府教育行政部门和军队有关教育主管机构,应当对申请材料进行审查,并组织专家进行评议,对符合本办法规定条件的,在规定限额内作出予以推荐的决定;国家级教学成果奖励委员会应当将推荐的申请国家级教学成果奖的成果项目在国务院教育行政部门网站上予以公布,然后,由基础教育、职业教育和高等教育国家教学成果奖评审委员会分别进行评审,并以投票表决方式产生评审结果。另外,《办法》还规定了国家教学成果奖的奖励、成果推广、申请人和工作人员法律责任等相关问题。

教学质量保障体系 为提高我国人才培养质量,牢固确立人才培养在高校工作中的中心地位,2015年1月,教育部印发《关于进一步加强高等学校本科教学工作的若干意见》(教高〔2005〕1号),提出加强高等学校教学工作评估,完善教学质量保障体系;随后印发的《教育部关于全面提高高等职业教育教学质量的若干意见》(教高〔2006〕16号),提出加快建立和完善教育教学质量保障体系,不断提高办学效益。2008年10月,教育部印发《关于加强"质量工程"本科特色专业建设的指导性意见》(教高司函〔2008〕208号),提出构建科学合理的教学质量保障体系和评估机制。根据学科和行业发展要求,结合本专业特点,研究特色专业的教学管理质量保证体系,探索建立学校、行业部门和用人单位共同参与的学生考核评价机制。《国家中长期教育改革和发展规划纲要(2010—2020年)》(中发〔2010〕12号)(简称《教育规划纲要》)也明确提出,要重视高校人才培养,健全教学质量保障体系,改进高校教学评估。《中华人民共和国国民经济和社会发展第十二个五年规划纲要》(2011年3月第十一届全国人民代表大会第四次会议批准)强调,全面实施高校本科教学质量和教学改革工程,健全教学质量保障体系。为全面提高高等教育质量,贯彻相关文件精神,2012年12月,教育部印发《中共教育部党组关于教育系统认真学习贯彻党的十八大精神的通知》,随文下发《教育部学习宣传和贯彻落实党的十八大精神重点工作方案》(简称《方案》)。《方案》要求,加强本科教学质量保障体系建设。制定完善人才培养质量标准,研究制定本科各专业类教学质量国家标准,推动省级教育行政部门、行业部门(协会)和高校联合制定有关专业人才培养质量评价标准。继续开展本科院校分类评估,做好新建本科院校教学工作合格评估,选择部分本科院校开展教学工作审核评估试点。做好全国本科院校《本科教学质量报告》编制发布工作。继续推进工程教育专业认证,加快建立具有中国特色的医学教育专业认证体系。开展高等教育国家级教学成果奖励,做好"高等教育国家级教学成果奖"评选、表彰及获奖成果的宣传推广工作。为保障教学质量保障体系建设,教育部出台《教育部关于全面提高高等教育质量的若干意见》(教高〔2012〕4号)、《教育部办公厅关于普通高等学校编制发布2012年〈本科教学质量报告〉的通知》(教高厅函〔2013〕33号)和《教育部办公厅关于开展2015年国家级实验教学示范中心建设工作的通知》(教高厅函〔2015〕31号)等文件。

《教育督导条例》 为了保证教育法律、法规、规章和国家教育方针、政策的贯彻执行,2012年9月,国务院出台《教育督导条例》(国务院令第624号)(简称《条例》)。《条例》包括：总则、督学、督导的实施和法律责任等内容。《条例》适用于对法律、法规规定范围内的各级各类教育实施教育督导,内容包括县级以上人民政府对下级人民政府落实教育法律、法规、规章和国家教育方针、政策的督导和县级以上地方人民政府对本行政区域内的学校和其他教育机构(以下统称学校)教育教学工作的督导。实施教育督导要坚持以下原则：以提高教育教学质量为中心;遵循教育规律;遵守教育法律、法规、规章和国家教育方针、政策的规定;对政府履行教育工作相关职责的督导与对学校教育教学工作的督导并重;实事求是、客观公正。《条例》规定,国家实行督学制度,督学需熟悉教育法律、法规、规章和国家教育方针、政策,具有相应的专业知识和业务能力等;督学接受教育督导机构的指派实施教育督导;教育督导机构通过查阅、复制财务账目和与督导事项有关的其他文件、资料等途径,对学校实施素质教育的情况、教育教学水平、教育教学管理等教育教学工作情况等实施教育督导;教育督导机构实施专项督导或者综合督导,应当事先确定督导事项,成立督导小组;督导小组应当对被督导单位的自评报告、现场考察情况和公众的意见进行评议,形成初步督导意见;被督导单位应当根据督导意见书进行整改,并将整改情况报告教育督导机构;教育督导机构应当对被督导单位的整改情况进行核查。县级以上人民政府或者有关主管部门应当将督导报告作为对被督导单位及其主要负责人进行考核、奖惩的重要依据。同时,《条例》还对被督导单位及其工作人员的违法行为和法律责任进行了规定。

教育督导制度 新中国建立初期,教育部设立视导司。视导司的工作职能是加强视导工作,对各级教育部门对方针、政策、法令、决议执行情况进行组织视察。"文革"期间,教育视导工作全面荒废。直至1977年,教育视导工作重新得到重视。1983年7月,在全国普通教育工作会议上,教育部印发《建立普通教育督导制度的意见》,提出县以上教育行政部门都要设立督导机构,并要求先行试点,而后逐步实行。1986年,六届全国人大四次会议通过的《关于第七个五年计划的报告(1986

年）》提出，要加强教育事业的管理，逐步建立系统的教育评价和监督制度。1986年9月，《〈义务教育法〉若干问题的意见》（国办发〔1986〕69号）明确指出要逐步建立基础教育督学（视导）制度；国家和地方逐步建立基础教育督学（视导）机构，负责对全国或本地区范围内义务教育的实施进行全面的视察、督促和指导，并协同当地人民政府处理有关实施义务教育的各项问题。1986年10月，国务院批准教育部视导室更名为国家教委督导司，这标志着我国教育督导制度的正式恢复和重新建立。1991年4月，颁布了《教育督导暂行规定》（教育委员会令第15号）。1993年机构改革，中央编制委员会批准建立国家教委教育督导团，设教育督导团办公室，挂靠基础教育司。1988年7月，国务院批准印发《教育部职能配置、内设机构和人员编制规定》（国办发〔1998〕108号），教育督导团办公室成为教育部18个职能司（厅、室）之一，其主要职责是承办教育督导团的日常工作。1999年8月，教育部下发《关于加强教育督导与评估工作的意见》（教督〔1999〕6号），要求各级政府和教育行政部门要进一步加强教育督导机构和队伍建设，争取经过几年的努力，从中央到地方初步形成教育督导的法规体系和依法督导的工作程序。2000年1月，教育部转发中编办《关于原国家教委教育督导团更名的批复》（中编办字〔2000〕2号），同意将原国家教委教育督导团更名为"国家教育督导团"，负责研究制定教育督导与评估的方针、政策、规章制度和指标体系，并对地方人民政府贯彻执行国家有关教育方针政策的情况进行指导、监督、检查、评估，保障素质教育的实施和教育目标的实现。2000年1月，教育部印发《教育部关于转发中央机构编制委员会办公室〈关于原国家教委教育督导团更名的批复〉的通知》，要求加强地方各级教育督导机构和教育督导制度建设。2001年6月，国务院印发《国务院关于基础教育改革与发展的决定》（国发〔2001〕21号），加强和完善教育督导制度。为保证教育法律、法规、规章和国家教育方针、政策的贯彻执行，推动教育事业的发展，2012年8月，国务院颁布了《教育督导条例》（国务院令第624号）（简称《条例》）。《条例》包括总则、督学、督导的实施和法律责任等方面内容，规定对法律、法规规定范围的各级各类教育实施教育督导，适用本条例。2016年2月1日，教育部发布《教育部办公厅关于教育督导团办公室更名及职责调整的通知》（教人厅〔2016〕1号），将教育督导团办公室更名为教育督导局，挂靠国务院教育督导委员会办公室。

教育对口支援 为了推动教育对口支援工作,2000年4月,中共中央办公厅、国务院办公厅印发《中共中央办公厅国务院办公厅关于推动东西部地区学校对口支援工作的通知》(厅字〔2000〕13号),要求充分认识实施"两个工程"、推进教育对口支援工作对实施西部大开发战略的重大意义,同时指出了东部地区学校对口支援西部贫困地区学校工程的实施范围以及具体的措施等内容。2000年4月,教育部、国务院扶贫开发领导小组等部门出台《关于东西部地区学校对口支援工作的指导意见》(教基〔2000〕20号),就对口支援工作的指导思想、实施范围、期限和目标、援助任务、有关政策、组织领导等工作提出了指导意见。为了进一步推进教育对口支援工作,国务院相继印发《国务院办公厅转发国务院西部开发办关于西部大开发若干政策措施实施意见的通知》(国办发〔2001〕73号)、《国务院关于进一步加强农村教育工作的决定》(国发〔2003〕19号)和《国务院关于进一步推进西部大开发的若干意见》(国发〔2004〕6号),要求建立和完善教育对口支援制度,加强教育对口支援工作。国家继续在资金投入和政策措施上给予倾斜,支持西部地区高等教育发展。2006年9月,教育部发布了《教育部关于进一步深入开展对口支援西部地区高等学校工作的意见》(教高〔2006〕12号),指出要贯彻落实科学发展观,进一步提高对对口支援工作的认识;明确工作重点,不断提高对口支援工作的质量;强化责任意识,推动有关各方积极开展对口支援工作;建立长效机制等多项措施推进对口支援西部高等学校。同时,《国家中长期教育改革和发展规划纲要(2010—2020年)》(中发〔2010〕12号)提出要加大东部高校对西部高校对口支援力度,不断优化高等教育结构。为贯彻相关文件精神,教育部出台了《教育部关于进一步推进对口支援西部地区高等学校工作的意见》(教高〔2010〕1号)、《教育部办公厅关于对口支援高校申请定向培养博士、硕士研究生单独招生指标办法等有关工作的通知》(教高厅〔2010〕4号)和《教育部办公厅关于做好对口支援高校联合培养本科生等有关工作的通知》(教高厅〔2010〕3号)等通知,分别从顶层设计、本科、硕博士等环节对教育对口支援进行了详细的规定。

教育法律顾问制度 为贯彻落实党的十八大精神,进一步推动《国家中长期教育改革和发展规划纲要(2010—2020年)》(中发〔2010〕12号)的落实,在各级各类学校全面落实依法治国要求,大力推进依法治校,2012年11月,教育部出台《全面推进依法治校实施纲要》(教政法〔2012〕9号),要求高等学校应当设立或者指定专门机构、中小学应当指定专人负责学校法律事务,综合推进依法治校,有条件的学校可以聘请专业机构或者人员作为法律顾问,协助学校处理法律事务。2016年1月,教育部印发《依法治教实施纲要(2016—2020年)》(教政法〔2016〕1号),要求建立法律顾问制度。在教育领域纠纷处理方面,建立健全教育系统的法律顾问制度,依法积极应对诉讼纠纷,尊重司法监督。在教育法治工作队伍方面,积极推行并规范法律顾问制度,逐步建立以法治工作机构人员为主体、吸收专家和律师参加的法律顾问队伍,保证县级以上教育行政部门至少有1名法律顾问,健全教育法治工作队伍。在学校法律服务和支持体系方面,各级教育部门要积极推动建立健全学校法律顾问制度;高等学校要有机构专门负责法律事务和依法治理工作,要聘任专任的法律顾问,建立健全面向师生的法律服务体系;中小学可视情况和需要配备法律顾问;地方教育部门可以采取政府购买服务、与律师协会开展合作、借助高校和研究机构力量等方式,为所辖区域内的中小学校配备法律顾问,建立未成年学生法律救助机制。

教育扶贫工程 为落实中央扶贫开发工作会议要求和《中国农村扶贫开发纲要(2011—2020年)》《国家中长期教育改革和发展规划纲要(2010—2020年)》(中发〔2010〕21号)的战略部署,充分发挥教育在扶贫开发中的重要作用,促进集中连片特殊困难地区(以下简称片区)从根本上摆脱贫困,2013年7月,国务院印发《国务院办公厅转发教育部等部门关于实施教育扶贫工程意见的通知》(国办发〔2013〕86号)(简称《通知》)。《通知》指出,实施教育扶贫工程的范围为《中国农村扶贫开发纲要(2011—2020年)》所确定的六盘山区、秦巴山区等和已明确实施特殊政策的西藏、四省藏区、新疆南疆三地州等连片特困扶贫攻坚地区,并提出,按照十八大的部署实现基本公共服务均等化,总体实现进入人力资源强国行列的目标,加快教育发展和人力资源开发,到2020年使片区基本公共教育服务水平接近全国平均水平,使教育在促进片区人民群众脱贫致富、扩大中等收入群体、促进区域经济社会发展和生态文明建设上的作用得到充分发挥。为了实现这一目标,要全面加强基础教育,发展现代职业教育,提高高等教育服务能力,提高学生资助水平,提高教育信息化水平。为保障教育扶贫工程的落实,要求加大教育扶贫工程资金保障力度,切实加强毕业生就业工作,完善教育对口支援工作机制,加强人才引进;要落实各级政府的责任,动员社会力量支持,加强考核评估。2015年10月,全国教育扶贫全覆盖行动总启动仪式暨河北省山区教育扶贫工程现场会在石家庄召开。会上介绍了 20 项教育扶贫全覆盖政策措施,包括学前教育三年行动计划,全面改善贫困地区义务教育薄弱学校基本办学条件,农村义务教育阶段学生营养改善计划,学前教育资助政策,义务教育"两免一补"(免学杂费、免教科书费、寄宿生生活补助),普通高中学生资助政策,中等职业教育免学费、补助生活费政策,高等教育学生资助政策,西藏 15 年免费教育和新疆南疆四地州 14 年免费教育,教育援藏、援疆政策,新疆与内地省市中小学"千校手拉手"活动,四川藏区"9+3"免费教育计划,内地民族班政策,少数民族预科班和少数民族高层次骨干人才培养计划,职业教育团队式对口支援,面向贫困地区定向招生专项计划,对口支援西部地区高等学校工作,直属高校定点扶贫,《国家贫困地区儿童发展规划(2014—2020 年)》和《乡村教师支持计划(2015—2020 年)》等。为了落实这 20 项扶贫教育政策措施,会议强调,要建立学前教育、义务教育、普通高中、职业教育、高等教育、继续教育和学生结对帮扶关系。同时,为确保到 2020 年实现农村贫困人口脱贫,打赢脱贫攻坚战,2015 年 11 月,中共中央、国务院颁布《中共中央国务院关于打赢脱贫攻坚战的决定》,提出实施精准扶贫方略,着力加强教育脱贫。加快实施教育扶贫工程,健全学前教育资助制度,推进贫困地区农村义务教育阶段学生营养改善计划,加大对乡村教师队伍建设的支持力度,全面落实连片特困地区乡村教师生活补助政策,建立乡村教师荣誉制度,合理布局贫困地区农村中小学校,普及高中阶段教育,加强有专业特色并适应市场需求的中等职业学校建设,提高中等职业教育国家助学金资助标准,建立保障农村和贫困地区学生上重点高校的长效机制,实施教育扶贫结对帮扶行动计划。重点支持革命老区、民族地区、边疆地区、连片特困地区脱贫攻坚。改善边疆民族地区义务教育阶段基本办学条件,建立健全双语教学体系,加大教育对口支援力度,积极发展符合民族地区实际的职业教育,加强民族地区师资培训。加大中央投入力度,采取特殊扶持政策,推进西藏、四省藏区和新疆南疆四地州脱贫攻坚。

教育服务贸易　2006 年 2 月,教育部印发《教育部关于当前中外合作办学若干问题的意见》(教外综〔2006〕5 号),明确提出教育服务不是货物贸易,也不同于一般的服务贸易。要坚持中外合作办学的公益性原则;坚持依法办学,规范管理;坚持引进优质教育资源,加强能力建设的政策导向;加强中外合作办学的质量管理。

2011年，商务部等部门印发《服务贸易发展"十二五"规划纲要》（商服贸发〔2011〕340号），将教育服务列为服务贸易之一。指出教育服务的发展目标是：引进优质教育资源；加快国内教育机构能力建设，提高办学水平和人才培养质量；大力发展来华留学教育，使我国成为亚洲地区最大的留学目的国；加快汉语国际推广，提高汉语国际影响力；促进境外办学健康发展；稳步开拓教育服务国际市场，积极参与国际教育服务。为了实现这一目标，要落实以下重点工作：为国内教育机构积极稳妥地扩大教育服务出口提供政策扶持；积极推进教育服务贸易便利化；支持国内教育机构提高教育服务创新能力和竞争能力，开发、培育具有国际竞争力和比较优势的教育服务项目；鼓励教育机构开发、经营国际市场，积极参与国际竞争；积极稳步推进孔子学院建设，对重点地区进一步加大投入力度；加强教育服务贸易领域知识产权保护，建立境内外教育服务支持网络；建立健全教育服务质量监管体系、信息服务体系、政策保障体系、组织管理体系。为积极跟踪和妥善应对世界教育服务贸易的新趋势和新挑战，教育部印发《教育部办公厅关于自费出国留学中介服务后续事务工作的通知》（教外厅〔2014〕26号），对相关教育服务贸易活动作进一步规范和管理。

教育管理公共服务平台　《国家中长期教育改革和发展规划纲要（2010—2020年）》（中发〔2010〕12号）（简称《教育规划纲要》）提出整合各级各类教育管理资源，搭建国家教育管理公共服务平台，为宏观决策提供科学依据，为公众提供公共教育信息，不断提高教育管理现代化水平。为了贯彻《教育规划纲要》的要求，2014年11月，教育部、财政部和国家发展改革委等部门联合印发《构建利用信息化手段扩大优质教育资源覆盖面有效机制的实施方案》（教技〔2014〕6号），提出要建设教育管理公共服务平台。要求建立覆盖全国各级教育行政部门和各级各类学校的管理信息系统及基础数据库，为加强教育监管、支持教育宏观决策、全面提升教育公共服务能力提供支撑。围绕国家教育改革发展的中心任务，按照国家和省级数据中心"两级建设"，国家、省、市（地）、县和学校"五级应用"的基本思路，建设覆盖全国各级各类教育的学校、教师、学生的信息管理系统。在全国推行学生和教师"一人一号"、学校"一校一码"，实现全国各级各类教育学生、教师、教育机构、学校资产及办学条件数据全面入库，形成集中统一和数据共享的基础数据库，为国家重大项目实施提供监管和支撑。着重推动各地和各级各类学校全面应用系统功能,做好学生升级、升学、转学、毕业和教师调动等日常管理工作,并通过系统应用实现数据动态更新。构建国家教育决策与服务支持系统,实现部内相关数据资源的整合与集成、教育与经济社会数据的关联与分析,为教育决策提供及时和准确的数据支持,促进教育治理体系和治理能力现代化水平的提升。为了贯彻相关文件精神,2015年5月,教育部印发《教育部关于深入推进教育管办评分离促进政府职能转变的若干意见》(教政法〔2015〕5号)和《教育信息化"十三五"规划》(教技〔2016〕2号),提出要加快建设教育基础信息数据库和教育管理公共服务平台,为专业机构和社会公众参与教育决策等提供全面、权威的数据支撑;同时就"十三五"期间教育管理公共服务平台建设工作进行部署。

教育管理信息化 为进一步加快教育信息化的建设步伐,推动全国教育管理信息化工作向规范化和健康化方向发展,教育部印发《关于发布实施〈教育管理信息化标准〉(第一部分:学校管理信息标准)的通知》(教发〔2002〕27号),决定开始实施教育管理信息化标准。为了落实通知要求,2002年11月,教育部出台《〈教育管理信息化标准〉实施办法(试行)》(简称《标准》)和《〈教育管理信息化标准〉应用示范区建设实施办法(试行)的通知》(教发厅〔2002〕22号)。《标准》规定,要充分认识教育管理信息标准化工作的意义、任务及要求,按照统一领导、分工负责的原则加强组织管理,采取多种措施推动《标准》贯彻实施,同时,通过监督抽查、产品抽查的方式加强《标准》实施的监督。《标准》对建设内容、意义及要求,示范区建设条件,申报与审批,实施和管理等方面内容作了说明。同时,《国家中长期教育改革和发展规划纲要(2010—2020年)》(中发〔2010〕12号)提出推进政府教育管理信息化,积累基础资料,掌握总体状况,加强动态监测,提高管理效率。为了加强教育管理信息化建设,2013年7月,教育部、财政部和人力资源和社会保障部出台《教育部财政部人力资源和社会保障部关于进一步加强教育管理信息化工作的通知》(教技〔2013〕2号),要求进一步加强教育管理信息化的工作,加强两级建设,推动五级应用,以"两级建设、五级应用"体系作为教育管理信息化工作的关键。为充分发挥管理信息化在教育科学决策和精细化管理服务中的作用,教育部、财政部和国家发展改革委等部门印发的《构建利用信息化手段扩大优质教育资源覆盖面有效机制的实施方案》(教技〔2014〕6号)指出,到2020年教育管理信息化水平显著提升。同年10月,《教育管理信息化建设与应用指南》(教信推办〔2014〕20

号)为落实教育管理信息化建设提供了重要指导。

教育国际合作交流综合改革　为全方位提高教育对外开放水平,十八大以来,教育部积极推进教育国际合作交流综合改革。2012年11月,教育部印发《中共教育部党组关于教育系统认真学习贯彻党的十八大精神的通知》,随文下发《教育部学习宣传和贯彻落实党的十八大精神重点工作方案》(简称《方案》)。《方案》要求提高教育对外开放水平,加强教育国际合作交流重点领域和关键环节的体制机制创新,稳妥推进教育国际合作交流综合改革试验区建设。《教育部2013年工作要点》提出,稳妥推进教育国际合作交流综合改革试验区建设,要求扩大省级教育行政部门在教育涉外管理方面的职权。加强人文交流高层磋商机制建设,完善多边和双边教育交流机制。提高公派出国留学质量与效益,加强自费出国留学服务管理。采取措施吸引境外学生来华留学,扩大来华留学规模。引进一批境外高水平大学来华合作办学。加大引进国外专家工作力度。实施"走出去"战略,全面实施《孔子学院发展规划(2012—2020年)》,研究制订高校赴境外办学的指导意见。加强与联合国教科文组织等国际组织的合作,积极参与教育国际规则制定。加强与港澳台地区的教育合作与交流。在此基础上,《教育部2015年工作要点》(教政法〔2015〕3号)要求进一步加强教育国际合作交流综合改革试验区和高等教育国际化示范区建设。推进高级别人文交流框架内的教育合作。贯彻全国留学工作会议精神,制订《国家公派出国留学管理规定》。启动来华留学质量认证体系建设。加快外语非通用语种人才和国际组织人才培养。加强中外合作办学和自费出国留学中介服务机构监管。稳步推进境外办学。加大国别和区域研究基地建设。探索完善外籍教师服务和管理机制。加强与港澳台地区的教育交流与合作。加强示范孔子学院和网络孔子学院建设。拓展与联合国教科文等国际组织的合作交流。

教育国际化　《国家中长期教育改革和发展规划纲要(2010—2020年)》(中发〔2010〕12号)指出,坚持开展多层次、宽领域的教育交流与合作,提高我国教育国际化水平。借鉴国际上先进的教育理念和教育经验,促进我国教育改革发展,提升我国教育的国际地位、影响力和竞争力。适应国家经济社会对外开放的要求,培养大批具有国际视野、通晓国际规则、能够参与国际事务和国际竞争的国际化人才。《推进共建"一带一路"教育行动》(教外〔2016〕46号)对我国的教育国际化提出了更具体的要求。为进一步提升我国的教育国际化水平,多地教育部门和学校制定了一系列措施。《上海市教育委员会印发上海市教育国际化工程"十二五"行动计划的通知》(沪教委外〔2012〕79号)、《南京市人民政府印发关于加快推进教育国际化实施意见的通知》(宁政发〔2013〕45号)、《杭州市人民政府办公厅关于印发杭州市推进教育国际化行动计划的通知》(杭政办函〔2014〕115号)、《中共昆明市委办公厅昆明市人民政府办公厅印发关于加快推进昆明市教育国际化发展指导意见的通知》(昆办通〔2015〕112号)等文件都对进一步推进教育国际化进行了部署。在新的阶段下,我国将在增加优质国际教育资源、加强对外合作与交流、提升人才队伍国际化水平、扩大来华留学生规模上继续推进教育国际化。

教育行业信息技术安全 为加快建立健全教育行业网络与信息安全保障体系,提高防护能力和水平,保障教育事业健康有序发展,2014年8月,教育部出台《教育部关于加强教育行业网络与信息安全工作的指导意见》(教技〔2014〕4号)(简称《意见》)。《意见》提出,要按照"分级管理,逐级负责;自主防护,明确责任;统筹建设,同步规划;政策合规,遵从标准"的原则,全面提高教育行业网络与信息安全意识,建立健全教育网络与信息安全工作的组织体系、管理规章和责任制度,落实国家信息安全等级保护制度,形成与教育信息化发展相适应的、完备的网络与信息安全保障体系,支撑教育现代化事业健康持续发展。为了实现这一目标,要建立健全网络与信息安全组织领导体系,制定完善网络与信息安全规划和管理制度,全面实施信息安全等级保护制度,大力提升网络与信息安全技术防护能力,建立健全网络与信息安全应急处置和通报机制,加强网络与信息安全队伍建设和人员培训,加快教育行业网络与信息安全标准规范建设。同时,为了落实相关文件精神,按照《教育部关于加强教育行业网络与信息安全工作的指导意见》的相关要求和《2015年教育信息化工作要点》的部署,教育部印发《关于举办2015年度教育行业信息技术安全专题培训班的通知》(教技厅函〔2015〕83号),开展了两期"教育行业信息技术安全专题培训班"。

教育家办学 《国家中长期教育改革和发展规划纲要(2010—2020年)》(中发〔2010〕12号)提出,要创新教育思想、教育模式和教育方法,形成教学特色和办学风格,造就一批教育家,倡导教育家办学。2012年6月,教育部印发《国家教育事业发展第十二个五年规划》(教发〔2012〕9号),要求创新教育家办学制度。首先,坚持教育家办学。培养造就一批热爱教育、熟悉教育规律、拥有系统教育理论和丰富实践经验的教育家。制订各级各类学校校长的任职资格标准。改进高等学校主要领导选拔、任用与管理、培训制度,努力使其成为社会主义政治家、教育家。探索建立中小学校长和幼儿园园长资格制度。中小学校长和幼儿园园长要具备丰富的教学(保教)经验,一般从教学一线选拔任用。鼓励从具有企业管理经验的人员中聘任职业院校领导干部。其次,改革校长选任制度。推动各地制订实施办法,开展面向全社会公开招聘和校内民主选拔各类学校校长试点,取得经验后加以推广。扩大中等职业学校和高等学校校长选任范围。再次,创造教育家成长的环境。健全校长考核评价制度,引导校长潜心办学。实施中小学校长国家级培训计划和校长、骨干教师海外研修计划,有针对性地开展校长任职培训、提高培训、高级研修和专题培训。实施中小学教学名师培养计划,修订《特级教师评选规定》。教育科研经费向实践性教学研究倾斜,鼓励教学科研工作者和优秀教师在教学一线长期开展基础性、持续性的教学实验。提高教学成果奖励中基层教学实验成果所占的比例,为教师成长创造良好的环境。随后,国务院、教育部相继出台《国务院关于加强教师队伍建设的意见》(国发〔2012〕41号)、《全国教育系统干部培训规划(2013—2017年)》(教党〔2013〕7号)、《义务教育学校校长专业标准》(教师〔2013〕3号)、《教育部关于进一步加强中小学校长培训工作的意见》(教师〔2013〕11号)和《幼儿园园长专业标准》(教师〔2015〕2号)等文件,要求按照教育家办学要求,加大对优秀中小学校长及幼儿园园长培训的力度,组织实施中小学名校长和幼儿园名园长培养计划,造就一批具有先进教育理念、鲜明办学风格和杰出办学能力的教育家型名校长、名园长。

教育领域 PPP 项目　为贯彻落实《国务院关于创新重点领域投融资机制鼓励社会投资的指导意见》(国发〔2014〕60号)有关要求,鼓励和引导社会投资,2014年12月,国家发展和改革委员会发布了《国家发展和改革委员会关于开展政府和社会资本合作的指导意见》(发改投资〔2014〕2724号)(简称《意见》)。《意见》指出,政府和社会资本合作(Public-Private Partnership,PPP)模式是指政府为增强公共产品和服务供给能力、提高供给效率,通过特许经营、购买服务、股权合作等方式,与社会资本建立的利益共享、风险分担及长期合作关系。在合理确定政府和社会资本合作的项目范围及模式内容中,《意见》指出,PPP模式主要适用于政府负有提供责任又适宜市场化运作的公共服务、基础设施类项目,其中包括教育等公共服务项目。2015年5月,国务院办公厅印发的《国务院办公厅转发财政部发展改革委人民银行关于在公共服务领域推广政府和社会资本合作模式指导意见的通知》(国办发〔2015〕42号)(简称《通知》)明确提出,围绕增加公共产品和公共服务供给,在教育、文化等公共服务领域广泛采用政府和社会资本合作模式,对统筹做好稳增长、促改革、调结构、惠民生、防风险工作具有战略意义。同时指出,在教育、文化等公共服务领域,鼓励采用政府和社会资本合作模式,吸引社会资本参与。教育、科技、民政、文化、卫生计生等行业主管部门,要结合本行业特点,积极运用政府和社会资本合作模式提供公共服务,探索完善相关监管制度体系。为加强政府和社会资本合作项目财政管理,明确财政部门在PPP项目全生命周期内的工作要求,规范财政部门履职行为,根据《预算法》《政府采购法》《企业国有资产法》等法律法规,2016年9月,财政部发布了《财政部关于印发〈政府和社会资本合作项目财政管理暂行办法〉的通知》(财金〔2016〕92号)(简称《办法》)。《办法》适用于中华人民共和国境内教育、科技、文化、体育、医疗卫生、养老、旅游等公共服务领域开展的各类PPP项目。《办法》从总则、项目识别论证、项目政府采购管理、项目财政预算管理、项目资产负债管理、监督管理等方面进行了详细规定。

教育领域纠纷处理机制　为进一步落实《国家中长期教育改革和发展规划纲要(2010—2020年)》和《法治政府建设实施纲要(2015—2020年)》有关全面推进依法治教的任务,教育部研究制定了《依法治教实施纲要(2016—2020年)》(教政法〔2016〕1号),指出要健全教育领域纠纷处理机制。要求积极探索建立在法治框架内的多元化矛盾纠纷解决机制,引导公民、法人和其他社会组织通过法治途径,合法合理表达诉求,妥善处理各类教育纠纷。建立健全教育系统的法律顾问制度,依法积极应对诉讼纠纷,尊重司法监督。完善教育行政复议案件处理机制,规范办案流程,加大公开听证审理力度,依法加强对下级教育行政部门的层级监督。制定《教师申诉办法》《学生申诉办法》,健全教师和学生申诉制度。建立健全学生伤害事故调解制度,鼓励在市(地)或者县(区)设立由司法、教育部门牵头,公安、保监、财政、卫生等部门参加的学校学生伤害事故调解组织,吸纳具有较强专业知识和社会公信力、知名度,热心调解且热心教育事业的专业人员、家长代表等组成调解委员会,发挥人民调解在学校学生伤害事故认定和赔偿中的作用。在招生、职务评聘、学术评价、学术不端行为认定等领域,探索试行专业裁量或者仲裁机制。创新信访工作机制,建立重大案件协商制度,积极运用法治方式处理信访案件。

教育领域特许经营　为鼓励和引导社会资本参与基础设施和公用事业建设运营,提高公共服务质量和效率,保护特许经营者合法权益,保障社会公共利益和公共安全,促进经济社会持续健康发展,2014年12月,国务院发布了《国务院关于创新重点领域投融资机制鼓励社会投资的指导意见》(国发〔2014〕60号),明确指出要鼓励社会资本加大社会事业投资力度。通过独资、合资、合作、联营、租赁等途径,采取特许经营、公建民营、民办公助等方式,鼓励社会资本参与教育、医疗、养老、体育健身、文化设施建设。尽快出台鼓励社会力量兴办教育、促进民办教育健康发展的意见。2015年6月,国务院批准《基础设施和公用事业特许经营管理办法》(2015年第25号令)(简称《办法》)。《办法》对基础设施和公用事业特许经营遵循的原则和方式、特许经营协议订立、特许经营协议履行、特许经营协议变更和终止、监督管理和公共利益保障、争议解决、法律责任等内容进行了详细的规定。

教育领域综合改革　为深入推进教育体制改革,继续完善分级办学、分级管理的体制,1993年2月,中共中央、国务院发布《中国教育改革和发展纲要》(中发〔1993〕3号),提出积极推进农村教育、城市教育和企业教育综合改革,积极推进城市教育综合改革,探索城市教育管理的新体制。为进一步推进我国城市教育的改革和发展,1997年12月,国家教委印发《国家教委关于进一步推进城市教育综合改革的若干意见》(教策〔1997〕4号),分析了城市教育综合改革面临的形势,提出了城市教育综合改革的指导思想和目标,明确了推进城市教育综合改革的主要工作。同时,《国家中长期教育改革和发展规划纲要(2010—2020年)》(中发〔2010〕12号)(简称《教育规划纲要》)要求省级政府统筹教育综合改革试点,探索政校分开、管办分离实现形式;合理部署区域内学校、学科、专业设置;制定办学条件、教师编制、招生规模等基本标准;推进县(市)教育综合改革试点;探索省际教育协作改革试点,建立跨地区教育协作机制等。为贯彻《教育规划纲要》中教育领域综合改革的精神,2013年1月,教育部通过了《教育部关于2013年深化教育领域综合改革的意见》(教改〔2013〕1号)(简称《意见》)。《意见》提出,要充分认识深化教育领域综合改革的紧迫性,准确把握深化教育领域综合改革的总要求,基于坚持正确方向、加强整体谋划、增强政策协调的基本原则,改革人才培养模式,推进考试招生制度改革,深化课程内容改革,探索创新人才培养途径,完善职业教育人才培养模式,落实人才成长立交桥支撑措施;改革办学体制,改善民办教育发展环境,完善职业教育产教融合制度,落实高校办学自主权,扩大教育对外开放;改革管理体制,完善均衡发展义务教育机制,落实省级政府教育统筹,健全教育监测评价机制,推进教育督导体制改革,完善高校治理结构;改革保障机制,改革教师管理制度,扩大教师"国标、省考、县聘、校用"改革试点,完善投入保障机制,改进教育信息化推进策略。这要求各级部门加强统筹协调,加大激励引导,强化检查监督,营造良好氛围,形成推进教育领域综合改革的整体合力。同时,《国务院批转国家发展改革委关于2016年深化经济体制改革重点工作意见的通知》(国发〔2016〕21号),进一步指出要深化教育体制改革。深入推进教育领域综合改革和考试招生制度改革。鼓励和督促各地制定推进教育管办评分离改革方案,开展相关改革试点。

教育内部审计制度　为建立健全教育系统内部审计制度,规范教育系统内部审计工作,根据《中华人民共和国教育法》、《中华人民共和国审计法》、《中华人民共和国会计法》和《审计署关于内部审计工作的规定》,2004年4月,教育部出台了《教育系统内部审计工作规定》(教育部令第17号)(简称《规定》),同时《教育系统内部审计工作规定》(教育部令第24号)废止。《规定》包括总则、内部审计机构和审计人员、内部审计机构的职责和权限、内部审计工作程序,以及法律责任等方面内容。《规定》指出教育系统内部审计是教育系统内部审计机构、审计人员依法独立检查被审计单位的会计凭证、会计账簿、会计报表以及其他与财务收支有关的资料和资产,监督财务收支真实、合法和效益的行为。教育部内部审计部门负责指导和监督全国教育系统内部审计工作,并对教育部直属单位实行内部审计监督。《规定》要求,县级及县级以上的教育主管部门和单位应当设置独立的,与本部门、本单位财务机构相同级别的内部审计机构;设置内部审计机构的教育部门和单位,应当保证审计工作所必需的专职人员编制,配备具有内部审计从业资格的审计人员。教育部门和单位负责人领导本部门、本单位内部审计工作,教育主管部门的内部审计机构指导和监督本系统、本地区内部审计工作。教育系统内部审计机构和审计人员依法办理审计事项,应当客观公正、实事求是、廉洁奉公、保守秘密。教育系统内部审计机构对本部门、本单位和所属单位的财务计划或预算的执行和决算等事项进行审计监督。同时,《规定》还对内部审计的工作流程,及单位和个人的违法行为、法律责任进行了规定。为了落实《规定》的要求,教育部相继印发《教育部办公厅关于做好 2008 年教育审计工作的通知》(教财厅〔2008〕1 号)和《教育部关于做好教育系统经济责任审计工作的通知》(教财〔2011〕2 号)等文件。

教育收费决策听证制度　为治理教育乱收费问题,2004 年 3 月,教育部、国务院纠风办等七部门印发《关于 2004 年治理教育乱收费工作的实施意见》(教监〔2004〕3 号),要求制定和落实各项收费监督管理制度,加紧制定《教育收费决策听证制度》。随后,国家发展改革委员会、教育部印发《关于建立和完善教育收费决策听证制度的通知》(发改价格〔2004〕360 号)(简称《通知》)。《通知》规定,教育收费决策听证范围包括小学、初中杂费,高中学费,普通高等学校专科、本科学费,同时制定其他教育收费标准时,政府价格主管部门认为有必要的,也可以实行听证;教育收费决策听证采取听证会的形式;听证会代表一般由学生(需 16 周岁以上)或学生家长代表,学校代表和有关方面代表,以及相关的经济、法律等方面的专家组成,其中学生和学生家长代表一般不少于听证代表总人数的三分之一;这些代表由组织听证的价格主管部门聘请,学生和学生家长代表可自愿报名或由消费者协会等中介组织推荐产生,学校代表由教育主管部门推荐产生,专家、学者代表由有关院校、科研机构推荐产生;教育收费决策听证会要公开举行,听证会前通过新闻媒体、网络或者公告栏等方式向社会公告举行听证会的时间、地点、主要内容;听证会后及时通过电视、广播、报刊等新闻媒体向社会公布制定教育收费标准的最终结果,并监督执收单位执行。

教育收费治理　为保障《国家中长期教育改革和发展规划纲要(2010—2020 年)》(中发〔2010〕12 号)的顺利实施,教育部等部门相继印发《教育部等七部门关于

2012年治理教育乱收费规范教育收费工作的实施意见》(教办〔2012〕4号)、《教育部等五部门关于 2013 年规范教育收费治理教育乱收费工作的实施意见》(教办〔2013〕4号)、《教育部等五部门关于 2014 年规范教育收费治理教育乱收费工作的实施意见》(教办〔2014〕6号)、《教育部等五部门关于 2015 年规范教育收费治理教育乱收费工作的实施意见》(教办〔2015〕6号)、《全国治理教育乱收费部际联席会议办公室关于开展 2015 年规范教育收费治理教育乱收费专项检查工作的通知》(部际办函〔2015〕14号)和《教育部等四部门关于 2016 年规范教育收费治理教育乱收费工作的实施意见》(教办〔2016〕4号)等文件。要求继续深化中小学有偿补课问题治理,全面落实《严禁中小学校和在职中小学教师有偿补课的规定》,开展有偿补课专项治理,紧盯寒暑假、法定节假日等易发多发期,加大查处力度,坚决制止有偿补课。深入推进义务教育阶段择校乱收费和中小学教辅材料散滥问题治理,严格落实《中小学教辅材料管理办法》,不断完善教辅材料评议公告工作机制。规范各级各类教育收费行为,严格审批研究生学费标准,认真落实国家发展改革委、财政部、教育部《关于加强研究生教育学费标准管理及有关问题的通知》(发改价格〔2013〕887号)的文件精神。规范民办教育办学和收费行为,健全"精准助学"工作机制,加强财务管理,坚持阳光操作,完善资金下拨机制。进一步落实治理教育乱收费,要加强组织领导,完善责任落实机制;加大监督检查力度,严肃查处教育乱收费行为;严明工作纪律,强化责任追究。

教育统计基础数据库 1996 年 5 月,教育部印发《国家教育委员会关于进一步提高教育统计数据质量的意见》,提出加强教育统计基础建设。学校及教育行政基层单位,应将统计工作与本单位日常管理工作结合起来,建立健全原始数据登记制度和统计台账制度。有条件的学校和教育行政部门应建立数据库,做到数出有据,确保教育统计数据来源的真实可靠。同时,教育部印发《教育部 2015 年工作要点》(教政法〔2015〕3号)和《2016 年教育信息化工作要点》(教技厅〔2016〕1号),要求继续推进教育统计基础数据库试点工作。2017 年 1 月,《国家教育事业发展"十三五"规划》(国发〔2017〕4号)提出要健全教育管理监测体系。加强和改进教育统计,完善教育数据信息国家服务平台,建立学生基础数据库和终身电子学籍档案等各类教育基础数据库,破除信息壁垒,构建全国教育信息资源共享体系。

教育系统信息化公共服务和管理体系　为建立和完善全国教育系统信息化公共服务和管理体系,2008年9月,教育部出台《关于贯彻落实〈建立健全惩治和预防腐败体系2008—2012年工作规划〉实施办法》(教党〔2008〕17号),要求全面实施"金教工程",建立和完善全国教育系统信息化公共服务和管理体系,建成数据集中、应用集成、基础设施整合、标准规范、安全高效的教育电子政务平台,加强各级各类学校招生、学籍管理、学生资助、办学质量监控、高校毕业生就业、国家公派留学管理和教育涉外监管等应用平台建设。面向社会提供良好信息服务,为加强公共管理、提高教育质量奠定良好信息工作基础。为加强教育信息化("金教工程")工作的组织协调和宏观规划,2010年3月,教育部成立了"教育部教育信息化(金教工程)领导小组",并在教育部科技司设立了"教育部教育信息化工作办公室(金教办)",负责教育信息化(金教工程)领导小组的日常工作。各地方教育行政部门、各有关部门和部属各高等学校也应确定相应机构、归口领导以统筹规划本地区、本部门、本高校教育信息化工作。为贯彻落实《国家中长期教育改革和发展规划纲要(2010—2020年)》,加快教育信息化进程,2011年8月,教育部印发《教育部办公厅关于成立教育部信息化领导小组的通知》(教人厅〔2011〕8号),决定成立教育部信息化领导小组,同时撤销"教育部教育信息化(金教工程)领导小组"和"教育部教育信息化工作办公室(金教办)"。

教育现代化监测　《国家中长期教育改革和发展规划纲要(2010—2020年)》(中发〔2010〕12号)确立了"到2020年,基本实现教育现代化,基本形成学习型社会,进入人力资源强国行列"的战略目标。为了加强教育现代化监测,2013年12月,教育部下发《教育部关于第十二届全国人民代表大会第一次会议代表建议、批评和意见办理情况的报告》,提出"研究制定具有中国特色、国际水平的教育现代化监测评价指标体系和教育满意度测评指标体系"。2013年12月,江苏省政府办公厅印发了《江苏省政府办公厅关于推进教育现代化建设的实施意见》(苏政办发〔2013〕85号),决定从2013年起,在全省范围开展教育现代化建设监测评估,教育现代化建设监测评估按照《江苏教育现代化指标体系》实施。该指标体系共由8个一级指标,即教育普及度、教育公平度、教育质量度、教育开放度、教育保障度、教育统筹度、教育贡献度、教育满意度,16个二级指标,46个检测点组成。2014年,江苏省在全省范围内开展教育现代化建设监测评估工作,并在5月份形成了教育现代化的评估报告。从全国范围看,江苏是首个研制出台省域层面教育现代化建设指标体系的省份,也是首个在全省范围开展教育现代化建设监测评估的省份。

教育信息化 为适应信息化社会的发展要求,以信息化带动教育现代化,我国教育领域积极从顶层设计入手,大力推进教育信息化。《国家中长期教育改革和发展规划纲要(2010—2020年)》(中发〔2011〕12号)(简称《教育规划纲要》)提出要加快教育信息化进程,加快教育信息基础设施建设,加强优质教育资源开发与应用,构建国家教育管理信息系统。依据《教育规划纲要》相关精神,2012年3月,教育部印发《教育信息化十年发展规划(2011—2020年)》(教技〔2012〕5号),提出当前我国教育信息化的发展目标是:形成与国家教育现代化发展目标相适应的教育信息化体系;基本建成人人可享有优质教育资源的信息化学习环境;基本形成学习型社会的信息化支撑服务体系;基本实现所有地区和各级各类学校宽带网络的全面覆盖,教育管理信息化水平显著提高,信息技术与教育融合发展的水平显著提升;教育信息化整体上接近国际先进水平,对教育改革和发展的支撑与引领作用充分显现。2011—2020年教育信息化发展任务是:通过优质数字教育资源共建共享、信息技术与教育全面深度融合、促进教育教学和管理创新,助力破解教育改革和发展的难点问题,促进教育公平、提高教育质量、建设学习型社会;通过建设信息化公共支撑环境、增强队伍能力、创新体制机制,解决教育信息化发展的重点问题,实现教育信息化可持续发展。2012年9月召开的第一次全国教育信息化工作电视电话会议提出:"十二五"期间,教育信息化要以建设好"三通两平台"为抓手。2016年6月,《教育信息化"十三五"规划》(教技〔2016〕2号)明确"十三五"期间的发展目标是:到2020年,基本建成"人人皆学、处处能学、时时可学"、与国家教育现代化发展目标相适应的教育信息化体系;基本实现教育信息化对学生全面发展的促进作用、对深化教育领域综合改革的支撑作用和对教育创新发展、均衡发展、优质发展的提升作用;基本形成具有国际先进水平、信息技术与教育融合创新发展的中国特色教育信息化发展路子。

教育信息化标准体系 建立教育信息化标准体系是"十五"期间教育信息化的重

点任务之一。2002年9月,教育部发布《教育信息化"十五"发展规划(纲要)》,提出建立教育信息化标准体系和评估体系,研究建立适合教育信息化发展的创新机制、激励机制和评估体系;并将教育信息化标准体系建设作为该时期的重大基础建设工程来抓,着手制定信息化发展基本标准,通过示范工程推进等措施,推广标准的应用,力争在2005年实现国产教育软件资源的全部标准化;基本实现高校信息化教育服务标准化,教育政务信息系统标准化,形成为外来教育软件资源和信息化教育服务提供测试和认证的能力。随后,国务院、教育部相继印发《国务院批转教育部国家教育事业发展"十一五"规划纲要的通知》(国发〔2007〕14号)(该文件已于2015年11月失效)、《国家教育事业发展第十二个五年规划》(教发〔2012〕9号),都强调要做好建立健全教育信息化标准体系的工作。为推进教育信息化建设,2012年3月,教育部出台《教育信息化十年发展规划(2011—2020年)》(教技〔2012〕5号),提出教育信息化标准体系是信息化公共支撑环境的组成部分。完善教育信息化标准体系要加强教育信息化标准化工作和队伍建设;制定相关政策措施,形成标准测试、认证、培训、宣传和应用推广保障机制;加快标准制订步伐,完善教育信息化国家标准和行业标准体系,提高标准的采标率,促进资源共建共享和软硬件系统互联互通。在此基础上,教育部又印发《关于发布〈教育管理信息教育管理基础代码〉等七个教育信息化行业标准的通知》(教技〔2012〕3号),随文下发《教育管理信息教育管理基础代码》、《教育管理信息教育管理基础信息》、《教育管理信息教育行政管理信息》、《教育管理信息普通中小学校管理信息》、《教育管理信息中职学校管理信息》、《教育管理信息高等学校管理信息》、《教育管理信息教育统计信息》等7个教育信息化相关标准。

教育行政处罚 1995年8月,《国家教委关于实施〈中华人民共和国教育法〉若干问题的意见》(教策〔1995〕5号)提出,各级教育行政部门要建立和健全教育行政处罚制度,明确实施行政处罚的职责,完备实施行政处罚的规则。对《教育法》及其他教育法律、法规中规定由教育行政部门实施的行政处罚,各级教育行政部门要根据各自职责权限,负责实施;教育行政处罚决定,由主管教育行政部门作出,并根据需要申请人民法院强制执行。为规范教育行政处罚行为,保障和监督教育行政部门有效实施教育行政管理,保护公民、法人和其他组织的合法权益,根据有关法律,1998年3月,国家教育委员会颁布《教育行政处罚暂行实施办法》(国家教委员会令第 27 号)(简称《办法》)。《办法》包括总则、实施机关与管辖、处罚种类与主要违法情形、处罚程序与执行等方面的内容。《办法》规定,对违反教育行政管理秩序,按照《中华人民共和国教育法》和其他教育法律、法规、规章的规定应当给予行政处罚的违法行为,依据《中华人民共和国行政处罚法》和本办法的规定实施处罚;实施教育行政处罚必须以事实为依据,以法律为准绳,遵循公正、公开、及时的原则。实施教育行政处罚的机关,除法律、法规另有规定的外,必须是县级以上人民政府的教育行政部门。教育行政处罚由违法行为发生地的教育行政部门管辖。教育行政部门必须按照法定程序和方法,全面、客观、公正地调查、收集有关证据;必要时,依照法律、行政法规的规定,可以进行检查。同时,教育行政部门及其工作人员在实施教育行政处罚中,有违反《中华人民共和国行政处罚法》和本办法行为的,应当按照《中华人民共和国行政处罚法》的规定追究法律责任。

教育行政审批制度改革　为深入贯彻落实中共中央印发的《建立健全惩治和预防腐败体系 2013—2017 年工作规划》(中发〔2013〕14 号),加强教育机关和直属单位惩治和预防腐败体系建设,推进党风廉政建设,2014 年 10 月,教育部党组印发《教育部机关和直属单位建立健全惩治和预防腐败体系实施办法》(教党〔2014〕37 号),提出要深化教育管理体制改革,不断消除滋生腐败的体制机制弊端,深化教育行政审批制度改革,进一步取消和下放行政审批事项,推进配套制度改革。为深入落实《国家中长期教育改革和发展规划纲要(2010—2020 年)》(中发〔2010〕12 号),进一步健全中国特色教育管理制度、现代学校制度和教育评价制度,2015 年 10 月教育部出台《教育部关于深入推进教育管办评分离促进政府职能转变的若干意见》(教政发〔2015〕5 号),要求继续深化教育行政审批制度改革,全部取消非行政许可审批,建立规范教育行政审批的管理制度,全面清理规范性文件,减少对学校办学行为的行政干预,综合运用法律、政策、规划、财政拨款、标准、信息服务和必要的行政措施,引导和督促学校规范办学。为进一步推动教育行政审批制度改革,教育部出台《教育部关于做好教育行政审批制度改革有关后续工作的通知》(教政法〔2015〕7 号),要求深刻认识行政审批制度改革的重要意义,坚决把国务院取消和下放的教育行政审批事项落实到位,切实规范教育行政审批行为。教育系统保留的行政审批事项,要进行严格规范,及时开展规章规范性文件清理工作,放管结合,完善事中事后监管机制,优化服务,更好地满足人民群众的教育需求。2016 年 3 月,教育部印发了《教育部关于落实国务院决定取消中央指定地方实施行政审批事项的通知》(教政法厅〔2016〕1 号),提出各级教育行政部分要坚决贯彻落实国务院取消行政审批的决定,即《国务院关于第一批取消 62 项中央指定地方实施行政审批事项的决定》(国发〔2015〕57 号)和《国务院关于第二批取消 152 项中央指定地方实施行政审批事项的决定》(国发〔2016〕9 号)中取消的 7 项中央指定地方实施的教育行政审批,地方各级教育行政部门要做好取消审批事项的后续衔接工作,加强后续监管,对相关配套管理的规章和规范性文件的清理。为优化教育部行政审批服务,2016 年 9 月,教育部印发《教育部办公厅关于优化教育行政审批服务的通知》(教政法厅函〔2016〕39 号),提出实行一个"窗口"受理,建立行政审批窗口,接待行政审批申请人;开展网上审批平台运行监察等,推进网上行政审批,提高审批效率。

教育行政执法　为贯彻落实国务院《全面推进依法行政实施纲要》(国发〔2004〕10 号),2005 年 12 月,教育部印发《教育部关于全面推进依法行政工作的实施意见》(教政法〔2005〕3 号),指出教育行政部门要充分认识推进依法行政、建设法治政府的重要性和紧迫性,要进一步完善依法、科学和民主决策机制,建立健全教育决策的专家咨询论证、公众参与、合法性评估等制度,完善规范性文件的制定程序,建立健全决策跟踪反馈和责任追究制度。地方各级教育行政部门要积极探索教育行政执法体制改革,切实加强执法机构和队伍建设。同时,《国家中长期教育改革和发展规划纲要(2010—2020 年)》(中发〔2010〕12 号)(简称《教育规划纲要》)强调,推进依法治教,完善教育法律法规,全面推进依法执政,探索教育行政执法体制机制改革,落实教育行政执法责任制。为深入落实《教育规划纲要》精神,加快推进教育治理体系和治理能力现代化,2015 年 5 月,教育部印发了《教育部关于深入推进教育管办评分离促进政府职能转变的若干意见》(教政法〔2015〕5 号),指出建立健全教育行政执法机制,就要加大教育行政执法力度,遵循法定职权与程序,运用行政指导、行政处罚、行政强制等手段,依法纠正学校的违法、违规行为,保障教育法律和政策有效实施,积极推行法律顾问制度,督促学校强化依法办学意识,健全高校和中小学依法治校评价指标体系,深入开展依法治校示范学校创建活动。为了进一步落实教育行政执法,2016 年 1 月,教育部印发《依法治教实施纲要

(2016—2020年）》（教政法〔2016〕1号），强调深化教育行政执法体制机制改革。为适应教育管理需要，要建立权责统一、权威高效的教育行政执法体制机制，推动教育管理的重心和方式向依靠行政执法等方式实施依法监管转变。加快建立教育综合执法机制，探索建立联合执法机制，对校园欺凌、性侵犯学生等违法犯罪行为建立"零容忍"机制，积极创新执法体制与方式，探索建立市县一体化的行政执法体制。推行行政执法公示制度，建立行政执法案卷归档、评查制度，建立行政执法责任制和责任追究制度。为贯彻依法治教的要求，2016年7月，教育部印发《全国教育系统开展法治宣传教育的第七个五年规划（2016—2020年）》（教政法〔2016〕15号），要求研究制定依法治教评估指标和工作标准，为建立权责统一的教育行政执法体制，提高教育系统依法治理能力提供依据。

教育与宗教相分离原则　《中华人民共和国宪法》规定，公民有宗教信仰自由。任何国家机关、社会团体和个人均不得强制公民信仰宗教或者不信仰宗教，不得歧视信仰宗教的公民和不信仰宗教的公民。国家保护正常的宗教活动。任何人不得利用宗教进行破坏社会秩序、损害公民身体健康、妨碍国家教育制度的活动。《中华人民共和国教育法》规定，国家实行教育与宗教相分离。任何组织和个人均不得利用宗教进行妨碍国家教育制度的活动。同时，《中华人民共和国民办教育促进法》（主席令第55号）也规定，民办学校应当贯彻教育与宗教相分离的原则，任何组织和个人均不得利用宗教进行妨碍国家教育制度的活动。为了进一步明确教育与宗教相分离的原则，2015年8月，国务院发布了《国务院关于加快发展民族教育的决定》（国发〔2015〕46号），明确指出坚持依法治教，坚持教育与宗教相分离。全面贯彻党的宗教工作的基本方针和有关宗教法律法规，任何组织和个人均不得利用宗教进行妨碍国家教育制度的活动，不得在学校传播宗教、发展教徒、设立宗教活动场所、开展宗教活动、建立宗教组织。

教育政务信息化　为了贯彻落实国务院文件和会议精神，进一步加快教育系统政务信息化建设步伐，在不断加强教育部机关办公网络建设的同时，2001年5月，教育部在京津地区开展政务信息化建设和应用试点工作，以电子信息交换为主要内容，带动和促进政务信息化建设。同年，教育部印发《教育部办公厅关于加快推进教育系统政务信息化建设的通知》（教厅综〔2001〕26号），提出计划在2002年内先行完成教育部与省级教育行政部门和直属高校的教育政务信息网,实现信息共享和电子公文传输。根据文件部署,教育系统政务信息化建设坚持"以需求为导向,以应用促发展,统一规划,协同建设,费用分担"的工作原则,有计划、分步骤地开展。全国教育系统政务信息化建设由教育部办公厅负责统筹规划和组织协调,教育管理信息中心负责具体实施和技术支持。各地教育行政部门的政务信息化建设由本部门办公室牵头组织实施;各直属高校在教育部的领导下,由学校办公室牵头组织实施。2002年9月,教育部发布的《教育信息化"十五"发展规划(纲要)》(简称《规划》)将"推动教育政务信息化建设"列为该时期的重点任务之一,提出推进教育办公信息网、教育业务资源网、教育公共信息网和教育政务信息资源库建设,全面提高办公信息化水平和为社会提供信息服务的能力。《规划》提出,"十五"期间,初步建立教育政务信息化的总体框架,参与国家政务内外网络建设,整合教育政务信息化网络平台;建成一批教育业务与服务应用系统,提高教育管理与信息快速反应能力;完善教育部政府网站,建立"一站式"电子政务与信息服务平台;建设教育政务信息资源库和基础数据库;建立教育政务信息化培训、研发、安全、应急系统。为保障政务公开的各项工作全面有序开展,2005年6月,教育部印发《教育部办公厅关于进一步推行政务公开工作有关情况的函》(教厅闻函〔2005〕33号),要求以教育政务信息化为依托,整合各类资源,为政务公开工作搭建平台。

教育质量监测 2007年11月,教育部印发《教育部办公厅关于成立教育部基础教育质量监测中心的通知》(教人厅〔2007〕3号),成立基础教育质量监测中心,实施全国基础教育质量监测,这是我国教育改革和发展进程中的一件大事。此后,教育部办公厅出台《教育部办公厅关于成立教育部基础教育质量监测指导委员会的通知》(教督厅〔2007〕1号),决定成立教育部基础教育质量监测指导委员会。《国家中长期教育改革和发展规划纲要(2010—2020年)》(中发〔2010〕12号)(简称《教育规划纲要》)和《国务院办公厅关于开展国家教育体制改革试点的通知》(国办发〔2010〕48号)(简称《通知》)要求整合国家教育质量监测评估机构及资源,完善监测评估体系,定期发布监测评估报告;研究制定义务教育质量督导评价标准,改革义务教育教学质量综合评价办法,建立中小学教育质量监测评估机制,探索地方政府履行教育职责的评价办法。为了贯彻《教育规划纲要》和《通知》的要求,教育部印发《教育部关于推进中小学教育质量综合评价改革的意见》(教基二〔2013〕2号),提出利用基础教育质量监测的成果以及教育质量监测的工作来科学设计中小学的教育评价。2014年2月,国务院教育督导委员会办公室出台《深化教育督导改革转变教育管理方式意见》(国教督办〔2014〕3号),要求科学开展教育质量评估监测,并重点做好四项工作:统筹规划教育质量监测工作,建立健全各级各类教育质量监测指标体系;完善基础教育质量监测标准和工具;建立县域义务教育均衡发展监测制度和对地方政府发展教育事业情况监测制度。根据各级各类教育的发展现状和实际需要,开展教育质量监测工作;开展全国义务教育阶段学生学习质量监测以及学前教育、高中阶段教育质量监测,对高等教育、职业教育依法办学、教育质量及资源配置的情况进行监测。培育和扶持一批专业评估机构,引导社会力量参与教育质量评估监测。加强教育质量监测国际交流,积极参与国际组织的教育质量监测项目。同年6月,教育部印发《教育部关于推进中小学教育质量综合评价改革的意见》(教基二〔2013〕2号),提出要充分利用已有的学生成长记录、学业水平考试、基础教育质量监测等成果和教育质量监测及评价机构的评价工具,充分发挥教育质量监测、评价(评估)、教研等机构的专业支持和服务作用。2015年4月,为科学规范开展义务教育质量监测工作,推动实施素质教育,提升义务教育质量,根据《教育规划纲要》的要求,国务院制定了《国家义务教育质量监测方案》(国教督办〔2015〕4号),力求客观反映义务教育阶段学生学业质量、身心健康及变化情况,深入分析影响义务教育质量的主要原因,为转变教育管理方式和改进学校教育教学提供参考。监测要坚持客观性、规范性、引导性的原则,监测的学科包括语文、数学、科学、体育、艺术、德育,监测对象确定为义务教育阶段四年级和八年级学生。义务教育质量监测工作由各级政府教育督导部门组织实施,国务院教育督导委员会办公室负责统筹规划、政策指导,委托相关专业机构承担义务培训、工具研发、数据采集、形成报告等工作。省级教育督导部门负责本地区的测试组织和过程监督,县级教育督导部门负责组织现场测试。

教育质量监测评估体系 为进一步全面实施素质教育,提高基础教育质量,2007年11月,教育部印发《教育部办公厅关于成立教育部基础教育质量监测中心的通知》(教人厅〔2007〕3号),决定成立基础教育质量监测中心,负责拟定基础教育质量监测标准,研究开发基础教育质量监测工具,实施全国基础教育质量监测工作,并为各地开展基础教育质量监测工作提供技术支持和业务指导。随后,教育部下发《教育部办公厅关于成立教育部基础教育质量监测指导委员会的通知》(教督厅〔2007〕1号),决定成立教育部基础教育质量监测指导委员会。同时,《国家中长期教育改革和发展规划纲要(2010—2020年)》(中发〔2010〕12号)(简称《教育规划纲要》)要求,整合国家教育质量监测评估机构及资源,完善监测评估体系,定期发布监测评估报告。为落实《教育规划纲要》和《教育督导条例》要求,2014年2月,国务院教育督导委员会出台《深化教育督导改革转变教育管理方式意见》(国教督办〔2014〕3号),要求深化教育督导改革,开展各级各类教育质量监测评价等,科学开展教育质量评估监测,并重点做好四项工作:统筹规划教育质量监测工作;建立健全各级各类教育质量监测指标体系;完善基础教育质量监测标准和工具;建立县域义务教育均衡发展监测制度和地方政府发展教育事业情况监测制度。根据各级各类教育的发展现状和实际需要,开展教育质量监测工作;开展全国义务教育阶段学生学习质量监测以及学前教育、高中阶段教育质量监测,对高等教育、职业教育依法办学、教育质量及资源配置的情况进行监测。培育和扶持一批专业评估机构,引导社会力量参与教育质量评估监测。加强教育质量监测国际交流,积极参与国际组织的教育质量监测项目。

教育质量评价 为深入贯彻落实党的十八大精神,2013年6月,教育部印发《教育部关于推进中小学教育质量综合评价改革的意见》(教基二〔2013〕2号)(简称《意见》)。《意见》要求充分认识推进评价改革的重要性和紧迫性,准确把握推进评价改革的总体要求,坚持"育人为本、促进发展、科学规范、统筹协调、因地制宜"的基本原则,基本建立体现素质教育要求、以学生发展为核心、科学多元的中小学教育质量评价制度,切实扭转单纯以学生学业考试成绩和学校升学率评价中小学教育质量的倾向,促进学生全面发展、健康成长。为实现这一目标,要求建立健全中小学教育质量综合评价体系,把学生的品德发展水平、学业发展水平、身心发展水平、兴趣特长养成、学业负担状况等方面作为评价学校教育质量的主要内容;健全评价标准,依据国家中小学课程方案、课程标准、学生体质健康标准和办学行为的要求等开展质量评价;改进评价方式方法,将定量评价与定性评价相结合;同时科学运用评价结果。为了保障综合评价改革的顺利实施,要求完善评价改革的保障机制,协同推进相关改革,加强专业基础能力建设,保障经费投入;同时,认真组织实施,加强组织领导,完善工作机制,加强宣传引导。为落实《意见》关于建立中小学教育质量综合评价改革实验区的要求,扎实推进综合评价改革工作,2013年7月以来,教育部印发《教育部办公厅关于组织申报国家中小学教育质量综合评价改革实验区的通知》(教基二厅函〔2013〕17号)和《教育部办公厅关于做好中小学教育质量综合评价改革实验工作的通知》(教基二厅函〔2013〕22号),决定选择部分地区开展实验。经各地申报、专家评审,教育部确定上海市等30个地区为国家中小学教育质量综合评价改革实验区,要求各实验区要高度重视,加强领导,周密组织,认真做好实验工作。

教育治理现代化 2013年11月,中共十八届三中全会通过的《中共中央关于全面深化改革若干重大问题的决定》(简称《决定》)规定:全面深化改革的总目标是完善和发展中国特色社会主义制度,推进国家治理体系和治理能力现代化。《决定》把"推进国家治理体系和治理能力现代化"上升到"全面深化改革的总目标"的高度来认识,明确提出了"国家治理体系和治理能力现代化"的概念。《决定》同时明确了深化教育领域综合改革的任务,指出要"深入推进管办评分离,扩大省级政府教育统筹权和学校办学自主权,完善学校内部治理结构。强化国家教育督导,委托社会组织开展教育评估监测。健全政府补贴、政府购买服务、助学贷款、基金奖励、捐资激励等制度,鼓励社会力量兴办教育"。为了贯彻《决定》的要求,推动教育治理体系和治理能力现代化,2015年5月以来,教育部印发《教育部关于深入推进教育管办评分离促进政府职能转变的若干意见》(教政法〔2015〕5号)、《教育部关于组织申报教育管办评分离改革试点的通知》(教政法厅〔2015〕1号)和《教育部关于确定教育管办评分离改革试点单位和试点任务的通知》(教政法厅函〔2015〕49号),要求充分认识推进教育管办评分离的重要意义,坚持"权责统一、统筹兼顾、放管结合和有序推进"的基本原则,推进教育管办评分离改革。到2020年,基本形成政府依法管理、学校依法自主办学、社会各界依法参与和监督的教育公共治理新格局,为基本实现教育现代化提供重要制度保障。在这些改革措施中,深化教育行政审批制度改革是教育系统贯彻落实党中央国务院决策部署的具体举措,是深化教育领域综合改革的重要组成部分,也是教育行政部门转变政府职能、推动教育治理体系和治理能力现代化的基本途径。因此,教育部印发《教育部关于做好教育行政审批制度改革有关后续工作的通知》（教政法〔2015〕7号），要求进一步深化对教育行政审批制度改革的认识，以此为突破口，切实简政放权、转变职能，激发教育系统活力和创造性，推动教育改革发展，办好人民满意的教育。另外，《中共教育部党组关于认真学习贯彻党的十八届四中全会精神的通知》（教党〔2014〕45号）指出，要将依法治教作为教育治理体系和治理能力现代化的核心内容，以法治思维和法治方式，深入推进教育综合改革、促进教育发展。为此，2016年1月，教育部制定《依法治教实施纲要（2016—2020年）》（教政法〔2016〕1号），提出构建多元参与的教育治理体制，加快国家教育标准体系建设，完善教育领域的第三方评估机制，加强对社会化教育活动规律特点的研究，完善体现教育系统特点的惩治和预防腐败制度体系和有效机制。为了进一步保障多元参与的教育治理体制建设，深入开展教育系统法治宣传教育，教育部印发了《全国教育系统开展法治宣传教育的第七个五年规划（2016—2020年）》（教政法〔2016〕15号），要求深入推进管办评分离，依法构建多元参与的教育治理体制，依法规范行政权力运行，制定并公布教育行政部门权责清单；积极推进现代学校制度建设，全面完成学校章程建设，发挥章程在学校治理中的积极作用，推进教育治理体系和治理能力现代化。2017年1月，国务院印发《国家教育事业发展"十三五"规划》（国发〔2017〕4号），再次对推进教育治理现代化作出部署，要求：加快推进教育治理现代化，推进政府职能转变，深化教育行政审批制度改革，优化政府服务，健全民主决策机制；构建有效监管体系，加强教育标准工作，完善教育质量监测制度，进一步完善教育督导制度，强化社会监督评价，健全教育管理监测体系；全面推进依法治教，完善教育法律法规体系，全面推进依法行政，大力推进依法治校；完善教育投入机制，优先保障教育投入，完善教育经费投入机制，完善非义务教育阶段成本分担机制，加强经费使用管理和国有资产管理。（参见"管办评分离"、"购买教育服务"、"委托管理"和"依法治教"）

教育重大突发事件专项督导 为督促各地各校切实履行职责，积极应对并妥善处理教育重大突发事件，保障师生生命财产安全和教育教学工作正常开展，根据《教育督导条例》，2014年2月，国务院印发了《教育重大突发事件专项督导暂行办法》（国教督办〔2014〕4号）（简称《办法》）。《办法》包括总则、专项督导的内容、专项督导的实施和问责等方面内容。《办法》规定，教育重大突发事件是指涉及教育的重大突发事件,包括影响和危害师生生命财产安全、教育教学工作正常开展的自然灾害、事故灾难、公共卫生事件、考试安全、群体性事件和学校治安、刑事案件、师德败坏等。国务院教育督导委员会办公室负责对各地教育重大突发事件专项督导工作进行统筹协调指导,并组织实施特别重大教育突发事件专项督导。实施教育重大突发事件专项督导要坚持"及时有效、公正公开"的原则,推动教育重大突发事件得到有效处理和解决,及时向社会公开事件处理和专项督导结果。专项督导主要内容是地方和学校应对、处理教育重大突发事件的情况,包括教育重大突发事件的预防与应急准备、物资储备、监测与预警等方面的情况。专项督导的实施主要由国务院教育督导委员会办公室向相关省(区、市)人民政府及教育督导机构了解情况,对教育重大突发事件影响和危害程度进行评估。根据评估情况,决定是否派出督导组开展专项督导,或指派县级以上地方人民政府教育督导机构对教育重大突发事件实施专项督导。国务院教育督导委员会办公室实施专项督导要按照《办法》中具体程序进行。国家要建立教育重大突发事件督导问责机制,将专项督导结果作为对相关单位和负责人进行责任追究的重要依据。对教育重大突发事件应对处理工作责任不落实、应对不积极、处理不妥当的地区、单位和个人,建议当地人民政府对其进行问责,对造成严重后果的依法追究责任。县级以上地方人民政府教育督导机构可结合实际,参照本办法制定本地教育重大突发事件专项督导具体实施方案。

教育资源公共服务平台 2012年9月召开的第一次全国教育信息化工作电视电话会议提出,建设教育资源公共服务平台是"十二五"期间的教育信息化建设的核心目标与标志工程之一。2014年11月,教育部、财政部和国家发展改革委印发《构建利用信息化手段扩大优质教育资源覆盖面有效机制的实施方案》(教技〔2014〕6号),将建设教育资源公共服务平台列为改革推进的重点任务,提出建成国家教育资源公共服务平台与国家数字教育资源中心,形成数字教育资源市场化的汇聚和共享机制。具体举措包括:充分依托国有大型电信企业的基础设施,通过政府购买服务,加快国家教育资源公共服务平台与国家数字教育资源中心建设;探索形成数字教育资源市场化的汇聚与使用机制,把国家教育资源公共服务平台建成最具规模与影响力的"数字教育资源超市"和导航网站,促进优质教育资源的共建共享;推进建立国家平台与地方、企业平台互联互通与协同服务,建设覆盖全国的数字教育资源云服务体系;扎实推进国家教育资源公共服务平台规模化应用试点,探索形成基于网络学习空间的"优质资源班班通"应用服务模式。2015年12月,教育部出台《教育部关于印发刘延东副总理在第二次全国教育信息化工作电视电话会议上讲话的通知》(教技〔2015〕6号),指出国家教育资源公共服务平台已于2012年底上线运行,约2/3的省份建成了省级资源平台。国家平台充分发挥信息汇聚和交换的枢纽作用,已实现与多个地方平台的互联互通和资源共享,建成了资源智能导航系统,提供统一用户注册、统一资源规范、统一交易结算、统一界面标识和就近服务,全国近50%教师通过平台便捷地获取适用的教学资源,国家教育资源云服务体系初步形成。

教职工代表大会 《中华人民共和国教育法(2015年修正)》(主席令第39号)规定,学校及其他教育机构应当按照国家有关规定,通过以教师为主体的教职工代表大会等组织形式,保障教职工参与民主管理和监督。《中华人民共和国教师法(2009年修正)》(主席令第18号)规定,教师享有对学校教育教学、管理工作和教育行政部门的工作提出意见和建议,通过教职工代表大会或者其他形式,参与学校的民主管理的权利。《中华人民共和国高等教育法(2015年修正)》(主席令第40号)规定,高等学校通过以教师为主体的教职工代表大会等组织形式,依法保障教职工参与民主管理和监督,维护教职工合法权益。《中华人民共和国民办教育促进法》(主席令第55号)也规定,民办学校依法通过以教师为主体的教职工代表大会等形式,保障教职工参与民主管理和监督。同时,《国家中长期教育改革和发展规划纲要(2010—2020年)》(中发〔2010〕12号)提出,建立健全教职工代表大会制度,不断完善科学民主决策机制。为依法保障教职工参与学校民主管理和监督,完善现代学校制度,促进学校依法治校,依据教育法、教师法、工会法等法律,2011年9月,教育部出台《学校教职工代表大会规定》(教育部令第32号令)(简称《规定》)。《规定》包括总则、职权、教职工代表大会代表、组织规则和工作机构等方面的内容,强调学校教职工代表大会是教职工依法参与学校民主管理和监督的基本形式。教职工代表大会具有如下职权:听取学校章程草案的制定和修订情况报告,提出修改意见和建议;听取学校发展规划、教职工队伍建设、教育教学改革、校园建设以及其他重大改革和重大问题解决方案的报告,提出意见和建议等等。教职工代表大会代表以学院、系(所、年级)、室(组)等为单位,由教职工直接选举产生,享有选举权、被选举权和表决权,以及充分发表意见和建议等权利;同时必须履行认真执行党的路线方针政策、国家的法律法规、党和国家关于教育改革发展的方针政策等义务。学校应当遵守教职工代表大会的组织规则,定期召开教职工代表大会,支持教职工代表大会的活动。学校工会为教职工代表大会的工作机构,学校应当为学校工会承担教职工代表大会工作机构的职责提供必要的工作条件和经费保障。

"节粮、节水、节电"教育 "节粮、节水、节电"教育简称"三节"教育,与"三爱"教育合称"三爱三节"教育。为深入贯彻中央关于厉行勤俭节约、反对铺张浪费的精神,加强生态文明理念和资源环境国情教育,把节能环保、生态文明纳入社会主义核心价值体系和教育教学体系,大力推进节约型校园建设,教育引导学生树立"节约光荣、浪费可耻"的意识,养成良好行为习惯,2013年9月,教育部出台了《教育部关于深入开展节粮节水节电活动的通知》(教发〔2013〕12号)(简称《通知》),决定从2013年秋季开学起,在全国各级各类学校和幼儿园深入开展节粮、节水、节电活动。《通知》要求,全力建设"三节"校园文化,将"三节"教育全面纳入课堂教学,积极开展"三节"行动,全员参与"三节"体验活动,营造"三节"教育良好氛围,完善"三节"流程管理和技术保障,建立健全"三节"制度。同时,各级教育督导机构要将地方和学校开展节约教育、建设节约型校园情况纳入教育督导,并开展经常性督导检查。为培育和践行社会主义核心价值观,加强中小学德育工作,2014年4月,教育部出台《教育部关于培育和践行社会主义核心价值观进一步加强中小学德育工作的意见》(教基一〔2014〕4号),要求加强生态文明教育,各级教育部门和中小学校要普遍开展生态文明教育,以节约资源和保护环境为主要内容,引导学生养成勤俭节约、低碳环保的行为习惯,形成健康文明的生活方式;深入推进节粮节水节电活动,持续开展"光盘行动"。同时,2017年1月,国务院颁布了《国家教育事业发展"十三五"规划》(国发〔2017〕4号),强调要增强学生生态文明素养,强化生态文明教育,将生态文明理念融入教育全过程,鼓励学校开发生态文明相关课程,广泛开展可持续发展教育,深化节水、节电、节粮教育,引导学生厉行节约、反对浪费,树立尊重自然、顺应自然和保护自然的生态文明意识,形成可持续发展理念、知识和能力,践行勤俭节约、绿色低碳、文明健康的生活方式,引领社会绿色风尚。(参见"'爱学习、爱劳动、爱祖国'教育")

进城务工人员随迁子女教育　为进一步做好进城务工就业农民子女义务教育工作，2003年9月，国务院出台《国务院关于进一步加强农村教育工作的决定》（国发〔2003〕19号），提出城市各级政府要坚持以流入地政府管理为主、以公办中小学为主，保障进城务工就业农民子女接受义务教育。为贯彻落实文件精神，国务院印发《国务院办公厅转发教育部等部门关于进一步做好进城务工就业农民子女义务教育工作意见的通知》（国办发〔2003〕78号）（简称《通知》）。《通知》要求，进城务工就业农民流入地政府（以下简称流入地政府）要制定有关行政规章，协调有关方面，切实做好进城务工就业农民子女接受义务教育工作；充分发挥全日制公办中小学的接收主渠道作用；建立进城务工就业农民子女接受义务教育的经费筹措保障机制；采取措施，切实减轻进城务工就业农民子女教育费用负担。进城务工就业农民流出地政府要积极配合流入地政府做好外出务工就业农民子女义务教育工作，加强对以接收进城务工就业农民子女为主的社会力量所办学校的扶持和管理，加强宣传引导，营造全社会关心和支持进城务工就业农民子女义务教育工作的良好氛围。《通知》印发后，各地认真贯彻落实"以流入地政府为主，以全日制公办中小学为主"政策，进城务工人员随迁子女在当地接受义务教育的问题得到初步解决，一些地方还探索了随迁子女接受义务教育后在当地参加升学考试的办法。2010年7月，《国家中长期教育改革和发展规划纲要（2010—2020年）》（中发〔2010〕12号）（简称《教育规划纲要》）要求，确保进城务工人员随迁子女平等接受义务教育，研究制定进城务工人员随迁子女接受义务教育后在当地参加升学考试的办法。同时，国务院出台《国务院办公厅关于开展国家教育体制改革试点的通知》（国办发〔2010〕48号），要求探索流动人口子女在流入地平等接受义务教育和参加升学考试的办法，并在山东省、湖南省和重庆市进行试点。2012年6月，教育部发布《国家教育事业发展第十二个五年规划》（教发〔2012〕9号），明确提出，切实保障进城务工人员随迁子女就学，推动各地制定非户籍常住人口在流入地接受高中阶段教育，省内流动人口就地参加高考升学以及省外常住非户籍人口在居住地参加高考升学的办法。同年8月，国务院印发《国务院办公厅转发教育部等部门关于做好进城务工人员随迁子女接受义务教育后在当地参加升学考试工作意见的通知》（国办发〔2012〕46号），要求充分认识做好随迁子女升学考试工作的重要性，坚持有利于保障进城务工人员随迁子女公平受教育权利和升学机会，坚持有利于促进人口合理有序流动，统筹考虑进城务工人员随迁子女升学考试需求和人口流入地教育资源承载能力等现实可能,积极稳妥地推进随迁子女升学考试工作。为了贯彻《教育规划纲要》等文件精神,自2014年1月起,国务院和教育部相继印发《教育部办公厅关于进一步做好小学升入初中免试就近入学工作的实施意见》(教基一〔2014〕1号)、《教育部办公厅关于做好2016年城市义务教育招生入学工作的通知》(教基一厅〔2016〕1号)和《国务院关于统筹推进县域内城乡义务教育一体化改革发展的若干意见》(国发〔2016〕40号),要求做好随迁子女就学工作,坚持深化改革,分类推进,妥善解决外来务工人员随迁子女入学问题。各地要进一步强化流入地政府责任,将随迁子女义务教育纳入城镇发展规划和财政保障范围,坚持积极进取、实事求是、稳步推进,适应户籍制度改革要求,建立以居住证为主要依据的随迁子女入学政策,切实简化优化随迁子女入学流程和证明要求,提供便民服务,依法保障随迁子女平等接受义务教育。各地要依法合理确定随迁子女入学条件,积极接收随迁子女就学,帮助他们解决实际困难,融入城市生活。随迁子女特别集中的地方,要扩大公办学校容量,鼓励社会力量办学,购买民办学校服务;同时,加大对接收随迁子女学校的支持力度,满足随迁子女入学需求。要坚持以公办学校为主安排随迁子女就学,公办学校学位不足的可以通过政府购买服务方式安排在普惠性民办学校就读;公办和民办学校都不得向随迁子女收取有别于本地户籍学生的任何费用;学校要实行混合编班和统一管理,促进随迁子女融入学校和城市生活;学校要按照"一人一籍、籍随人走"原则,做好随迁子女的学籍转接和管理工作。为了贯彻落实文件精神,国务院、教育部等部门还出台《国务院批转发展改革委等部门关于深化收入分配制度改革若干意见的通知》(国发〔2013〕6号)、《国务院关于进一步推进户籍制度改革的意见》(国发〔2014〕25号)和《教育部关于进一步推进高中阶段学校考试招生制度改革的指导意见》(教基二〔2016〕4号)等系列文件,要求进一步落实和完善进城务工人员随迁子女在当地参加高中阶段学校考试招生的政策措施,切实解决农民工随迁子女平等接受义务教育和参加当地中考、高考的问题。

境外办学 为促进中国教育对外交流与合作,规范高等学校境外办学活动,2003年2月,教育部印发《高等学校境外办学暂行管理办法》(教育部令第15号),该办法已于2015年11月起废止。为了促进教育国际交流,实施"走出去"战略,2012年10月,教育部印发实施《孔子学院发展规划(2012—2020年)》。2014年3月,教育部颁布《高等学校学术委员会规程》(教育部令第35号),要求学校作出"开展中外合作办学、赴境外办学,对外开展重大项目合作"等决策前,应当通报学术委员会,由学术委员会提出咨询意见。《中华人民共和国高等教育法(2015 年修正)》要求:高等学校按照国家有关规定,自主开展与境外高等学校之间的科学技术文化交流与合作。为做强中国教育,推进人文交流,不断提升我国教育质量、国家软实力和国际影响力,中共中央办公厅、国务院办公厅印发《关于做好新时期教育对外开放工作的若干意见》(简称《意见》),提出通过鼓励高等学校和职业院校配合企业走出去,鼓励社会力量参与境外办学,稳妥推进境外办学。为落实《意见》的部署,2016 年 7 月,教育部出台《推进共建"一带一路"教育行动》(教外〔2016〕46号),要求有条件的中国高等学校开展境外办学要集中优势学科,选好合作契合点,做好前期论证工作,构建人才培养模式、运行管理模式、服务当地模式、公共关系模式,使学校顺利落地生根、开花结果。

捐资助学 为了维护残疾人的合法权益,发展残疾人事业,保障残疾人平等地参与社会生活,共享社会物质文化成果,《中华人民共和国残疾人保障法(2008 年修正)》规定,县级以上人民政府应当根据残疾人的数量、分布状况和残疾类别等因素,合理设置残疾人教育机构,并鼓励社会力量办学、捐资助学。在职业教育捐资助学方面,《中华人民共和国职业教育法》(主席令第 69 号)明确规定:国家鼓励企业、事业组织、社会团体、其他社会组织及公民个人对职业教育捐资助学,鼓励境外的组织和个人对职业教育提供资助和捐赠,提供的资助和捐赠,必须用于职业教育。在义务教育捐资助学方面,《中华人民共和国义务教育法(2015 年修正)》规定,国家鼓励各种社会力量以及个人自愿捐资助学。同时,《中华人民共和国教育法》规定,国家鼓励境内、境外社会组织和个人捐资助学。2016 年,《国务院办公厅关于加快中西部教育发展的指导意见》(国办发〔2016〕37 号)中也提出,根据不同阶段教育属性及经费投入机制,通过发展民办教育、社会捐资助学、政府和社会资本合作等多种方式筹措教育经费。

开展 0—3 岁婴幼儿早期教育试点 为贯彻落实《国家中长期教育改革和发展规

划纲要(2010—2020年)》(中发〔2010〕12号)(简称《教育规划纲要》)的精神,探索发展0—3岁婴幼儿早期教育的模式和经验,2012年4月,教育部印发《教育部办公厅关于开展0—3岁婴幼儿早期教育试点工作有关事项的通知》(教基二厅函〔2012〕8号),提出以发展公益性婴幼儿早期教育服务为目标,重点在早期教育管理体制、管理制度、服务模式和服务内容等方面进行试点探索,总结经验。2013年,教育部印发《教育部关于开展0—3岁婴幼儿早期教育试点的通知》(简称《通知》),决定在上海市、北京市海淀区等14个地区开展0—3岁婴幼儿早期教育试点,并对试点任务、内容和有关工作提出了明确要求。《通知》指出,0—3岁婴幼儿早期教育试点要坚持公益普惠的基本方向,充分整合公共教育、卫生和社区资源,努力构建以幼儿园和妇幼保健机构为依托,面向社区、指导家长的婴幼儿早期教育服务体系。《通知》还指出要以发展公益性婴幼儿早期教育服务为目标,并明确了6个方面的试点内容:明确管理体制,要求试点地区建立政府主导、教育部门和卫生部门分工负责、有关部门协调配合的0—3岁婴幼儿早期教育管理体制,明确各有关部门的管理职责和分工,切实把0—3岁早期教育指导纳入公共卫生和教育服务体系;合理配置资源,要充分发挥幼儿园和妇幼保健机构的专业资源优势,面向家长开展多种形式的公益性婴幼儿早期教育指导,促进婴幼儿在健康、情绪与社会性、语言、智力等方面协调发展;培养培训师资,依托高校的学前教育专业和医学专业,研究探索0—3岁婴幼儿早期教育从业人员的培训课程、培养模式、从业资格与专业素质等,建设一支高素质专业化的师资队伍;加强规范管理,探索婴幼儿早期教育服务机构的准入、从业人员管理、质量监管等方面的管理制度和措施;合理分担成本,坚持公益性普惠性,探索建立公共财政支持、社会参与、家长合理分担成本的早期教育成本分担机制;促进内涵发展,积极开展婴幼儿身心发展规律的研究,研究开发婴幼儿喂养、生长发育监测、营养指导以及情绪与社会性、语言、智力等方面教育的具体形式和内容。文件要求各试点地区把早期教育试点纳入当地政府教育工作重要内容,建立健全跨部门合作的工作机制,积极开展理论研究和实践探索,并为试点提供必要的人、财、物等方面的条件保障,确保试点目标和任务落实。

科教结合协同育人行动计划 为了充分发挥中国科学院研究所与高等学校双方的优势,促进科教结合协同育人,2012年8月,中国科学院、教育部联合下发《科教结合协同育人行动计划》（简称《计划》）。《计划》由十个项目构成，即中科院每年选派不少于 1000 人次的高水平专家学者，或组织授课团队，定期到"211 工程"高校为学生讲授课程和专题报告的"科苑学者上讲台计划"；中科院将现有各类院级以上实验室，尽量对高等学校研究生开放，接受他们开展科研实习或科研实践，支持他们使用实验室的仪器装备的"重点实验室开放计划"；中科院各研究所与高等学校合作，遴选具有创新潜质的本科生进入研究所，开展为期 1—3 个月的科研实习或科研实践的"大学生科研实践计划"；面向全国高等学校遴选高年级本科生，在暑假期间，参加中国科学院大学牵头组织的大学生暑期学校的"大学生暑期学校计划"；中科院各研究所开展的面向全国高等学校遴选相关专业的高年级本科生的、为期 1 周左右、以激发大学生科研兴趣和科研潜力为目的的"大学生夏令营计划"；选择具有区域代表性的"211 工程"高等学校与中科院相关研究所，在一个或几个优势专业实施的"联合培养本科生计划"；邀请高等学校人文社科领域的骨干教授走进中科院，为研究生和青年导师讲学交流的"人文社科学者进科苑计划"；面向全国各高等学校科研实践能力强的优秀本科生的"中科院大学生奖学金计划"等。由教育部、中科院组成领导小组，负责制定总体工作规划，由教育部相关职能部门、中国科学院大学共同组成工作组，制定年度工作计划，负责具体的工作协调指导和实施。中科院提供必要的经费支持，教育部相关职能部门负责高等院校的推荐选拔，并提供必要的政策支持。

孔子学院 为推动汉语走向世界，提升中国语言文化影响力，从 2004 年起，我国开始探索在海外设立以教授汉语和传播中国文化为宗旨的"孔子学院"。2007 年 12 月，孔子学院第一届理事会第一次全体会议通过《孔子学院章程》（简称《章程》）。《章程》明确规定，孔子学院作为非营利性教育机构，其宗旨是增进世界人民对中国语言和文化的了解，发展中国与外国的友好关系，促进世界多元文化发展，为构建和谐世界贡献力量。根据各国（地区）特点和需要，孔子学院的设置模式可以灵活多样，但汉语教学采用普通话和规范汉字。其主要职能是：开展汉语教学；培训汉语教师，提供汉语教学资源；开展汉语考试和汉语教师资格认证业务；提供中国教育、文化、经济及社会等信息咨询；开展中外语言文化交流活动。《章程》还就孔子学院总部的组织与职能、申办条件与程序、经费、管理、各学院的权利与义务进行了规定。为了规范孔子学院的建设，2006 年 11 月，中国国家汉语国际推广领导小组办公室公布《孔子学院中方资金管理办法（暂行）》，其中包括资金支出范围、预算管理、决算管理、检查与评估等方面内容。为进一步加强孔子学院建设，促进中外教育交流与合作，充分发挥孔子学院综合文化交流平台作用，教育部制定了《孔子学院发展规划（2012—2020年）》，要求孔子学院适应我国公共外交和人文交流需要，坚持"科学定位、突出特色，政府支持、民间运作，中外合作、内生发展，服务当地、互利共赢"的原则促进孔子学院发展。突出发展重点，提高办学质量和水平；建立健全教学和管理人力资源体系；建立健全国际汉语教材和教学资源体系；建立健全汉语考试服务体系；积极开展中外文化交流活动。重点建设教师培养培训基地，与外国高校合作设立汉语师范专业，建设一批教师培训基地，重点培养培训各国本土汉语教师；建立志愿者人才库，扩大对外汉语专业和非英语语种专业招生规模，建立国际汉语教育专业硕士海外实习制度；实施国际汉语教材工程，成立国际汉语教材指导委员会和中外专家组成的工作组，开展区域性多语种汉语教材研发，打造编写、出版和发行一体化的教材供应体系，建立国际汉语教材资源库；加强网络孔子学院建设；开展"孔子新汉学计划"；建设示范孔子学院；实施孔子学院品牌工程。自2004年11月全球首家孔子学院在韩国成立以来，截至2016年11月，全球共有140个国家开设了510家孔子学院，学员总数近200万人，其中近100万学员是中学生。

"控辍保学"工作机制　"控辍保学"的工作机制目的在于落实免费义务教育和教育资助政策，确保农村留守儿童不因贫困而失学。民政部、中央综治办、教育部等十部门《关于在全国开展"流浪孩子回校园"专项行动的通知》（民发〔2013〕82号）、《义务教育学校管理标准（试行）》（教基一〔2014〕10号）和《国务院关于统筹推进县域内城乡义务教育一体化改革发展的若干意见》（国发〔2016〕40号）等文件，均要求建立完善"控辍保学"工作机制。县级人民政府要完善控辍保学部门协调机制，督促监护人送适龄儿童、少年入学并完成义务教育。进一步落实县级教育行政部门、乡镇政府、村（居）委会、学校和适龄儿童父母或其他监护人控辍保学责任，建立控辍保学目标责任制和联控联保机制。县级教育行政部门要依托全国中小学生学籍信息管理系统建立控辍保学动态监测机制，加强对农村、边远、贫困、民族等重点地区，初中等重点学段，以及流动留守儿童、家庭经济贫困儿童等重点群体的监控。义务教育学校要加大对学习困难学生的帮扶力度，落实辍学学生劝返、登记和书面报告制度,劝返无效的,应书面报告县级教育行政部门和乡镇人民政府,相关部门应依法采取措施劝返复学。居民委员会和村民委员会要协助政府做好控辍保学工作。各地要加大对家庭经济困难学生的社会救助和教育资助力度,优先将建档立卡的贫困户家庭学生纳入资助范围。深入实施农村义务教育学生营养改善计划,提高营养膳食质量,改善学生营养状况。通过保障就近入学、建设乡镇寄宿制学校、增设公共交通线路、提供校车服务等方式,确保乡村适龄儿童不因上学不便而辍学。指导中小学校按照《中小学心理健康教育指导纲要(2012年修订)》(教基一〔2012〕15号)要求,认真开展心理健康教育。针对农村残疾儿童实际,做到"一人一案",切实保障农村残疾儿童平等接受义务教育权利。完善学生资助政策,继续扩大面向贫困地区定向招生专项计划招生人数,畅通绿色升学通道,切实提高贫困家庭学生升学信心。为了建立和完善"控辍保学"教育机制,《国务院关于加快发展民族教育的决定》(国发〔2015〕46号)、《国务院关于加强农村留守儿童关爱保护工作的意见》(国发〔2016〕13号)和《国务院关于加强困境儿童保障工作的意见》(国发〔2016〕36号)等文件均要求,完善义务教育控辍保学工作机制,确保困境儿童入学和不失学,依法完成义务教育;县级人民政府要完善控辍保学部门协调机制,督促监护人送适龄儿童、少年入学并完成义务教育。

扩大教育消费 为贯彻落实党中央、国务院关于继续保持国民经济持续快速健康发展的重大政策,1999年8月,财政部下发的《财政部关于加大规范收费管理力度促进国民经济持续快速健康发展的通知》(财综字〔1999〕121号)提出,贯彻教育体制改革决定精神,完善非义务教育收费制度,规范地方教育附加管理。要积极推进高校后勤服务社会化,对学生住宿费标准可按保本微利原则进行核定,以增加居民教育消费投资,带动与教育相关产业的发展。2015年3月,第十二届全国人民代表大会第三次会议上的《政府工作报告》指出,加快培育消费增长点,扩大教育文化体育消费。为贯彻国家对于扩大教育消费的政策精神,各省市也出台了相应的文件或通知。2015年5月,重庆市政府发布了《重庆市人民政府关于进一步促进消费的意见》(渝府发〔2015〕31号),其中明确指出要创新教育消费模式,大力培育发展以远程教育、名校公开课等为主的互联网教育市场,扩大教育消费。2016年8月,山东省政府发布了《山东省人民政府关于运用综合政策措施支持扩大消费的意见》(鲁政发〔2016〕22号),其中明确指出要支持提升教育消费,提出通过改善各类学校办学条件、完善义务教育经费保障机制和支持社会力量兴办教育等多种方式进一步提升教育消费。

L

立德树人 《国家中长期教育改革和发展规划纲要(2010—2020年)》(中发〔2010〕12号)提出坚持德育为先,立德树人,把社会主义核心价值体系融入国民教育全过程。2012年11月,中国共产党第十八次全国代表大会的报告将立德树人作为教育的根本任务,指出培养德智体美全面发展的社会主义建设者和接班人。2013年11月,十八届三中全会通过了《中共中央关于全面深化改革若干重大问题的决定》(简称《决定》),《决定》要求全面贯彻党的教育方针,坚持立德树人,加强社会主义核心价值体系教育,完善中华优秀传统文化教育,形成爱学习、爱劳动、爱祖国活动的有效形式和长效机制,增强学生社会责任感、创新精神、实践能力。为了落实党的十八大和十八届三中全会关于立德树人的要求,2014年3月,《教育部关于全面深化课程改革落实立德树人根本任务的意见》(教基二〔2014〕4号)出台,要求深刻认识立德树人的重要意义,研究制订学生发展核心素养体系和学业质量标准,修订课程方案和课程标准,编写、修订高校和中小学相关学科教材,改进学科教学的育人功能,加强考试招生和评价的育人导向,强化教师育人能力培养,完善各方参与的育人机制,实施研究基地建设计划,整合和利用优质教育教学资源和加强课程实施管理。2015年12月《中华人民共和国教育法(2015年修正)》(主席令第39号)规定,教育应当坚持立德树人,对受教育者加强社会主义核心价值观教育,增强受教育者的社会责任感、创新精神和实践能力。2016年全国教育工作会议也要求落实立德树人根本任务。

利用信息化手段扩大优质教育资源覆盖面有效机制 为贯彻落实《中共中央关于全面深化改革若干重大问题的决定》提出的"构建利用信息化手段扩大优质教育资源覆盖面的有效机制,逐步缩小区域、城乡、校际差距"的战略部署,加快推进教育信息化工作,根据《国家中长期教育改革和发展规划纲要(2010—2020年)》(中发〔2010〕12号)和《教育信息化十年发展规划(2011—2020年)》的工作部署,2012年10月,教育部等九部门出台《教育部等九部门关于加快推进教育信息化当前几项重点工作的通知》(教技〔2012〕13号),指出"实现教学点数字教育资源全覆盖"是加快推进教育信息化的工作重点,要求改善教学点办学条件,全国所有教学点要在今明两年完成全覆盖目标,东部及有条件的地区应力争在今年内完成。同年11月,教育部召开"教学点数字教育资源全覆盖"项目启动会议,随后教育部出台《教育部关于全面启动实施"教学点数字教育资源全覆盖"项目的通知》(教技函〔2012〕74号)(简称《通知》),这标志着"教学点数字教育资源全覆盖"项目的全面启动。经过两年的建设,2015年4月,教育部和财政部印发《教育部办公厅财政部办公厅关于开展"教学点数字教育资源全覆盖"项目验收工作的通知》(教技厅函〔2015〕29号),要求对"实现教学点数字教育资源全覆盖"项目的设备配备等内容进行验收。同时,2014年11月,教育部、财政部和国家发展改革委等部门出台了《构建利用信息化手段扩大优质教育资源覆盖面有效机制的实施方案》(教技〔2014〕6号)(简称《方案》)。《方案》制定了利用信息化手段扩大优质教育资源覆盖面有效机制的总体目标,即加快推进教育信息化"三通两平台"建设与应用,实现各级各类学校宽带网络的全覆盖,优质数字教育资源的共建共享,信息技术与教育教学的全面深度融合,逐步缩小区域、城乡、校际之间的差距,促进教育公平,提高教育质量,支撑学习型社会建设,形成与国家教育现代化发展目标相适应的教育信息化体系。改革推进的重点任务包括:加快推进"宽带网络校校通";全面推进"优质资源班班通";大力推进"网络学习空间人人通";建设教育资源公共服务平台;建设教育管理公共服务平台。文件还就阶段性目标和相关保障进行了规划与部署。2016年6月,教育部出台《教育信息化"十三五"规划》(教技〔2016〕2号),同样提出,推广"一校带多点、一校带多校"的教学和教研组织模式,逐步使依托信息技术的"优质学校带薄弱学校、优秀教师带普通教师"模式制度化,以不断扩大优质教育资源覆盖面,优先提升教育信息化促进教育公平、提高教育质量的能力。

"两免一补"政策 为加快农村教育发展,深化农村教育改革,促进农村经济社会和城乡协调发展,2003年9月,国务院出台《国务院关于进一步加强农村教育工作的决定》(国发〔2003〕19号),提出到2007年,争取全国农村义务教育阶段家庭经济困难学生都能享受到"两免一补"(免杂费、免书本费、补助寄宿生生活费),努力做到不让学生因家庭经济困难而失学。为强化政府对农村义务教育的保障责任,深化农村义务教育经费保障机制改革,2005年12月,国务院印发《国务院关于深化农村义务教育经费保障机制改革的通知》(国发〔2005〕第43号),要求按照"明确各级责任、中央地方共担、加大财政投入、提高保障水平、分步组织实施"的基本原则,全部免除农村义务教育阶段学生学杂费,对贫困家庭学生免费提供教科书并补助寄宿生生活费。为了确保义务教育"两免一补"政策的贯彻实施,2006年6月,《中华人民共和国义务教育法(2006年修订)》规定,义务教育经费投入实行国务院和地方各级人民政府根据职责共同负担,省、自治区、直辖市人民政府负责统筹落实的体制。农村义务教育所需经费,由各级人民政府根据国务院的规定分项目、按比例分担。各级人民政府对家庭经济困难的适龄儿童、少年免费提供教科书并补助寄宿生生活费。为发现义务教育"两免一补"政策落实过程中遇到的困难和问题,教育部决定对西部地区义务教育"两免一补"工作进行督查,并于2007年3月印发《教育部财务司关于对西部地区义务教育阶段"两免一补"工作进行督查调研的通知》(教财司函〔2007〕73号)。为推动义务教育事业持续健康发展,2015年11月以来,国务院相继印发《国务院关于进一步完善城乡义务教育经费保障机制的通知》(国发〔2015〕第67号)和《国务院关于统筹推进县域内城乡义务教育一体化改革发展的若干意见》(国发〔2016〕40号),要求统一城乡义务教育"两免一补"政策并实现"两免一补"政策城乡全覆盖的工作目标。对城乡义务教育学生免除学杂费、免费提供教科书,对家庭经济困难寄宿生补助生活费。民办学校学生免除学杂费标准按照中央确定的生均公用经费基准定额执行。在继续落实好农村学生"两免一补"和城市学生免除学杂费政策的同时,向城市学生免费提供教科书并推行部分教科书循环使用制度,对城市家庭经济困难寄宿生给予生活费补助。同时,利用全国中小学生学籍信息管理系统数据,推动"两免一补"资金和生均公用经费基准定额资金随学生流动可携带。

聋校义务教育课程设置实验方案 根据基础教育课程改革和特殊教育事业发展的需要,2007年2月,教育部下发《教育部关于印发〈盲校义务教育课程设置实验方案〉、〈聋校义务教育课程设置实验方案〉和〈培智学校义务教育课程设置实验方案〉的通知》(教基〔2007〕1号),修订了《全日制盲校课程计划(试行)》、《全日制聋校课程计划(试行)》、《全日制弱智学校(班)课程计划(征求意见稿)》。《聋校义务教育课程设置实验方案》要求,全面贯彻党的教育方针,体现时代要求,使聋生热爱祖国、热爱人民、热爱中国共产党,具有社会主义民主法制意识,具有社会责任感,具有创新精神,具有适应终身学习的基础知识、基本技能和方法,具有生活自理能力、社会适应能力和就业能力,具有健壮的体魄、良好的心理素质。课程设置要坚持均衡性与特殊性相结合的原则、综合课程和分科课程相结合的原则、统一性与选择性相结合的原则。课程设置表规定了聋校义务教育阶段一至九年级的课程门类、各年级周课时数、学年总课时数和各门课程课时比例,并要求晨会、班团队活动、文体活动、心理健康教育等由各校自主安排;指出沟通与交往课程、综合实践活动是国家规定的必修课,各门课程应结合本学科特点,有机进行思想品德教育。

录取加分 《国务院关于深化考试招生制度改革的实施意见》(国发〔2014〕35号)(简称《意见》)要求改革招生录取机制,减少和规范考试加分。大幅减少、严格控制考试加分项目,2015年起取消体育、艺术等特长生加分项目。确有必要保留的加分项目,应合理设置加分分值。探索完善边疆民族特困地区加分政策。地方性高考加分项目由省级人民政府确定并报教育部备案,原则上只适用于本省(区、市)所属高校在本省(区、市)招生。为了贯彻《意见》精神,2014年12月,教育部、国家民委等五部门联合下发《教育部国家民委公安部国家体育总局中国科学技术协会关于进一步减少和规范高考加分项目和分值的意见》(教学〔2014〕17号),提出要促进公平公正,严格制定加分项目设立程序,加强考生加分资格审核公示,加强监督管理,严厉打击加分资格造假;要体现积极稳妥、从紧从严、有序衔接、平稳推进,确保实现大幅减少、严格控制、规范管理、公平公正的目标任务。规定从2015年1月1日起,取消体育特长生加分项目,中学生学科奥林匹克竞赛加分项目,科技类竞赛加分项目,省级优秀学生加分项目,思想政治品德有突出事迹加分项目。保留"烈士子女"、"边疆、山区、牧区、少数民族聚居地区少数民族考生"、"归侨、华侨子女、归侨子女和台湾省籍考生"、"自主就业退役士兵"、"在服役期间荣立二等功(含)以上或被大军区(含)以上单位授予荣誉称号的退役军人"加分项目。取消地方性体育、艺术、科技、三好学生、优秀学生干部等加分项目。为了规范高考加分项目,要进行严格管理和监督,加强加分考生资格审核,加强加分考生资格信息公示,完善违纪举报和申诉受理机制,严肃处理资格造假考生,依法健全责任追究制度。

录取批次 为贯彻落实党中央、国务院决策部署,深化考试招生制度改革,2014年9月,国务院印发《国务院关于深化考试招生制度改革的实施意见》(国发〔2014〕35号),要求改进录取方式,创造条件逐步取消高校招生录取批次,2015年起在有条件的省份开展录取批次改革试点。为了贯彻文件要求,《教育部关于做好2016年普通高校招生工作的通知》(教学〔2016〕3号)和《教育部办公厅关于做好2016年全国普通高校招生录取工作的通知》(教学厅〔2016〕6号)要求:改进投档录取方式;平稳推进减少高校招生录取批次改革,有关省份要认真论证、多次模拟、精心实施;各省级招委会要根据本地区招生工作的实际,合理安排高校录取批次。高校被安排的录取批次与上一年度有变化的,省级招办应事先与高校协商一致后,再向社会公布。省级教育行政部门、招生考试机构要精心组织减少录取批次改革,完善平行志愿投档录取办法,合理设置平行志愿数量,细化工作流程,加强志愿填报工作指导,努力提高考生志愿满足率。截至2016年,已有上海、天津、河北、浙江、山东、福建、四川、广西、湖北、江西、辽宁、广东、重庆、贵州、内蒙古等15个省、自治区和直辖市取消了本科三批,上海市率先将本科一批、本科二批合并,成为一个本科批次。北京、河南、安徽、江苏等地将于2017年取消三本,浙江、海南、山东于2017年不再划分本科一批和本科二批,江西、湖南也将于2018年取消全部批次,本科招生不再划分高考录取批次。国家支持全国各省份尽快取消所有批次,促进依法治教、依法治校,促进高考和普通高等学校更深层次的改革。

盲校课程标准 为贯彻落实《国家中长期教育改革和发展规划纲要(2010—2020年)》(中发〔2010〕12号)(简称《教育规划纲要》)和《特殊教育提升计划(2014—2016年)》(国办发〔2014〕1号)的有关部署,适应新时期办好特殊教育的要求,进一步提高特殊教育质量，2016年11月，教育部印发《关于发布实施〈盲校义务教育课程标准(2016年版)〉〈聋校义务教育课程标准(2016年版)〉〈培智学校义务教育课程标准(2016年版)〉的通知》(教基二〔2016〕5号)。《盲校义务教育课程标准(2016年版)》(简称《课程标准》)共涉及18门课程，规定了盲校义务教育课程的性质、目标和主要内容，明确了不同阶段学生在知识与技能、过程与方法、情感态度与价值观等方面的基本要求，提出了教学、评价和实施建议。同时，要求根据学生的身心特点和学习成长规律，对普通学校课程标准做了科学调整与转化。结合我国特殊教育实践经验，专门研制开发了《定向行走》等特色课程。为做好《课程标准》的落实，教育部专门印发通知作出具体部署，要求：充分认识课程标准的重要性；认真组织开展课程标准培训，要求各地将课程标准培训纳入教师培训计划，覆盖特殊教育学校校长、教师、教研人员，并扩大到普通学校特殊教育资源教师；全面推进特教教学和评价改革，合理把握教学容量和难度要求，尊重差异、多元评价；加强特殊教育课程资源建设，加大资源开发力度，推动特教课程资源共享。

盲校义务教育课程设置实验方案　　根据基础教育课程改革和特殊教育事业发展的需要，2007年2月，教育部下发《教育部关于印发〈盲校义务教育课程设置实验方案〉、〈聋校义务教育课程设置实验方案〉和〈培智学校义务教育课程设置实验方案〉的通知》(教基〔2007〕1号)，修订了《全日制盲校课程计划(试行)》、《全日制聋校课程计划(试行)》、《全日制弱智学校(班)课程计划(征求意见稿)》，并更名为《盲校义务教育课程设置实验方案》、《聋校义务教育课程设置实验方案》和《培智学校义务教育课程设置实验方案》。随文下发的《盲校义务教育课程设置实验方案》(简称《课程方案》)要求全面贯彻党的教育方针，促进视力残疾学生全面发展，尊重个性发展，适应现代生活需要。课程设置应遵循普遍性与特殊性相结合的原则，继承、借鉴与发展相结合的原则，面向全体与照顾差异相结合的原则，综合课程与分科课程相结合的原则。视力残疾儿童义务教育课程，包括国家安排课程、地方与学校安排课程两部分，内容涉及人文与社会、语言与文学、体育与健康、数学、科学、艺术、技术、康复、综合实践活动等九个学习领域。《课程方案》是各级教育部门和盲校组织、安排教学活动的依据，规定：盲校学制为九年一贯制，对盲生和低视力学生应当实行分类教学，各门课程均应结合本学科特点，有机地进行思想、道德、环境、心理健康、国防、安全等教育；根据学生的学习成绩、特长和志愿，高年级时学校可实行分流教学;实行学生学业成绩与成长记录相结合的综合评价方式,学期、学年和毕业的终结性考察、考试是对学生合格水平的考核,不得将学生成绩排队、公布;学生参加当地教育主管部门确定的考试科目和命题考试合格即准予毕业。

每天一小时校园体育活动　为进一步加强青少年体育、增强青少年体质,2007年5月,中共中央和国务院联合印发《中共中央国务院关于加强青少年体育增强青少年体质的意见》(中发〔2007〕7号),要求确保学生每天锻炼一小时,各级教育行政部门要提出每天锻炼一小时的具体要求并抓好落实。《国家中长期教育改革和发展规划纲要(2010—2020年)》(中发〔2010〕12号)(简称《教育规划纲要》)提出大力开展"阳光体育"运动,保证学生每天锻炼一小时,不断提高学生体质健康水平。同时,2011年十一届全国人大四次会议批准的《政府工作报告》再次强调"保证中小学生每天一小时校园体育活动"。为认真贯彻落实党中央、国务院的要求,2011年7月,教育部制定了《切实保证中小学生每天一小时校园体育活动的规定》(教体艺〔2011〕2号)(简称《规定》)。为切实保证中小学生每天一小时校园体育活动,要求严格执行国家关于保证中小学生每天一小时校园体育活动规定;建立保证中小学生每天一小时校园体育活动的有效工作机制;建立保证中小学生每天一小时校园体育活动的监督机制,健全学校体育专项督导制度,同时接受社会监督;建立保证中小学生每天一小时校园体育活动的科学评价机制;建立保证中小学生每天一小时校园体育活动表彰奖励和问责制度。2012年10月,国务院出台《国务院办公厅转发教育部等部门关于进一步加强学校体育工作若干意见的通知》(国办发〔2012〕53号),要求实施好体育课程和课外体育活动,切实保证中小学生每天一小时校园体育活动,严禁挤占体育课和学生校园体育活动时间。为了保障《规定》的贯彻实施,2013年4月,教育部印发《教育部办公厅关于继续组织开展切实保证中小学生每天一小时校园体育活动专项督导检查的通知》(教督厅函〔2013〕1号),提出开展中小学生每天一小时校园体育活动专项督导检查。

每一个学生成功法案　为了缓解社会各界对基础教育发展现状的不满,2015年12月,美国奥巴马政府签署《每一个学生成功法案》(*Every Student Succeeds Act*)

（简称《成功法案》），试图采取综合的"州设计制度"来简化《不让一个孩子掉队法》遗留下的联邦考核的项目的数量，同时将控制和问责基础教育的权力归还给州和地方。该法案强调：为弱势和需要保护的学生提供保障，力争为学生带来更多教育机会与更好的教育效果；提升所有学生的学术水平，帮助他们为将来的大学生活和职业生涯做准备；为各州提供教育资源或项目支持，为学校管理人员与广大教师提供基于实践的专业服务；扩大并提高学前教育的政府资助；赋予州和地方教育部门发展自身教育事业的权力，帮助地方建立高效能与强有力的教育管理体系，倡导以基于实践的方法来改善学校教育、提升学校的教学质量。作为对《不让一个孩子掉队法》的反思与修正，《成功法案》有如下特征：教育问责权由联邦层面转向地方层面，《成功法案》采取了综合性的州问责制，明确了基础教育的问责权属于州和地方，但后者需向联邦政府提交问责计划，确保其问责行为不违背联邦法案精神；考核方式由统一到多元，《成功法案》一方面赋予各州能够自由选择学业衡量标准的权利，另一方面对过于依靠考试这一手段的评价导向进行调整，法案支持各州审核和简化评估体系以及试验各种创新评估；干预方式由直接到间接，《成功法案》虽然界定了哪些学校需要州（或地方）政府采取措施进行干预，但对如何干预没有作出具体要求。为了保障地方政府的教育主导权，《成功法案》严禁联邦过度干预州和地方的教育决策权，要求采取温和与间接的指导方式建立新型的"联邦—州伙伴关系"。

美国大学入学考试　美国大学入学考试（American College Test，ACT）与 SAT 学术能力评估测试（Scholastic Assessment Test，SAT）均被称为"美国高考"，它们既是美国大学的入学条件之一，又是大学发放奖学金的主要依据之一。ACT 总分 36 分，考试科目包括英文、阅读、数学、科学四门，写作可根据学生需要选考。ACT 考试每年组织 5 次，学生可多次参加，选择最好的成绩申请大学。在美国本土，很多学生从高二开始轮流参加 ACT 与 SAT 两种考试，选择适合自己特点的考试在高三继续参加，最终以最好的成绩申请大学。ACT 考试近年来认可度快速提高，其中 578 所高校优先录取有 ACT 成绩的学生，有 36 所高校只接受有 ACT 成绩的学生，有 7 个州要求学生必须参加 ACT 考试。根据国家相关政策要求，美国 ACT 大学入学考试还不能在国内面向社会组织考试，只有 ACT、GAC（全球评估证书，Global Assessment Certificate）的注册学生才能参加考试。ACT

考试每年组织 5 次，GAC 的学生一般安排在每年 10、12 月或次年的 2、4 月参加全球统一的 ACT 考试（GAC 学生可免费参加一次，如再考需缴纳 47 美金的考试费），在全球统一的时间由 ACT 考官监督进行，考试成绩将由总部在官方网站上公布，在学生申请大学时统一由总部寄送至所申请的大学。

免费师范毕业生在职攻读教育硕士　《国务院办公厅转发教育部等部门关于教育部直属师范大学师范生免费教育实施办法（试行）的通知》（国办发〔2007〕34 号）（简称《通知》）提出，免费师范毕业生经考核符合要求的，可录取为教育硕士专业学位研究生，在职学习专业课程，任教考核合格并通过论文答辩的，颁发硕士研究生毕业证书和教育硕士专业学位证书。2010 年 5 月，教育部、人力资源和社会保障部等部门联合印发《教育部直属师范大学免费师范毕业生就业实施办法》（教师〔2010〕2 号），再次确定，免费师范毕业生经考核符合要求的，可录取为教育硕士研究生，任教学校要对免费师范毕业生在职攻读教育硕士学位给予支持。为贯彻《通知》的精神，做好免费师范毕业生在职攻读教育硕士专业学位研究生工作，落实师范生免费教育示范性举措，教育部印发《教育部直属师范大学免费师范毕业生在职攻读教育硕士专业学位实施办法（暂行）》（教师〔2010〕3 号）（简称《办法》）。《办法》规定，免费师范毕业生到中小学任教满一学期后，均可申请免试在职攻读教育硕士专业学位。免费师范毕业生攻读教育硕士专业学位采取在职学习方式，学习年限一般为 2—3 年，实行学分制。教育硕士研究生课程设置要突出实践性，密切结合中小学教育教学实践，并与本科阶段所学课程相衔接，整体设计。免费师范毕业生在职攻读教育硕士专业学位招生计划在全国研究生招生总规模之内单列，全部为国家计划。各有关地方教育行政部门、部属师范大学和中小学校要高度重视，密切配合，精心组织，创造条件，确保师范生免费教育示范性举措的顺利实施。

免费师范生　为了培养大批优秀的教师，提倡教育家办学，鼓励更多的优秀青年终身做教育工作者，2007 年 5 月，国务院办公厅转发《教育部直属师范大学师范生免费教育实施办法（试行）》（国办发〔2007〕34 号）（简称《实施办法》），规定从 2007 年秋季起，在北京师范大学、华东师范大学、东北师范大学、华中师范大学、陕西师范大学和西南大学六所部属师范大学实行师范生免费教育；免费教育师范生在校学习期间免除学费,免缴住宿费,并补助生活费;免费师范生入学前与学校和生源所在地省级教育行政部门签订协议,承诺毕业后从事中小学教育十年以上;免费师范毕业生一般回生源所在省份中小学任教;免费师范生可按照学校规定在师范专业范围内进行二次专业选择。为贯彻落实《实施办法》,确保免费师范毕业生到中小学任教,鼓励优秀高中毕业生报考师范专业,2010年5月,教育部、人力资源等部门印发《教育部直属师范大学免费师范毕业生就业实施办法》(教师〔2010〕2号),要求:教育部全国高等学校信息咨询与就业指导中心负责部属师范大学免费师范毕业生的就业指导、信息服务和监督检查;免费师范毕业生在农村学校任教服务期间仍然享受派出学校原工资福利待遇;免费师范毕业生经考核符合要求的,可录取为教育硕士研究生,任教考核合格并通过论文答辩的,颁发硕士研究生毕业证书和教育硕士专业学位证书。为深入贯彻《实施办法》,进一步完善和推进师范生免费教育,2012年1月,国务院印发《国务院办公厅转发教育部等部门关于完善和推进师范生免费教育意见》(国办发〔2012〕2号),提出教育部要根据中小学教师队伍建设需要,科学制定免费师范生招生计划;建立免费师范生录取和退出机制,适当加大高校自主招生力度;免费师范生在校期间要到试点学校进行一个学期的教育实习,并安排更多名师给免费师范生上课;确保免费师范毕业生到中小学任教有编有岗;逐步在全国推广师范生免费教育政策;部属师范大学要加强免费师范生职业理想和师德教育,确保培养质量。

民办非企业单位 为了规范民办非企业单位的登记管理,保障民办非企业单位的合法权益,促进社会主义物质文明、精神文明建设,1998年10月,国务院发布了《民办非企业单位登记管理暂行条例》(国务院令第251号)。该条例分别从总则、管辖、登记、监督管理、惩罚等方面进行了规定。在教育领域,2001年10月,民政部与教育部联合制定了《教育类民办非企业单位登记办法(试行)》(民发〔2001〕306号)。该办法规定了教育类民办非企业单位必须按照《社会力量办学条例》的规定审批设立,由县级以上地方人民政府教育行政部门发给《社会力量办学许可证》后,到同级民政部门进行登记。各级人民政府民政部门是教育类民办非企业单位的登记管理机关,其管理的事项包括申请登记的教育类民办非企业单位应提交的文件材料,登记的限制要求、变更、注销、吊销、复查登记等。2005年2月,民政部印发了《民办非企业单位章程示范文本》(民函〔2005〕24号),对民办非企业单位章程示范文本进行了规定。同时,民政部印发了《关于开展民办非企业单位自律与诚信建设活动的通知》(民函〔2005〕27号),分别从指导思想、主要内容、基本要求三个方面进行了规定。2005年4月,为促进民办非企业单位健康发展,保障民办非企业单位的合法权益,加强对民办非企业单位的规范管理,根据《民办非企业单位登记管理暂行条例》,制定了《民办非企业单位年度检查办法》(民政部令第27号),其中对民办非企业单位年检的要求、程序、材料提交、内容、结论、结果等进行了较为详细的规定。为了更准确地反映社会服务机构的定位和属性,与《中华人民共和国慈善法》的表述相衔接,此次修订将"民办非企业单位"名称改为"社会服务机构",将现行《民办非企业单位登记管理暂行条例》名称改为《社会服务机构登记管理条例》,对民办非企业单位的相关管理问题进行了完善与修订。

民办高等学校督导专员制度　　为进一步贯彻落实《中华人民共和国民办教育促进法》及其实施条例,加强民办高校规范管理,引导民办高等教育健康发展,2006年6月,国务院出台《国务院办公厅关于加强民办高校规范管理引导民办高等教育健康发展的通知》(国办发〔2006〕101号),提出依法建立政府对民办高校的督导制度,省级政府教育主管部门向民办高校委派督导专员。督导专员依法监督、引导学校的办学方向和办学质量,向政府主管部门提出工作建议,同时承担有关党政部门规定的其他职责。2007年2月,教育部出台了《民办高等学校办学管理若干规定》(教育部令第25号),要求建立对民办高校的督导制度,对督导专员的级别、工资、日常工作经费等由委派机构向有关部门确定,同时规定了督导专员行使的职权。为了促进民办教育健康发展,2012年6月,教育部发布《教育部关于鼓励和引导民间资金进入教育领域促进民办教育健康发展的实施意见》(教发〔2012〕10号),强调教育行政部门和有关部门要加强协调合作,开展民办学校年度检查,向社会公布检查结果,并将检查结果作为政府资助等扶持政策的重要依据,不断完善政府扶持政策体系;健全民办学校督导、评估制度,强化督导专员的责任,发挥中介机构的作用,提高民办学校督导评价的科学化水平,将检查、督导、评估作为规范民办教育的重要手段。

民办高校自主招生制度　《中华人民共和国民办教育促进法》(主席令第 80 号)、《中华人民共和国民办教育促进法实施条例》(国务院令第 399 号)规定,民办学校享有与同级同类公办学校同等的招生权,可以自主确定招生的范围、标准和方式。为贯彻落实《国务院关于鼓励和引导民间投资健康发展的若干意见》(国发〔2010〕13 号)和《国家中长期教育改革和发展规划纲要(2010—2020 年)》(中发〔2010〕12 号),鼓励和引导民间资金发展教育和社会培训事业,促进民办教育健康发展,教育部出台《教育部关于鼓励和引导民间资金进入教育领域促进民办教育健康发展的实施意见》(教发〔2012〕10 号),提出：落实民办学校招生自主权。支持民办高校参与高等学校招生改革试点；进一步扩大民办本科学校招生自主权,省级教育行政部门可视生源情况允许民办本科学校调整招生批次；完善民办高等专科学校、高等职业学校自主招生制度,有条件的地区教育行政部门可允许办学规范、管理严格的学校,在核定的办学规模内自主确定招生范围和年度招生计划；中等层次以下民办学校按照核定的办学规模,与当地公办学校同期面向社会自主招生。

民办教师年金制度　为贯彻落实《国务院关于鼓励和引导民间投资健康发展的若干意见》(国发〔2010〕13 号)、《国家中长期教育改革和发展规划纲要(2010—2020 年)》(中发〔2010〕12 号),鼓励和引导民间资金发展教育和社会培训事业,促进民办教育健康发展,2012 年 6 月,教育部发布《教育部关于鼓励和引导民间资金进入教育领域促进民办教育健康发展的实施意见》(教发〔2012〕10 号),指出要支持地方人民政府采取设立民办学校教师养老保险专项补贴等办法,探索建立民办学校教师年金制度,提高民办学校教师的退休待遇。2014 年 6 月,教育部等六部门印发《现代职业教育体系建设规划(2014—2020 年)》(教发〔2014〕第 6 号),指出要探索建立行业企业举办的职业院校和民办职业院校教师年金制度。同时,为统筹城乡社会保障体系建设,建立更加公平、可持续的养老保险制度,2015 年 1 月,国务院发布《国务院关于机关事业单位工作人员养老保险制度改革的决定》(国发〔2015〕第 2 号),明确要求建立职业年金制度。机关事业单位应在参加基本养老保险的基础上,为其工作人员建立职业年金。同时要建立健全确保养老金发放的筹资机制。机关事业单位及其工作人员应按规定及时足额缴纳养老保险费。各级社会保险征缴机构应切实加强基金征缴,做到应收尽收。各级政府应积极调整和优化财政支出结构,加大社会保障资金投入,确保基本养老金按时足额发放。同时,为建立职业年金制度提供相应的经费保障,确保机关事业单位养老保险制度改革平稳推进。为了进一步推进年金制度,贯彻落实《国务院关于加快发展现代职业教育的决定》(国发〔2014〕9号)等文件的精神,推动高等职业教育创新发展,2015年10月,教育部下发《高等职业教育创新发展行动计划(2015—2018年)》(教职成〔2015〕第9号),提出要鼓励行业企业办和民办高等职业院校建立教师年金制度。

民办教育发展专项资金 《中华人民共和国民办教育促进法(2016年修正)》(主席令第55号)(简称《民办教育促进法》)规定,县级以上各级人民政府可以设立专项资金,用于资助民办学校的发展,奖励和表彰有突出贡献的集体和个人。根据《民办教育促进法》、《中华人民共和国民办教育促进法实施条例》(国务院令第399号)的规定,县级以上人民政府可以根据本行政区域的具体情况,设立民办教育发展专项资金。民办教育发展专项资金由财政部门负责管理,由教育行政部门或者劳动和社会保障行政部门报同级财政部门批准后使用。同时,《国家中长期教育改革和发展规划纲要(2010—2020年)》(中发〔2010〕12号)要求,健全公共财政对民办教育的扶持政策。政府委托民办学校承担有关教育和培训任务,拨付相应教育经费。县级以上人民政府可以根据本行政区域的具体情况设立专项资金,用于资助民办学校。国家对发展民办教育作出突出贡献的组织、学校和个人给予奖励和表彰。为了贯彻上述文件精神,2012年教育部发布的《中共教育部党组关于教育系统认真学习贯彻党的十八大精神的通知》和《国家教育事业发展第十二个五年规划》(教发〔2012〕9号)提出设立国家民办教育发展专项资金,做好重大项目资金特别是"2011计划"专项资金的落实工作,要求制定和完善支持民办教育发展的财政、税收、金融、收费、土地等政策,推动县级以上人民政府设立专项资金用于资助民办学校。

民办教育"十六字方针" 1993年2月,中共中央和国务院联合发布的《中国教育改革和发展纲要》(中发〔1993〕3号)提出,国家对社会团体和公民个人依法办学采取积极鼓励、大力支持、正确引导、加强管理的方针,即国家对社会力量办学实行的"十六字方针"。2002年12月,九届全国人大常委会第三十一次会议表决通过的《中华人民共和国民办教育促进法》对民办教育实行"积极鼓励、大力支持、正确引导、依法管理"的方针。此方针使我国民办教育坚持鼓励扶持和规范管理并重,积极引导民办学校健康发展,使民办学校的办学质量不断提高。2007年1月,教育部讨论通过的《民办高等学校办学管理若干规定》(教育部令第25号)中也体现了此"十六字方针"。其中明确规定:教育行政部门应当将民办高等教育纳入教育事业发展规划;按照积极鼓励、大力支持、正确引导、依法管理的方针,引导民办高等教育健康发展。

民办教育收费管理 为促进民办教育的健康发展,规范民办学校的收费行为,保障民办学校和受教育者的合法权益,根据《中华人民共和国价格法》、《中华人民共和国民办教育促进法》和《中华人民共和国民办教育促进法实施条例》,2005年4月,国家发展改革委、教育部、劳动和社会保障部出台《民办教育收费管理暂行办法》(发改价格〔2005〕309号)(简称《办法》)。该《办法》适用于国家机构以外的社会组织或者个人利用非国家财政性经费面向社会举办的各级各类民办教育学校和教育机构(以下简称民办学校)。民办学校对接受教育者可以收取学费(或培训费,下同),对在校住宿的学生可以收取住宿费。民办学校为学生在校学习期间提供方便而代收代管的费用,应遵循"学生自愿,据实收取,及时结算,定期公布"的原则,不得与学费、住宿费一并统一收取。制定或调整民办学校对接受学历教育的受教育者收取的学费、住宿费标准,由民办学校提出书面申请,按学校类别和隶属关系报教育行政部门或劳动和社会保障行政部门审核,由教育行政部门或劳动和社会保障行政部门报价格主管部门批准。民办学校对非学历教育的其他受教育者收取的学费、住宿费标准,由民办学校自行确定,报价格主管部门备案。《办法》规定民办学校学历教育学费标准按照补偿教育成本的原则并适当考虑合理回报的因素制定。教育成本包括人员经费、公务费、业务费、修缮费、固定资产折旧费等学校教育和管理的正常支出,不包括灾害损失、事故等非正常费用支出和校办产业及经营性费用支出,民办学校学历教育住宿费标准按实际成本确定。《办法》规定民办学校取得的合法收费收入应主要用于教学活动和改善办学条件,任何单位和部门不得截留、平调。任何组织和个人都不得违反法律、法规向民办教育机构收取任何费用。同时,要求加强对民办学校收费的管理和监督检查,引导学校建立健全收费管理制度,自觉执行国家的教育收费政策。对违反国家教育收费法律、法规和政策乱收费的行为,要依据《中华人民共和国价格法》《价格违法行为行政处罚规定》等法律法规严肃查处。

《民办教育收费管理暂行办法》 为促进民办教育的健康发展,规范民办学校的收费行为,保障民办学校和受教育者的合法权益,2005年3月,国家发展和改革委员会、教育部、劳动和社会保障部出台《民办教育收费管理暂行办法》(发改价格〔2005〕309号)(简称《办法》)。《办法》规定,本办法适用于国家机构以外的社会组织或者个人利用非国家财政性经费面向社会举办的各级各类民办教育学校和教育机构(以下简称民办学校);民办学校为学生在校学习期间提供方便而代收代管的费用,应遵循"学生自愿,据实收取,及时结算,定期公布"的原则。制定或调整民办学校对接受学历教育的受教育者收取的学费、住宿费标准时,由民办学校提供申请制定或调整教育收费标准的具体项目、依据和理由等材料进行书面申请,然后由主管部门审核并经价格主管部门批准。民办学校对接受学历教育的受教育者按学期或学年收取学费、住宿费。受县级人民政府委托承担义务教育任务的民办学校向协议就读的学生收取的费用,不得高于当地同级同类公办学校的收费标准。民办学校应通过设立公示栏、公示牌、公示墙等形式,向社会公示收费项目、收费标准等相关内容;要按照有关会计制度的要求,建立健全财务管理和会计核算制度,实行成本核算。同时,各级价格主管部门应加强对民办学校收费的管理和监督检查,引导学校建立健全收费管理制度,对违反国家教育收费法律、法规和政策乱收费的行为,要依据《中华人民共和国价格法》《价格违法行为行政处罚规定》等法律法规严肃查处。

民办教育综合改革试点 为进一步深化教育体制改革,根据《国家中长期教育改革和发展规划纲要(2010—2020年)》(中发〔2010〕12号)(简称《教育规划纲要》)的部署,决定在部分地区和学校开展国家教育体制改革试点。2010年10月,国务院印发《国务院办公厅关于开展国家教育体制改革试点的通知》(国办发〔2010〕48号),提出:开展民办教育综合改革试点;清理并纠正对民办学校的各类歧视政策;完善促进民办教育发展的优惠政策,健全公共财政对民办教育的扶持政策,促进社会力量多种形式兴办教育;积极探索营利性和非营利性民办学校分类管理,保障民办学校办学自主权;完善民办学校法人治理结构,加强财务、会计和资产管理;支持民办学校创新体制机制和育人模式,提高质量,办出特色。2011年4月,浙江省政府发布《浙江省人民政府办公厅关于印发2011年浙江省体制改革要点的通知》(浙政办发〔2011〕33号),提出开展民办教育综合改革试点。为贯彻落实《教育规划纲要》和《国务院办公厅关于开展国家教育体制改革试点的通知》精神,推进民办教育体制机制创新,加快温州市教育改革与发展,2011年中共温州市委、温州市人民政府发布了《关于实施国家民办教育综合改革试点加快教育改革与发展的若干意见》(温委〔2011〕8号),指出要通过综合改革试点,加大体制和机制创新力度,健全教育公共政策,建设现代学校制度,吸引社会力量投资办学,形成公办、民办教育共同发展的良好格局,使温州教育整体质量领先全国,打造"学在温州"的教育高地。要深化改革,创新办学体制机制;加大扶持,健全教育公共政策;教师为本,加强师资队伍建设,通过多个方面共同推进民办教育综合改革。在改革路径方面,分两个阶段进行推广。2013年8月,浙江省政府在温州召开全省社会力量办学工作交流推进会,于会后出台《浙江省人民政府关于促进民办教育健康发展的意见》,标志着浙江民办教育改革进入全面推广阶段。2014年10月,浙江省政府又组织开展了社会力量办学工作专项督查,对各设区市民办教育扶持政策和社会力量办学项目推进情况进行全面督查,进一步促进全省民办教育改革不断深化。

民办学校办学许可制度 《中华人民共和国民办教育促进法(2016修正)》(主席令第55号)(简称《民办教育促进法》)规定,审批机关对批准正式设立的民办学校发给办学许可证。民办学校取得办学许可证后,进行法人登记,登记机关应当依法予以办理。终止的民办学校,由审批机关收回办学许可证和销毁印章,并注销登记。根据《民办教育促进法》、《中华人民共和国民办教育促进法实施条例》(国务院令第399号)(简称《条例》)规定,对批准正式设立的民办学校,审批机关应当颁发办学许可证,并将批准正式设立的民办学校及其章程向社会公告。民办学校的办学许可证由国务院教育行政部门制定式样,由国务院教育行政部门、劳动和社会保障行政部门按照职责分工分别组织印制。根据《民办教育促进法》、《条例》的有关规定,教育部印发《教育部办公厅关于启用〈民办学校办学许可证〉有关问题的通知》(教发厅〔2004〕2号),要求办学许可证自2004年9月1日起启用。县级以上教育行政部门要按照《条例》规定的职责,对所审批的民办学校颁发办学许可证;并按照《民办教育促进法》的规定,做好同级劳动和社会保障行政部门审批的民办学校的备案工作。2008年4月,教育部出台《教育部办公厅关于修订和换发民办学校办学许可证的通知》(教发厅〔2008〕2号),规定原2004年9月1日启用的教育部组织印制的办学许可证自2010年1月1日起一律停止使用。为鼓励和引导民办教育健康发展,2012年6月,教育部印发《教育部关于鼓励和引导民间资金进入教育领域促进民办教育健康发展的实施意见》(教发〔2012〕10号),要求:完善民办学校办学许可制度;进一步清理教育行政审批事项,改进审批方式,简化审批流程,规范民办学校审批工作;民办学校设置,执行同类型同层次公办学校的设置标准,可以适当放宽幼儿园审批条件;民办高校申请学士、硕士和博士学位授予权的,按与公办高校相同的程序和要求进行审批。

民办学校变更与终止 《中华人民共和国民办教育促进法(2016年修正)》(主席令第55号)(简称《民办教育促进法》)规定,民办学校的分立、合并,在进行财务清算后,由学校理事会或者董事会报审批机关批准。民办学校举办者的变更,须由举办者提出,在进行财务清算后,经学校理事会或者董事会同意,报审批机关核准。民办学校名称、层次、类别的变更,由学校理事会或者董事会报审批机关批准。民办学校根据学校章程规定要求终止并经审批机关批准的,被吊销办学许可证的,因资不抵债无法继续办学的,应当终止。民办学校终止时,应当妥善安置在校学生,应当依法进行财务清算。终止的民办学校,由审批机关收回办学许可证和销毁印章,并注销登记。根据《民办教育促进法》、《中华人民共和国民办教育促进法实施条例》(国务院令第399号)规定,民办学校的理事会、董事会或者其他形式的决策机构讨论决定学校的分立、合并、终止,应当经2/3以上组成人员同意方可通过;民办学校终止的,由审批机关收回办学许可证,通知登记机关,并予以公告。为了进一步明确民办学校变更与终止,2010年5月,国务院印发的《国务院关于鼓励和引导民间投资健康发展的若干意见》(国发〔2010〕13号)提出要研究建立民办学校的退出机制。同时,《国家中长期教育改革和发展规划纲要(2010—2020年)》(中发〔2010〕12号)要求依法明确民办学校变更、退出机制。为贯彻落实上述文件精神,鼓励和引导民办教育健康发展,2012年6月,教育部印发《教育部关于鼓励和引导民间资金进入教育领域促进民办教育健康发展的实施意见》(教发〔2012〕10号),要求建立民办学校退出机制。民办学校终止办学,要严格按照法律法规规定的程序，提出清算和安置方案，保证有序退出，保护师生权益，防范国有资产流失，维护社会稳定。民办学校举办者退出举办、转让举办者权益或者内部治理结构发生重大变更的，应事先公告，按规定程序变更后报学校审批机关依法核准或者备案。

民办学校董事会制度 《中华人民共和国民办教育促进法（2016 年修正）》（主席令第 55 号）（简称《民办教育促进法》）规定，民办学校应当设立学校理事会、董事会或者其他形式的决策机构并建立相应的监督机制。学校理事会或者董事会由举办者或者其代表、校长、教职工代表等人员组成。学校理事会或者董事会由五人以上组成，设理事长或者董事长一人。学校理事会或者董事会行使下列职权：聘任和解聘校长；修改学校章程和制定学校的规章制度；制定发展规划，批准年度工作计划；筹集办学经费，审核预算、决算；决定教职工的编制定额和工资标准；决定学校的分立、合并、终止；决定其他重大事项。依据《民办教育促进法》，《中华人民共和国民办教育促进法实施条例》对董事会的构成、权限再次作了规定。为鼓励和引导民间资金发展教育和社会培训事业，促进民办教育健康发展，2012 年 6 月，教育部出台《教育部关于鼓励和引导民间资金进入教育领域促进民办教育健康发展的实施意见》（教发〔2012〕10 号），要求：健全民办学校内部治理结构；规范民办学校董事会（理事会）成员构成，限定学校举办者代表的比例，校长及学校关键管理岗位实行亲属回避制度；完善董事会议事规则和运行程序，董事会召开会议议决学校重大事项时应做会议记录并请全体董事会成员签字、存档备查。

民办学校法人财产权 《中华人民共和国民办教育促进法（2016 年修正）》（主席令第 55 号）规定，民办学校对举办者投入民办学校的资产、国有资产、受赠的财产以及办学积累，享有法人财产权。《国家中长期教育改革和发展规划纲要（2010—2020 年）》（中发〔2010〕12 号）要求贯彻落实民办学校法人财产权。2012 年 6 月，教育部为了鼓励和引导民间资金发展教育和社会培训事业，促进民办教育健康发展，发布了《教育部关于鼓励和引导民间资金进入教育领域促进民办教育健康发展的实施意见》（教发〔2012〕10 号），要求依法落实学校法人财产权，学校存续期间，任何组织和个人不得侵占学校法人财产。民办学校应将举办者投入的资产、办学积累的资产、政府资助形成的资产分类登记建账，将学费收入、政府资助等公共性资金存入学校银行专款账户,主管部门要对学校公共性资金的银行专款账户进行监管,确保办学经费不被挪作他用。为贯彻国家对于民办学校法人财产权的政策的精神,各省市也出台了相应的文件或通知。如2011年6月,湖南省政府发布了《湖南省人民政府办公厅关于进一步促进民办教育发展的通知》(湘政办发〔2011〕38号),明确指出要落实民办学校法人财产权,进一步要求民办学校必须明晰学校产权,对学校出资人的出资、国有资产、社会捐赠资产、学校办学积累资产分类建账、逐项登记,并全部过户到学校名下。

民办学校法人登记　《中华人民共和国民办教育促进法(2016年修正)》(主席令第55号)规定,民办学校取得办学许可证后,应进行法人登记,登记机关应当依法予以办理。同时,《国家中长期教育改革和发展规划纲要(2010—2020年)》(中发〔2010〕12号)也明确要求规范民办学校法人登记,指出民办学校取得办学许可证后依照有关的法律、行政法规进行登记时,登记机关应当按照有关规定即时予以办理。为贯彻国家民办学校法人登记政策,各省、市、自治区出台了相关文件,如江苏省政府发布了《江苏省人民政府办公厅关于进一步促进民办教育发展的意见》(苏政办发〔2010〕135号),广东省政府印发《广东省人民政府办公厅转发省教育厅关于促进民办教育规范特色发展意见的通知》(粤府办〔2013〕27号),新疆维吾尔自治区政府出台《关于进一步促进民办教育发展的意见》(新政发〔2013〕83号),甘肃省政府发布《甘肃省人民政府关于加快民办教育发展的意见(试行)》(甘政发〔2016〕43号)等,为进一步落实国家民办学校法人登记在地方的落实奠定了重要基础。

民办学校法人治理结构　《国家中长期教育改革和发展规划纲要(2010—2020年)》(中发〔2010〕12号)(简称《教育规划纲要》)指出要完善民办学校法人治理结构,民办学校应依法设立理事会或董事会,保障校长依法行使职权,逐步推进监事制度。为了贯彻《教育规划纲要》的要求,2010年4月,教育部出台《教育部关于转发〈重庆市人民政府关于促进民办教育发展的意见〉的通知》(教发函〔2010〕66号),提出要健全民办学校法人治理结构、落实法人财产权。2010年10月,国务院办公厅发布了《国务院办公厅关于开展国家教育体制改革试点的通知》(国办发〔2010〕48号),也指出要完善民办学校法人治理结构,加强财务、会计和资产管理。

2012年6月,教育部印发《国家教育事业发展第十二个五年规划》(教发〔2012〕9号),要求改革民办高等学校内部管理体制,完善法人治理结构,建立健全民办学校财务、会计和资产管理制度。

民办学校分类管理 《国家中长期教育改革和发展规划纲要(2010—2020年)》(中发〔2010〕12号)(简称《教育规划纲要》)提出,依法管理民办教育,积极探索营利性和非营利性民办学校分类管理;深化办学体制改革试点,开展对营利性和非营利性民办学校分类管理试点。为了贯彻《教育规划纲要》文件精神,2010年10月,国务院出台了《国务院办公厅关于开展国家教育体制改革试点的通知》(国办发〔2010〕48号),要求改善民办教育发展环境,开展民办教育综合改革试点,深化办学体制改革,探索营利性和非营利性民办学校分类管理办法。为了落实民办学校分类管理的相关规定,2012年10月,《国家教育事业发展第十二个五年规划》(教发〔2012〕9号)提出逐步建立民办学校分类管理制度。按照"学校自愿选择、政府分类管理"原则,开展营利性和非营利性民办学校分类管理试点,逐步建立分类管理制度和监管机制。新建民办学校必须符合法人条件,完善法人治理结构,落实法人财产权。重点完善民办学校章程建设、理(董)事会制度建设。完善独立学院管理和运行机制。建立健全民办学校财务、会计和资产管理制度,强化财务监管、风险监控和财务公开制度,完善民办学校学费收入监管制度。建立民办学校变更和退出机制。加大对非营利性民办学校支持力度,将非营利性民办教育纳入公共教育体系。政府采取购买服务、资金奖补、教师培训等办法,支持非营利性民办教育加快发展。同时,《教育部关于鼓励和引导民间资金进入教育领域促进民办教育健康发展的实施意见》(教发〔2012〕10号)和《教育部关于2013年深化教育领域综合改革的意见》(教改〔2013〕1号)要求:调动全社会参与教育的积极性,探索完善民办学校分类管理的制度、机制;出台营利性和非营利性民办学校分类管理的指导意见;研究制订民办学校分类登记实施细则、营利性民办学校监督管理实施细则等,有序实施民办学校分类管理。为了规范民办教育分类管理,《中华人民共和国民办教育促进法(2016年修正)》(主席令第55号)规定,民办学校的举办者可以自主选择设立非营利性或者营利性民办学校,但是,不得设立实施义务教育的营利性民办学校。国务院及其教育行政等有关部门和各省、自治区、直辖市在依照规定实施民办学校分类管理改革时,应当充分考虑有关历史和现实情况,保障民办学校受教育者、教职工和举办者的合法权益,确保民办学校分类管理改革平稳有序推进。同时,2016年12月,国务院出台的《国务院关于鼓励社会力量兴办教育促进民办教育健康发展的若干意见》(国发〔2016〕81号)也提出,促进民办教育健康发展要遵循"分类管理,公益导向"的基本原则,建立分类管理制度。对民办学校(含其他民办教育机构)实行非营利性和营利性分类管理。非营利性民办学校举办者不取得办学收益,办学结余全部用于办学。营利性民办学校举办者可以取得办学收益,办学结余依据国家有关规定进行分配。民办学校依法享有法人财产权。举办者自主选择举办非营利性民办学校或者营利性民办学校,依法依规办理登记。对现有民办学校,按照举办者自愿的原则,通过政策引导,实现分类管理。

民办学校风险防范机制 《国家中长期教育改革和发展规划纲要(2010—2020年)》(中发〔2010〕12号)(简称《教育规划纲要》)要求依法管理民办教育;建立民办学校办学风险防范机制和信息公开制度;扩大社会参与民办学校的管理与监督;加强对民办教育的评估。为贯彻落实《教育规划纲要》,鼓励和引导民间资金发展教育和社会培训事业,促进民办教育健康发展,2012年6月,教育部出台《教育部关于鼓励和引导民间资金进入教育领域促进民办教育健康发展的实施意见》(教发〔2012〕10号),要求建立民办学校风险防范机制。各地要加强民办学校办学管理信息系统建设,完善办学风险评估、预警机制,制订工作预案。学校主管部门应关注民办学校举办者的运行情况,对举办者非法干预学校运行、管理,抽逃出资,挪用学校办学经费等违法行为要加强监管,对可能影响所举办学校的重大事件要及时了解、快速预警,督促学校规避风险、平稳运行。

民办学校教师保险制度 为贯彻落实《国务院关于鼓励和引导民间投资健康发展的若干意见》(国发〔2010〕13号)和《国家中长期教育改革和发展规划纲要(2010—2020年)》(中发〔2010〕12号),鼓励和引导民间资金发展教育和社会培训事业,促进民办教育健康发展,2012年6月,教育部印发《教育部关于鼓励和引导民间资金进入教育领域促进民办教育健康发展的实施意见》(教发〔2012〕10号),指出:民办学校要依法依规保障教师工资、福利待遇,按照有关规定为教师办理社会保险和住房公积金,鼓励为教师办理补充保险;支持地方人民政府采取设立民办学校教师养老保险专项补贴等办法,探索建立民办学校教师年金制度,提高民办学校教师的退休待遇；建立健全民办学校教师人事代理服务制度，保障教师在公办学校和民办学校之间合理流动，鼓励高校毕业生、专业技术人员到民办学校任教任职。为深入实施科教兴国战略和人才强国战略，进一步加强教师队伍建设，2012年8月，国务院发布《国务院关于加强教师队伍建设的意见》（国发〔2012〕41号），要求按照事业单位改革的总体部署，推进教师养老保障制度改革，按规定为教师缴纳社会保险费及住房公积金。中央在基建投资中安排资金，支持加快建设农村艰苦边远地区学校教师周转宿舍。鼓励地方政府将符合条件的农村教师住房纳入当地住房保障范围统筹予以解决。民办学校应依法聘用教师，明确双方权利义务，及时兑现教师工资待遇，按规定为教师足额缴纳社会保险费和住房公积金。鼓励民办学校为教师建立补充养老保险、医疗保险。

民办学校举办者 《中华人民共和国民办教育促进法（2016年修正）》（主席令第55号）（简称《民办教育促进法》）规定，国家保障民办学校举办者的合法权益。民办学校的举办者可以自主选择设立非营利性或者营利性民办学校，但是，不得设立实施义务教育的营利性民办学校。非营利性民办学校的举办者不得取得办学收益，学校的办学结余全部用于办学。营利性民办学校的举办者可以取得办学收益，学校的办学结余依照公司法等有关法律、行政法规的规定处理。民办学校的举办者根据学校章程规定的权限和程序参与学校的办学和管理。根据《民办教育促进法》的规定，《中华人民共和国民办教育促进法实施条例》（国务院令第399号）规定，国家机构以外的社会组织或者个人可以单独或者联合举办民办学校。联合举办民办学校的，应当签订联合办学协议，明确办学宗旨、培养目标以及各方的出资数额、方式和权利、义务等。民办学校的举办者可以用资金、实物、土地使用权、知识产权以及其他财产作为办学出资。公办学校参与举办民办学校的，不得利用国家财政性经费，不得影响公办学校正常的教育教学活动，并应当经主管的教育行政部门或者劳动和社会保障行政部门按照国家规定的条件批准。公办学校参与举办的民办学校应当具有独立的法人资格，具有与公办学校相分离的校园和基本教育教学设施，实行独立的财务会计制度，独立招生，独立颁发学业证书。举办者以国有资产参与举办民办学校的，应当根据国家有关国有资产监督管理的规定，聘请具有评估资格的中介机构依法进行评估，根据评估结果合理确定出资额，并报对该国有资产负有监管职责的机构备案。民办学校的举办者应当按时、足额履行出资义务。民办学校存续期间,举办者不得抽逃出资,不得挪用办学经费。民办学校的举办者应当依照民办教育促进法和本条例的规定制定学校章程,推选民办学校的首届理事会、董事会或者其他形式决策机构的组成人员。

民办学校会计制度　《中华人民共和国民办教育促进法(2016年修正)》(主席令第55号)规定,民办学校应当依法建立财务、会计制度和资产管理制度,并按照国家有关规定设置会计账簿。根据《民办教育促进法》的规定,《中华人民共和国民办教育促进法实施条例》(国务院令第399号)规定,公办学校参与举办的民办学校应当具有独立的法人资格,具有与公办学校相分离的校园和基本教育教学设施,实行独立的财务会计制度。民办学校应当依照《中华人民共和国会计法》和国家统一的会计制度进行会计核算,编制财务会计报告。未依照《中华人民共和国会计法》和国家统一的会计制度进行会计核算、编制财务会计报告,财务、资产管理混乱的,依照《民办教育促进法》的规定予以处罚。为了贯彻上述法律法规,促进民办教育的健康发展,保障民办学校和受教育者的合法权益,2005年4月,国家发展和改革委员会、教育部等部门联合印发《民办教育收费管理暂行办法》(发改价〔2005〕309号),指出:民办学校要按照有关会计制度的要求,建立健全财务管理和会计核算制度,实行成本核算,科学计算教育培养成本;民办学校接受价格主管部门的监督检查时,要如实提供监督检查所必需的账簿、财务会计报告以及其他资料。同时,《国家中长期教育改革和发展规划纲要(2010—2020年)》(中发〔2010〕12号)也提出,依法建立民办学校财务、会计和资产管理制度。

民办学校年度检查制度　为了规范民办非企业单位的登记管理,保障民办非企业单位的合法权益,1998年10月,国务院出台《民办非企业单位登记管理暂行条例》(国务院令第251号),规定对民办非企业单位实施年度检查。《民办非企业单位年度检查办法》(民政部令第27号)规定,民办非企业单位年度检查(以下简称年检)是指登记管理机关对民办非企业单位依法按年度进行检查和监督管理。为了规范民办教育的发展,《教育部关于转发〈重庆市人民政府关于促进民办教育发展的意见〉的通知》(教发函〔2010〕66号)和《教育部关于鼓励和引导民间资金进入教育领域促进民办教育健康发展的实施意见》(教发〔2012〕10号)等文件,要求:建立健全民办学校办学行为监控机制,实行民办学校年度检查制度,定期发布民办学校的办学信息制度,向社会公布检查结果,并将检查结果作为政府资助等扶持政策的重要依据,不断完善政府扶持政策体系。

民办学校设立 《中华人民共和国民办教育促进法(2016年修正)》(主席令第55号)(简称《民办教育促进法》)规定,举办民办学校的社会组织,应当具有法人资格。举办民办学校的个人,应当具有政治权利和完全民事行为能力。民办学校应当具备法人条件。设立民办学校应当符合当地教育发展的需求,具备教育法和其他有关法律、法规规定的条件。申请正式设立民办学校的,举办者应当向审批机关提交筹设批准书,筹设情况报告,学校章程,首届学校理事会、董事会或者其他决策机构的组成人员名单,学校资产的有效证明文件,以及校长、教师、财会人员的资格证明文件。民办学校的举办者可以自主选择设立非营利性或者营利性民办学校,但是,不得设立实施义务教育的营利性民办学校。非营利性民办学校的举办者不得取得办学收益,学校的办学结余全部用于办学。此外,民办学校应依据《民办教育促进法》、《中华人民共和国民办教育促进法实施条例》(国务院令第399号)规定设立民办学校的审批权限,依照有关法律、法规的规定执行。申请正式设立实施学历教育的民办学校,审批机关受理申请后,应当组织专家委员会评议,由专家委员会提出咨询意见。对批准正式设立的民办学校,审批机关应当颁发办学许可证,并将批准正式设立的民办学校及其章程向社会公告。为了落实有关民办教育的相关规定,促进民办教育健康发展,2012年6月,教育部印发《教育部关于鼓励和引导民间资金进入教育领域促进民办教育健康发展的实施意见》(教发〔2012〕10号),指出要进一步清理教育行政审批事项,改进审批方式,简化审批流程,规范民办学校审批工作。民办学校设置,执行同类型同层次公办学校的设置标准,可以适当放宽幼儿园审批条件。民办高校申请学士、硕士和博士学位授予权的,按与公办高校相同的程序和要求进行审批。

民办学校收费 《中华人民共和国民办教育促进法(2016年修正)》(主席令第55号)规定,民办学校收取费用的项目和标准根据办学成本、市场需求等因素确定,向社会公示,并接受有关主管部门的监督。非营利性民办学校收费的具体办法,由省、自治区、直辖市人民政府制定;营利性民办学校的收费标准,实行市场调节,由学校自主决定。民办学校收取的费用应当主要用于教育教学活动、改善办学条件和保障教职工待遇。《中华人民共和国民办教育促进法实施条例》(国务院令第399号)也规定,县级以上地方人民政府教育行政部门、劳动和社会保障行政部门应当为外地的民办学校在本地招生提供平等待遇,不得实行地区封锁,不得滥收费用。受委托的民办学校向协议就读的学生收取的费用,不得高于当地同级同类公办学校的收费标准。为促进民办教育的健康发展,规范民办学校的收费行为,2005年4月,国家发展和改革委员会、教育部等部门出台《民办教育收费管理暂行办法》(发改价格〔2005〕309号),规定民办学校对接受教育者可以收取学费(或培训费,下同),对在校住宿的学生可以收取住宿费。民办学校为学生在校学习期间提供方便而代收代管的费用,应遵循"学生自愿,据实收取,及时结算,定期公布"的原则,不得与学费、住宿费一并统一收取。为了贯彻上述文件精神,2006年6月,国务院出台《国务院关于加强民办高校规范管理引导民办高等教育健康发展的通知》(国办发〔2006〕101号),要求严格执行价格部门批准的收费标准和收、退费办法。收取的各项费用应按规定予以公示。同时,教育部、国务院纠风办等部门联合印发《教育部国务院纠风办监察部国家发展改革委财政部审计署新闻出版总署关于2009年规范教育收费进一步治理教育乱收费工作的实施意见》(教监〔2009〕9号),要求严格按照《民办教育促进法》及其实施条例的规定审批、登记,执行民办学校招生收费政策。

民办学校税收优惠 为实施科教兴国战略,促进民办教育事业的健康发展,维护民办学校和受教育者的合法权益,《中华人民共和国民办教育促进法(2016年修正)》(主席令55号)规定,民办学校享受国家规定的税收优惠政策;其中,非营利性民办学校享受与公办学校同等的税收优惠政策。国家对向民办学校捐赠财产的公民、法人或者其他组织按照有关规定给予税收优惠,并予以表彰。同时,《中华人民共和国民办教育促进法实施条例》(国务院令第399号)规定,捐资举办的民办学校和出资人不要求取得合理回报的民办学校,依法享受与公办学校同等的税收及其他优惠政策;出资人要求取得合理回报的民办学校享受的税收优惠政策,由国务院财政部门、税务主管部门会同国务院有关行政部门制定;民办学校应当依法办理税务登记,并在终止时依法办理注销税务登记手续。为了贯彻落实《国家中长期教育改革和发展规划纲要(2010—2020年)》(中发〔2010〕12号)和相关法律法规,鼓励和引导民间资金发展教育和社会培训事业,促进民办教育健康发展，2012年6月，教育部印发《教育部关于鼓励和引导民间资金进入教育领域促进民办教育健康发展的实施意见》（教发〔2012〕10号），指出要完善民办学校税费政策。民办学校用电、用水、用气、用热与公办学校同价。捐资举办和出资人不要求取得合理回报的民办学校执行与公办学校同等的税收政策。教育行政部门要积极配合协调相关部门制定出资人要求取得合理回报的民办学校、经营性教育培训机构和开展营利性民办学校试点的民办学校享受的税收优惠政策。民办学校向受教育者收取的学费、各种代收代办费用的项目和标准遵照相关价格政策。

民办学校退出机制　《国家中长期教育改革和发展规划纲要（2010—2020年）》（中发〔2010〕12号）要求依法明确民办学校变更、退出机制。为贯彻落实国务院《国务院关于鼓励和引导民间投资健康发展的若干意见》（国发〔2010〕13号）、《国家中长期教育改革和发展规划纲要（2010—2020年）》（中发〔2010〕12号），鼓励和引导民间资金发展教育和社会培训事业，促进民办教育健康发展，2012年6月，教育部发布了《教育部关于鼓励和引导民间资金进入教育领域促进民办教育健康发展的实施意见》（教发〔2012〕10号），要求建立民办学校退出机制。民办学校终止办学，要严格按照法律法规规定的程序，提出清算和安置方案，保证有序退出，保护师生权益，防范国有资产流失，维护社会稳定。民办学校举办者退出举办、转让举办者权益或者内部治理结构发生重大变更的，应事先公告，按规定程序变更后报学校审批机关依法核准或者备案。

民办学校学生学籍管理　为实施科教兴国战略，促进民办教育事业的健康发展，维护民办学校和受教育者的合法权益，《中华人民共和国民办教育促进法实施条例》（国务院令第399号）规定民办学校应当依法建立学籍和教学管理制度，并报审批机关备案。同时，《中华人民共和国民办教育促进法（2016年修正）》（主席令55号）、《中华人民共和国民办教育促进法实施条例》和《民办高等学校办学管理若干规定》（教育部令第25号）指出，民办高校应当按照普通高等学校学生管理规定的要求完善学籍管理制度；纳入国家计划、经省级招生部门统一录取的学生入学后，学校招生部门按照国家规定对其进行复查，复查合格后予以电子注册并取得相应的学籍。

民办学校与公办学校同等法律地位　为实施科教兴国战略,促进民办教育事业的健康发展,维护民办学校和受教育者的合法权益,《国家中长期教育改革和发展规划纲要(2010—2020年)》(中发〔2010〕12号)(简称《教育规划纲要》)要求依法落实民办学校、学生、教师与公办学校、学生、教师平等的法律地位,保障民办学校办学自主权。2011年3月,《中华人民共和国国民经济和社会发展第十二个五年规划纲要》规定,鼓励引导社会力量兴办教育,落实民办学校与公办学校平等的法律地位,规范办学秩序。为贯彻落实《国务院关于鼓励和引导民间投资健康发展的若干意见》(国发〔2010〕13号)、《教育规划纲要》文件精神,鼓励和引导民间资金发展教育和社会培训事业,促进民办教育健康发展,2011年1月,教育部发布《全国教育人才发展中长期规划(2010—2020年)》(教人〔2011〕1号),指出要依法落实民办学校教师与公办学校教师平等的法律地位,加强民办学校人才队伍建设。2012年6月,教育部印发《教育部关于鼓励和引导民间资金进入教育领域促进民办教育健康发展的实施意见》(教发〔2012〕10号),要求:清理并纠正对民办学校的各类歧视政策;依法清理与法律法规相抵触的、不利于民办教育改革发展的规章、政策和做法,落实民办学校与公办学校平等的法律地位;各级教育行政部门在自查自纠基础上,积极协调相关部门,重点清理纠正教育、财政、税收、金融、土地、建设、社会保障等方面不利于民办教育发展的政策,保护民办学校及其相关方的合法权益,完善促进民办教育发展的政策。

民办学校章程　《中华人民共和国民办教育促进法(2016年修正)》(主席令第55号)(简称《民办教育促进法》)规定,申请正式设立民办学校,举办者应当向审批机关提交学校章程、首届学校理事会、董事会或者其他决策机构组成人员名单;民办学校的举办者根据学校章程规定的权限和程序参与学校的办学和管理;学校理事会或者董事会行使修改学校章程和制定学校的规章制度的权利;根据学校章程规定要求终止,并经审批机关批准,民办学校应当终止。根据《民办教育促进法》的规定,《中华人民共和国民办教育促进法实施条例》(国务院令第399号)规定,民办学校的章程包括:学校的名称、地址;办学宗旨、规模、层次、形式等;学校资产的数额、来源、性质等;理事会、董事会或者其他形式决策机构的产生方法、人员构成、任期、议事规则等;学校的法定代表人;出资人是否要求取得合理回报;学校自行终止的事由;章程修改程序。对批准正式设立的民办学校,审批机关应当颁发办学许可证,并将批准正式设立的民办学校及其章程向社会公告。

民办学校政府扶持　为实施科教兴国战略,促进民办教育事业的健康发展,维护民办学校和受教育者的合法权益,《中华人民共和国民办教育促进法(2016年修正)》(主席令第55号)规定,县级以上各级人民政府可以设立专项资金,用于资助民办学校的发展,奖励和表彰有突出贡献的集体和个人。县级以上各级人民政府可以采取购买服务、助学贷款、奖助学金和出租、转让闲置的国有资产等措施对民办学校予以扶持;对非营利性民办学校还可以采取政府补贴、基金奖励、捐资激励等扶持措施。同时,《国家中长期教育改革和发展规划纲要(2010—2020年)》(中发〔2010〕12号)(简称《教育规划纲要》)也指出要健全公共财政对民办教育的扶持政策。政府委托民办学校承担有关教育和培训任务,拨付相应教育经费。县级以上人民政府可以根据本行政区域的具体情况设立专项资金,用于资助民办学校。国家对在发展民办教育上作出突出贡献的组织、学校和个人给予奖励和表彰。为贯彻落实《国务院关于鼓励和引导民间投资健康发展的若干意见》(国发〔2010〕13号)、《教育规划纲要》,鼓励和引导民间资金发展教育和社会培训事业,促进民办教育健康发展,2012年6月,教育部发布《教育部关于鼓励和引导民间资金进入教育领域促进民办教育健康发展的实施意见》(教发〔2012〕10号),指出要鼓励和引导民间资金进入学前教育和学历教育领域。引导民办中小学校办出特色,鼓励发展民办职业教育,积极支持有特色、高水平、高质量民办高校发展。建立民办学校与公办学校共享优质教育资源的机制。教育行政部门和有关部门要加强协调合作,开展民办学校年度检查,向社会公布检查结果,并将检查结果作为政府资助等扶持政策的重要依据,不断完善政府扶持政策体系。

民办学校资产过户　《国务院办公厅关于加强民办高校规范管理引导民办高等教育健康发展的通知》(国办发〔2006〕101号)规定,民办高校要落实法人财产权,出资人要按时、足额履行出资义务,投入学校的资产要经注册会计师验资并过户到学校名下,任何组织和个人不得截留、挪用或侵占。同时,为规范实施专科以上高等学历教育的民办学校(以下简称民办高校)的办学行为,维护民办高校举办者和学校、教师、学生的合法权益,引导民办高校健康发展,根据《中华人民共和国民办教育促进法(2016年修正)》(主席令第55号)及其实施条例和国家有关规定,2007

年2月,教育部出台了《民办高等学校办学管理若干规定》(教育部令第25号)。其中围绕民办学校资产过户问题,指出民办高校的资产必须于批准设立之日起1年内过户到学校名下。本规定下发前资产未过户到学校名下的,自本规定下发之日起1年内完成过户工作。资产未过户到学校名下前,举办者对学校债务承担连带责任。

民汉双语教学 为加快发展民族教育,2005年10月,《教育部关于贯彻落实〈中共中央国务院关于进一步加强民族工作加快少数民族和民族地区经济社会发展的决定〉做好民族教育工作的通知》(教民〔2005〕第13号)要求:因地制宜搞好"双语"教学及科研开发,积极推广全国通用的普通话;各级教育行政部门要加强对"双语"教学及科研工作的指导,促进"双语"教学的发展;要大力宣传、广泛推广全国通用的普通话;建立健全省级少数民族汉语水平考试(MHK)机构,配合搞好少数民族汉语水平考试的各项工作;继续做好民族文字教材建设工作。同时,《国家中长期教育改革和发展规划纲要(2010—2020年)》(中发〔2010〕12号)要求:大力推进双语教学,全面开设汉语言课程,全面推广国家通用语言文字;尊重和保障少数民族使用本民族语言文字接受教育的权利;全面加强学前双语教育;国家对双语教学的师资培养培训、教学研究、教材开发和出版给予支持。为落实中央扶贫开发工作会议要求和《教育规划纲要》的战略部署,促进集中连片特殊困难地区从根本上摆脱贫困,2013年7月,国务院印发《国务院办公厅转发教育部等部门关于实施教育扶贫工程意见的通知》(国办发〔2013〕第86号),提出教育扶贫工程的主要任务之一是加强双语教育和民族团结教育,并强调:片区的少数民族双语地区要将双语教育摆在重要位置;大力推广国家通用语言文字,尊重和保障少数民族使用本民族语言文字接受教育的权利。2014年11月以来,教育部和国务院相继发布《全国民族教育科研规划(2014—2020年)》(教民厅〔2014〕第7号)和《国务院关于加快发展民族教育的决定》(国发〔2015〕第46号),要求加强西藏、新疆和四省藏区教育研究和双语教育理论与实践研究,并在有条件的民族地区积极稳妥推进民汉合校,积极开展各族学生体育、文艺、联谊等活动,促进不同民族学生共学共进。同时,科学稳妥推行双语教育,在国家通用语言文字教育基础薄弱地区,以民汉双语兼通为基本目标,建立健全从学前到中小学各阶段有效衔接、教学模式与学生学习能力相适应、师资队伍及教学资源满足需要的双语教学体系。同时,

《中华人民共和国教育法(2015年修正)》规定,民族自治地方以少数民族学生为主的学校及其他教育机构,从实际出发,使用国家通用语言文字和本民族或者当地民族通用的语言文字实施双语教育。国家采取措施,为少数民族学生为主的学校及其他教育机构实施双语教育提供条件和支持。

民族地区9＋3免费职业教育　"9＋3"免费职业教育即在9年义务教育的基础上,组织民族地区初中毕业生和未升学的高中毕业生免费接受3年中等职业教育。为贯彻落实党的十八大精神,主动适应西藏和四川、云南、甘肃、青海省藏区(简称四省藏区)现代化要求,2014年,教育部、国家发展改革委、财政部联合印发《关于加快西藏和四省藏区中等职业教育发展的指导意见》(教民〔2014〕5号),提出要调整优化中等职业学校布局结构及专业结构,大力推广"9＋3"免费中职教育。同时,2015年8月,教育部召开党组会,会上强调要加快发展现代职业教育,要求建设好藏区17地州中职学校,大力推广"9＋3"免费中职教育,进一步完善职教集团、民办高校对口帮扶藏区中职学校的机制。为了加快推进少数民族和民族地区教育发展,2015年8月,国务院颁布《国务院关于加快发展民族教育的决定》(国发〔2015〕第46号),要求加快发展中等职业教育,落实好中等职业教育免学费政策,完善国家助学金政策。根据国家"十三五"规划纲要,为更好地统筹现有政策、措施和项目,深入实施西部大开发、中部崛起战略,全面提升中西部教育发展水平,2016年5月,国务院颁布《国务院办公厅关于加快中西部教育发展的指导意见》(国办发〔2016〕第37号),要求推广"9＋3"免费教育模式,重点支持集中连片特困地区建档立卡的家庭经济困难初中毕业生,到省内经济发达地区和东西协作对口帮扶省份接受中职教育。

民族地区寄宿制中小学　大力兴办民族地区寄宿制中小学是贯彻《国务院关于深化改革加快发展民族教育的决定》和《国务院关于进一步加强农村教育工作的决定》,落实第五次全国民族教育工作会议精神,搞好民族地区义务教育工作的重要举措。为推进民族地区寄宿制中小学的管理工作制度化、规范化、科学化,2005年4月,教育部、国家民族事务委员会颁布《教育部国家民委关于进一步做好民族地区寄宿制中小学管理工作若干问题的意见》(教民〔2005〕4号),要求:进一步明确民族地区寄宿制中小学管理工作的指导思想和目标要求;地方各级教育行政和民族工作部门进一步做好民族地区寄宿制中小学管理工作；规范民族地区寄宿制中小学的布局结构；加强民族地区寄宿制中小学教育教学管理；加强对民族地区寄宿制中小学安全、卫生工作的领导，民族地区寄宿制中小学要建立健全教学、纪律、安全、卫生、后勤保障等管理办法；加强民族地区寄宿制中小学管理队伍和教师队伍建设；加强民族地区寄宿制中小学经费管理；加强关于民族地区寄宿制中小学管理工作的评估。为了加快推进少数民族和民族地区教育发展，加强寄宿制学校建设，2015年8月，国务院颁布《国务院关于加快发展民族教育的决定》（国发〔2015〕第46号），要求针对国家通用语言文字教育基础薄弱地区、农牧区和偏远地区实际，科学编制寄宿制学校建设规划，合理布局，改扩建、新建标准化寄宿制中小学校。同时，为全面提升中西部教育发展水平，建设标准化寄宿制学校，2016年5月，国务院颁布《国务院办公厅关于加快中西部教育发展的指导意见》（国办发〔2016〕第37号），要求加快改扩建新建学生宿舍，实现"一人一床位"，消除"大通铺"现象；探索建立寄宿制学校生均公用经费补助机制，提高寄宿制学校运转保障能力。

民族教育 由于历史、经济和自然等原因，民族教育还面临着很多特殊的困难和问题，为扶持民族地区发展教育事业，2005年10月，《教育部关于贯彻落实〈中共中央国务院关于进一步加强民族工作加快少数民族和民族地区经济社会发展的决定〉做好民族教育工作的通知》（教民〔2005〕13号）要求：各级政府并采取多种措施，确保基础教育"两免一补"政策、"农村寄宿制学校建设工程"、"国家贫困地区义务教育工程"、"国家扶贫教育工程"、"全国中小学危房改造工程"、中小学贫困学生助学金专款、青少年校外活动场所建设项目、"农村中小学现代远程教育工程"等落到实处；大力推进民族地区职业教育的改革与发展；积极发展民族地区高等教育，努力办好民族院校；加强民族地区人才培养工作；因地制宜搞好"双语"教学及科研开发，积极推广全国通用的普通话；进一步下功夫建设一支高质量的少数民族师资队伍；进一步加强青少年民族团结教育及思想道德建设，加大对民族教育的宣传力度。同时，《国家中长期教育改革和发展规划纲要（2010—2020年）》（中发〔2010〕12号）（简称《教育规划纲要》）指出，重视和支持民族教育事业，全面提高少数民族和民族地区教育发展水平。为了全面贯彻党的教育方针和民族政策，促进民族地区各类教育健康、协调发展，教育部印发《教育部关于设立教育部民族教育发展中心的通知》(教人函〔2011〕9号)和《教育部办公厅关于成立全国民族教育专家委员会的通知》(教民厅函〔2014〕9号),决定成立民族教育发展中心和全国民族教育专家委员会,组织领导开展民族教育工作。2015年8月,国务院发布了《国务院关于加快发展民族教育的决定》(国发〔2015〕46号)(简称《决定》),要求准确把握新时期民族教育的指导思想,坚持中国共产党的领导、坚持缩小发展差距、坚持普特政策并举、坚持依法治教的基本原则,到2020年,实现民族地区教育整体发展水平及主要指标接近或达到全国平均水平,逐步实现基本公共教育服务均等化。《决定》要求打牢各族师生中华民族共同体思想基础;积极培育和践行社会主义核心价值观,建立民族团结教育常态化机制,促进各族学生交往交流交融,促进各民族文化交融创新;全面提升各级各类教育办学水平;加快普及学前教育,均衡发展义务教育,提高普通高中教学质量,加快发展中等职业教育,优化高等教育布局和结构,积极发展继续教育,重视支持特殊教育;切实提高少数民族人才培养质量;有序扩大人才培养规模,改革考试招生制度,强化内地民族班教育管理服务,加强普通高校、职业院校毕业生就业创业指导;重点加强民族教育薄弱环节建设;加强寄宿制学校建设,支持边疆民族地区教育发展,科学稳妥推行双语教育;建立完善教师队伍建设长效机制;健全教师培养制度,完善教师培训机制,落实教师激励政策;完善经费投入机制,加大学生资助力度,加快推进教育信息化,落实民族教育发展的条件保障;切实加强对民族教育的组织领导。为贯彻《教育规划纲要》,大力促进民族教育改革与发展,教育部和国家民委印发《教育部办公厅国家民委办公厅关于开展加快发展民族教育督察工作的通知》(教民厅函〔2016〕13号),对全国贯彻落实《决定》、加快发展民族教育的情况进行督察。

民族团结教育 为贯彻党的十七大精神,进一步切实抓好中小学民族团结教育工作,2008年3月,教育部、国家民族事务委员会颁布《教育部办公厅国家民委办公厅关于在中小学切实抓好民族团结教育工作的通知》(教民厅〔2008〕第1号),要求:统一思想,提高进一步做好中小学民族团结教育工作的思想认识;加强领导,把中小学民族团结教育工作纳入重要工作安排;加大力度,把中小学民族团结教育工作进一步抓好、抓实、抓出成效。为进一步开展和加强学校的民族团结教育工作,2008年11月,教育部、国家民族事务委员会颁布《学校民族团结教育指导纲要(试行)》(教民厅〔2008〕9号),强调坚持民族团结教育的指导思想、课程性质和基本原则,明确民族团结教育的目标与任务,分阶段、分层次、有重点、有针对性地设置具体教育内容,通过课堂教学、专题教育活动和实践活动等多种方式开展民族教育,加强民族团结教育的师资培养与培训工作,强化对民族教育工作的组织管理。为贯彻落实中央要求,在学校广泛开展民族团结教育,2009年8月,中共中央宣传部、教育部、国家民族事务委员会颁布《中宣部教育部国家民委关于在学校开展民族团结教育活动的通知》(教思政〔2009〕10号),要求深刻认识在学校开展民族团结教育的重要性和紧迫性;立足当前,深入开展"民族团结教育"主题活动;着眼长远,进一步加强学校民族团结教育工作;切实强化对在学校开展民族团结教育工作的组织领导。为了进一步开展民族团结进步创建活动,2010年2月,中共中央宣传部、中共中央统战部、国家民族事务委员会颁布《中央宣传部中央统战部国家民委关于进一步开展民族团结进步创建活动的意见》(民委发〔2010〕13号),要求明确开展民族团结进步创建活动的指导思想和总体目标,根据"围绕中心、因地制宜、夯实基础、讲求实效"的要求,通过广泛开展争优创先活动等途径开展民族团结进步创建活动,同时提出,要实现科学化、规范化、长期化,必须建立健全推动工作的长效机制。为深入开展爱国主义教育,加强对青少年学生的民族团结教育,2016年1月,中共教育部党组颁布《中共教育部党组关于教育系统深入开展爱国主义教育的实施意见》(教党〔2016〕第4号),要求:推动各地建立学校民族团结教育常态化机制,推进民族团结教育进学校、进课堂、进头脑,在中小学开设民族团结教育专题课程,在高等学校、职业院校开设党的民族理论与政策课程,在各级各类学校开展主题教育宣传活动;加强教材和师资建设,将国家指导编写的中小学民族团结教育教材纳入农村义务教育阶段免费教科书范围。

民族文化进校园 为全面贯彻落实《武陵山片区区域发展与扶贫攻坚规划(2011—2020年)》精神,2012年4月,国家民族事务委员会颁布《国家民委关于推进武陵山片区创建民族团结进步示范区的实施意见》,要求促进少数民族文化事业繁荣发展,支持基层开展民族节庆、文化和体育、民族文化进校园活动。为深入贯彻落实党的十八大、十八届三中全会和《国家中长期教育改革和发展规划纲要(2010—2020年)》(中发〔2010〕12号)有关要求,2014年11月,教育部印发《全国民族教育科研规划(2014—2020年)》(教民厅〔2014〕第7号),要求重点开展民族民间文化与传统技艺进校园实践研究,繁荣发展民族文化事业,促进各民族文化交流发展。为进一步贯彻《国务院关于加快发展民族教育的决定》(国发〔2015〕46号)和第六次全国民族教育工作会议精神,部分地区出台了相关政策,2016年4月,贵州省民宗委、贵州省教育厅、贵州省文化厅印发《关于全面推进各级各类学校民族文化进校园工作的实施方案》(黔民宗发〔2016〕31号),要求:从2016年起,到2020年,力争省、市(州)、县(自治县)各级民族民间文化教育项目学校达到1000所;准确把握民族文化进校园的内容;科学定位课程目标,深化学校民族文化教育教学改革,创新民族文化传承人培养模式,加强民族文化教育科研工作;加强保障措施;注重师资队伍建设,建立民族文化育人机制,加大经费投入力度,探索建立民族文化教育评价制度;加强组织领导;把民族文化进校园纳入重要工作日程,优化民族文化进校园舆论环境。

民族自治地方贫困县义务教育学校标准化建设　《国家中长期教育改革和发展规划纲要(2010—2020年)》(中发〔2010〕12号)(简称《教育规划纲要》)要求支持边境县和民族自治地方贫困县义务教育学校标准化建设。为贯彻落实全国教育工作会议和《教育规划纲要》精神,结合筹备第六次全国民族教育工作会议、拟制订民族教育专题规划纲要,2010年8月,教育部发布《教育部办公厅关于召开民族教育专题规划纲要编制工作座谈会的通知》(教民厅函〔2010〕29号),强调支持边境县和民族自治地方贫困县义务教育学校标准化建设,重点讨论边境县和民族自治地方贫困县义务教育学校标准化建设基本情况、存在问题、采取的措施,边境县与邻国义务教育学校之间的差距,民族地区寄宿制学校建设基本情况、存在问题、发展思路、政策措施建议。

慕课(MOOC)　"慕课"即大规模在线开放课程。这种新型在线开放课程和学习平台在世界范围迅速兴起,正在促进教学内容、方法、模式和教学管理体制机制发生变革。为加快推进适合我国国情的在线开放课程和平台建设,促进课程应用,加强组织管理,2015年4月,教育部印发《教育部关于加强高等学校在线开放课程建设应用与管理的意见》(教高〔2015〕3号),提出立足国情建设在线开放课程,要求根据"立足自主建设、注重应用共享、加强规范管理"的原则,重点落实下列任务:建设一批以大规模在线开放课程为代表、课程应用与教学服务相融通的优质在线开放课程;认定一批国家精品在线开放课程,到2020年,认定3000余门国家精品在线开放课程;建设在线开放课程公共服务平台;规范在线开放课程的对外推广与引进;加强在线开放课程建设应用的师资和技术人员培训;推进在线开放课程学分认定和学分管理制度创新;促进在线开放课程广泛应用。为了落实这些任务,要加强组织管理,教育部要为在线开放课程和公共服务平台的建设提供政策研究、宏观指导和一定的条件支持,协同国家有关部门依据国家网络与信息安全的政策法规履行相应的管理职能;高校应切实承担在线开放课程建设应用与管理的主体责任;在线开放课程公共服务平台建设方要切实承担课程服务和数据安全保障的主体责任;同时,省级教育行政部门、高校应根据本意见,结合本区域、本校实际,对在线开放课程的建设、应用与管理制订实施办法。

内地民族班 针对少数民族地区的困难,特别是西藏、新疆的特殊情况,进一步采取有效措施,加大对其人才培养工作的支持力度,1999年9月,国务院出台《国务院办公厅转发教育部等部门关于进一步加强少数民族地区人才培养工作意见的通知》(简称《通知》)。《通知》要求进一步办好内地西藏班(校)、内地高等学校少数民族预科班和新疆班,抓紧落实开办内地新疆高中班;进一步提高内地西藏班(校)的办学质量;扩大举办内地高等学校新疆民族班的规模;在部分经济较发达的城市开办内地新疆高中班。为深化改革,加快发展民族教育,2002年7月,国务院颁布《国务院关于深化改革加快发展民族教育的决定》(国发〔2002〕14号),要求:进一步加强内地西藏班(校)和新疆高中班的工作,完善内地西藏班(校)、内地新疆高中班管理、评估和升学分流办法;调整内地西藏班(校)招生结构,适度扩大高中和师范招生比例。为规范内地西藏班、新疆班的管理,不断提高西藏班、新疆班的管理水平和教育教学质量,依据国家有关法律法规,结合西藏班、新疆班的实际,2010年以来,教育部相继颁布《内地西藏班、内地新疆高中班管理办法》(教民〔2010〕10号)和《内地西藏中职班、新疆中职班管理规定》(教民〔2011〕9号),教育部办公厅原印发的《内地西藏中职班、新疆中职班管理规定(试行)》(教民厅函〔2010〕9号)同时废止。文件要求西藏班、新疆高中班、内地中职班要坚持社会主义的方向，贯彻落实科学发展观；西藏班、新疆班管理实行办班学校校长负责制，内地中职班办班学校坚持属地管理原则；加强对选派管理教师的管理；教育部负责制定办学工作方针、政策，对工作进行宏观指导；加强教师队伍建设工作；办班学校要切实加强学生德育思想政治教育工作；加强办学经费管理，严格遵守财务管理规定，各项补助专项经费不得挤占挪用；内地中职班学生实行免费教育，办班学校不得收取任何费用。2016年5月，国务院颁布《国务院关于加快中西部教育发展的指导意见》（国办发〔2016〕第37号），要求：办好内地西藏班、新疆班，编制好内地民族班长远发展规划；继续选拔西藏、新疆优秀初中毕业生到内地接受高中阶段优质教育，坚持招生计划向少数民族农牧民子女倾斜；加强内地西藏班、新疆班管理；提高内地西藏班、新疆班教学水平；完善内地西藏班、新疆班单独招生政策；健全内地西藏班、新疆班经费投入机制；适当扩大内地西藏、新疆中职班规模。

内涵式发展 党的十八大报告强调"推动高等教育内涵式发展"。为贯彻党的十八大精神，2012年11月，教育部党组学习贯彻党的十八大精神扩大会议提出"全面推动高等教育内涵式发展"。会上强调，坚定地走中国特色高等教育发展道路，以提高质量为核心，推动高等教育内涵式发展；坚持走内涵式发展道路，高等学校应切实转变发展观念，树立科学的质量观，把人才培养作为根本任务和首要职责，把人才队伍作为持续发展的第一资源，把质量特色作为竞争取胜的发展主线，把国家战略需求和区域经济社会发展需要作为创新发展的动力源泉，把学科交叉融合作为品质提升的战略选择，把产学研结合作为服务社会的必然要求。会上提出，走内涵式发展道路，要围绕提高质量这个核心任务，全面提高创新人才培养水平，推动建立促进高等教育内涵式发展的三级政策体系；围绕改革创新这个现实需要，全面推进高等教育综合改革等。为了贯彻关于内涵式发展的相关要求和《国家中长期教育改革和发展规划纲要（2010—2020年）》（中发〔2010〕12号），2012年3月，教育部出台《教育部关于全面提高高等教育质量的若干意见》（教高〔2012〕4号），提出坚持内涵式发展。要求：牢固确立人才培养的中心地位，树立科学的高等教育发展观，坚持稳定规模、优化结构、强化特色、注重创新，走以质量提升为核心的内涵式发展道路；稳定规模，保持公办普通高校本科招生规模相对稳定，高等教育规模增量主要用于发展高等职业教育、继续教育、专业学位硕士研究生教育以及扩大民办教育和合作办学;优化结构,调整学科专业、类型、层次和区域布局结构,适应国家和区域经济社会发展需要,满足人民群众接受高等教育的多样化需求;强化特色,促进高校合理定位、各展所长,在不同层次不同领域办出特色、争创一流;注重创新,以体制机制改革为重点,鼓励地方和高校大胆探索试验,加快重要领域和关键环节改革步伐;按照内涵式发展要求,完善实施高校"十二五"改革和发展规划。为深化教师教育改革,推进教师教育内涵式发展,全面提高教师教育质量,培养造就高素质专业化教师队伍,教育部等部门印发《教育部国家发展改革委财政部关于深化教师教育改革的意见》(教师〔2012〕13号)和《教育部关于成立教育部高等学校幼儿园教师培养等教学指导委员会的通知》(教师函〔2014〕4号)。为了振兴中西部教育,实现内涵式发展,2013年2月,教育部、国家发展改革委、财政部联合印发《中西部高等教育振兴计划(2012—2020年)》(教高〔2013〕2号),强调振兴中西部高等教育是推动高等教育改革发展的战略重点,要抓住机遇,加快解决突出问题,促进中西部高等教育在新的历史起点上实现内涵式发展的新跨越。

农村教师队伍补充机制 为切实加强中小学特别是农村学校师资力量,并有效地促进高校毕业生就业,2006年,教育部、财政部等部门下发《教育部财政部人事部中央编办关于实施农村义务教育阶段学校教师特设岗位计划的通知》(教师〔2006〕2号),联合启动实施"特岗计划",公开招聘高校毕业生到县农村义务教育阶段学校任教,创新教师补充机制。为落实该计划,2009年3月,教育部出台《教育部关于进一步做好中小学教师补充工作的通知》(教师〔2009〕2号),提出要重视英语、信息技术、艺术、体育、科学等紧缺学科教师的补充,以满足学校特别是农村学校开设课程的需要。为进一步探索建立农村义务教育教师补充新机制,2012年9月,教育部、中央编办和国家发展改革委等部门印发《教育部中央编办国家发展改革委财政部人力资源和社会保障部关于大力推进农村义务教育教师队伍建设的意见》(教师〔2012〕9号),提出要继续实施并逐步完善农村义务教育阶段学校教师特设岗位计划,大力推进各省(区、市)实施地方特岗计划,探索建立吸引高校毕业生到村小、教学点任教的新机制;全面实行新进教师公开招聘制度,加强省级统筹,规范招聘程序和条件;全面实施教师资格考试和定期注册制度,严把农村教师入口关,严禁未取得教师资格的人员进入教师队伍。为进一步建立并完善农村教师补充新机制,2015 年,教育部办公厅和国务院先后发布《教育部办公厅财政部办公厅关于做好 2015 年农村义务教育阶段学校教师特设岗位计划有关实施工作的通知》(教师厅〔2015〕1 号)和《乡村教师支持计划(2015—2020 年)》(国办发〔2015〕43 号),提出:要切实加强乡村学校教师补充,向本地生源倾斜,优先满足村小、教学点的教师补充需求,进一步提高村小、教学点特岗教师招聘比例;高校毕业生取得教师资格并到乡村学校任教一定期限,按有关规定享受学费补偿和国家助学贷款代偿政策;鼓励城镇退休的特级教师、高级教师到乡村学校支教讲学。

农村教师队伍建设 为构建社会主义和谐社会、促进农村经济社会全面进步,缩小城乡教育差距、促进城乡教育均衡发展、全面实施素质教育,贯彻落实《国务院关于基础教育改革与发展的决定》(国发〔2001〕21 号)加强农村义务教育的指示,国务院先后发布《国务院办公厅关于完善农村义务教育管理体制的通知》(国办发〔2002〕28 号)和《国务院关于进一步加强农村教育工作的决定》(国发〔2003〕19 号),提出要加强农村中小学教师队伍建设,严禁聘用不具备教师资格的人员担任教师,对严重违反教师职业道德、严重失职的人员,坚决清除出教师队伍;加强农村教师和校长的教育培训工作,对教师进行全员培训和继续教育。为进一步加快农村义务教育教师队伍建设,2012 年 9 月,教育部、中央编办和国家发展改革委等部门印发《教育部中央编办国家发展改革委财政部人力资源和社会保障部关于大力推进农村义务教育教师队伍建设的意见》(教师〔2012〕9 号),提出要扎实推进农村义务教育教师队伍建设,到 2020 年要建立起较为完善的准入严格、管理规范、保障有力的农村教师队伍建设长效机制,造就一支师德高尚、数量充足、配置均衡、城乡一体、结构合理、乐教善教、稳定而充满活力的高素质农村教师队伍。为认真贯彻党中央、国务院关于加强教师队伍建设的部署和要求,2015 年 6 月,国务院办公厅印发《乡村教师支持计划(2015—2020 年)》(国办发〔2015〕43 号),提出:乡村教师队伍建设需要全面提高乡村教师思想政治素质和师德水平;通过扩大农村教师特岗计划实施规模,鼓励城镇退休的特级教师、高级教师到乡村学校支教讲学等方式拓展乡村教师补充渠道;提高乡村教师生活待遇,依法为教师缴纳住房公积金和各项社会保险费等;统一城乡教职工编制标准;职称(职务)评聘向乡村学校倾斜;推动城镇优秀教师向乡村学校流动;全面提升乡村教师能力素质;建立乡村教师荣誉制度,国家对在乡村学校从教 30 年以上的教师按照有关规定颁发荣誉证书。

农村留守儿童教育 《国家中长期教育改革和发展规划纲要（2010—2020年）》（中发〔2010〕12号）（简称《教育规划纲要》）提出，要重点发展农村学前教育，努力提高农村学前教育普及程度，着力保证留守儿童入园；建立健全政府主导、社会参与的农村留守儿童关爱服务体系和动态监测机制；加快农村寄宿制学校建设，优先满足留守儿童住宿需求；实施义务教育学校标准化建设，改善农村学生特别是留守儿童寄宿条件，基本满足需要。为贯彻落实《教育规划纲要》，2012年9月，国务院印发《国务院关于深入推进义务教育均衡发展的意见》（国发〔2012〕48号），国家人口和计划生育委员会出台《关于印发贯彻2011—2020年中国妇女儿童发展纲要实施方案》（人口宣教〔2012〕70号），要求保障特殊群体平等接受义务教育，建立健全农村留守义务教育学生关爱服务体系，实施农村留守儿童援助行动，组织专家和青年志愿者到农村贫困地区开展留守儿童性与生殖健康知识普及和教育活动。同时，为进一步加强义务教育阶段农村留守儿童（以下简称留守儿童）工作，促进广大留守儿童平安健康成长、不断增强其生活幸福感，2013年1月，教育部等5部门印发《教育部等5部门关于加强义务教育阶段农村留守儿童关爱和教育工作的意见》（教基一〔2013〕1号），要求：高度重视留守儿童工作，坚持"政府主导、统筹规划；家校联动、形成合力；社会参与、共同关爱"的工作原则，切实改善留守儿童教育条件，不断提高留守儿童教育水平，逐步构建社会关爱服务机制；教育部门、妇联组织等进一步明确各部门责任，建立健全工作推进机制，定期开展专项督查，推广典型经验，整改突出问题，不断提升留守儿童关爱服务水平。同时，《国家贫困地区儿童发展规划（2014—2020年）》（国办发〔2014〕67号）提出健全留守儿童关爱服务体系。为检查各地文件精神贯彻落实情况，2015年7月，教育部印发《教育部办公厅关于开展农村留守儿童教育关爱情况自查工作的通知》（教基一厅函〔2015〕38号），要求组织开展义务教育阶段农村留守儿童教育关爱情况自查工作。为了加强农村留守儿童教育关爱工作，国务院相继印发《国务院关于进一步完善城乡义务教育经费保障机制的通知》（国发〔2015〕67号）、《国务院关于加强农村留守儿童关爱保护工作的意见》（国发〔2016〕13号）和《国务院关于统筹推进县域内城乡义务教育一体化改革发展的若干意见》（国发〔2016〕40号），提出加强留守儿童教育关爱，提高留守儿童教育关爱水平。这些文件要求各地落实县、乡人民政府属地责任，建立家庭、政府、学校尽职尽责，社会力量积极参与的农村留守儿童关爱保护工作体系；深入排查，建立台账，全面掌握留守儿童基本情况，加强关爱服务和救助保护,帮助解决实际困难,确保留守儿童人身安全;依法处置各种侵害留守儿童合法权益的违法行为;完善农村留守儿童关爱服务体系,建立健全农村留守儿童救助保护机制,从源头上逐步减少儿童留守现象。

农村校长助力工程 为切实提高中西部地区、集中连片特殊困难地区农村义务教育学校校长队伍的整体素质和办学治校能力,着力推动义务教育均衡发展,根据《教育部关于进一步加强中小学校长培训工作的意见》(教师〔2013〕11号)组织实施农村校长助力工程的要求,2013年10月,教育部颁发《关于实施农村校长助力工程的通知》(教师司〔2013〕91号),决定从2013年起启动实施农村校长助力工程。助力工程的目标是2013年起,每年组织2000名农村义务教育学校校长参加国家级培训,提高农村学校校长解决办学重点难点问题的能力,为各地培养一批实施素质教育、推进农村义务教育改革发展的带头人;培训对象为中西部地区国贫县、集中连片特殊困难地区乡镇及以下农村义务教育学校正职校长。该通知进一步提出义务教育学校校长专业标准、师德建设长效机制和信息技术的培训内容和"集中培训+返岗实践"的培训方式,以及实行培训项目招投标机制、组建专兼结合的培训者队伍、探索参训校长自主选择培训机构的机制、建立评估监管制度的组织实施要点,并提出了阶段性的工作安排。为进一步落实《教育部关于进一步加强中小学校长培训工作的意见》(教师〔2013〕11号),造就一支高素质专业化中小学校长队伍,2014年6月,教育部印发《教育部办公厅关于启动实施中小学校长国家级培训计划的通知》(教师厅函〔2014〕9号),决定实施边远贫困地区农村校长助力工程。边远贫困地区农村校长助力工程主要面向中西部地区国家级贫困县、集中连片特殊困难地区乡镇以下农村中小学校长开展培训,进一步提高农村中小学校长解决办学重点难点问题的能力,为各地培养一批实施素质教育、推进农村教育改革发展的带头人。

农村学生单独招生 为贯彻落实中央有关文件精神和《国家中长期教育改革和发展规划纲要(2010—2020年)》(中发〔2010〕12号),2012年3月,教育部、国家发展改革委和国务院扶贫办等部门联合印发《教育部国家发展改革委财政部人力资源和社会保障部国务院扶贫办关于实施面向贫困地区定向招生专项计划的通知》(教学〔2012〕2号)(简称《通知》),决定自2012年起,组织实施面向贫困地区定向招生专项计划(以下简称专项计划),即在普通高校招生计划中专门安排适量招生计划,面向集中连片特殊困难地区(统称贫困地区)生源,实行定向招生,引导和鼓励学生毕业后回到贫困地区就业创业和服务。《通知》要求,充分认识实施专项计划的重要意义,准确把握专项计划实施目标和工作原则,切实做好专项计划招生工作,积极引导和鼓励专项生毕业后到贫困地区就业服务,积极营造实施专项计划的良好社会氛围。2013年5月,国务院常务会议决定进一步提高重点高校招收农村学生比例,招生区域包括所有国家级扶贫开发重点县,招生高校覆盖所有"211工程"和中央部属高校特别是知名高校。为落实国务院关于进一步提高重点高校招收农村学生比例的工作要求,教育部相继印发《教育部关于2013年扩大实施农村贫困地区定向招生专项计划的通知》(教学〔2013〕5号)和《教育部关于做好2014年提高重点高校招收农村学生比例工作的通知》(教学〔2014〕2号),要求:扩大实施农村贫困地区定向招生专项计划,扩大实施规模,突出区域重点,完善相关政策;拓宽农村学生就读重点高校的升学渠道,实施农村学生单独招生,实施地方重点高校招收农村学生专项计划;同时做好招生录取和信息公开制度。2014年9月,《国务院关于深化考试招生制度改革的实施意见》(国发〔2014〕35号)规定,增加农村学生上重点高校人数;继续实施国家农村贫困地区定向招生专项计划,由重点高校面向贫困地区定向招生;部属高校、省属重点高校要安排一定比例的名额招收边远、贫困、民族地区优秀农村学生。2017年贫困地区农村学生进入重点高校人数明显增加,形成保障农村学生上重点高校的长效机制。为了落实农村学生单独招生计划,教育部印发《教育部关于做好2015年重点高校招收农村学生工作的通知》(教学〔2015〕3号)、《教育部办公厅关于做好2015年全国普通高校招生录取工作的通知》(教学厅〔2015〕7号)和《教育部国家发展改革委关于做好2016年普通高等教育招生计划编制和管理工作的通知》(教发〔2016〕7号)等文件,要求继续实施农村学生单独招生计划,促进高等教育区域和城乡入学机会公平。(参见"贫困地区定向招生专项计划")

农村学校艺术教育实验 为了贯彻落实《中共中央国务院关于深化教育改革全面推进素质教育的决定》(中发〔1999〕9号)和第三次全国教育工作会议精神,根据国务院批转的《面向21世纪教育振兴行动计划》所提的各项要求,2000年2月,教育部下发《教育部办公厅关于开展全国农村学校艺术教育实验工作的通知》(教体艺厅〔2000〕1号）。为努力办好人民满意的教育，推进农村学校艺术教育在新的历史起点上科学发展，让广大农村学生享受公平优质的艺术教育，2013年10月，教育部下发《教育部办公厅关于开展农村学校艺术教育实验县工作的通知》（教体艺函〔2013〕6号），要求落实立德树人的根本任务，以推进义务教育均衡发展为契机，深化教育综合改革，切实提高农村学校艺术教育教学质量，促进广大农村中小学生全面发展和健康成长。目标是通过选定一批农村学校艺术教育实验县（以下简称实验县），通过艺术教育综合改革实践，破解农村学校艺术教育难题，探索推进学校艺术教育均衡发展的规律和途径，实现实验县区域内惠及全体、丰富优质的学校艺术教育，为推进全国农村学校艺术教育提供可资借鉴的经验和范例。坚持加强统筹协调，坚持综合改革；倡导创新，突出实验工作的务实性和创新性；充分依靠地方政府的行政支持，充分发挥实验县中小学校长、一线教师、教研人员的积极性和创造性，充分依托有关地方高等学校和艺术教育专家的智力支撑；加强相互沟通交流，通过搭建实验成果展示平台，实现信息交流，促进共同提高的工作原则。实验工作周期为三年。各地教育行政部门要切实加强对实验县工作的领导，认真组织实施。各实验县要明确实验工作责任人，成立工作组，协调有关部门和人员参与实验工作，创造性地开展工作。教育部将成立专家指导组，通过各种途径指导实验工作。

农村义务教育阶段学校标准化建设　《国家中长期教育改革和发展规划纲要（2010—2020年）》（中发〔2010〕12号）（简称《教育规划纲要》）要求，推进义务教育学校标准化建设，实施中小学校舍安全工程，改造小学和初中薄弱学校，改扩建劳务输出大省和特殊困难地区农村学校寄宿设施，改善农村学生特别是留守儿童寄宿条件。为贯彻《教育规划纲要》的要求，提高学校建筑规划设计和建设水平，合理确定和正确掌握建设标准，改善办学条件，促进农村教育事业的发展，2008年10月，教育部印发《农村普通中小学校建设标准》（教发厅〔2008〕4号），原《农村普通中小学校建设标准（试行）》同时废止。《农村普通中小学校建设标准》（简称《标准》）共分六章，包括总则，建设规模与项目构成，学校布局、选址与校园规划，建设用地指标，校舍建筑面积指标，校舍主要建筑标准等内容。《标准》规定，农村普通中小学校的建设规模，应根据学制、学校规模、校舍建筑面积指标确定；农村中小学校舍由教学及教学辅助用房、行政教学办公用房、生活服务用房三部分构成；中小学校的布局,应按农村经济发展规划和村镇总体规划的要求,结合人口密度、学生来源、地形地貌、能源、交通、环境等综合条件确定;新建中小学校的校址(含迁建学校)应选在交通方便、位置适中、环境适宜的地段,同时应避开地震裂带、滑坡体等自然灾害地段,且不能与不利于学生学习、身心健康和危及学生安全的场所毗邻;校园总体规划应按教学区、体育运动区、生活区等不同功能要求合理布局;校园规划建设用地应由建筑用地、体育运动场地、绿化科技用地等组成;校舍建筑面积、教学及教学辅助用房使用面积、办公用房使用面积和生活用房使用面积要符合指标;校舍建设应贯彻安全、适用、经济、美观的方针政策,校舍建筑应符合《中小学校建筑设计规范》的要求,规划建设环保、卫生、节能型校园。

农村义务教育阶段学校教师特设岗位计划 为进一步加强农村教师队伍建设,促进义务教育均衡发展,根据《中共中央国务院关于推进社会主义新农村建设的若干意见》(中发〔2006〕1号)和《关于引导和鼓励高校毕业生面向基层就业的意见》(中办发〔2005〕18号)精神,2006年5月,教育部、财政部、人事部和中央编办印发了《关于实施农村义务教育阶段学校教师特设岗位计划》(教师〔2006〕2号),决定从2006年起,实施农村义务教育阶段学校教师特设岗位计划(以下简称"计划"),并制定了《农村义务教育阶段学校教师特设岗位计划实施方案》(简称《方案》)。《方案》提出,"计划"的目标和任务为:通过公开招聘高校毕业生到西部地区"两基"攻坚县县以下农村学校任教,引导和鼓励高校毕业生从事农村义务教育工作,创新农村学校教师的补充机制,逐步解决农村学校师资总量不足和结构不合理等问题,提高农村教师队伍的整体素质。特设岗位教师聘期为3年。"计划"的实施范围以国家西部地区"两基"攻坚县为主(含新疆生产建设兵团的部分团场),适当兼顾西部地区一些有特殊困难的边境县、少数民族自治县和少小民族县;"计划"所需资金由中央和地方财政共同承担,以中央财政为主。《方案》要求,根据"事权不变,创新机制;中央统筹,地方实施;相对集中,成组配置;侧重初中,兼顾小学;先行试点,逐步扩大"的实施原则和步骤推进特岗教师计划;特设岗位教师实行公开招聘,合同管理;招聘对象要取得教师资格,具有一定教育教学实践经验等;特设岗位教师享受国家规定的各种优惠政策,"计划"的实施可与"农村学校教育硕士师资培养计划"相结合,符合相应条件要求的特设岗位教师,可按规定推荐免试攻读教育硕士。同时,《国家中长期人才发展规划纲要(2010—2020年)》(中发

〔2010〕6号)和《国务院关于加强教师队伍建设的意见》(国发〔2012〕41号)均要求继续实施和完善农村义务教育阶段学校教师特设岗位计划,探索吸引高校毕业生到村小学、教学点任教的新机制。为了贯彻"计划"的相关文件精神,教育部每年都颁布特岗计划实施文件,2009年将特岗计划实施范围扩大到中西部地区国家扶贫开发工作重点县。2016年3月,教育部、财政部印发《教育部办公厅财政部办公厅关于做好2016年农村义务教育阶段学校教师特设岗位计划实施工作的通知》(教师厅〔2016〕5号),对继续实施"计划"的相关工作作了说明。

农村义务教育学生营养改善计划 为贯彻落实《国家中长期教育改革和发展规划纲要(2010—2020年)》(中发〔2010〕12号),进一步改善农村学生营养状况,提高农村学生健康水平,2011年11月,国务院印发《国务院办公厅关于实施农村义务教育学生营养改善计划的意见》(国办发〔2011〕54号)(简称《意见》)。根据《意见》要求,2012年5月,教育部等十五部门下发《教育部等十五部门关于印发〈农村义务教育学生营养改善计划实施细则〉、〈农村义务教育学生营养改善计划食品安全保障管理暂行办法〉、〈农村义务教育学校食堂管理暂行办法〉、〈农村义务教育学生营养改善计划实名制学生信息管理暂行办法〉和〈农村义务教育学生营养改善计划信息公开公示暂行办法〉等五个配套文件的通知》(教财〔2012〕2号),随后,教育部、卫生部、食品药品监督管理局和财政部等相继出台《农村义务教育学生营养改善计划营养健康状况监测评估工作方案(试行)》(卫办疾控发〔2012〕65号)、《关于做好农村义务教育学生营养改善计划餐饮服务食品安全监管工作的指导意见》(国食药监食〔2012〕160号)、《农村义务教育学生营养改善计划专项资金管理暂行办法》和《教育部财政部关于进一步加强和规范农村义务教育学生营养改善计划学校食堂建设工作的通知》(教财〔2012〕5号)。《意见》提出,充分认识实施农村义务教育学生营养改善计划的重要意义,按照"政府主导、试点先行、因地制宜、突出重点"的原则,从2011年秋季学期起,在集中连片特殊困难地区启动农村(不含县城,下同)义务教育学生营养改善计划国家试点工作;支持以贫困地区、民族地区、边疆地区、革命老区等为重点的地方试点工作;改善就餐条件,鼓励社会参与,完善补助家庭经济困难寄宿学生生活费政策,稳步推进农村义务教育学生营养改善计划,不断提高农村学生营养健康水平。为了落实营养改善计划,要求实施专项资金管理,规范供餐内容与模式,施行供餐准入及退出管理,加强食堂建设和管理,保障食品质量与安全,实施实名制学生信息管理,落实营养改善计划信息公开制度,开展营养健康状况监测评估工作。

农村义务教育学生营养健康监测　为贯彻落实《国务院办公厅关于实施农村义务教育学生营养改善计划的意见》(国办发〔2011〕54号),建立农村义务教育学生营养健康监测与评估制度,科学评价营养改善计划实施效果,卫生部、教育部联合印发《农村义务教育学生营养改善计划营养健康状况监测评估工作方案(试行)》(卫办疾控发〔2012〕65号)(简称《方案》)。《方案》要求,全国各省(自治区、直辖市)和新疆生产建设兵团实施营养改善计划的试点地区,每年开展一次常规监测,在部分试点地区开展重点监测,达到"监测试点学校学生营养改善状况,评价营养改善计划实施对学生营养健康状况改善的效果,为做好农村学生营养改善工作提供科学依据"的目标。《方案》详细规定了监测的县和学校、监测时间与内容,要求按性别、年龄分组,对常规监测和重点监测结果进行评估。评价和分组标准按照《农村义务教育学生营养改善计划营养健康状况监测评估技术方案》实施。同时,监测评估管理,加强职责分工,建立学生营养监测数据管理系统,并及时上报数据和审核,完善档案管理,健全工作队伍,保障工作资金。

农村中小学现代远程教育工程　为形成开放式教育网络,构建终身学习体系,1999年1月,国务院发布《面向21世纪教育振兴行动计划》(国发〔1999〕4号)(已失效),提出实施"现代远程教育工程"。为加快农村教育发展,深化农村教育改革,2003年9月,国务院印发《国务院关于进一步加强农村教育工作的决定》(国发〔2003〕19号)(简称《决定》)。《决定》提出,实施农村中小学现代远程教育工程要按照"总体规划、先行试点、重点突破、分步实施"的原则推进。在2003年继续试点工作的基础上,争取用五年左右时间,使农村初中基本具备计算机教室,农村小学基本具备卫星教学收视点,农村小学教学点具备教学光盘播放设备和成套教学光盘;多渠道筹集经费,中央对中西部地区给予适当扶持;同时,要着力于教育质量和效益的提高,加快开发农村现代远程教育资源。为贯彻落实《决定》精神,积极稳妥地推动农村中小学现代远程教育工程,2003年12月,教育部、国家发展改革委和财政部印发《农村中小学现代远程教育工程试点工作方案》(教基〔2003〕22号)(简称《方案》)。《方案》要求,按"统一规划、先行试点、总结经验、重点突破"

的要求,通过进一步加强试点,全面探索农村中小学现代远程教育工程三种模式在不同的经济社会发展地区、不同的地理环境下的工程建设、应用、运行机制和管理方式;检验三种模式技术配置的适用性和经济性;探索建立有效保障运行和维护的长效机制;进一步研究探索与之相适应的教育教学方法以及对教育资源建设及师资培训工作的要求;全面总结试点地区在三种教学模式应用,优质教育资源共享,教育质量和师资水平提高,以及工程投资效益等方面的效果等等。《方案》对试点地区的选择及试点规模,试点工作经费测算,三种模式基本配置标准和工程实施的进度安排作了说明。根据《中小学现代远程工程试点工作方案》(教基〔2003〕22号)的要求,教育部等部门制定了《农村中小学现代远程教育工程试点工作设备招标采购管理办法》(教基厅〔2004〕8号)、《教育部办公厅、国家发展改革委办公厅、财政部办公厅关于农村中小学现代远程教育工程试点工作方案的审核意见》(教基厅函〔2004〕30号)、《教育部国家发展改革委财政部关于制定2006年度农村中小学现代远程教育工程实施方案的通知》(教基〔2006〕2号)和《2004—2006年度农村中小学现代远程教育工程资源开发技术要求(试行)》(教基资〔2008〕5号)等文件,推进农村中小学现代远程教育工程的实施。

农民工学历与能力提升行动计划 为统筹城乡发展,保障农民工合法权益,2006年1月,国务院印发《国务院关于解决农民工问题的若干意见》(国发〔2006〕5号),提出搞好农民工就业服务和培训,进一步做好农民转移就业服务工作,加强农民工职业技能培训。为加快发展面向农村的职业教育,《国家中长期教育改革和发展规划纲要(2010—2020年)》(中发〔2010〕12号)(简称《教育规划纲要》)提出:"支持各级各类学校积极参与培养有文化、懂技术、会经营的新型农民,开展进城务工人员、农村劳动力转移培训。"2014年5月以来,国务院相继下发《国务院关于加快发展现代职业教育的决定》(国发〔2014〕19号)和《国务院关于进一步做好为农民工服务工作的意见》(国发〔2014〕40号),要求推进农民继续教育工程,加大农民工职业培训工作力度,对农村转移就业劳动者开展就业技能培训,实施农民工职业技能提升计划。为贯彻党的十八大和十八届三中、四中、五中全会精神,落实上述文件,提升农民工学历层次、技术技能及文化素质,更好地服务"中国制造2025"等重大发展战略,2016年3月,教育部、中华全国总工会联合发布《农民工学历与能力提升行动计划——"求学圆梦行动"实施方案》(教职成函〔2016〕2号),要求坚持统筹协调、分工负责,整合资源、加大投入,突出重点、分类实施,大力宣传、广泛发动的基本原则,通过农民工继续教育新模式,实施"求学圆梦行动",提升农民工学历层次和技术技能水平,有效服务经济社会发展和产业结构转型升级。农民工学历与能力行动提升计划的主要任务为提升农民工学历教育层次,提高专业技能;提升岗位胜任能力,促进产业转型;提升创新创业能力,助力万众创新;提升综合素质,融入城市生活;开放优质网络资源,助推终身学习。通过建立遴选机制,开发与岗位紧密对接的专业课程,推行混合式教学模式,建立多元化的农民工继续教育质量保障体系,建设行动计划的信息服务平台等手段完成这一任务。省级教育行政部门(含兵团)、总工会要通过共同研制方案,建立健全多渠道筹措经费的机制,建立绩效评估制度,并建立统计和分析报告制度,强化监督管理,推广典型经验,扩大舆论宣传,为农民工继续教育提供组织保障。

培育和践行社会主义核心价值观　党的十八大提出,倡导富强、民主、文明、和谐,倡导自由、平等、公正、法治,倡导爱国、敬业、诚信、友善,积极培育和践行社会主义核心价值观。为深入贯彻落实党的十八大和十八届三中全会精神,积极培育和践行社会主义核心价值观,2013年12月,《中共中央办公厅关于培育和践行社会主义核心价值观的意见》(中办发〔2013〕24号)出台,要求把培育和践行社会主义核心价值观融入国民教育全过程,要从小抓起、从学校抓起,拓展青少年培育和践行社会主义核心价值观的有效途径。为了切实把立德树人作为教育的根本任务,针对当前的新形势新要求,2014年4月,教育部印发《教育部关于培育和践行社会主义核心价值观进一步加强中小学德育工作的意见》(教基一〔2014〕4号)(简称《意见》)。《意见》要求,充分体现时代性,加强中小学德育的薄弱环节;加强中华优秀传统文化教育、公民意识教育、生态文明教育和心理健康教育,加强网络环境下的德育工作;准确把握规律性,改进中小学德育的关键载体;改进课程育人、实践育人、文化育人和管理育人;大力增强实效性,夯实中小学德育的基本保障;改进方式方法,加强组织领导,强化协同配合,完善督导评价。同时,为了深入持久、扎实细致地推进社会主义核心价值观培育践行工作长效化、常态化、科学化，中共教育部党组、共青团中央印发《中共教育部党组共青团中央关于在各级各类学校推动培育和践行社会主义核心价值观长效机制建设的意见》（教党〔2014〕40号），要求充分认识培育和践行社会主义核心价值观长效机制建设的重要意义，推动社会主义核心价值观融入教育教学，研制中国学生发展核心素养体系，修订德育、语文、历史教材，实施高校课程体系和教育教学创新计划；推动社会主义核心价值观融入社会实践，建立完善师生志愿服务体系，实施"实践育人共同体建设计划"，深化主题社会实践和志愿公益活动；推动社会主义核心价值观融入文化育人，创新主题教育活动，形成校园文化品牌，加强优秀传统文化和传统美德教育，充分利用现有平台繁荣校园文艺创作，选树传颂"校园好故事"、"校园好声音"；推动社会主义核心价值观融入制度建设，完善学校规章制度，探索建设学生诚信档案，落实师德建设长效机制；加强组织领导，推进社会主义核心价值观研究传播，强化工作保障，深入开展理论研究，发挥新媒体传播作用，积极推动工作创新。

培智学校课程标准　　为贯彻落实《国家中长期教育改革和发展规划纲要（2010—2020年）》（中发〔2010〕12号）和《特殊教育提升计划（2014—2016年）》（国办发〔2014〕1号）的有关部署，适应新时期办好特殊教育的要求，进一步提高特殊教育质量，2016年11月，教育部印发《关于发布实施〈盲校义务教育课程标准（2016年版）〉、〈聋校义务教育课程标准（2016年版）〉和〈培智学校义务教育课程标准（2016年版）〉的通知》（教基二〔2016〕5号）。《培智学校义务教育课程标准（2016年版）》（简称《课程标准》）共涉及10门课程，规定了培智学校义务教育课程的性质、目标和主要内容，明确了不同阶段学生在知识与技能、过程与方法、情感态度与价值观等方面的基本要求，提出了教学、评价和实施建议。同时，根据学生的身心特点和学习成长规律，对普通学校课程标准作了科学调整与转化。结合我国特殊教育实践经验，专门研制开发了《康复训练》等特色课程。为做好《课程标准》的落实，教育部专门印发通知作出具体部署，要求：充分认识课程标准的重要性；认真组织开展课程标准培训，要求各地将课程标准培训纳入教师培训计划，覆盖特殊教育学校校长、教师、教研人员，并扩大到普通学校特殊教育资源教师；全面推进特教教学和评价改革，合理把握教学容量和难度要求，尊重差异、多元评价；加强特殊教育课程资源建设，加大资源开发力度，推动特教课程资源共享。

培智学校义务教育课程设置实验方案 根据基础教育课程改革和特殊教育事业发展的需要,2007年2月,教育部下发《教育部关于印发〈盲校义务教育课程设置实验方案〉、〈聋校义务教育课程设置实验方案〉和〈培智学校义务教育课程设置实验方案〉的通知》(教基〔2007〕1号),修订了《全日制盲校课程计划(试行)》、《全日制聋校课程计划(试行)》、《全日制弱智学校(班)课程计划(征求意见稿)》,并更名为《盲校义务教育课程设置实验方案》、《聋校义务教育课程设置实验方案》和《培智学校义务教育课程设置实验方案》。《培智学校义务教育课程设置实验方案》要求:全面贯彻党的教育方针,体现社会文明进步要求,使智力残疾学生具有初步的爱国主义、集体主义精神,具有初步的社会公德意识和法制观念,具有乐观向上的生活态度,具有基本的文化科学知识和适应生活、社会以及自我服务的技能,养成健康的行为习惯和生活方式,成为适应社会发展的公民;课程设置坚持一般性与选择性相结合、分科课程与综合课程相结合、生活适应与潜能开发相结合、教育与康复相结合、传承借鉴与发展创新相结合、规定性与自主性相结合的原则;课程方案立足于智力残疾学生的发展需求,根据课程设置的原则,注重以生活为核心的思路,整体设计九年一贯的培智学校课程体系;课程设置包括一般性课程和选择性课程:一般性课程为必修课,包括生活语文、生活数学、生活适应、劳动技能、唱游与律动、绘画与手工、运动与保健,选择性课程包括信息技术、康复训练、第二语言、艺术休闲、校本课程。方案还规定了各年级周课时数、学年总课时数和各门课程课时比例,要求课程评价应促进学生全面发展、促进课程建设与发展,构建多元化的课程评价体系,建立学校、家长和社会共同参与的评价制度。

贫困地区定向招生专项计划 为贯彻落实中央有关文件精神和《国家中长期教育改革和发展规划纲要(2010—2020年)》(中发〔2010〕12号),2012年4月,教育部、国家发展改革委和财政部等部门联合印发《教育部国家发展改革委财政部人力资源和社会保障部国务院扶贫办关于实施面向贫困地区定向招生专项计划的通知》(教学〔2012〕2号)(简称《通知》),研究决定,自2012年起,组织实施面向贫困地区定向招生专项计划(以下简称专项计划),即在普通高校招生计划中专门安排适量招生计划,面向集中连片特殊困难地区(以下统称贫困地区)生源,实行定向招生,引导和鼓励学生毕业后回到贫困地区就业创业和服务。《通知》要求,充分认识实施专项计划的重要意义,准确把握专项计划实施目标和工作原则,切实做好专项计划招生工作,认真遴选高校,单独编列招生计划;加强资格审查,确保考生信息真实准确;规范操作流程,严格录取管理;加大信息公开,确保公平公正。积极引导和鼓励专项生毕业后到贫困地区就业服务,积极营造实施专项计划的良好社会氛围。为进一步提高重点高校招收农村学生比例,2013年5月,教育部印发《教育部关于2013年扩大实施农村贫困地区定向招生专项计划的通知》(教学〔2013〕5号),教育部决定2013年继续实施并扩大农村贫困地区定向招生专项计划。同时,国务院相继印发《国务院办公厅转发教育部等部门关于实施教育扶贫工程意见的通知》(国办发〔2013〕86号)、《国务院关于深化考试招生制度改革的实施意见》(国发〔2014〕35号)、《国务院办公厅关于加快中西部教育发展的指导意见》(国办发〔2016〕37号)和《国务院关于统筹推进县域内城乡义务教育一体化改革发展的若干意见》(国发〔2016〕40号)等文件,要求:加大高等学校招生倾斜力度;实施面向贫困地区定向招生专项计划,扩大片区学生接受优质高等教育的机会;高校招生计划和支援中西部地区招生协作计划向片区所在省(区、市)倾斜;完善学生资助政策,继续扩大面向贫困地区定向招生专项计划招生人数,畅通绿色升学通道,切实提高贫困家庭学生升学信心。2017年1月,国务院印发《国家教育事业发展"十三五"规划》(国发〔2017〕4号),再次要求继续实施支援中西部地区招生协作计划、农村和贫困地区定向招生专项计划,扩大农村贫困地区学生接受优质高等教育机会。(参见"农村学生单独招生")

贫困地区义务教育薄弱学校基本办学条件改善计划 为了贯彻《国家中长期教育改革和发展规划纲要(2010—2020年)》(中发〔2010〕12号)的战略部署,2013年7月,国务院印发《国务院办公厅转发教育部等部门关于实施教育扶贫工程意见的通知》(国办发〔2013〕86号),要求切实巩固提高义务教育水平,改善保留的村小学及教学点,特别是改善边境一线学校及教学点基本办学条件。为统筹城乡义务教育资源均衡配置,促进基本公共教育服务均等化,2013年12月,教育部、国家发展改革委、财政部印发《教育部国家发展改革委财政部关于全面改善贫困地区义务教育薄弱学校基本办学条件的意见》(教基一〔2013〕10号)(简称《意见》)。《意见》

提出，按照"覆盖贫困地区，聚焦薄弱学校；坚持勤俭办学，满足基本需要；加强省级统筹，分步逐校实施"的基本原则，保障基本教学条件，改善学校生活设施，办好必要的教学点，妥善解决县镇学校大班额问题，推进农村学校教育信息化，提高教师队伍素质，使贫困地区农村义务教育学校的教学设施、生活设施满足基本教学需要，留守儿童学习和寄宿需要得到基本满足，村小学和教学点能够正常运转，县镇超大班额现象基本消除，教师配置趋于合理，中小学辍学率得到控制。为了贯彻《意见》要求，改善贫困地区义务教育薄弱学校基本办学条件，2014年以来，国务院、教育部、国家发改委等相继印发了系列文件保障贫困地区义务教育薄弱学校基本办学条件改善计划的实施。《教育部办公厅国家发展改革委办公厅财政部办公厅关于制定全面改善贫困地区义务教育薄弱学校基本办学条件实施方案的通知》（教基一厅函〔2014〕26号）确定了"全面改薄"实施方案主要内容；《教育部办公厅国家发展改革委办公厅财政部办公厅关于印发全面改善贫困地区义务教育薄弱学校基本办学条件底线要求的通知》（教基一厅〔2014〕5号）确立了实现"保基本、补短板"的工作目标；《教育部办公厅关于成立全国改善贫困地区义务教育薄弱学校领导小组及办公室的通知》（教督厅〔2014〕1号）要求加强组织领导；《农村义务教育薄弱学校改造补助资金管理办法》要求规范资金管理；《全面改善贫困地区义务教育薄弱学校基本办学条件工作专项督导办法》（国教督办〔2015〕6号）要求对全面改善贫困地区义务教育薄弱学校工作进行督导，并制定《基本办学条件工作专项督导办法》。

贫困地区优质教育资源共享　《国家中长期教育改革和发展规划纲要（2010—2020年）》（中发〔2010〕12号）要求，充分利用内地优质教育资源，探索多种形式，吸引更多民族地区少数民族学生到内地接受教育；支持民族地区发展现代远程教育，扩大优质教育资源覆盖面。深化公办学校办学体制改革，扶持薄弱学校发展，扩大优质教育资源；建立开放灵活的教育资源公共服务平台，促进优质教育资源普及共享；继续推进农村中小学远程教育，使农村和边远地区师生能够享受优质教育资源。2013年11月12日，中国共产党第十八届中央委员会第三次全体会议通过《中共中央关于全面深化改革若干重大问题的决定》，提出构建利用信息化手段扩大优质教育资源覆盖面的有效机制，逐步缩小区域、城乡、校际差距。《中华人民共和国教育法（2015年修正）》也规定，国家推进教育信息化，加快教育信息基础设施建设,利用信息技术促进优质教育资源普及共享,提高教育教学水平和教育管理水平。为了贯彻优势教育资源共享的相关要求,教育部等部门印发了《教育部办公厅关于开展未联网学校情况摸底调查的通知》(教技厅函〔2016〕35号)和《农民工学历与能力提升行动计划——"求学圆梦行动"实施方案》(教职成函〔2016〕2号),要求全面推进基础教育信息化教学模式普及,扩大优质教育资源教学成果对中西部省份教学改革的覆盖。2016年5月,国务院印发《国务院办公厅关于加快中西部教育发展的指导意见》(国办发〔2016〕37号),提出为实现县域内义务教育均衡发展,建立义务教育学校动态调整机制,优化学校布局,推进学校标准化建设,提升农村教师队伍总体水平,扩大优质教育资源覆盖面,缩小城乡差距、校际差距。

平行志愿投档 为了深化高等学校招生考试改革,2008年1月,教育部印发《教育部关于普通高中新课程省份深化高校招生考试改革的指导意见》(教学〔2008〕4号),提出进一步推进高等学校选拔录取模式和方式改革,各地要进一步总结、完善和推广在统一考试录取中实行平行志愿、分段填报志愿、公开征集志愿等录取方式,降低填报志愿的风险,增加考生选择机会,提高考生志愿满意度。随后各年的招生工作,均要求推广和完善平行志愿投档,如《教育部关于做好2010年普通高等学校招生工作的通知》(教学〔2010〕1号)要求继续推进平行志愿投档录取模式改革,有关省(区、市)要认真制订实施方案,科学安排考生志愿填报方式及录取工作流程,做好对考生的志愿填报指导及服务,切实把有利于考生的好事做好。为深入贯彻党的教育方针和党的十八大及十八届三中、四中、五中全会精神,2014年9月,国务院印发《国务院关于深化考试招生制度改革的实施意见》(国发〔2014〕35号),提出改进投档录取模式,推进并完善平行志愿投档方式,增加高校和学生的双向选择机会。为全面落实《国务院关于深化考试招生制度改革的实施意见》,按照十八届五中全会关于"落实并深化考试招生制度改革"要求,2016年,教育部印发《教育部关于做好2016年全国普通高校招生录取工作的通知》(教学厅〔2016〕6号)和《教育部关于做好2016年普通高校招生工作的通知》(教学〔2016〕3号),要求进一步完善平行志愿投档录取办法,合理设置平行志愿数量,完善志愿填报及录取系统,细化工作流程,加强对考生的指导和服务,努力提高考生志愿满足率。省级教育行政部门、招生考试机构要精心组织减少录取批次改革,完善平行志愿投档录取办法,合理设置平行志愿数量,细化工作流程,加强志愿填报工作指导,努力提高考生志愿满足率。

普惠性幼儿园　为贯彻《国家中长期教育改革和发展规划纲要(2010—2020年)》(中发〔2010〕12号),积极发展学前教育,2010年11月,国务院印发《国务院关于当前发展学前教育的若干意见》(国发〔2010〕41号),提出:发展学前教育,必须坚持公益性和普惠性,努力构建覆盖城乡、布局合理的学前教育公共服务体系,举办公办幼儿园或委托办成普惠性民办幼儿园;建立学前教育资助制度,资助家庭经济困难儿童、孤儿和残疾儿童接受普惠性学前教育。为鼓励各种社会力量以多种形式举办幼儿园,2012年6月,教育部印发《教育部关于鼓励和引导民间资金进入教育领域促进民办教育健康发展的实施意见》(教发〔2012〕10号),鼓励和引导民间资金进入学前教育和学历教育领域,提出积极扶持民办幼儿园特别是面向大众、收费较低的普惠性幼儿园,民办普惠性幼儿园与公办幼儿园在园儿童享受同等的资助政策。为认真贯彻党的十八大"办好学前教育"和十八届三中全会"推进学前教育改革发展"的要求,进一步落实《国务院关于当前发展学前教育的若干意见》,促进学前教育持续健康发展,2014年11月,教育部、国家发展改革委、财政部印发《教育部国家发展改革委财政部关于实施第二期学前教育三年行动计划的意见》(教基二〔2014〕9号),决定2014—2016年实施第二期学前教育三年行动计划,要求:积极扶持普惠性民办幼儿园。落实用地、减免税费等优惠政策,以多种方式吸引社会力量办园;各地根据普惠性资源布局和幼儿入园需求,认定一批普惠性民办园,通过政府购买服务、减免租金、派驻公办教师、培训教师等方式,支持民办园提供普惠性服务,有条件的地区可参照公办园生均公用经费标准,对普惠性民办园给予适当补贴;各地2015年底前出台认定和扶持普惠性民办园实施办法,对扶持对象、认定程序、成本核算、收费管理、日常监管、财务审计、奖补政策和退出机制等作出具体规定;鼓励民办园提供多形式、多层次的学前教育服务,满足家长不同需求;支持地方改扩建和新建公办幼儿园、利用社会力量举办普惠性幼儿园、改善办园条件,并向中西部地区和薄弱环节倾斜,引导和激励地方完善学前教育公共服务体系。同时,2015年8月,教育部印发《教育部办公厅关于申报国家学前教育改革发展实验区的通知》(教基二厅函〔2015〕16号),要求扩大普惠性资源,积极扶持普惠性民办园,探索引导和支持民办园提供普惠性服务的政策和措施,制定政府购买普惠性学前教育服务的服务标准、支持方式、收费监管、退出机制、契约管理等具体政策措施,建立扶持普惠性民办园的长效机制。

普及高中阶段教育　为加快教育事业发展,全面深化教育改革,1992年9月,国家教委党组印发《国家教委党组关于加快教育改革和发展的若干意见》,提出到20世纪末要在全国基本普及九年义务教育(包括初中阶段职业技术教育),大城市市区和有条件的沿海经济发达地区要普及高中阶段教育。随后,国务院等部门相继印发《国务院批转国家计委关于全国第三产业发展规划基本思路的通知》、《中国教育改革和发展纲要》(中发〔1993〕3号)和《国务院关于〈中国教育改革和发展纲要〉的实施意见》(国发〔1994〕39号)等文件,要求大城市市区和沿海经济发达地区积极普及高中阶段教育,到2000年,普及高中阶段教育的城市达到70%。同时,1998年1月以来,国务院等部门印发《国务院批转教育部面向21世纪教育振兴行动计划的通知》(国发〔1998〕4号)、《中华人民共和国国民经济和社会发展第十个五年计划纲要》(第九届全国人民代表大会第四次会议批准)和《国务院关于基础教育改革与发展的决定》等文件,提出扩大高中阶段教育规模,有步骤地在大中城市和经济发达地区普及高中阶段教育,到2010年,在全面实现"两基"目标的基础上,城市和经济发达地区有步骤地普及高中阶段教育,全国人口受教育年限达到发展中国家先进水平。2010年7月,《国家中长期教育改革和发展规划纲要(2010—2020年)》(中发〔2010〕12号)(简称《教育规划纲要》)提出"普及高中阶段教育,毛入学率达到90%"的战略目标,要求加快普及高中阶段教育。高中阶段教育是学生个性形成、自主发展的关键时期,对提高国民素质和培养创新人才具有特殊意义。应注重培养学生自主学习、自强自立和适应社会的能力,克服应试教育倾向。到2020年,普及高中阶段教育,满足初中毕业生接受高中阶段教育需求。促进普通高中和中等职业学校合理分布,加快普及高中阶段教育,重点扶持困难地区高中阶段教育发展。为了贯彻《教育规划纲要》的部署,国务院印发《国务院办公厅关于开展国家教育体制改革试点的通知》(国办发〔2010〕48号)和《国务院关于印发国家基本公共服务体系"十二五"规划的通知》(国发〔2012〕29号),提出开展普通高中多样化、特色化发展试验,建立创新人才培养基地,探索西部欠发达地区普及高中阶段教育的措施和办法;"十二五"期间,基本普及高中阶段教育。同时,《中华人民共和国国民经济和社会发展第十二个五年规划纲要》和《中华人民共和国国民经济和社会发展第十三个五年规划纲要》提出,基本普及高中阶段教育,推动普通高中多样化发展;率先从建档立卡的家庭经济困难学生实施普通高中免除学杂费,高中阶段教育毛入学率达到90%以上。为贯彻落实《教育规划纲要》和《中华人民共和国国民经济和社会发展第十二个五年规划纲要》,2012年6月,教育部印发《国家教育事业发展第十二个五年规划》(教发〔2012〕9号),提出基本普及高中阶段教育,毛入学率达到87%的目标。同时,2016年5月,国务院印发《国务院办公厅关于加快中西部教育发展的指导意见》(国办发〔2016〕37号),要求加快普及高中阶段教育,统筹普通高中和中职教育协调发展,优化学校布局,改善办学条件,提高办学质量,完善经费投入机制,加大学生资助力度,不断提高高中阶段教育普及水平;国家继续实施普通高中改造计划、现代职业教育质量提升计划等项目,着力改善高中阶段学校办学条件;到2020年,集中连片特困地区高中阶段教育毛入学率超过85%,中西部地区达到90%。

普及学前教育 《国家中长期教育改革和发展规划纲要(2010—2020年)》(中发〔2010〕12号)提出基本普及学前教育的战略目标。指出学前教育对幼儿身心健康、习惯养成、智力发展具有重要意义,必须遵循幼儿身心发展规律,坚持科学保教方法,保障幼儿快乐健康成长。积极发展学前教育,到2020年,普及学前一年教育,基本普及学前两年教育,有条件的地区普及学前三年教育,重视0至3岁婴幼儿教育。同时,《中华人民共和国教育法(2015年修正)》规定,国家制定学前教育标准,加快普及学前教育,构建覆盖城乡特别是农村的学前教育公共服务体系。为了落实普及学前教育的政策法规,2015年8月以来,国务院相继出台《国务院关于加快发展民族教育的决定》(国发〔2015〕46号)和《国务院办公厅关于加快中西部教育发展的指导意见》(国办发〔2016〕37号),要求:提升各级各类教育办学水平,加快普及学前教育;科学规划、合理布局民族地区学前教育机构,支持乡村两级公办和普惠性民办幼儿园建设,新建、改扩建安全适用的幼儿园,开发配备必要的教育资源,改善保教条件,满足适龄幼儿入园需求;规范办园行为,强化安全监管,加强保教管理;合理配置幼儿园保教人员,积极发展农村学前教育;以扩充资源为核心、加强师资为重点、健全管理为支撑,通过举办托儿所、幼儿园等,构建农村学前教育体系,逐步提高农村入园率,基本普及学前教育;国家继续支持学前教育发展,重点向中西部革命老区、民族地区、边疆地区、贫困地区农村倾斜,因地制宜加强园舍建设、师资培训和玩教具配备,加快推进农村学前教育发展。到2020年,中西部地区农村学前三年毛入园率达到70%。

普通高等学校民族班 为进一步加强和改进普通高等学校少数民族预科班、民族班招生、管理等有关工作,2003年2月,教育部颁布《教育部办公厅关于全国普通高等学校民族预科班、民族班招生、管理等有关问题的通知》(教民厅〔2003〕2号)(简称《通知》),要求在普通高等学校举办少数民族预科班、民族班。这是党和国家为少数民族地区培养专门人才而采取的一项有效措施。《通知》指出,普通高等学校少数民族预科班、民族班招生计划由教育部统一下达,各地、各部门和高等学校要严格执行;招生计划要重点投放在培养民族地区师资和社会经济发展急需人才领域;少数民族预科班、民族班生源为当年参加全国普通高校招生统一入学考试的少数民族考生;预科结业考核合格者,由招生学校发本(专)科录取通知书。为深入做好民族教育工作,进一步加快民族教育发展,2005年12月,教育部颁布《教育部关于贯彻落实国务院实施〈中华人民共和国民族区域自治法〉若干规定的通知》(教民〔2005〕14号),要求积极支持和帮助民族地区发展高等教育,支持办好民族院校和全国普通高等学校民族预科班、民族班,对民族自治地方的高等学校以及民族院校的学科建设和研究生招生给予特殊的政策扶持。为进一步加强普通高等学校少数民族预科班、民族班的管理工作,2005年6月,教育部印发《普通高等学校少数民族预科班、民族班管理办法(试行)》(教民〔2005〕5号)(简称《办法》)。《办法》包括总则、办学机构、招生录取、学制与教学管理、学生管理、收费、教师和管理人员、办学经费和办学条件以及教育教学评估等方面的内容。《办法》规定,普通高等学校举办的民族预科班、民族班,是国家为加快培养少数民族人才而采取的一种特殊办学形式。民族预科教育实行集中和规模化办学,统一管理。民族预科班、民族班教育坚持教育与宗教相分离原则,任何组织和个人不得利用宗教妨碍学校正常教育教学秩序,不得以任何形式在学校进行宗教活动和宣扬宗教。高等学校应当贯彻执行国家教育方针、民族政策和有关政策措施,办好民族预科班、民族班;落实民族预科班、民族班教育发展规划;制定民族预科班、民族班教育实施方案和学生管理规定,管理本校民族预科班、民族班学生的学籍以及预科生的考评等。

普通高等学校体育教育本科专业课程方案 为贯彻《中共中央国务院关于深化教

育改革全面推进素质教育的决定》(中发〔1999〕9号)精神,进一步深化高校体育教育专业的改革,提高教育、教学质量,培养适应素质教育需要的体育教育人才,2003年6月,教育部下发《全国普通高等学校体育教育本科专业课程方案》(教体艺〔2003〕7号)(简称《课程方案》)。《课程方案》规定本专业培养能胜任学校体育教育、教学、训练和竞赛工作,并能从事学校体育科学研究、学校体育管理及社会体育指导等工作的复合型体育教育人才。人才规格为领会和掌握马克思列宁主义、毛泽东思想、邓小平理论基本原理和"三个代表"的重要思想,熟悉国家有关教育、体育工作的方针、政策和法规;掌握学校体育教学、健康教育教学、体育锻炼、运动训练和竞赛的基本理论与方法;了解学校体育改革与发展的动态以及体育科研的发展趋势,并具有从事体育科学研究的能力;掌握一门外国语和一门计算机语言;具有良好的卫生习惯和健康的生活方式。《课程方案》规定各类课程课内总学时为2600—2800学时,分为必修课程、选修课程和实践性环节。其中必修课又分为主干课程(课程领域为体育人文社会学类、运动人体科学类、田径类、球类、体操类、武术类)和一般必修课程(课程领域为体育科学研究方法导论、体育统计学、运动训练学、健康教育学、顶点课程、球类、艺术体操、地方性运动项目)。选修课程包括分方向选修课程、任意选修课。实践性环节包括社会实践(入学教育、军训、劳动教育、社会调查、毕业教育、就业指导)、教育实践和科研实践(毕业论文、学术活动)。

《普通高等学校学生管理规定》 为维护普通高等学校正常的教育教学秩序和生活秩序,促进学生德、智、体、美全面发展,依据有关法律、法规,2005年2月,教育部下发《普通高等学校学生管理规定》(教育部令第21号)(简称《规定》)。原国家教育委员会发布的《普通高等学校学生管理规定》(国家教育委员会令第7号)、《研究生学籍管理规定》(教学〔1995〕4号)自《规定》实施起废止。《规定》包括总则、学生的权利与义务、学籍管理、校园秩序与课外活动、奖励与处分、附则等内容。《规定》指出学生在校期间享有下列权利:参加学校教育教学计划安排的各项活动,参加社会服务,参加学生团体及文娱体育等活动;使用学校提供的教育教学资源,申请奖学金、助学金及助学贷款;获得公正评价,完成学校规定学业后获得相应的学历证书、学位证书;对学校给予的处分或者处理有异议,可向学校、教育行政部门提出申诉,个人合法权益受到侵害,可提出申诉或者依法提起诉讼及实行法律、法规规定的其他权利。同时,必须履行下列义务:遵守法律、法规,遵守学校管理制度;努力学习,完成规定学业,遵守学生行为规范,尊敬师长,养成良好的思想品德和行为习惯;按规定缴纳学费及有关费用,履行获得贷学金及助学金的相应义务及法律、法规规定的其他义务。《规定》对学生的入学注册,成绩考核的形式,违反纪律的处罚方式,转专业及转学的相关条件,休学、复学、退学的相关条件和手续,毕业、结业与肄业的条件及证书颁发条件作出了说明。《规定》指出,学校有维持校园正常秩序与开展课外活动的职责。学校、省(自治区、直辖市)和国家有关部门应当对表现突出的学生给予表彰和奖励。学校应对有违法、违规、违纪行为的学生给予批评教育或者纪律处分。学校应当成立学生申诉处理委员会,受理学生的申诉,学生对复查决定有异议的,可向学校所在地省级教育行政部门提出书面申诉。对学生的奖励、处分材料,学校应当真实完整地归入学校文书档案和本人档案。此外,2016年全国教育工作会议提出,要"抓紧修订《普通高等学校学生管理规定》,放宽学生修业年限,允许学生休学创业,建立创新创业学分积累与转换制度,让学生在创新创业中展现才华、服务社会"。

《普通高等学校招生违规行为处理暂行办法》 为了规范普通高等学校招生违规行为,保证招生公开、公平、公正,根据《中华人民共和国教育法》、《中华人民共和国高等教育法》等法律法规,2014年7月,教育部出台《普通高等学校招生违规行为处理暂行办法》(教育部令第36号)(简称《办法》),《办法》包括总则、违规行为认定及处理、招生责任制及责任追究等方面的内容。《办法》规定,普通高等学校(以下简称高校)招生是指高校通过国家教育考试或者国家认可的入学方式选拔录取本科、专科学生的活动。国务院教育行政部门主管全国高校招生工作。高校招生应当遵循公开、公平、公正原则,接受考生、社会的监督。对高校招生违规行为的处理,应当事实清楚、证据确凿、依据明确、程序合法、处理适当。《办法》规定,高校及其直接负责的主管人员和其他直接责任人员、高中及其直接负责的主管人员和其他直接责任人员、招生考试机构、省级教育行政部门违反国家招生管理规定的,视情节轻重依法给予相应处分;涉嫌犯罪的,依法移送司法机关处理。《办法》规定,实行高校招生工作问责制。高校校长、招生考试机构主要负责人、教育行政部门主要负责人是招生工作的第一责任人,对本校、本部门、本地区的招生工作负全面领导责任。对在高校招生工作中违规人员的处理,依据《中华人民共和国行政监察法》、《行政机关公务员处分条例》和《事业单位工作人员处分暂行规定》等相关规定，予以监察处理、作出处分决定或者给予其他处理。对处理决定不服的有关责任人员和考生，可以按照国家有关规定提出复核或者申诉；符合法律规定受案范围的，可以依法提起行政复议或者诉讼。

普通高校招收高水平运动员　为提高普通高等学校体育运动技术水平，培养德、智、体、美、劳全面发展的高水平学生运动员，国家教委相继下发《关于部分普通高等学校试行招收高水平运动员工作的通知》(〔87〕教学字008号)、《关于试点高校培养高水平运动员的管理办法(试行)》(〔87〕教体厅字012号)。为规范管理，针对实施中出现的问题，2005年4月，教育部下发《教育部办公厅关于进一步严格和规范2005年普通高校招收高水平运动员工作管理的紧急通知》(教学厅〔2005〕5号)。为做好2009年普通高校招收高水平运动员工作，2009年1月，教育部办公厅下发《教育部办公厅关于做好2009年普通高校招收高水平运动员的通知》(教学厅〔2009〕1号)(简称《2009通知》)，随文下发了《2009年普通高等学校招收高水平运动员办法》(简称《2009办法》)。《2009通知》要求高水平运动员测试工作须在中学寒假开始后进行，各省级招办、招生院校要加强与纪检监察、体育测试单位的协调合作，确保测试工作公平、公正。各省级招办、招生院校要加强高水平运动员招生信息管理，及时报送有关数据。体育专项测试合格的考生须在其户口所在地参加普通高校招生全国统一考试。各招生院校要进一步加强对一级运动员、运动健将、国际健将及武术武英级(或以上)考生参加的文化单独考试的规范管理。各招生院校要按照"谁主管，谁负责"的原则，切实落实招生工作责任制和责任追究制度。《2009办法》规定了参加高水平运动员招生考试的报名条件，要求招生院校应制订包括测试项目、时间、地点、招生计划、选拔程序等内容的招生简章，并在体育专项测试前向社会公布。招生院校应根据本校高水平运动队项目建设需要，组成专家评审委员会制订高水平运动员体育专项测试标准和选拔办法。《2009办法》对体育专项测试、文化统一考试及录取和文化单独考试及录取作出了相关规定，对在体育专项测试或文化单独考试中违反规定的招生院校及考生规定了相应的处罚措施。

普通高中会考　为提高普通高中教育质量，1983年8月，教育部出台《教育部关于进一步提高普通中学教育质量的几点意见》(〔83〕教中字 011 号),指出毕业考试要和升学考试分开进行,有条件的地方可按基本教材命题,试行初、高中毕业会考。1989 年 7 月,国家教委出台《关于试行普通高中毕业会考制度的意见》(〔89〕教试字 002 号)(已失效),提出力争三年内在全国试行普通高中会考制度。普通高中毕业会考是国家认可的省级考试。它是水平考试,与高校招生选拔考试具有根本不同的性质。会考是检查、评估高中阶段教学质量,考核高中毕业生文化课学习是否合格的一种手段。1990 年 8 月,国家教委出台《国家教委关于在普通高中实行毕业会考制度的意见》(教基〔1990〕017 号)(简称《意见》),决定从 1990 年起,用两年左右时间,有计划地在全国逐步实行普通高中毕业会考制度。实行普通高中毕业会考是为了全面贯彻教育方针,加强教学管理,推动教学改革,大面积提高教学质量,给中学教学以正确的导向。《意见》对普通高中毕业会考的性质和功能,普通高中毕业会考的范围、命题标准和成绩评定,普通高中毕业会考的实施办法、实施机构和经费等方面事项作了规定。1992 年 9 月以来,国家教委、国务院等部门相继印发《国家教委党组关于加快教育改革和发展的若干意见》、《国务院批转国家教委关于加快改革和积极发展普通高等教育意见的通知》(1993 年 1 月 12 日国务院发布)、《中国教育改革和发展纲要》(中发〔1993〕3 号)、《国务院关于〈中国教育改革和发展纲要〉的实施意见》(国发〔1994〕39 号)、《中共中央国务院关于深化教育改革全面推进素质教育的决定》(中发〔1999〕9 号)和《国务院关于基础教育改革与发展的决定》等文件,要求进一步完善高中毕业会考制度,大胆进行中学办学模式的改革试验,在高、初中普遍开展职业指导教育;在高中毕业省级会考的基础上,减少高考统一考试科目,录取时参考会考成绩;通过深化教学改革以及推进高中会考和高考制度等改革,切实减轻学生过重的学习负担。针对普通高中会考制度以及会考组织过程中存在的问题,2000 年 3 月,教育部印发《教育部关于普通高中毕业会考制度改革的意见》(教基〔2000〕12 号),提出各省、自治区、直辖市对普通高中会考改革具有统筹决策权,不再进行普通高中会考的地方要建立和完善普通高中学校毕业考试制度;以全面实施素质教育为宗旨,进行会考制度的改革;通过改进管理方法,方便学生参加会考并提供补考机会。2002 年 12 月,《教育部关于积极推进中小学评价与考试制度改革的通知》(教基〔2002〕26 号)要求,开展普通高中会考制度的改革。各省、自治区、直辖市对普通高中会考具有统筹决策权。由省级教育行政部门提出是否组织普通高中毕业会考方案,报省级人民政府批准，并报教育部备案。《国家中长期教育改革和发展规划纲要（2010—2020年）》（中发〔2010〕12号）颁布以后，高中会考制度被普通高中学业水平考试取代，并遵照《教育部关于普通高中学业水平考试的实施意见》（教基二〔2014〕10号）执行。

普通高中校长专业标准 为促进普通高中校长专业发展，建设高素质普通高中校长队伍，推动普通高中多样化发展，2010年7月，中共中央、国务院印发《国家中长期教育改革和发展规划纲要（2010—2020年）》（中发〔2010〕12号）（简称《教育规划纲要》），提出要制定校长任职资格标准，促进校长专业化。为落实《教育规划纲要》，2015年1月，教育部印发《普通高中校长专业标准》（教师〔2015〕2号），对普通高中校长专业标准进行了规定，在办学理念方面，要求做到以德为先、育人为本、引领发展、能力为重、终身学习五个方面。在专业要求方面，要规划学校发展，明确学校定位，注重与监督学校发展规划实施；营造育人文化，加强学校德育建设，涉猎自然科学与人文科学知识，开展丰富的校园文化活动与社会实践活动；领导课程教学，落实国家课程方案和标准，熟知学生成长和发展规律，重视课程研究教学，推进教学改革和创新；引领教师成长，尊重教师职业特点和专业发展规律，引导支持教师坚定理想信念、掌握扎实学识、秉持仁爱之心，不断提升教师的精神境界；优化内部管理，加强学校管理队伍建设，健全学校人事、财务、资产管理等管理制度；调适外部环境，树立学校的良好形象，健全家校合作育人机制，建立教师家访制度。

普通高中学生综合素质评价 为贯彻落实《国务院关于深化考试招生制度改革的实施意见》（国发〔2014〕35号），促进学生全面发展、健康成长，2014年12月，教育部出台《教育部关于加强和改进普通高中学生综合素质评价的意见》（教基二〔2014〕11号）（简称《意见》）。《意见》要求充分认识加强和改进普通高中学生综合素质评价的重要意义，坚持方向性、指导性、客观性和公正性，开展综合素质评价。评价要依据党的教育方针，反映学生全面发展情况和个性特长，注重考察学生社会责任感、创新精神和实践能力，具体包括思想品德、学业水平、艺术素养和社会实践等方面内容。要遵循写实记录、整理遴选、公示审核、形成档案和材料使用的评价程序。在评价过程中，档案材料要突出重点，避免面面俱到、千人一面。同时，高中学校要将学生综合素质档案提供给高校招生使用；高等学校在招生时要根据学校办学特色和人才培养要求，制定科学规范的综合素质评价体系和办法，组织教师等专业人员对档案材料进行研究分析，采取集体评议等方式进行客观评价，作为招生录取的参考。为了保证《意见》的顺利实施，要求加强组织领导，坚持常态化实施，建立健全监督制度。为进一步推进高中阶段学校考试招生制度改革，教育部印发《教育部关于进一步推进高中阶段学校考试招生制度改革的指导意见》（教基二〔2016〕4号），要求完善学生综合素质评价。要根据义务教育的性质、学生年龄特点，结合教育教学实际，细化和完善思想品德、学业水平、身心健康、艺术素养和社会实践五个方面的评价内容和要求，充分反映学生的全面发展情况和个性特长，注重考查学生的日常行为规范养成和突出表现。初中学校和教师要指导学生做好写实记录，整理遴选具有代表性的活动记录和典型事实材料。初中学校要将用于招生的活动记录和事实材料进行公示、审核，为每位学生建立综合素质评价档案，提供给高中学校招生使用。档案材料要突出重点，简洁明了，便于在招生中使用。初中学校和教师要充分利用写实记录材料，对学生成长过程进行指导，促进学生发展进步。

普通高中学业水平考试 普通高中学业水平考试源于高中会考制度。《国家中长期教育改革和发展规划纲要（2010—2020年）》（中发〔2010〕12号）和《中共中央关于全面深化改革若干重大问题的决定》（十八届中央委员会第三次全体会议通过）提出，全面实施和完善高中学业水平考试（会考）和综合素质评价。为贯彻落实中央文件精神，深化考试招生制度改革，2014年9月，国务院制定《国务院关于深化考试招生制度改革的实施意见》（国发〔2014〕35号），提出学业水平考试由省级教育行政部门按国家课程标准和考试要求组织实施，确保考试安全有序、成绩真实可信。为贯彻落实上述文件精神，促进学生全面发展、健康成长，2014年12月，教育部颁布《教育部关于普通高中学业水平考试的实施意见》（教基二〔2014〕10号）（简称《意见》）。《意见》要求坚持"全面考核，自主选择，为每个学生提供更多的选择机会和统筹兼顾"的基本原则，推行初中学业水平考试，衡量学生达到国家规定学习要求的程度；依据义务教育的性质、学生年龄特点，结合教育教学实际，细化和完善思想品德、学业水平、身心健康、艺术素养和社会实践五个方面的评价内容和要求，完善学生综合素质评价；改革招生录取办法，试点地区要改革录取计分科目的构成,从初中学业水平考试科目中选择部分科目作为录取计分科目,除语文、数学、外语科目外,根据文理兼顾、负担适度的原则,确定其他具体科目及数量,防止群体性偏科和加重学生负担;加强考试招生管理,完善招生计划编制办法,根据区域内学校布局、适宜的学校规模和班额以及普职招生规模大体相当的原则核定招生计划并严格执行。同时,《意见》要求,将学生学业水平考试所有科目成绩提供给招生高校使用,具体要求和使用办法由各省(区、市)及高校确定。学生跨省(区、市)转学时,应由转出地省级主管部门出具成绩证明,接受学生的省(区、市)对用于高校招生录取的科目等级成绩进行具体转换确定。

普通学校特殊教育资源教室建设 为规范普通学校特殊教育资源教室的建设和管理,充分发挥资源教室为普通学校残疾学生提供特殊教育、康复训练和咨询的重要作用,加快推进普通学校随班就读工作,2016年1月,教育部下发《普通学校特殊教育资源教室建设指南》(教基二厅〔2016〕1号)(简称《指南》)。《指南》要求,在普通学校(含幼儿园、普通中小学、中等职业学校,以下同)建设资源教室,遵循残疾学生身心发展规律,充分考虑残疾学生潜能开发和功能补偿的需求,以增强残疾学生终身学习和融入社会的能力为目的,为残疾学生的学习、康复和生活辅导提供全方位支持。资源教室应具备如下主要功能:开展特殊教育咨询、测查、评估、建档等活动,进行学科知识辅导,进行生活辅导和社会适应性训练,进行基本的康复训练,提供支持性教育环境和条件,开展普通教师、学生家长和有关社区工作人员的培训。资源教室应当优先设立在招收较多残疾学生随班就读,且在当地学校布局调整规划中长期保留的普通学校。招收5人以上数量残疾学生的普通学校,一般应设立资源教室。资源教室应有固定的专用场所,面积应不小于60平方米,设置学习训练、资源评估和办公接待等基本区域,所附基础设施要符合《无障碍环境建设条例》、《无障碍设计规范》、《特殊教育学校建筑设计规范》中的有关规定。每间特殊资源教室至少应配备具备特殊教育、康复或其他相关专业背景的资源教师一名,以保障资源教室能正常发挥作用。原则上,学生在校期间,资源教室每天均应面向本校或片区内随班就读残疾学生开放。各地教育行政部门要将资源教室建设纳入当地特殊教育事业发展的总体规划,建立财政支持保障的长效机制。资源教室应纳入学校统一管理,建立和完善相关管理制度,区域内特殊教育指导中心或特教学校应加强对资源教室的业务指导和评估,定期对区域内资源教室的运行及成效进行考核评价,并将结果上报主管教育行政部门。

千人计划 为进一步推进人才强国战略,充分发挥海外高层次人才在国家经济社会发展中的作用,2008年12月,中共中央印发《中央人才工作协调小组关于实施海外高层次人才引进计划的意见》(中办发〔2008〕25号),提出中央层面的海外高层次人才引进计划(以下简称"千人计划")要围绕国家发展战略目标,重点引进一批能够突破关键技术、发展高新产业、带动新兴学科的战略科学家和科技领军人才。为贯彻文件精神,组织实施"千人计划",中共中央组织部下发《引进海外高层次人才暂行办法》(中组发〔2008〕28号)(简称《办法》)。《办法》规定,实施"千人计划"要根据"突出重点、重在使用、特事特办和统筹实施"的基本原则,引进海外高层次科技创新人才和经营管理人才。《办法》还规定了实施"千人计划"的工作体制、引才标准与程序、条件保障与日常服务等;同时,根据《办法》制定了《国家重点创新项目引进人才工作细则》、《重点学科和重点实验室引进人才工作细则》、《中央企业和国有商业金融机构引进人才工作细则》和《海外高层次创业人才引进工作细则》,对各领域海外高层次人才引进工作作出具体规定。为了贯彻关于实施"千人计划"的相关文件的精神,2010年8月,中共中央组织部下发《"千人计划"短期项目实施细则》(组厅字〔2010〕29号),规定对不能全职回国(来华)工作的海外高层次人才短期为国服务作出相应规定,其中就引进条件、申报程序、待遇等方面作了详细说明。为了吸引更多高层次外国专家参与我国现代化建设,推动人才强国战略深入实施,2011年8月,中共中央组织部下发《"千人计划"高层次外国专家项目工作细则》(组通字〔2011〕45号),《"千人计划"高层次外国专家项目工作细则》(简称"外专千人计划",特指非华裔外国专家)规定了"外专千人计划"的目标、工作机构与职责、引才标准和程序及支持措施。同时,2016年3月,中共中央印发《关于深化人才发展体制机制改革的意见》,指出:完善海外人才引进方式,实行更积极、更开放、更有效的人才引进政策,更大力度实施海外高层次人才引进计划(国家"千人计划"),敞开大门,不拘一格,柔性汇聚全球人才资源;对国家急需紧缺的特殊人才,开辟专门渠道,实行特殊政策,实现精准引进。

青少年体育活动计划　为进一步贯彻落实《中共中央国务院关于加强青少年体育增强青少年体质的意见》(中发〔2007〕7号)和党的十八届三中全会《中共中央关于全面深化改革若干重大问题的决定》"强化体育课和课外锻炼,促进青少年身心健康、体魄强健"的精神,更好地开展我国青少年体育竞赛活动,促进青少年体育运动的进一步发展,营造全社会关注青少年体育的氛围,2016年4月,体育总局办公厅、教育部办公厅下发《2016年全国青少年体育活动计划》(体青字〔2016〕16号)(以下简称《活动计划》)。《活动计划》要求青少年体育活动要集中安排在暑假期间或平时节假日内,活动的赛程、内容等设置要充分体现青少年特点,既为青少年提供公平、有序的竞赛平台,又进一步丰富青少年的假期生活,让青少年体验体育竞赛的乐趣,感受到体育运动的魅力和参与运动的价值。承办单位要保证按计划实施,要保证组织工作落实、经费保障落实,确保各项赛事和活动的安全、顺利进行;有条件的省(区、市)体育局、教育厅(教委)要按照本通知的整体部署,因地制宜地组织与国家传统校联赛和俱乐部联赛相衔接的本地区的竞赛,广泛组织青少年学生参加全国青少年户外体育活动营地夏令营、科学健身校园行活动,在开展活动过程中,要加强安全保护工作,加强宣传并及时上报总结。按照文件要求,为推动全国亿万青少年学生阳光体育运动的深入开展,促进全国校园体育的发展,经体育总局和教育部研究,定于2016年6月至11月在全国10个省(区、市)举办"2016年全国青少年科学健身普及活动"。具体包括:设立科学健身大讲堂,传播科学健身知识;多平台宣传科学健身知识,指导青少年体育锻炼;联合地方体育部门,广泛开展科学健身服务;结合阳光体育大会分会场活动,普及科学健身知识;选取试点学校,改进科学健身普及活动模式等。

清单管理　为贯彻落实党的十八届三中全会关于深入推进管办评分离的要求,2014年5月,教育部印发《教育部关于改进评审评估评价和检查工作的若干意见》(教政法〔2014〕7号),要求实行目录清单管理。精简工作完成后,对于确需保留的三评和检查事项,要编制目录清单,经过部长办公会审议通过后,在教育部门户网站予以公开。凡已经取消不在目录清单内的三评事项,一律不得再开展。需要新增的,要对其必要性、可行性作充分论证并经部长办公会审议通过后方可实施。

为加快推进教育治理体系和治理能力现代化,激发教育活力,《教育部关于深入推进教育管办评分离促进政府职能转变的若干意见》(教政法〔2015〕5号)出台,要求推行清单管理方式。建立教育行政权力清单和责任清单制度,通过政府公报、政府网站等便于公众知晓的方式,向社会全面公开教育及相关政府部门职能、法律依据、实施主体、职责权限、管理流程、监督方式等事项,为公民、法人或者其他组织提供优质服务,让权力在阳光下运行。在有条件的地方和学校开展负面清单管理试点,清单之外的事项学校可自主施行,要尽量缩减负面清单事项的范围,更多采取事中、事后监管方式。通过实施清单管理,推进依法行政,形成政事分开、权责明确、统筹协调、规范有序的教育管理体制。

区域·城乡入学机会 为了深化我国的考试招生制度改革,国务院印发了《国务院关于深化考试招生制度改革的实施意见》(国发〔2014〕35号)(简称《意见》)。《意见》提出,为了扭转区域、城乡入学机会存在差距等局面,应改进招生计划分配方式,提高中西部地区和人口大省高考录取率,继续实施支援中西部地区招生协作计划,在东部地区高校安排专门招生名额面向中西部地区招生。另外,增加农村学生上重点高校人数,继续实施国家农村贫困地区定向招生专项计划,由重点高校面向贫困地区定向招生,部署高校、省属重点高校要安排一定比例的名额招收边远、贫困、民族地区的优秀农村学生,2017年贫困地区农村学生进入重点高校人数明显增加,形成保障农村学生上重点高校的长效机制,缩小区域、城乡入学机会的差距。为了落实《意见》的要求,促进区域和城乡入学机会更加公平,2016年3月,教育部制定了《教育部关于进一步规范高等教育招生计划管理工作的意见》(教发〔2016〕5号),提出利用招生计划测算模型安排年度分省分部门研究生和普通本科招生计划,不断加大公平、协调类指标的设置和权重。普通本科计划测算坚持统筹入学机会与公平、高校投入与师资条件、毕业生就业等三方面因素,建立测算模型,公平公正、科学合理安排分学校招生计划,杜绝主观意志和个人裁量空间。同时,2016年4月,教育部、国家发展改革委印发了《教育部国家发展改革委关于做好2016年普通高等教育招生计划编制和管理工作的通知》(教发〔2016〕7号),提出要促进高等教育区域和城乡入学机会公平。

区域教育中心 区域教育中心(Education Hub)是指使本地区成为区域内或区域

外的高等教育和科研中心。在我国,多地政府提出区域教育中心建设。2005年4月,北京市顺义区印发的《顺义区2006—2010年教育事业发展规划》(顺政发〔2005〕32号)提出形成区域教育中心和学习型社会基本框架的发展目标。"十二五"期间,《长沙市关于印发〈长沙市国民经济和社会发展第十二个五年规划纲要〉的通知》(长政发〔2011〕6号)、襄阳市《市委办公室市政府办公室关于印发〈隆中名师工程实施方案〉的通知》(襄办文〔2012〕8号)、《汕头市人民政府办公室关于印发汕头市城镇化发展"十二五"规划的通知》(汕府办〔2012〕88号)、《广州市人民政府办公厅关于印发广州市社会事业发展第十二个五年规划的通知》(穗府办〔2012〕64号)、《徐州市人民政府办公室关于推进教育现代化建设的实施意见》(徐政办发〔2013〕225号)等地方文件陆续提出区域教育中心建设。各地在区域教育中心的建设和完善中,注重因地制宜地研究建立优质化、均衡化、终身化的教育资源体系。加强优质教育资源开发与应用,利用现代化和信息化的手段合理配置教育资源,缩小区域、城乡、校际教育发展差距。

全国教师教育网络联盟计划 为了推进教师教育改革创新,以信息化带动教师教育现代化,逐步构建开放灵活的教师终身学习体系,促进基础教育尤其是农村教育的发展,2003年9月,教育部印发《教育部关于实施全国教师教育网络联盟计划的指导意见》(教师〔2003〕2号),决定启动实施全国教师教育网络联盟计划(以下简称教师网联计划),运用远程教育手段,整合优质教师教育资源培训教师。教师网联计划坚持"创新、集成、跨越"的指导原则,融通"人网"、"天网"、"地网"这"三网"资源,将学校教育和卫星电视教育、网络教育、函授教育、自学考试,以及面授、辅导等多种教育形式有机结合。2004年3月,国务院印发《2003—2007年教育振兴行动计划》(国发〔2004〕5号)(该文件于2015年11月失效),指出,"全国教师教育网络联盟计划"要促进"三网"及其他教育资源优化整合,发挥师范大学及其他举办教师教育的高等学校的自身优势,共建共享优质教师教育课程资源,提高教师培训的质量水平。根据《2003—2007年教育振兴行动计划》的总体部署,为进一步加快推进教师网联计划,教育部印发《教育部关于加快推进全国教师教育网络联盟计划组织实施新一轮中小学教师全员培训的意见》(教师〔2004〕4号)(简称《意见》)。《意见》指出,加快推进教师网联计划、实施新一轮教师全员培训是加强中小学教师队伍建设的紧迫任务,要求:加快推进教师网联计划,构建开放高效的教师终身学习体系;以推进教师网联计划为抓手,启动实施新一轮中小学教师全员培训;加快教师培训课程资源建设,促进优质教师课程资源共建共享;采取有力措施,为加快推进全国教师网联计划,实施新一轮教师培训提供保障。同时,为贯彻落实全国教育工作会议精神和《国家中长期教育改革和发展规划纲要(2010—2020年)》(中发〔2010〕12号),建设高素质专业化教师队伍,2011年11月,教育部印发《教育部关于大力加强中小学教师培训工作的意见》(教师〔2011〕1号),要求深入推进全国教师教育网络联盟计划,充分利用卫星电视、计算机网络等现代远程教育手段优势,加强政府、高校、教师培训专业机构、中小学校分工合作,构建开放兼容、资源共享、规范高效、覆盖全国城乡,"天网"、"地网"、"人网"相结合的中小学教师培训公共服务体系,更好地满足教师多样化的学习需求。

《全国普通高等学校体育课程教学指导纲要》 为了全面贯彻党的教育方针,促进学生的健康发展,使当代大学生成为社会主义事业的建设者和接班人,根据《中共中央国务院关于深化教育改革全面推进素质教育的决定》(中发〔1999〕9号)和《学校体育工作条例》(国家教育委员会令第8号)的精神,2002年8月,教育部下发《全国普通高等学校体育课程教学指导纲要》(教体艺〔2002〕13号)(简称《纲要》)。《纲要》规定体育课程是大学生的公共必修课程,是学校课程体系的重要组成部分,是高等学校体育工作的中心环节,是实施素质教育和培养全面发展的人才的重要途径。体育课程的基本目标分为五个领域:运动参与目标、运动技能目标、身体健康目标、心理健康目标、社会适应目标。普通高等学校的一、二年级必须开设体育课程,三年级以上学生(包括研究生)开设体育选修课。为实现体育课程目标,应使课堂教学与课外、校外的体育活动有机结合,充分发挥学生的主体作用和教师的主导作用,努力倡导开放式、探究式教学。《纲要》确定体育课程内容的主要原则是:健身性与文化性相结合、选择性与实效性相结合、科学性和可接受性相结合、民族性与世界性相结合。教学方法要讲究个性化和多样化,提倡师生之间、学生与学生之间的多边互助活动。学校应配备相应数量的合格的体育教师,提高对各项体育设施的利用率,建立、健全体育课程的各项规章制度和教师培养聘任制度,因地制宜地开发利用各种课程资源。体育教师要与时俱进,努力提高自身的政治、业务素养,在强化培养人才职能的基础上,逐步加强学校体育科学研究的职能和社会服务（含社区体育）的职能，开展经常性的科学研究和教育教学的研究，不断推广优秀教学成果。《纲要》还规定体育课程建设的评价由教育部组织进行。

全国职业院校职业技能大赛　为大力发展职业教育，《国家中长期教育改革和发展规划纲要（2010—2020年）》（中发〔2010〕12号），提出要"开展职业技能竞赛"。2012年6月，教育部下发《国家教育事业发展第十二个五年规划》（教发〔2012〕9号），提出要"办好全国和地方、行业、学校各个层次的职业技能大赛，并把职业技能大赛成绩作为高一级学校招生的重要依据"。为落实上述文件的布署，组织安排好2013—2015年全国职业院校技能大赛，2013年1月，教育部下发《全国职业院校技能大赛三年规划（2013—2015年）》（教职成函〔2013〕1号）（简称《规划》）。《规划》要求高举中国特色社会主义伟大旗帜，全面贯彻党的教育方针，进一步扩大技能大赛的专业覆盖面，提升技能大赛的社会影响；进一步完善全国大赛的办赛机制，提升技能大赛与产业发展相同步的水平。《规划》明确主要任务为充分发挥全国大赛的品牌优势和宏观指导作用，完善全国大赛体系；通过制定大赛章程、界定参赛资格、明确组队方式、规范比赛奖励、巩固分赛区制度等措施完善赛事制度；通过大力优化已有赛项、审慎开发新增赛项、探索特色专业设赛、推进开放办赛等措施提升赛项水平；建立教育行政部门统一规划，以赛项专家组为核心、相关行业深度参与、以相关企业为支撑的赛事组织方式，成立中国职业技术教育学会院校技能竞赛工作委员会以健全赛事组织。每年举办的赛项原则上控制在100项以内，新设项目控制在赛项总数的25％左右，同类专业赛项原则上隔年举办。同时要加强政策研究和大赛资源的转化与服务，加强社会宣传，办好大赛同期活动，全力推进职业教育校企合作，提升职业教育社会认可度。

全国中小学生系列广播体操　为了切实贯彻学校体育工作条例相关内容，继承和发展广播操的成果，针对不同学制和不同年龄阶段学生身心的发展需要，教育部于1998年5月组织创编第一套广播体操，并在全国范围内正式推广。2002年8月，为了落实《中共中央国务院关于深化教育改革全面推进素质教育的决定》（1999年6月发布）提出的"学校体育要树立健康第一的指导思想，切实加强学校体育工作",以及贯彻第三次全国教育工作会议精神,丰富课间活动内容,保证学生每天锻炼一小时,更好地促进学生身心健康发展,提高青少年儿童德、智、体、美多方面的素质,教育部创编推广第二套广播体操。2005年后,为了贯彻《中共中央国务院关于加强青少年体育增强青少年体质的意见》(中发〔2007〕7号),推动全国亿万学生阳光体育运动的深入开展,丰富学校大课间体育活动形式和内容,为广大青少年学生提供科学的锻炼手段,教育部组织创编了《第三套全国中小学生系列广播体操》,并于2008年7月下发《教育部关于推行实施〈第三套全国中小学生系列广播体操〉的通知》(教体艺函〔2008〕6号),决定自2008年9月1日起在全国普通中小学校(含特殊教育学校)、中等职业学校中推行实施。《第三套全国中小学生系列广播体操》是在借鉴第一、二套全国中小学生系列广播体操成功经验的基础上,经过充分调查研究和科学实验,针对广大中小学生身心发展规律和特点研制的。本套系列广播体操由"七彩阳光"、"希望风帆"、"舞动青春"、"放飞理想"等四个操组成,具有鲜明的教育性、健身性、科学性、适应性、艺术性和新颖性。文件要求各级教育行政部门和学校要充分认识中小学生广播体操的重要意义,认真组织好本地区、本学校第三套全国中小学生系列广播体操的宣传、培训、教学、比赛、评比等推广和实施工作,切实加强大课间体育活动的规范管理,促进阳光体育运动的深入广泛开展。

全面加强和改进学校美育工作 为进一步强化美育育人功能,推进学校美育改革发展,按照《国家中长期教育改革和发展规划纲要(2010—2020年)》(中发〔2010〕12号)要求,把培育和践行社会主义核心价值观融入学校美育全过程,2014年1月,教育部下发《教育部关于推进学校艺术教育发展的若干意见》(教体艺〔2014〕1号),要求全面贯彻党的教育方针,实施素质教育,改进美育教学,提高学生审美和人文素养,促进学生健康成长。2015年全国教育工作会议提出"要改进美育教学,建立艺术教育工作评价制度"。为建立健全学校艺术教育工作评价制度,改进美育教学,提高学生的审美和人文素养,促进学生全面健康成长,根据《教育部关于推进学校艺术教育发展的若干意见》要求,2015年5月,教育部下发《教育部关于印发〈中小学生艺术素质测评办法〉、〈中小学校艺术教育工作自评办法〉、〈中小学校艺术教育发展年度报告办法〉等三个文件的通知》(教体艺〔2015〕5号)。为进一步强化美育育人功能,推进学校美育改革发展,2015年9月,国务院印发《国务院办公厅关于全面加强和改进学校美育工作的意见》(国办发〔2015〕71号)(简称《意见》)。《意见》提出,要全面加强和改进学校美育工作,要坚持"育人为本,面向全体;因地制宜,分类指导;改革创新,协同推进"的基本原则,到2018年,取得突破性进展,美育资源配置逐步优化,管理机制进一步完善,各级各类学校开齐开足美育课程;到2020年,初步形成大中小幼美育相互衔接、课堂教学和课外活动相互结合、普及教育与专业教育相互促进、学校美育和社会家庭美育相互联系的具有中国特色的现代化美育体系。为构建科学的美育课程体系,要求科学定位美育课程目标,开设丰富优质的美育课程,实施美育实践活动的课程化管理。为大力改进美育教育教学,要深化学校美育教学改革,加强美育的渗透与融合,创新艺术人才培养模式,建立美育网络资源共享平台,注重校园文化环境的育人作用,加强美育教研科研工作。为统筹整合学校与社会美育资源,要采取有力措施配齐美育教师,通过多种途径提高美育师资整体素质,整合各方资源充实美育教学力量,探索构建美育协同育人机制。为保障学校美育健康发展,加强组织领导,要加强美育制度建设,加大美育投入力度,探索建立学校美育评价制度,建立美育质量监测和督导制度。

全面提高高等教育质量　《国家中长期教育改革和发展规划纲要(2010—2020年)》(中发〔2010〕12号)(简称《教育规划纲要》)提出,全面提高高等教育质量。高等教育承担着培养高级专门人才、发展科学技术文化、促进社会主义现代化建设的重大任务。提高质量是高等教育发展的核心任务,是建设高等教育强国的基本要求。力求到2020年,高等教育结构更加合理,特色更加鲜明,人才培养、科学研究和社会服务整体水平全面提升,建成一批国际知名、有特色、高水平的高等学校,若干所大学达到或接近世界一流大学水平,高等教育国际竞争力显著增强。同时,《中共教育部党组关于教育战线学习贯彻胡锦涛总书记在庆祝清华大学建校100周年大会上重要讲话精神的通知》(教党〔2011〕9号)强调,全面提高高等教育质量要以重点学科建设为基础,以体制机制改革为重点,以创新能力提高为突破,抓好新一轮"985工程"建设与改革,深入实施"211工程"和"特色重点学科项目"。要深入实施"高等学校本科教学质量和教学改革工程"、"研究生教育创新计划"和"高等学校自主创新工程",启动实施"中西部高等教育振兴计划",实施"高等学校基础学科拔尖学生培养实施计划"、"卓越工程师教育培养计划",启动实施

"卓越医生教育培养计划"、"卓越法律人才教育培养计划"。要深化教育质量问题调查研究,健全高等教育质量评价体系,加强教育教学质量监管监测,积极推动协同创新,加强产学研用结合。为深入贯彻落实胡锦涛总书记在庆祝清华大学建校100周年大会上的重要讲话精神和《教育规划纲要》,2012年3月,教育部印发《教育部关于全面提高高等教育质量的若干意见》(教高〔2012〕4号)(简称《意见》)。《意见》提出要坚持内涵式发展,促进高校办出特色,完善人才培养质量标准体系,优化学科专业和人才培养结构,创新人才培养模式,巩固本科教学基础地位,改革研究生培养机制,强化实践育人环节,加强创新创业教育和就业指导服务,加强和改进思想政治教育,健全教育质量评估制度,推进协同创新,提升高校科技创新能力,繁荣发展高校哲学社会科学,改革高校科研管理机制,增强高校社会服务能力,加快发展继续教育,推进文化传承创新,改革考试招生制度,完善研究生资助体系,完善中国特色现代大学制度,推进试点学院改革,建设优质教育资源共享体系,加强省级政府统筹,提升国际交流与合作水平,加强师德师风建设,提高教师业务水平和教学能力,完善教师分类管理,加强高校基础条件建设,加强高校经费保障。为了贯彻关于全面提高高等教育质量的部署,教育部相继印发《普通本科学校创业教育教学基本要求(试行)》(教高厅〔2012〕4号)、《教育部中央组织部中央宣传部国家发展改革委财政部人力资源和社会保障部关于加强高等学校青年教师队伍建设的意见》(教师〔2012〕10号)、《教育部办公厅关于开展2015年国家级实验教学示范中心建设工作的通知》(教高厅函〔2015〕31号)和《教育部关于中央部门所属高校深化教育教学改革的指导意见》(教高〔2016〕2号)等文件。

全民健身计划 为实施全民健身国家战略,提高全民族的身体素质和健康水平,2016年6月,国务院出台《全民健身计划(2016—2020年)》(国发〔2016〕37号)。《全民健身计划(2016—2020年)》要求,全面贯彻党的十八大和十八届三中、四中、五中全会精神,紧紧围绕"四个全面"战略布局和党中央、国务院决策部署,牢固树立和贯彻落实创新、协调、绿色、开放、共享的发展理念,以增强人民体质、提高健康水平为根本目标,以满足人民群众日益增长的多元化体育健身需求为出发点和落脚点,坚持以人为本、改革创新、依法治体、确保基本、多元互促、注重实效的工作原则,通过立体构建、整合推进、动态实施,统筹建设全民健身公共服务体系和产业链、生态圈,提升全民健身现代治理能力,为全面建成小康社会贡献力量,为实现中华民族伟大复兴的中国梦奠定坚实基础。根据这一总体要求,要弘扬体育文化,促进人的全面发展;开展全民健身活动,提供丰富多彩的活动供给;推进体育社会组织改革,激发全民健身活力;统筹建设全民健身场地设施,方便群众就近就便健身;发挥全民健身多元功能,形成服务大局、互促共进的发展格局;拓展国际大众体育交流,引领全民健身开放发展;强化全民健身发展重点,着力推动基本公共体育服务均等化和重点人群、项目发展。为了保障这些任务的顺利推进,要完善全民健身工作机制,加大资金投入与保障,建立全民健身评价体系,创新全民健身激励机制,强化全民健身科技创新,加强全民健身人才队伍建设,完善法律政策保障,同时,加强组织领导与协调,严格过程监管与绩效评估。

《全民健身条例》 为了促进全民健身活动的开展,保障公民在全民健身活动中的合法权益,提高公民身体素质,2009年8月,国务院下发《全民健身条例》(国务院令第560号)(简称《条例》)。为了认真贯彻落实《条例》,促进全民健身事业蓬勃发展,2009年10月,国家体育总局、中央文明办等20部门联合下发了《关于贯彻落实〈全民健身条例〉的通知》(体群字〔2009〕181号)。2016年2月,《国务院关于修改部分行政法规的决定》(国务院令第666号)对《条例》进行修订。《条例》规定国务院体育主管部门负责全国的全民健身工作,县级以上地方人民政府主管体育工作的部门负责本行政区域内的全民健身工作,国家鼓励体育类社会团体、体育类民办非企业单位等群众性体育组织开展全民健身活动。《条例》规定,每年8月8日为全民健身日。公共体育设施应当在全民健身日向公众免费开放,国家鼓励其他各类体育设施在全民健身日向公众免费开放。国务院体育主管部门应当定期举办全国性群众体育比赛活动,地方人民政府应当定期举办本行政区域的群众体育比赛活动。学校应根据学生的年龄、性别和体质状况,组织实施体育课教学,每学年至少举办一次全校性的运动会,在课余时间和节假日向学生开放体育设施。公园、绿地、广场等公共场所和居民住宅区的管理单位,应当就该公共场所和居民住宅区配置的全民健身器材明确管理和维护责任人。县级以上人民政府应当将全民健身工作所需经费列入本级财政预算。企业、个体工商户经营高危险性体育项目的,应当符合条件,并向县级以上地方人民政府体育主管部门提出申请。

学校违反《条例》规定的,由县级以上人民政府教育主管部门按照管理权限责令改正;未经批准,擅自经营高危险性体育项目的,由县级以上地方人民政府体育主管部门按照管理权限责令改正,并处罚款;高危险性体育项目经营者取得许可证后,不再符合《条例》规定条件仍经营该体育项目的,由县级以上地方人民政府体育主管部门按照管理权限责令改正;有违法所得的,没收违法所得并处以罚款或吊销许可证。县级以上人民政府及其有关部门的工作人员在全民健身工作中玩忽职守、滥用职权、徇私舞弊的,依法给予处分;构成犯罪的,依法追究刑事责任。

全纳教育 全纳教育(inclusive education)是1994年6月10日在西班牙萨拉曼卡召开的《世界特殊需要教育大会》上通过的一项宣言中提出的一种新的教育理念和教育过程。它容纳所有学生,反对歧视排斥,促进积极参与,注重集体合作,满足不同需求,是一种没有排斥、没有歧视、没有分类的教育。为深入实施《国家中长期教育改革和发展规划纲要(2010—2020年)》(中发〔2010〕12号),加快推进特殊教育发展,大力提升特殊教育水平,2014年1月,国务院印发《特殊教育提升计划(2014—2016年)》(国办发〔2014〕1号),确立了"全面推进全纳教育,使每一个残疾孩子都能接受合适的教育"的总目标,鼓励高校在师范类专业中开设特殊教育课程,培养师范生的全纳教育理念和指导残疾学生随班就读的教学能力。2014年4月,教育部出台的《教育部关于学习贯彻李克强总理等国务院领导同志有关特殊教育重要批示和讲话精神的通知》(教基二〔2014〕5号)要求,牢固树立全纳教育理念,提升特殊教育质量,不断提高残疾学生融入社会和终身发展的能力。同时,《国家贫困地区儿童发展规划(2014—2020年)》(国办发〔2014〕67号)要求,积极推进全纳教育,使每个残疾儿童都能接受合适的教育。为更好地推进全纳教育,完善普通学校随班就读支持保障体系,提高残疾学生教育教学质量,依据《义务教育法》和《残疾人教育条例》的有关规定,2016年1月,教育部出台《普通学校特殊教育资源教室建设指南》(教基二厅〔2016〕1号)。同时,国务院出台《国务院办公厅关于加快中西部教育发展的指导意见》(国办发〔2016〕37号),要求以普及残疾儿童少年义务教育为重点,扩大特殊教育资源总量,提高残疾人接受教育的比例,提高特教教师职业吸引力,推进全纳教育。

R

人才回流 为加大留学人员工作的力度,指导"九五"期间人事系统留学人员工作的发展,促进人才回流,1996年8月,人事部出台《"九五"期间人事系统留学人员工作规划》(人发〔1996〕75号)。文件指出,"九五"期间留学人员工作要以邓小平同志建设有中国特色社会主义理论和党的基本路线为指导,继续贯彻"支持留学、鼓励回国、来去自由"的工作方针,把工作的重点调整到充分开发利用留学人才资源上来,使各类留学人才在国家经济建设和社会发展中发挥更大的作用。初步建立起一套与社会主义市场经济体制相适应的科学的留学人员工作制度;培养造就一批掌握国际先进科学技术,适合我国经济建设和社会发展需要的各类留学人才;建设一支具有高度责任感和事业心,有较高业务能力和工作能力的留学人员工作队伍。积极创造条件,鼓励和吸引留学人员以多种方式为国服务。为了实现这一目标,要建立完善留学人员工作制度和配套的政策法规;逐步做到在国家政策指导下,对留学人员工作安置从单一运用行政手段到运用行政和市场两个手段,双向选择,自主择业;研究制定《留学回国人员工作分配办法》、《留学回国人员工作单位调整办法》、《留学人员工作站管理暂行规定》;通过制定优惠政策,采取鼓励回国定居、投资办实业等办法,促进在外留学人才回流,积极从留学人员中吸引培养优秀人才,进入"百千万人才工程",培养造就跨世纪留学人才队伍。建立留学人才智力信息市场;支持引导留学人员联谊会及学术组织开展活动;加强领导和队伍建设,确保规划的全面实现。

人人皆学、处处能学、时时可学 2015年12月,教育部出台的《教育部关于印发刘延东副总理在第二次全国教育信息化工作电视电话会议上讲话的通知》(教技〔2015〕6号)提出,构建网络化、数字化、个性化、终身化的教育体系,建设"人人皆学、处处能学、时时可学"的学习型社会,培养大批适应信息社会需要的创新人才。依据上述文件精神,《教育信息化"十三五"规划》(教技〔2016〕2号)提出"到2020年,基本建成'人人皆学、处处能学、时时可学、与国家教育现代化发展目标相适应'的教育信息化体系"的总目标。

S

"三个课堂"建设　为深入贯彻落实党的十八大和十八届三中、四中、五中全会精神,学习贯彻习近平总书记系列重要讲话精神,2016年6月,教育部根据第二次全国教育信息化工作电视电话会议的工作部署,印发《教育信息化"十三五"规划》(教技〔2016〕2号)(简称《规划》)。《规划》的任务之一就是不断扩大优质教育资源覆盖面,优先提升教育信息化促进教育公平、提高教育质量的能力。具体来说,就是要深入推进三个课堂建设,积极推动"专递课堂"建设,巩固深化"教学点数字教育资源全覆盖"项目成果,进一步提高教学点开课率,提高教学点、薄弱校教学质量;推广"一校带多点、一校带多校"的教学和教研组织模式,逐步使依托信息技术的"优质学校带薄弱学校、优秀教师带普通教师"模式制度化。大力推进"名师课堂"建设,充分发挥名师的示范、辐射和指导作用,以"名师工作室"等形式组织特级教师、教学名师与一定数量的教师结成网络研修共同体,提升广大教师的教学能力和水平。积极组织推进多种形式的信息化教学活动,鼓励教师利用信息技术创新教学模式,推动形成"课堂用、经常用、普遍用"的信息化教学新常态。创新推进"名校网络课堂"建设,各地教育行政部门要制订相关规定,鼓励、要求名校利用"名校网络课堂"带动一定数量的周边学校,使名校优质教育资源在更广范围内得到共享,让更多的学生享受到高质量的教育。继续推动高校建设并向社会开放在线课程,促进中央部门高校支援西部高校开展在线开放课程线上线下混合式教学改革;积极支持、推进高等学校继续教育数字化资源开放和在线教育联盟、大学与企业继续教育联盟建设,扩大高校优质教育资源受益面,在提升高等教育、继续教育质量中发挥重要作用。

"三区"人才支持计划教师专项计划　为贯彻落实《国家中长期人才发展规划纲要(2010—2020年)》(中发〔2010〕6号)、《国家中长期教育改革和发展规划纲要(2010—2020年)》(中发〔2010〕12号)和《中国农村扶贫开发纲要(2011—2020

年)》精神,提升边远贫困地区、边疆民族地区和革命老区(以下简称三区)学校教师队伍素质,2012年11月,教育部等五部门出台《边远贫困地区、边疆民族地区和革命老区人才支持计划教师专项计划实施方案》(教民〔2012〕6号)(简称《方案》),决定本方案实施周期为2013年至2020年,2013年开始启动项目计划,开展选派支教和培训教师工作。《方案》指出,从2013年起至2020年,每年选派3万名优秀幼儿园、中小学(含普通高中,下同)和中等职业学校教师到"三区"支教一年;每年为"三区"培训3000名幼儿园、中小学和中等职业学校的骨干教师和紧缺专业教师。通过选派支教教师和培训当地教师,加快"三区"教师队伍建设,提高教师素质,为推动"三区"普及学前教育、义务教育均衡发展、普及高中阶段教育、大力发展中等职业教育提供人才支持。为了实现这一目标,要坚持"中央指导、地方实施;统筹规划、整体安排;因地制宜、注重实效"的工作原则。《方案》中,对受援范围、选派支教教师和培训"三区"教师范围、选派要求和培训要求等方面提出了具体要求。为了落实"三区"人才支持计划教师专项计划,要加强组织领导,做好政策保障和经费保障。为了贯彻《方案》的部署,教育部相继印发《教育部办公厅财政部办公厅关于做好2014年"三区"人才支持计划教师专项计划有关工作的通知》(教民厅函〔2014〕3号)、《教育部办公厅关于下达2015年"三区"人才支持计划教师专项计划的通知》(教民厅函〔2015〕9号)、《教育部办公厅关于召开"三区"人才支持计划教师专项计划工作会议的通知》(教民厅函〔2015〕15号)和《教育部办公厅关于做好2016年"三区"人才支持计划教师专项计划有关实施工作的通知》(教师厅函〔2016〕2号)等文件,要求认真落实教师选派任务,扎实做好组织实施工作。

"三通工程" 以教育信息化带动教育现代化是我国教育事业科学发展的重大战略任务。2012年9月,第一次全国教育信息化工作电视电话会议将"三通两平台"列为"十二五"期间教育信息化建设的核心目标与标志工程,其中包含"三通工程"。"三通工程"即:到2015年,基本实现"宽带网络校校通"——各级各类学校接入宽带并建成网络条件下的基本教学与学习环境;"优质资源班班通"——将优质教育资源送到每一个班级,实现在教学与学习过程中的普遍使用;"网络学习空间人人通"——所有教师和初中以上学生都拥有实名的网络学习空间,教与学、教与教、学与学全面互动,真正把技术与教学实践的融合落实到每个教师与学生的日常教学活动与学习活动中。为完成"三通工程"建设，全面提升教育信息化基础支撑能力，《教育信息化"十三五"规划》（教技〔2016〕2号）提出，加快推进"宽带网络校校通"，结合国家"宽带中国"建设，基本实现各级各类学校宽带网络的全面覆盖；有效提升各类学校和教学点出口带宽；推进"无线校园"建设。将学校网络教学环境和备课环境建设纳入义务教育学校建设标准；推动落实《职业院校数字校园建设规范》。全面推进"优质资源班班通"，基本建成数字教育资源公共服务体系。大力推进"网络学习空间人人通"，实现网络学习空间应用普及化，基本形成与学习型社会建设需求相适应的信息化支撑服务体系。

"三通两平台" 为大力促进教育信息化发展，2012年9月召开的第一次全国教育信息化工作电视电话会议提出："十二五"期间，要以建设好"三通两平台"为抓手，也就是实现"宽带网络校校通、优质资源班班通、网络学习空间人人通"，建设教育资源公共服务平台和教育管理公共服务平台。会议强调"三通两平台"建设是当前教育信息化建设的核心目标与标志工程。随后，《教育部2015年工作要点》（教政法〔2015〕3号）、《2015年教育信息化工作要点》（教技厅〔2015〕2号）和《2016年教育信息化工作要点》（教技厅〔2016〕1号）都高度重视"三通两平台建设"，要求全面完善"三通两平台"建设与应用，重点推动"网络学习空间人人通"，深化普及"一师一优课、一课一名师"活动，加大教育信息化培训和典型示范推广力度。2015年12月，《教育部关于印发刘延东副总理在第二次全国教育信息化工作电视电话会议上讲话的通知》（教技〔2015〕6号）总结了"三通两平台"工程进展，指出总体上超出了预期目标。"宽带网络校校通"取得重大进展，全国中小学互联网接入率由2011年的不足25%上升到85%，多媒体教室拥有率达77%；"优质资源班班通"取得显著成效，"教学点数字教育资源全覆盖"、"一师一优课、一课一名师"等活动大大促进了"课堂用、经常用、普遍用"的信息化教学；"网络学习空间人人通"实现跨越式发展，全国超过30%的学校开通网络学习空间，数量从2012年的60万个增长到4200万个，应用范围从职业教育扩展到各级各类教育；教育资源和教育管理两大平台全面应用，国家教育资源公共服务平台2012年底上线运行，教育管理公共服务平台两级（国家、省）建设、五级（国家、省、市、县、校）应用格局基本形成。

《扫除文盲工作条例》 为了提高中华民族的文化素质，促进社会主义物质文明和精神文明建设,1988年2月,国务院发布《扫除文盲工作条例》(国发〔1988〕8号)(简称《条例》)。1993年8月,通过了《国务院关于修改〈扫除文盲工作条例〉的决定》(国务院令第122号)。《条例》规定,凡年满十五周岁以上的文盲、半文盲公民,除丧失学习能力的以外,不分性别、民族、种族,均有接受扫除文盲教育的权利和义务;对丧失学习能力者的鉴定,由县级人民政府教育行政部门组织进行。《条例》规定,个人脱盲的标准是:农民识一千五百个汉字,企业和事业单位职工、城镇居民识两千个汉字;能够看懂浅显通俗的报刊、文章,能够记简单的账目,能够书写简单的应用文。基本扫除文盲的单位标准是:其下属的每个单位一九四九年十月一日以后出生的年满十五周岁以上人口中的非文盲人数,除丧失学习能力的以外,在农村达到95%以上,在城镇达到98%以上;复盲率低于5%。为了落实扫除文盲的任务,要求制定规划和具体措施,并按规划的要求完成扫除文盲任务;扫除文盲与普及初等义务教育应当统筹规划,同步实施;积极办好乡(镇)、村文化技术学校,采取农科教相结合等多种形式巩固扫盲成果;实施扫除文盲实行验收制度;由乡(镇)、街道、村和企业、事业单位聘用扫除文盲教师,并给予相应报酬;当地普通学校、文化馆(站)等有关方面均应积极承担扫除文盲的教学工作;鼓励社会上一切有扫除文盲教育能力的人员参与扫除文盲教学活动。同时,要求采取多渠道办法解决扫除文盲所需教育经费,做好经费保障。

少数民族高层次骨干计划 为贯彻落实党中央、国务院关于实施西部大开发战略的有关精神和《国务院关于深化改革加快发展民族教育的决定》(国发〔2002〕14号),2004年7月,教育部、国家发展改革委、国家民委等联合颁布《教育部国家发展改革委国家民委财政部人事部关于大力培养少数民族高层次骨干人才的意见》(教民〔2004〕5号),提出自2006年起,由国家部委高校、有关科研院所研究生招生单位每年向西部少数民族地区等招收5000名硕士及博士研究生,为少数民族地区培养各级高层次人才。根据上述文件的要求,为确保少数民族高层次骨干人才培养计划的顺利实施,促进西部大开发和我国各民族的共同发展繁荣,2005年6月,教育部等五部委印发《培养少数民族高层次骨干人才计划的实施方案》(教民〔2005〕11号),强调实施方案的招生计划属于国家定向培养计划,纳入招生单位总规模;主要面向西部12个省、自治区、直辖市和新疆生产建设兵团招生,研究生毕业后,在职人员回定向单位工作;非在职人员按定向协议回定向地区就业,也可以由生源地区在本地区调剂就业,硕士服务期为 5 年,博士服务期为 8 年。根据上述文件规定,2006 年,国家采取"定向招生、定向培养、定向就业"的措施,在内地有关部委所属高校和科研院(所)招收"少数民族高层次骨干人才"(以下简称"骨干人才")研究生。为做好"骨干人才"研究生就业工作,2008 年 12 月,教育部颁布《教育部办公厅关于做好"少数民族高层次骨干人才"研究生就业工作的意见》(教民厅〔2008〕10 号),要求明确"骨干人才"研究生就业指导工作的指导思想;加强对"骨干人才"研究生的公共就业服务;加强领导,全面推动"骨干人才"研究生就业工作顺利开展。同时,从 2005 年开始,教育部会在每年的 9 月或 10 月期间,下达下一年度的"少数民族高层次骨干人才"研究生招生计划的通知。根据新疆维吾尔自治区 2015 年文化艺术人才定向培养、培训的需求,经中宣部、财政部同意,2015 年 2 月,教育部颁布《教育部办公厅关于下达 2015 年新疆文化艺术人才定向培养和培训计划的通知》(教民厅函〔2015〕4 号),规定由中央音乐学院等 20 所内地高校为新疆培养、培训文化艺术人才 235 人;培养计划为全日制普通本科招生计划;培养计划的考生要与新疆维吾尔自治区文化厅及培养学校分别签订定向就业协议书;培训学员要与新疆维吾尔自治区文化厅及原工作单位分别签订定向培训协议书。

少数民族汉语水平等级考试　在少数民族学校的汉语教学中,汉语水平考察一直占据着重要地位。为了遵循第二语言教学规律,提高汉语教学质量,1996 年,教育部在新疆、内蒙古、吉林、青海等省区的部分学校进行了为期两年的"中国汉语水平考试"(HSK)的试点。为满足少数民族地区汉语教学的需要,建立适合少数民族学习汉语的科学评价体系,全面推进汉语教学改革,以便提高少数民族实际运用汉语的能力,适应生活、学习、工作和社会交往的需要,2002 年 10 月,教育部颁布《教育部关于在有关省区试行中国少数民族汉语水平等级考试的通知》(教民函〔2002〕7 号),规定考试对象为在各级各类少数民族学校使用本民族语言文字进行教学并加授汉语,母语为非汉语的中国各少数民族学生;中国少数民族汉语水平等级考试从低级到高级,共分为四个等级,互相衔接;教育部成立中国少数民族汉语水平等级考试委员会;从 2003 年开始,在新疆、吉林、青海、四川等省、自治区进行了中国少数民族汉语水平等级考试(以下简称民族汉考)的试点工作。根据几年来试点的情况,为更好地推进民族汉考工作的开展,维护高考工作的严肃性,

2006年10月,教育部颁布《教育部关于调整试行中国少数民族汉语水平等级考试有关规定的通知》(教民函〔2006〕4号),决定对有关事项作适当调整:义务教育和高中教育阶段用民族语言授课,单科加授汉语的少数民族学生参加中考、高考时,参加汉语文考试还是参加以民族汉考题型模式命题的考试,由各地教育行政部门根据本地实际确定。考试时间即为中考、高考汉语科目考试的时间,成绩当次有效;参加民族汉考的在校学生(参加中考、高考的考生除外)以及其他社会人员,继续按照原文件的有关规定执行。为弘扬爱国主义精神,就教育系统深入开展爱国主义教育,2016年1月,中共教育部党组颁布《中共教育部党组关于教育系统深入开展爱国主义教育的实施意见》(教党〔2016〕4号),意在推动少数民族学科双语教学资源建设,加强对中国少数民族汉语水平等级考试的指导和监督,启动建立双语教育督导评估和质量检测机制。

少数民族双语教师培训　为贯彻落实《国家中长期教育改革和发展规划纲要(2010—2020年)》(中发〔2010〕12号)(简称《教育规划纲要》),积极稳妥、科学有序地推进双语教育,建设一支与双语教育发展相适应的教师队伍,提高民族教育教学质量,"十二五"期间,中央财政将加大扶持力度,支持中西部省区进一步加强少数民族双语教师培训工作。2011年9月,教育部颁布的《教育部办公厅关于做好少数民族双语教师培训工作的意见》(教民厅〔2011〕7号),要求高度重视双语教师培训工作;重点加强双语教师培训的规划编制和机制建设;逐步探索双语教师培训的有效模式;切实加强双语教师培训经费的使用管理。为贯彻党的十八大提出的"推广和规范使用国家通用语言文字"精神,落实《国家中长期语言文字事业改革和发展规划纲要(2012—2020年)》(教语用〔2012〕1号)关于"加快民族地区国家通用语言文字的推广和普及"的工作要求,进一步提高少数民族双语教师语言文字应用能力,提升民族地区教育教学质量,教育部语用司决定进一步扩大少数民族双语教师普通话培训规模,在"国培计划"的基础上,拨付相关省(区)经费各20万元,专项用于民族地区少数民族双语教师普通话培训工作。为指导各地做好相关培训工作,2014年7月,教育部颁布《教育部语用司关于开展2014年少数民族双语教师普通话培训工作的通知》(教语用司函〔2014〕16号),要求对相关省(区)的少数民族聚居地区的普通话教学骨干双语教师或普通话水平较弱的少数民族双语教师进行集中培训,通过集中讲授、个别辅导、实践学习、水平测试等手段,使学员的普通话水平和语言表达能力在短期内得到一定程度提升,使教师教学能力得到提高,对学校普通话教学起到示范带头作用。

社会体育指导员管理 为了促进社会体育指导员队伍发展,规范社会体育指导员工作,发挥社会体育指导员在全民健身活动中的作用,2011年10月,国家体育总局下发《社会体育指导员管理办法》(国家体育总局令第16号)(简称《办法》),原国家体委发布的《社会体育指导员技术等级制度》同时废止。《办法》包括总则、组织管理、培训教育、申请审批、注册办理、工作保障、服务规范、奖励处罚、附则等内容。国家对社会体育指导员实行技术等级制度,国家体育总局主管全国的社会体育指导员工作,县级以上地方体育主管部门负责本行政区域内社会体育指导员工作。建立全国性和地方性社会体育指导员协会。各级体育主管部门可以委托社会体育指导员协会等群众性体育组织和基层文化体育组织,承担社会体育指导员管理的具体工作。社会体育指导员培训教育分为技术等级培训和继续培训,国家体育总局制定等级培训大纲,编写教材,确定培训办法,社会体育指导员培训基地承担培训教育工作。申请授予或晋升社会体育指导员技术等级称号的人员,应当向开展志愿服务所在地的县级体育主管部门、经批准的省级协会或委托的组织提交相应材料,相关部门在收到申请材料三个月内作出批准授予的决定并予以公布。对未予批准的询问和申诉,应当予以答复。社会体育指导员应当自被批准授予或晋升技术等级称号之日起30日内,办理登记注册。各级体育主管部门应当在本级事业经费预算中列支社会体育指导员工作经费,基层文化体育组织应当提供必要的社会体育指导员工作经费。各级体育主管部门应当定期开展评选表彰活动,建立社会体育指导员荣誉奖章制度。地方各级体育主管部门和有关组织、单位违反《办法》相关规定,未履行社会体育指导员工作职责的,由其上级部门或有关主管部门责令限期改正;拒不改正的,对负有责任的主管人员和其他直接责任人员依法给予处分,构成犯罪的,依法追究刑事责任。提供虚假材料获得社会体育指导员技术等级称号的人员,由批准授予的体育主管部门或经批准的协会撤销其社会体育指导员技术等级称号。社会体育指导员在开展志愿服务时造成不良影响和后果的,予以批评教育,责令改正;情节严重、影响恶劣的,撤销其社会体育指导员技术等级称号;构成犯罪的,依法追究刑事责任。

涉外办学规范管理 为促进涉外办学健康有序发展,规范和整顿涉外办学问题,进一步提高高校对外交流合作水平,2012年3月,教育部印发《教育部办公厅关于加强涉外办学规范管理的通知》(教外厅〔2012〕2号)(简称《通知》)。《通知》要求高度重视对涉外办学的规范管理工作,各地教育行政部门要做好对当地涉外办学的归口管理,增强政治意识、大局意识、责任意识和服务意识。提高校际交流学生培养项目的管理水平,在招生、教育教学计划、学籍档案、培养方案、学制年限、课程设置、教学内容、学分互认、证书颁发等方面,要依法作出明确约定并严格执行。准确把握中外合作办学的政策界限,举办中外合作办学机构或项目时,严格按照《中外合作办学条例》及其实施办法和有关规范性文件的要求进行。严守对境外学位证书的认证程序和标准,对违反规定发放和取得的各种境外学历文凭、学位证书一律不予认证。坚持涉外办学的公益性原则,要坚决抵制和纠正将涉外办学当作创收手段的错误认识和做法。加强对校舍使用的管理和教师的教育管理。同时,加强对涉外办学的监管,对非法举办涉外办学活动、非法颁发境外学位证书及其他学业文证的,要会同工商、公安等相关部门及时依法进行查处。

深度学习 深度学习是机器学习研究中的一个新的领域,其意义在于建立可模拟人脑进行分析学习的神经网络,从而利用模仿人脑的机制来解释数据。2015年7月,国务院印发的《国务院关于积极推进"互联网+"行动的指导意见》(国发〔2015〕40号)提出建设支撑超大规模深度学习的新型计算集群,构建包括语音、图像、视频、地图等数据的海量训练资源库,加强人工智能基础资源和公共服务等创新平台建设。同年8月,国务院出台的《国务院关于印发促进大数据发展行动纲要的通知》(国发〔2015〕50号)也提出支持包括深度学习在内的人工智能技术创新,提升数据分析处理能力、知识发现能力和辅助决策能力。

省级政府教育统筹 《国家中长期教育改革和发展规划纲要(2010—2020年)》(中发〔2010〕12号)、《中共中央关于全面深化改革若干重大问题的决定》(十八届中央委员会第三次全体会议通过)和《依法治教实施纲要(2016—2020年)》(教政法〔2016〕1号)均强调加大省级政府对区域内各级各类教育的统筹,深入开展教育体制改革。为了贯彻《国家中长期教育改革和发展规划纲要(2010—2020年)》及相关文件规定,2013年11月,中共中央出台《中共中央关于全面深化改革若干重大问题的决定》,再次强调深入推进管办评分离,扩大省级政府教育统筹权的必要性。2014年7月,国家教育体制改革领导小组办公室出台《国家教育体制改革领导小组办公室关于进一步扩大省级政府教育统筹权的意见》(教改办〔2014〕1号)(简称《意见》)。《意见》提出,要依据"以推进教育治理体系和治理能力现代化为目标,理顺中央与地方教育管理权限和职责范围,保证国家教育方针政策的贯彻执行,充分发挥地方的积极性主动性创造性,加快推进教育现代化"的总要求,进一步扩大省级政府教育统筹权:由省级政府管理更方便有效的教育事项,一律下放省级政府管理;加强分类指导和规划引导,完善标准体系,强化信息服务,做好监督评价,改进管理方式,服务和保障省级政府加强教育统筹。为切实用好教育统筹权,各地要深刻认识加强省级政府教育统筹的重大意义,加强组织领导,切实履行教育统筹的职责,健全教育统筹工作机制,形成统放结合、权责匹配的教育治理体制,确保教育统筹到位。

师德建设长效机制 《中华人民共和国教师法》(主席令第15号)规定,教师应当履行遵守宪法、法律和职业道德,为人师表的义务。为全面提高师德水平,2008年以来,教育部、中国教科文卫体工会全国委员会相继印发《教育部中国教科文卫体工会全国委员会关于重新修订和印发〈中小学教师职业道德规范〉的通知》(教师〔2008〕2号)和《高等学校教师职业道德规范》(教人〔2011〕11号)。文件要求教师爱国守法;敬业爱生;教书育人;为人师表;终身学习;严谨治学;服务社会。为深入实施科教兴国战略和人才强国战略,进一步加强教师队伍建设,2012年8月,国务院颁布《国务院关于加强教师队伍建设的意见》(国发〔2012〕41号),要求建立健全教育、宣传、考核、监督与奖惩相结合的师德建设工作机制。为贯彻落实《国务院关于加强教师队伍建设的意见》,建立健全教育、宣传、考核、监督与奖惩相结合的师德建设长效机制,2013年9月以来,教育部相继颁布《教育部关于建立健全中小学师德建设长效机制的意见》(教师〔2013〕10号)和《教育部关于建立健全高校师德建设长效机制的意见》(教师〔2014〕10号),要求将师德教育纳入教师教育课程体系;将师德宣传作为教育行政部门和学校重点工作;将师德考核作为教师考核的核心内容;将师德表彰奖励纳入教师和教育工作者奖励范围;教育行政部门和学校要建立健全师德年度评议制度、师德问题报告制度、师德状况定期调查分析制度和师德舆情快速反应制度;建立健全违反师德行为的惩处制度;建立师德建设领导责任制度。为推动社会主义核心价值观融入制度建设,全面落实《关于建立健全中小学师德建设长效机制的意见》和《关于建立健全高校师德建设长效机制的意见》,2014年10月,教育部、共青团中央颁布《中共教育部党组共青团中央关于在各级各类学校推动培育和践行社会主义核心价值观长效机制建设的意见》(教党〔2014〕40号),要求把社会主义核心价值观纳入教师教育课程体系,融入教师职前培养准入、职后培训管理全过程;创新师德教育、加强师德宣传、健全师德考核、强化师德监督、注重师德激励、严格师德惩处;充分激发教师加强师德建设的自觉性,将师德规范积极主动融入教育教学、科学研究和服务社会的实践中,提高师德践行能力。

师范生教育实践　为增强师范生的社会责任感、创新精神和实践能力,全面提升教师培养质量,2012年8月以来,国务院和教育部先后出台《国务院关于加强教师队伍建设的意见》(国发〔2012〕41号)和《教育部国家发展改革委财政部关于深化教师教育改革的意见》(教师〔2012〕13号),提出要落实师范生教育实践不少于一学期制度,同时要健全优秀中小学教师与高校教师共同指导师范生教育实习的机制。为进一步加强师范生教育实践,2016年3月,教育部出台《教育部加强师范生教育实践的意见》(教师〔2016〕2号),要求加强师范生教育实践。构建全方位的教育实践内容体系,将教育实践贯穿教师培养全过程;丰富创新教育实践的形式,采取观摩见习、模拟教学、专项技能训练、集中实习等多种形式;组织开展规范化的教育实习,实行实习资格考核制度,完善师范生教育实习档案袋制度;全面推行教育实践"双导师制",由举办教师教育的院校教师和中小学教师共同指导;完善多方参与的教育实践考核评价体系,以指导教师评价为主,兼顾同伴评价、自我评价、学生评价和实践基地评价;协同建设长期稳定的教育实践基地;建立健全指导教师激励机制,将教师指导师范生教育实践作为教学业绩考核的重要内容;切实保障教育实践经费投入。

示范高中制度　为促进教育事业的改革与发展,1993年2月,中共中央、国务院印发《中国教育改革和发展纲要》(中发〔1993〕3号)(简称《纲要》),提出:发展基础教育,必须继续改善办学条件,逐步实现标准化;普通高中的办学体制和办学模式要多样化。为了贯彻《纲要》要求,1994年7月,国务院出台《国务院关于〈中国教育改革和发展纲要〉的实施意见》(国发〔1994〕39 号),提出我国教育发展的目标和任务是:到 2000 年每个县要面向全县重点办好一两所中学;全国重点建设 1000 所左右实验性、示范性的高中。为了贯彻落实上述文件精神,1995 年 6 月,《国家教育委员会关于大力办好普通高级中学的若干意见》(教基〔1995〕13 号)出台,指出,要根据《纲要》实施意见的要求,到 20 世纪末,有计划、分步骤地重点建设好 1000 所左右起实验、示范作用的普通高中。同时,1999 年 8 月,教育部印发的《教育部关于积极推进高中阶段教育事业发展的若干意见》(教基〔1999〕12 号)要求,加强示范性高中的建设,扩大示范性高中的招生规模,努力满足人民群众对高质量高中阶段教育的需求。

数学和科学学习趋势国际测评项目 国际数学和科学教育研究(Trends in International Mathematics and Science Study,简称 TIMSS)是由国际教育成就评价协会(the International Association for the Evaluation of Educational Achievement,简称 IEA)发起和组织的国际教育评价研究和评测活动。成立于 1959 年的 IEA 曾经在 60 年代初组织了有十多个国家参加的第一次国际数学评测和第一次国际科学评测。70 年代末、80 年代初,IEA 又组织了第二次国际数学评测和第二次国际科学评测。1995 年,IEA 开始在世界 41 个国家实施第三次国际数学和科学教育研究。评测对象包括三类:第一类是 9 岁的学生(多数国家是 3—4 年级),第二类是 13 岁的学生(多数国家是 7—8 年级),第三类是中学最后一年级的学生。1999 年,IEA 开始主持第三次国际数学和科学教育的再研究(TIMSS - R)。TIMSS - R 有 38 个国家参加,主要是研究第二类学生群体,其基本评价框架与 TIMSS 一样。在 TIMSS 评估框架中,科学评估共有 144 道题目,数学评估有 164 道题目,其中约有三分之一的评测题目与 TIMSS 第二类学生群体的评测题目一致。TIMSS 对科学和数学进行综合评测,旨在了解学生基于课程基础之上掌握的数学和科学的知识和技能的情况。

数字化教室 数字化教室是教育信息化的重要资源。21 世纪初叶,我国高等教育信息化开始大力发展数字化教室。数字化教室同时成为促进教育公平的推手。2010 年 1 月,教育部印发的《教育部关于进一步推进对口支援西部地区高等学校工作的意见》(教高〔2010〕1 号)要求,受援高校要在支援高校的帮助下,充分利用现代信息技术,以提升接受国内外优质高等教育资源能力为目的,着力建设数字化校园、数字化图书馆和数字化教室等优质资源共享平台,解决自身优质资源匮乏问题,实现优质高等教育资源共享。为推动信息技术与高等教育深度融合,2012年3月教育部出台《教育信息化十年发展规划(2011—2020年)》(教技〔2012〕5号),在"2020年高等教育信息化发展水平框架"中提出"绿色、安全、文明的数字校园基本建成"的目标,其主要包括数字化教室等信息设备的配置与使用情况及对教育改革和创新的支撑情况。同时,确立"全面提升职业院校信息化水平"的建设目标,其主要包括宽带网络接入、数字化技能教室、仿真实训室等数字化环境、场所覆盖面等。

数字化图书馆 数字化图书馆是教育信息化建设的组成部分,对推进优质教学资源共享有重要意义。早在20世纪90年代末期我国已经开始进行数字化图书馆的研究和试验。1997年9月,国家科委出台《关于"九五"期间文献信息资源建设和发展的若干意见》(国科发信字〔1997〕467号),提出传统图书馆、自动化图书馆、数字化图书馆互补共存,并预见在21世纪中,数字图书馆将由试验转入实用。2005年1月,教育部印发的《关于进一步加强高等学校本科教学工作的若干意见》(教高〔2005〕1号)提出,要建设仪器设备共享系统和数字化图书馆等,加快信息化教学环境建设的进程。为利用教育信息化促进教育公平,2010年1月,教育部出台的《关于进一步推进对口支援西部地区高等学校工作的意见》(教高〔2010〕1号)要求,受援高校要在支援高校的帮助下,充分利用现代信息技术,以提升接受国内外优质高等教育资源能力为目的,着力建设数字化校园、数字化图书馆和数字化教室等优质资源共享平台,解决自身优质资源匮乏问题,实现优质高等教育资源共享。2013年2月,《中西部高等教育振兴计划(2012—2020年)》(教高〔2013〕2号)也提出:加强中西部高校信息技术基础设施建设,充分利用互联网、广播电视网、移动通信网、卫星通信等载体发展现代远程教育;加强数字化教室、数字化图书馆等信息化条件建设,将东部高校和中西部中央部委属高校的优质教学资源输送到中西部地方高校。

数字教育资源 2012年9月召开的第一次全国教育信息化工作电视电话会议指出,教育信息化工作积极推进,在教育改革发展中发挥了重要作用。数字教育资源的开发与应用取得重要进展。初步形成覆盖各级各类教育的数字教育资源体系,促进了教育理念与教学方法的创新。义务教育领域,国家层面建设视频教育资源库,向所有农村中小学校免费提供。职业教育领域,开通信息资源网,促进了资源汇聚与共享。高等教育领域,绝大多数高校建立了教学资源库。各地各学校纷纷制作视频公开课。远程网络教育应用于农民工培训、干部培训和企业在职培训,已有数千万人通过网络形式接受了学历及非学历教育。前不久,在广播电视大学的基础上,成立了国家开放大学和北京、上海开放大学,这是利用现代信息技术支撑学习型社会建设的标志性成果。为贯彻落实党的十八大精神和全国教育信息化工作电视电话会议精神,2012 年 11 月,教育部印发《教育部关于全面启动实施"教学点数字教育资源全覆盖"项目的通知》(教技函〔2012〕74 号),决定全面启动实施"教学点数字教育资源全覆盖"项目,要求 2012、2013 两年,为农村义务教育学校布局调整中确需保留和恢复的教学点配备数字教育资源接收和播放设备,配送优质数字教育资源,并以县域为单位、发挥中心校作用,组织教学点应用资源开展教学,利用信息技术帮助教学点开好国家规定课程,提高教育质量,促进义务教育均衡发展,更好地服务农村边远地区适龄儿童就近接受良好教育的需要。为了实现上述目标,要求以开足、开好国家规定课程为目标,支持各教学点建设可接收数字教育资源并利用资源开展教学的基本硬件设施,通过卫星传输方式,推送数字教育资源至各教学点。有条件的地区,可在中央支持的基础上进一步增加投入,提高设备和资源应用水平。具备网络接入条件的还应配备摄像头,利用网络建立亲子热线,满足教学点留守儿童与外出打工父母的交流需要。同时,为推进国家教育资源公共服务平台能力与机制建设,《构建利用信息化手段扩大优质教育资源覆盖面有效机制的实施方案》(教技〔2014〕6 号)提出探索形成市场化的数字教育资源汇聚机制,努力把国家教育资源公共服务平台建成最具规模与影响力的"数字教育资源超市"。

数字校园建设　《国家中长期教育改革和发展规划纲要(2010—2020 年)》(中发〔2010〕12 号)(简称《教育规划纲要》)明确提出要加快终端设施普及,推进数字化校园建设,实现多种方式接入互联网。为推进落实《教育规划纲要》关于教育信息化的总体部署,2012 年 3 月,教育部印发《教育信息化十年发展规划(2011—2020 年)》(教技〔2012〕5 号)(简称《规划》),明确要求制订中小学校和中等职业学校数字校园建设基本标准。《规划》要求大力推进职业院校数字校园建设,全面提升教学、实训、科研、管理、服务方面的信息化应用水平,以信息化促进人才培养模式改革,支撑高素质技能型人才培养,加强职业院校,尤其是农村职业学校数字校园建设,全面提升职业院校信息化水平。根据文件精神,中小学数字校园建设要采用政府推动、示范引领、重点支持、分步实施的方式,推动中小学校、幼儿园、中等职业学校实现基础设施、教学资源、软件工具、应用能力等信息化建设与应用水平全面提升。利用网络技术,实现丰富的教学资源和智力资源的共享与传播,使每所学校实现教育教学、教育管理和服务信息化,促进教育公平,提高教育质量和效益。职业院校数字校园建设要建设仿真实训基地等信息化教学设施以及实习实训等关键业务领域的管理信息系统,建成支撑学生、教师和员工自主学习和科学管理的数字化环境。《规划》还就"2020年职业教育信息化发展水平框架"做了详细规定。为贯彻落实全国职业教育工作会议精神,规范和推动职业院校数字校园建设,按照《规划》要求,2015年1月,教育部发布《职业院校数字校园建设规范》(教职成函〔2015〕1号)(简称《规范》)。《规范》包括总体要求、师生发展、数字资源、应用服务、基础设施等七部分内容。《规范》规定了其适用范围、数字校园的内涵以及实施的指导思想;提出了职业院校数字校园的意义与作用、目标与原则、内容与组成、组织结构与体系和实施过程;明确了数字校园促进学生能力发展的目标,数字校园实施过程中对教师能力提出的要求,职业教育中使用的三类数字资源的建设要求,数字校园中七类主要应用服务的建设要求,数字校园中八类主要基础设施的建设要求。

"双师型"教师队伍建设　《国家中长期教育改革和发展规划纲要(2010—2020年)》(中发〔2010〕12号)(简称《教育规划纲要》)提出"以'双师型'教师为重点,加强职业院校教师队伍建设"。2012年8月,国务院下发的《国务院关于加强教师队伍建设的意见》(国发〔2012〕41号)指出,职业学校教师队伍建设要以"双师型"教师为重点,完善"双师型"教师培养培训体系,健全技能型人才到职业学校从教制度;创新教师培养模式,建立高等学校与地方政府、中小学(幼儿园、职业学校)联合培养教师的新机制,发挥好行业企业在培养"双师型"教师中的作用;构建以师范院校为主体、综合大学参与、开放灵活的中小学教师教育体系,依托相关高等学校和大中型企业,共建职业学校"双师型"教师培养培训体系。2014年5月,国务院下发的《国务院关于加快发展现代职业教育的决定》(国发〔2014〕19号)提出,政府要支持学校按照有关规定自主聘请兼职教师,完善企业工程技术人员、高技能人才到职业院校担任专兼职教师的相关政策,加强职业技术师范院校建设,推进高水平学校和大中型企业共建"双师型"教师培养培训基地。2016年全国教育工作会议提出"加强职业教育双师型教师队伍建设,推进高校、大中型企业和职业院校共建教师培养培训体系"。2016年2月,国务院下发《国务院关于落实职业教育法执法检查报告和审议意见的报告》,指出抓住关键环节,建设"双师型"教师队伍,以制度标准建设为核心,着力打造"双师型"教师队伍;颁布并实施《中等职业学校教师专业标准》《中等职业学校校长专业标准》,指出加强职业学校"双师型"教师队伍建设;并指出教育部、财政部、人力资源和社会保障部、国资委等部门继2012年颁布《职业学校兼职教师管理办法》后,将联合发展改革委、税务总局等颁布《职业学校教师企业实践规定(试行)》,建立"专任教师企业实践+企业人员兼职任教"的"双师型"教师队伍建设政策机制。2016年5月,教育部等七部门印发的《职业学校教师企业实践规定》(教师〔2016〕3号),要求进一步加强职业学校"双师型"教师队伍建设。

"双一流"建设 《国家中长期教育改革和发展规划纲要(2010—2020年)》(中发〔2010〕12号)(简称《教育规划纲要》)要求,全面提高高等教育质量。高等教育承担着培养高级专门人才、发展科学技术文化、促进社会主义现代化建设的重大任务。提高质量是高等教育发展的核心任务,是建设高等教育强国的基本要求。到2020年,高等教育结构更加合理,特色更加鲜明,人才培养、科学研究和社会服务整体水平全面提升,建成一批国际知名、有特色、高水平的高等学校,若干所大学达到或接近世界一流大学水平,高等教育国际竞争力显著增强。加快建设一流大学和一流学科。以重点学科建设为基础,继续实施"985工程"和优势学科创新平台建设,继续实施"211工程"和启动特色重点学科项目。改进管理模式,引入竞争机制,实行绩效评估,进行动态管理。鼓励学校优势学科面向世界,支持参与和设立国际学术合作组织、国际科学计划,支持与境外高水平教育、科研机构建立联合研发基地。加快创建世界一流大学和高水平大学的步伐,培养一批拔尖创新人才,形成一批世界一流学科,产生一批国际领先的原创性成果,为提升我国综合国力贡献力量。2011年12月,教育部印发《关于"十二五"期间高等学校设置工作的意见》（教发〔2011〕9号），对建设高等教育强国作了部署。为了实现建设高等教育强国的战略目标，2012年3月，教育部印发《高等教育专题规划》（教高〔2012〕5号），明确提出"全面提高高等教育质量，建设高等教育强国"的战略目标。要求到2020年，高等教育结构更加合理，特色更加鲜明，人才培养、科学研究和社会服务整体水平全面提升；建成一批国际知名、有特色、高水平的高等学校，若干所大学达到或接近世界一流大学水平；高等教育国际竞争力显著增强，基本形成中国特色、世界水平现代高等教育体系，实现内涵式发展的历史性跨越。为保障这一目标的实现，2015年10月，国务院印发的《统筹推进世界一流大学和一流学科建设总体方案》（国发〔2015〕64号）（以下简称"双一流"建设），指出世界一流大学和一流学科建设是党中央、国务院作出的重大战略决策。"双一流"建设要坚持以一流为目标、以学科为基础、以绩效为杠杆、以改革为动力的基本原则，推动一批高水平大学和学科进入世界一流行列或前列，加快高等教育治理体系和治理能力现代化，提高高等学校人才培养、科学研究、社会服务和文化传承创新水平，在支撑国家创新驱动发展战略、服务经济社会发展、促进高等教育内涵发展等方面发挥重大作用。为了实现这一目标，要完成建设一流师资队伍、培养拔尖创新人才、提升科学研究水平、传承创新优秀文化、着力推进成果转化的建设任务，要完成落实加强和改进党对高校的领导、完善内部治理结构、实现关键环节突破、构建社会参与机制、推进国际交流合作的改革任务。为了支持"双一流"建设，要求总体规划、分级支持，强化绩效、动态支持，多元投入、合力支持，同时，加强组织管理，有序推进实施。

素质教育 为深化教育改革，实施科教兴国战略，1999年6月，中共中央办公厅出台《中共中央国务院关于深化教育改革全面推进素质教育的决定》（中发〔1999〕9号）（简称《决定》），要求全面推进素质教育，培养适应二十一世纪现代化建设需要的社会主义新人；深化教育改革，为实施素质教育创造条件；优化结构，建设全面推进素质教育的高质量的教师队伍；加强领导，全党、全社会共同努力开创素质教育的新局面。同时，2001年5月，国务院印发的《国务院关于基础教育改革与发展的决定》（简称《决定》）要求，深化教育教学改革，扎实推进素质教育，并指出，实施素质教育，必须全面贯彻党的教育方针，认真落实《决定》，切实增强德育工作的针对性、实效性和主动性。加快构建符合素质教育要求的新的基础教育课程体系。

贯彻"健康第一"的思想,切实提高学生体质和健康水平。中小学要按照国家规定开设艺术课程,提高艺术教育教学质量。教材编写核准、教材审查实行国务院教育行政部门和省级教育行政部门两级管理,实行国家基本要求指导下的教材多样化。积极开展教育教学改革和教育科学研究。继续减轻中小学生过重的课业负担。改革考试评价和招生选拔制度。大力普及信息技术教育,以信息化带动教育现代化。为了保障素质教育的实施,教育部印发《关于全面推进素质教育、深化中等职业教育教学改革的意见》(教职成〔2000〕1号)、《教育部关于大力加强中小学校园文化建设的通知》(教基〔2006〕5号)、《教育部国家体育总局关于进一步加强学校体育工作,切实提高学生健康素质的意见》(教体艺〔2006〕5号)、《教育部关于加强和改进中小学艺术教育活动的意见》(教体艺〔2007〕16号)和《教育部关于深化基础教育课程改革进一步推进素质教育的意见》(教基二〔2010〕3号)等文件,全面推进素质教育。同时,《国家中长期教育改革和发展规划纲要(2010—2020年)》(中发〔2010〕12号)(简称《教育规划纲要》)明确提出,坚持以人为本、全面实施素质教育是教育改革发展的战略主题。要求推进素质教育改革试点。建立减轻中小学生课业负担的有效机制;加强基础教育课程教材建设;开展高中办学模式多样化试验,开发特色课程;探索弹性学制等培养方式;完善教育质量监测评估体系,定期发布测评结果等。为了贯彻《教育规划纲要》的部署,国务院印发《国务院办公厅关于开展国家教育体制改革试点的通知》(国办发〔2010〕48号),提出推进素质教育,切实减轻中小学生课业负担;教育部也出台《中小学校素质教育督导评估办法(试行)》(教督办〔2011〕10号)、《教育部关于加强和改进普通高中学生综合素质评价的意见》(教基二〔2014〕11号)、《严禁中小学校和在职中小学教师有偿补课的规定》(教师〔2015〕5号)和教育部等6部门《关于加快发展青少年校园足球的实施意见》(教体艺〔2015〕6号)等文件,提出全面推进素质教育。

随班就读 为深入贯彻执行《中华人民共和国义务教育法》和《中华人民共和国残疾人保障法》,开展残疾儿童少年随班就读工作,1994年7月,国家教育委员会下发《关于开展残疾儿童少年随班就读工作的试行办法》(教基〔1994〕6号)(简称《办法》)。《办法》包括总则、对象、入学、教学要求、师资培训、家长工作、教育管理等内容。《办法》指出残疾儿童少年随班就读的对象,主要是指视力(包括盲和低视力)、听力(包括聋和重听)、智力(轻度,有条件的学校可以包括中度)等类别的残疾儿童少年。《办法》规定,县级教育行政部门应当把接收残疾儿童少年随班就读纳入普及九年义务教育发展规划,学校应当安排残疾学生与普通学生一起学习、活动。教师要处理好普通学生与残疾学生的关系,对随班就读的残疾学生应制订和实施个别教学计划,指导残疾学生正确使用助视器、助听器等辅助用具。学校应当建立残疾学生档案,残疾学生一般不留级。地方各级教育行政部门应对教师进行岗前和在职培训,普通中等师范学校要分期分批开设特殊教育课程。学校和班级教师应当与残疾学生家长建立经常的联系,加强对残疾学生家长的培训。地方各级教育行政部门应建立残疾儿童少年随班就读工作的目标责任制,逐步增加经费投入,县级教育行政部门应当委派指导教师,对残疾儿童少年随班就读工作进行巡回指导。2003年2月,教育部基础教育司、中国残疾人联合会教育就业部下发了《全国随班就读工作经验交流会议纪要》(教基司函〔2003〕4号)(简称《纪要》)。《纪要》认为开展随班就读工作有效地提高了残疾儿童少年义务教育入学率,使全社会更加了解和理解残疾人这个特殊的弱势群体,但整体上看,我国的随班就读工作教学质量不高,随班就读工作还处于低水平、低层次的发展阶段。《纪要》对以后的工作提出了建议。根据《纪要》要求,教育部基础教育司下发了《教育部基础教育司关于开展建立随班就读工作支持保障体系实验县(区)工作的通知》(教基司函〔2003〕11号),对相关实验工作事宜从实验目的、内容、达成目标等方面做了详细规定。

特岗教师在职攻读教育硕士　为支持特岗教师在职学习和专业发展,吸引更多优秀人才到农村学校任教,教育部先后出台《教育部财政部人事部中央编办实施农村义务教育阶段学校教师特设岗位计划的通知》(教师〔2006〕2号)和《教育部关于做好2010年"农村学校教育硕士师资培养计划"实施工作的通知》(教师〔2009〕5号)。文件提出对于具备普通高等学校本科学历、三年聘期内年度(或绩效)考核至少一年优秀并继续留在当地学校任教的表现突出的特岗教师,经任教学校和县级教育行政部门考核推荐、培养学校单独考核,符合培养要求的可推荐免试在职攻读教育硕士。为贯彻落实上述文件精神,支持特岗教师在职学习和专业发展,

2011年11月,教育部出台《教育部办公厅关于做好2011年特岗教师在职攻读教育硕士工作的通知》(教师厅〔2011〕5号)。从2011年起,教育部决定每年开展服务期满留任特岗教师在职攻读教育硕士专业学位工作。服务期满留任特岗教师攻读教育硕士专业学位采取在职学习的方式,学习年限按培养学校在职人员攻读教育硕士专业学位培养方案执行,通过学位论文答辩者授予教育硕士专业学位证书;特岗教师在职攻读教育硕士专业学位按规定缴纳报名费、学费和住宿费。

特级教师 为提高中小学校教师地位,增强教师的光荣感、责任感,表彰特别优秀的中小学教师、树立榜样,激发广大中小学教师教书育人的积极性,促进基础教育事业的发展,1978年,教育部、国家计委联合颁发了《关于评选特级教师的暂行规定》(〔78〕教普字1352号),此后,各地普遍开展了评选特级教师的工作。为进一步做好特级教师工作,1993年6月,国家教委、人事部、财政部颁发《特级教师评选规定》(教人〔1993〕38号),对特级教师规定进行了系统的说明,提出:特级教师是国家为了表彰特别优秀的中小学教师而特设的称号,是师德的表率、育人的模范、教学的专家;各省、自治区、直辖市在职特级教师总数一般控制在中小学教师总数的1.5‰以内;特级教师的评选程序是在地(市)、县学校范围内挑选,再报省、自治区、直辖市教育行政部门,再由专家评审,最后报国务院教育行政部门备案;特级教师享受特级教师津贴;特级教师退休后,根据工作需要和本人条件,可返聘继续从事教材编写、培养教师和其他有关工作等。为使教师队伍建设的目标、任务落到实处,将中小学教师队伍建设推向新的发展阶段,认真执行《特级教师评选规定》,1996年12月,国家教育委员会印发《关于"九五"期间加强中小学教师队伍建设的意见》(教人〔1996〕89号),提出要加强特级教师的评选和管理,使特级教师评选经常化、制度化、规范化:制定特级教师管理办法,加强特级教师考核,把培养青年教师、教育教学研究等作为特级教师职责的重要内容;采取多种形式,充分发挥特级教师在中小学教师队伍建设中的重要作用;有条件的地方可设立特级教师教育教学科研基金,为特级教师开展工作提供必要的条件。至此之后,各省、自治区、直辖市教育行政部门依据该规定制定特级教师评选和管理的具体办法。至2012年6月,教育部和国务院先后印发《国家教育事业发展第十二个五年规划》(教发〔2012〕9号)和《国务院关于加强教师队伍建设的意见》(国发〔2012〕41号),提出在2020年之前要修订《特级教师评选规定》,改进特级教师评选和管理工作,更好地发挥特级教师的示范带动作用。2012年9月,教育部、中央编办、国家发展改革委等出台《教育部中央编办国家发展改革委财政部人力资源社会保障部关于大力推进农村义务教育教师队伍建设的意见》(教师〔2012〕9号),提出支持退休的特级教师、高级教师到乡村学校支教讲学。

特殊教育改革实验区 为贯彻落实《特殊教育提升计划(2014—2016年)》(国办发〔2014〕1号)(简称《提升计划》)精神,切实推进特殊教育改革发展,2014年9月,教育部办公厅下发《教育部办公厅关于组织申报国家特殊教育改革实验区的通知》(教基二厅函〔2014〕21号)(简称《通知》)。《通知》规定实验区要以加快残疾儿童少年义务教育普及、进一步提升特殊教育质量为目标,针对《提升计划》所确定的特殊教育改革中的重点、难点问题,开展送教上门、随班就读、医教结合等实验,进一步探索特殊教育改革的相关配套政策,建立健全保障机制和工作机制,为全国其他地区提供经验,发挥示范带头作用。各申报单位可以根据实际,选择一项或多项实验内容。申报条件包括:申报实验的地区应当在推进特殊教育改革发展方面具备一定的工作基础;当地政府高度重视特殊教育工作,愿意开展实验并能提供相应的条件保障;教育和卫生计生、残联等部门有较好的沟通与合作基础。实验区以省级为单位组织申报,省级教育行政部门可以推荐1—2个地(市)或县(区),教育部组织专家对各省份申报实验区地(市)或县(区)的条件和实验方案进行评审,根据专家的评审意见,确定实验区名单,并启动实验工作。

特殊教育教师专业标准 为完善教师队伍建设标准体系,引领特殊教育教师专业成长,促进特殊教育内涵发展,2011年至2012年,教育部和国务院先后出台《全国教育人才发展中长期规划(2010—2020年)》(教人〔2011〕1号)(简称《教育人才规划》)和《国务院关于加强教师队伍建设的意见》(国发〔2012〕41号)(简称《意见》),提出要加强特殊教育教师队伍建设,并以提升专业化水平为重点,提高特殊教育教师培养培训质量。为落实《教育人才规划》和《意见》,大力加强特殊教育教师队伍建设,2012年9月,教育部、中央编办、国家发展改革委等部门出台《教育部中央编办国家发展改革委财政部人力资源社会保障部关于加强特殊教育教师队伍建设的意见》(教师〔2012〕12号)。该文件提出要制订特殊教育学校教师专业标准,拓宽专业领域,积极支持高等师范院校与医学院校合作,促进学科交叉,培养具有复合型知识技能的特殊教育教师、康复类专业技术人才;推进信息技术与特殊教育教师培训深度融合,促进特殊教育教师专业发展常态化。为落实《国家中长期教育改革和发展规划纲要(2010—2020年)》(中发〔2010〕12号)和相关文件要求,促进特殊教育教师专业发展,2015年8月,教育部印发《特殊教育教师专业标准(试行)》(教师〔2015〕7号)(简称《标准》)。《标准》提出必须坚持"师德为先、学生为本、能力为重、终身学习"四大理念,并根据"专业理念与师德、专业知识、专业能力"三大维度,将特殊教育教师专业标准分为14个领域。具体来说:专业理念与师德包括职业理解与认识、对学生的态度与行为、教育教学的态度与行为和个人修养与行为;专业知识包括学生发展知识、学科知识、教育教学知识和通识性知识;专业能力包括环境创设与利用、教育教学设计、组织与实施、激励与评价、沟通与合作、反思与发展。《标准》在各个领域提出了详细的基本要求。为了顺利实施《标准》,各级教育行政部门要将《标准》作为特殊教育教师队伍建设的基本依据,开展特殊教育教师教育的院校要将《标准》作为特殊教育教师培养培训的主要依据,实施特殊教育的学校(机构)要将《标准》作为教师管理的重要依据,特殊教育教师要将《标准》作为自身专业发展的基本依据。

特殊教育提升计划 为贯彻落实党的十八大和十八届二中、三中全会精神,深入实施《国家中长期教育改革和发展规划纲要(2010—2020年)》(中发〔2010〕12号),加快推进特殊教育发展,大力提升特殊教育水平,切实保障残疾人受教育权利,2014年1月,国务院办公厅下发了《特殊教育提升计划(2014—2016年)》(国办发〔2014〕1号)(简称《计划》)。《计划》总体目标是全面推进全纳教育,使每一个残疾孩子都能接受合适的教育;经过三年努力,初步建立布局合理、学段衔接、普职融通、医教结合的特殊教育体系,建立特殊教育服务保障机制,基本形成政府主导、部门协同、各方参与的特殊教育工作格局;到2016年,全国基本普及残疾儿童少年义务教育,视力、听力、智力残疾儿童少年义务教育入学率达到90%以上,其他残疾人受教育机会明显增加。《计划》重点任务为提高普及水平、加强条件保障、提升教育教学质量。其主要措施包括扩大残疾儿童少年义务教育规模、积极发展非义务教育阶段特殊教育、加大特殊教育经费投入力度、加强特殊教育基础能力建设、加强特殊教育教师队伍建设、深化特殊教育课程教学改革。《计划》要求通过加强统筹规划、建立工作机制、加强督导检查和评估验收,以加强组织领导,确保目标的实现。

特殊教育学校建设标准 为贯彻执行《中华人民共和国教育法》、《中华人民共和国义务教育法》、《中华人民共和国残疾人保障法》和《残疾人教育条例》,促进特殊教育的科学发展,坚持以人为本,实现教育公平,根据教育部颁布的相关条例,2011年10月,住房城乡建设部、国家发展改革委下发《特殊教育学校建设标准》(建标〔2011〕171号)(简称《标准》)。《标准》由总则,建设规模与建筑项目构成,学校布局、选址、校园规划与建设用地,校舍建筑面积指标,校舍建筑标准等五方面内容组成,具体规定了特殊教育学校校园建设用地面积与校舍建筑面积指标和建筑标准。《标准》规定特殊教育学校的建设规模,应根据各类特殊教育学校的课程方案、学校规模、校舍建设面积指标确定;学校校舍应由教学及教学辅助用房、公共教学及康复用房、办公用房、生活用房四部分构成。《标准》提出新建特殊教育学校宜建在县级以上(含县)的城市,并对学校选址和校园规划提出了一定的要求,学校用地应由建设用地、体育活动用地、集中绿化用地和停车场用地等部分组成。学校校舍建筑面积指标分为规划指标和基本指标两部分,各地方可根据建设投入情况采用不同指标,但不能低于基本指标的规定。校舍建筑必须贯彻安全、适用、经济、美观的原则,应符合现行国家标准《特殊教育学校建筑设计规范》(JGJ76-2003)的规定。随《标准》下发了《特殊教育学校建设标准条文说明》,包含了总则,建设规模与项目构成,学校布局、选址与校园规划,建设用地指标,校舍建筑面积指标,校舍建筑标准等内容,对《标准》的相关内容又做了进一步说明。

特殊教育学校课程标准 为贯彻落实《国家中长期教育改革和发展规划纲要(2010—2020年)》(中发〔2010〕12号)和《特殊教育提升计划(2014—2016年)》(国办发〔2014〕1号)的有关部署,2015年1月,教育部召开特殊教育学校课程标准审议会议,启动聋校、盲校和培智学校课程标准审议工作。会议指出,特殊教育学校课程标准是我国第一次专门为残疾学生制定的学习标准,是特殊教育学校开展教育教学活动的基本依据,在促进残疾学生全面发展中发挥着十分关键的作用。会议认为,研制特殊教育学校课程标准是加快发展残疾人事业、推进残疾人小康进程的重要要求,残联系统将全力支持特殊教育课程教材建设,不断促进特殊教育教学质量的提升。2016年11月,教育部印发《关于发布实施〈盲校义务教育课程标准(2016年版)》、《聋校义务教育课程标准(2016年版)》和《培智学校义务教育课程标准(2016年版)》的通知》(教基二〔2016〕5号)。新近颁布的课程标准规定了特殊教育学校义务教育课程的性质、目标和主要内容,明确了不同阶段残疾学生在知识与技能、过程与方法、情感态度与价值观等方面的基本要求,提出了教学、评价和实施建议。同时,根据残疾学生的身心特点和学习成长规律,对普通学校课程标准做了科学调整与转化。结合我国特殊教育实践经验,专门研制开发了一批特色课程,如盲校《定向行走》、聋校《沟通交往》、培智学校《康复训练》等,重点解决残疾学生的潜能开发和功能补偿问题,促进他们全面发展、更好地融入社会。为做好课程标准的落实,教育部专门印发通知作出具体部署,要求充分认识课程标准的重要性;认真组织开展课程标准培训,各地将课程标准培训纳入教师培训计划,覆盖特殊教育学校校长、教师、教研人员,并扩大到普通学校特殊教育资源教师;全面推进特教教学和评价改革,合理把握教学容量和难度要求,尊重差异、多元评价;加强特殊教育课程资源建设,加大资源开发力度,推动特教课程资源共享。

体育传统项目学校 为进一步推动体育传统项目学校的建设发展,充分发挥体育传统项目学校在增强青少年体质健康和发掘培养体育后备人才方面的引领示范作用,2013年11月,国家体育总局、教育部下发《关于印发〈体育传统项目学校管理办法〉的通知》(体青字〔2013〕10号),随文下发《体育传统项目学校管理办法(2013年修订)》(简称《办法》)。国家体育总局、教育部2000年发布的《体育传统项目学校管理办法》(体群字〔2000〕86号)和2003年颁发的《国家级体育传统项目学校评定办法、标准及评分的通知》(体群字〔2003〕34号)同时废止。《办法》包括总则、申报与命名、年检与撤销、建设与发展、保障与服务、附则等内容,将传统项目校分为国家级、省级、地市级,实行审定命名制度,并规定了申请地市级传统项目校申报的基本条件及程序。国家级传统项目校由各省(区、市)体育、教育行政部门向国家体育、教育行政部门提出申报,国家体育、教育行政部门共同组织专家审核并命名,每三年进行一次。传统项目校要遵循青少年儿童生长发育规律、学校课余训练规律,开展科学、系统的传统项目课余训练,要建立学生运动员的身体机能和运动技术档案;应广泛组织班级、年级、校际之间的比赛,并形成制度,竞赛应坚持小型多样、就近比赛的原则;应当加强体育场地设施建设,并努力推动学校体育场馆向公众开放工作;应充分整合利用各方场地设施设备、教练员等优质训练资源。地方体育、教育行政部门应当每年对本行政区域内各级传统项目校的项目进行绩效考评,经年度考评或三年期满复评不符合标准的,限期整改,连续两年不符合标准的,经上级体育、教育部门复查核实后取消其称号。国家体育、教育行政部门组织或委托有关机构对命名三年的"国家级体育传统项目学校"组织全面检查和复评。各级体育行政部门应当确保传统项目校的经费需求,把传统项目校工作分别纳入青少年体育和学校体育工作考核指标体系,加强传统项目校工作绩效评估。

体育与健康课程标准 为贯彻落实《国家中长期教育改革和发展规划纲要(2010—2020年)》(中发〔2010〕12号),适应新时期全面实施素质教育的要求,深化基础教育课程改革,提高教育质量,2011年12月,教育部下发的《关于印发义务教育语文等学科课程标准(2011年版)的通知》(教基二〔2011〕9号),要求各地加强组织领导、全面加强学习培训工作、积极推进评价考试制度改革、加强课程资源建设、深入推进教学改革,随文下发了《义务教育体育与健康课程标准(2011年版)》(简称《标准》)。《标准》提出体育与健康课程是学校课程的重要组成部分,具有基础性、实践性、健身性、综合性等特性。课程秉承的基本理念为:坚持"健康第一"的指导思想,促进学生健康成长,激发学生的运动兴趣,培养学生体育锻炼的意识和习惯;以学生发展为中心,帮助学生学会体育与健康学习;关注地区差异和个体差异,保证每一位学生受益。课程设计思路为:根据学生全面发展的需求确定课程目标体系和课程内容;根据学生的身心发展特征划分学习水平;根据可评价的原则设置可操作和可观测的学习目标;根据三级课程管理的要求保证课程内容的可选择性;根据课程学习目标和发展性要求建立多元的学习评价体系;课程目标分为运动参与、运动技能、身体健康、心理健康与社会适应四个方面。课程内容分为四个水平阶段,每个阶段包含运动参与、运动技能、身体健康、心理健康与社会适应四个方面。《标准》还从教学建议、评价建议、教材编写建议、课程资源开发与利用建议等方面给出了实施建议。

体育与健康课程目标 为贯彻落实《国家中长期教育改革和发展规划纲要(2010—2020年)》(中发〔2010〕12号),适应新时期全面实施素质教育的要求,深化基础教育课程改革,提高教育质量,教育部于 2011 年 12 月下发了《教育部关于印发义务教育语文等学科课程标准(2011 年版)的通知》(教基二〔2011〕9 号),要求各地加强组织领导、全面加强学习培训工作、积极推进评价考试制度改革、加强课程资源建设、深入推进教学改革。同时随文下发了《义务教育体育与健康课程标准(2011 年版)》(简称《标准》),《标准》规定了课程分为运动参与、运动技能、身体健康、心理健康与社会适应四个学习方面,并说明了各方面的目标。运动参与是指学生参与体育学习和锻炼的态度及行为表现,是学生习得体育知识、技能和方法,锻炼身体和提高健康水平,形成积极的体育行为和乐观开朗的人生态度的实践要求和重要途径。运动参与的目标为参与体育学习和锻炼、体验运动乐趣与成功。运动技能是指学生在体育学习和锻炼中完成运动动作的能力,它反映了体育与健康课程以身体练习为主要手段的基本特征,是课程学习的重要内容和实现其他学习方面目标的主要途径。运动技能的目标为学习体育运动知识、掌握运动技能和方法、增强安全意识和防范能力。身体健康是指人的体能良好、机能正常和精力充沛的状态,与体育锻炼、营养状况和行为习惯密切相关。身体健康的目标为掌握基本保健知识和方法、塑造良好体形和身体姿态、全面发展体能与健身能力、提高适应自然环境的能力。心理健康与社会适应是指个体自我感觉良好以及与社会和谐相处的状态与过程,与体育学习和锻炼、身体健康密切相关。心理健康与社会适应的目标为培养坚强的意志品质、学会调控情绪的方法、形成合作意识与能力、具有良好的体育道德。《标准》规定运动参与、运动技能、身体健康、心理健康与社会适应四个方面是一个相互联系的整体,各个学习方面的目标主要通过身体练习实现,不能割裂开来进行教学。

《托儿所幼儿园卫生保健管理办法》 为提高托儿所、幼儿园卫生保健工作水平,预防和减少疾病发生,保障儿童身心健康,2010 年 9 月,卫生部、教育部联合颁发《托儿所幼儿园卫生保健管理办法》(卫生部、教育部令第 76 号)(简称《办法》)。同时,由卫生部、原国家教委联合发布的《托儿所、幼儿园卫生保健管理办法》废止。《办法》规定,托幼机构应当贯彻保教结合、预防为主的方针,认真做好卫生保健工作。县级以上各级人民政府卫生行政部门要加强对托幼机构的卫生保健工作的监督和指导,县级以上妇幼保健机构负责对辖区内托幼机构卫生保健工作进行膳食营养、疾病预防等方面的业务指导。托幼机构的建筑、设施、设备、环境及提供的食品、饮用水和餐饮服务等应当符合国家有关卫生标准、规范的要求。新设立的托幼机构,招生前应当取得县级以上地方人民政府卫生行政部门指定的医疗卫生机构出具的卫生评价报告;并根据规模、接收儿童数量等设立相应的卫生室或者保健室,聘用符合国家规定的卫生保健人员,负责卫生保健工作。托幼机构工作人员上岗前必须经县级以上人民政府卫生行政部门指定的医疗卫生机构进行健康检查,取得《托幼机构工作人员健康合格证》后方可上岗。托幼机构应当严格按照《托儿所幼儿园卫生保健工作规范》开展卫生保健工作,具体包括:根据儿童不同年龄特点,建立科学、合理的一日生活制度;为儿童提供合理的营养膳食,科学制订食谱;制订与儿童生理特点相适应的体格锻炼计划;建立健康检查制度,严格执行卫生消毒制度,建立卫生安全管理制度等。托幼机构应当在疾病预防控制机构指导下,做好传染病预防和控制管理工作。同时,《办法》还对托幼机构的违反国家相关规定的行为进行了界定,并要求依据相关法律法规给予处罚。

万人计划　为加快实施人才强国战略,更好地统筹国内国外两种人才资源,造就宏大的高层次创新创业人才队伍,2012年8月,中共中央组织部办公厅下发《国家高层次人才特殊支持计划》(人函〔2012〕12号)(简称"国家特支计划",也称"万人计划")。"国家特支计划"是与引进海外高层次人才的"千人计划"并行、面向国内高层次人才的重点支持计划。"国家特支计划"由三个层次、七类人才构成,坚持"突出高端、重点支持、统筹实施、创新机制"的基本原则。准备从2012年起,用10年左右时间,有计划、有重点地遴选支持一批自然科学、工程技术和哲学社会科学领域的杰出人才、领军人才和青年拔尖人才,形成与"千人计划"相互衔接的高层次创新创业人才队伍建设体系。其思路为:落实党和国家对高层次创新创业人才的重视关心,坚持把各类优秀人才凝聚到党和国家事业中来,充分发挥国内高层次人才在建设创新型国家中的支柱作用,整合各类人才培养支持计划,突出高端人才,加大支持力度。中央组织部、人力资源和社会保障部为入选人员颁发入选证书，国家重大人才工程支持经费、国家科技计划专项经费和相关基金提供经费支持，地方和用人单位可配套给予适当经费支持。计划成立由各有关部门人员组成的国家高层次人才特殊支持计划领导小组，负责统筹协调相关工作，并研究制定"国家特支计划"各类人才遴选办法，程序为初选、复评、公示三个环节，对公示期间反映的问题，由有关部门进行核查并提出意见。建立科学的评审专家选择、回避机制和评审工作监督机制，对"国家特支计划"的组织实施进行全程监督，严肃查处违纪违规行为。为了贯彻落实《国家高层次人才特殊支持计划》精神，2017年教育部再次启动"国家高层次人才特殊计划"教学名师遴选支持工作，并于2017年1月印发《教育部办公厅中央组织部办公厅关于组织开展2017年国家"万人计划"教学名师遴选工作的通知》（教师厅函〔2017〕2号）。

网络化、数字化、个性化、终身化教育体系 2015年12月，教育部印发的《教育部关于印发刘延东副总理在第二次全国教育信息化工作电视电话会议上讲话的通知》（教技〔2015〕6号）提出，构建网络化、数字化、个性化、终身化的教育体系，建设"人人皆学、处处能学、时时可学"的学习型社会，培养大批适应信息社会需要的创新人才。第二次全国教育信息化工作电视电话会议精神号召充分利用现代信息技术，加快完善网络化、数字化、个性化、终身化的教育体系，推动社会主义核心价值观网络传播与弘扬，更加便捷高效地向农村、边远、贫困、民族地区推送优质教育资源；充分发挥信息化的革命性影响，提高人才培养质量，丰富科学研究和社会服务内涵，满足学习型社会的发展需求。

网络教学资源体系 为加快教育信息化进程，《国家中长期教育改革和发展规划纲要（2010—2020年）》（中发〔2010〕12号）提出加强优质教育资源开发与应用，加强网络教学资源体系建设，引进国际优质数字化教学资源，开发网络学习课程，建立数字图书馆和虚拟实验室。建立开放灵活的教育资源公共服务平台，促进优质教育资源普及共享。创新网络教学模式，开展高质量高水平远程学历教育。通知要求继续推进农村中小学远程教育，使农村和边远地区师生能够享受优质教育资源。

微课　微课是指按照新课程标准及教学实践要求,以视频为主要载体,记录教师在课堂内外教育教学过程中围绕某个知识点(重点难点疑点)或教学环节而开展的精彩的教与学活动的全过程。为深入贯彻落实《教育信息化十年发展规划(2011—2020年)》(教技〔2012〕5号),扎实推进信息技术与教育的深度融合,2013年10月,教育部印发《教育部关于实施全国中小学教师信息技术应用能力提升工程的意见》(教师〔2013〕13号),要求各地重点建设典型案例资源,支持中小学与高校及教师培训机构合作,加工生成性资源,开发微课程资源,满足教师个性化学习需求。

委托第三方参与教育评价　《国家中长期教育改革和发展规划纲要(2010—2020年)》(中发〔2010〕12号)要求,明确各级政府责任,规范学校办学行为,促进管办评分离,形成政事分开、权责明确、统筹协调、规范有序的教育管理体制。为深入落实《国家中长期教育改革和发展规划纲要(2010—2020年)》,进一步健全教育评价制度,2015年5月,教育部出台的《教育部关于深入推进教育管办评分离促进政府职能转变的若干意见》(教政法〔2015〕5号)提出,支持专业机构和社会组织规范开展教育评价。大力培育专业教育服务机构,整合教育质量监测评估机构,完善监测评估体系,定期发布监测评估报告。扩大行业协会、专业学会、基金会等各类社会组织参与教育评价。制定专业机构和社会组织参与教育评价的资质认证标准。引入市场机制,将委托专业机构和社会组织开展教育评价纳入政府购买服务范围,按照公开、公平、公正原则,建立健全招投标制度和绩效管理制度,保证教育评价服务的质量和效益。重视扩大科技、文化等部门和新闻媒体对教育评价的参与。重视学生会等学生组织在教育评价中的作用。鼓励有条件的地区和学校积极参与国际组织实施的教育质量评估项目。同时,《依法治教实施纲要(2016—2020年)》(教政法〔2016〕1号)也强调,遵循管办评分离的总体思路,完善教育领域的第三方评估机制,建立健全教师资格、学位、学业水平、教育质量、课程等领域的专业评价制度。

委托管理　为了推进办学体制改革,2014年5月,国务院印发的《国务院关于加快发展现代职业教育的决定》(国发〔2014〕19号)强调,引导支持社会力量兴办职业教育。探索公办和社会力量举办的职业院校相互委托管理和购买服务的机制。

同年6月,教育部出台《教育部关于进一步推进长江三角洲地区教育改革与合作发展的指导意见》(教发〔2014〕7号),要求推进区域教育办学体制改革,进一步创新公办学校办学体制,鼓励和支持区域内优质学校资源扶持相对薄弱学校,深入推进教育管办评分离,探索"委托管理"、政府购买服务等新模式,办好每一所学校。同时,为改革办学体制,提升教育质量,国务院出台《国务院办公厅关于加快中西部教育发展的指导意见》(国办发〔2016〕37号),要求办好乡村高中。鼓励优质高中与乡村高中通过建立联盟、集团化办学、委托管理等方式,在课程建设、教学资源、教师培训、管理方式等方面实现共享,整体提升乡村高中办学水平。同时,教育部等部门也印发《教育部等九部门关于进一步推进社区教育发展的意见》(教职成〔2016〕4号),要求推动社区教育服务社会化,推进社区教育领域政府购买服务的试点工作,探索通过政府购买、项目外包、委托管理等形式,吸引行业性、专业性社会组织、社区社会组织和民办社会工作服务机构参与社区教育。2017年1月,国务院印发《国家教育事业发展"十三五"规划》(国发〔2017〕4号),提出促进义务教育均衡优质发展,推广集团化办学、强校带弱校、委托管理、学区制管理、学校联盟、九年一贯制学校等办学形式,加速扩大优质教育资源覆盖面,大力提升乡村及薄弱地区义务教育质量;提升职业学校基础能力,通过联合办学、委托管理、集团化办学等形式,提升专业建设、课程开发、学校管理水平。

未成年人保护 为了保护未成年人的身心健康,保障未成年人的合法权益,促进未成年人在品德、智力、体质等方面全面发展,1991年9月,第七届全国人民代表大会常务委员会第二十一次会议通过《中华人民共和国未成年人保护法》(主席令第50号)(简称《未成年人保护法》),并于2012年10月第十一届全国人民代表大会常务委员会第二十九次会议对《中华人民共和国未成年人保护法》(主席令第65号)进行修正。《未成年人保护法》包括总则、家庭保护、学校保护、社会保护、司法保护和法律责任等部分内容。《未成年人保护法》规定,未成年人享有生存权、发展权、受保护权、参与权等权利,国家根据未成年人身心发展特点给予特殊、优先保护,保障未成年人的合法权益不受侵犯。坚持"尊重未成年人的人格尊严;适应未成年人身心发展的规律和特点;教育与保护相结合"的原则,对未成年人实施家庭保护、学校保护、社会保护和司法保护工作。家庭保护方面,父母或者其他监护人应当依法履行对未成年人的监护职责和抚养义务等,对父母因外出务工或者其他原因不能履行对未成年人监护职责的,应当委托有监护能力的其他成年人代为监护。学校保护方面,学校应当全面贯彻国家的教育方针,实施素质教育,促进未成年学生全面发展;尊重未成年学生受教育的权利,关心、爱护学生,对未成年人进行社会生活指导、心理健康辅导和青春期教育,尊重未成年人的人格尊严,不得对未成年人实施体罚、变相体罚或者其他侮辱人格尊严的行为,并建立安全制度,加强对未成年人的安全教育。社会保护方面,全社会应当树立尊重、保护、教育未成年人的良好风尚,关心、爱护未成年人,禁止向未成年人传播淫秽、暴力、凶杀、恐怖、赌博等毒害未成年人的图书、报刊、音像制品、电子出版物以及网络信息等;生产、销售用于未成年人的食品、药品、玩具、用具和游乐设施等,应当符合国家标准或者行业标准;任何组织或者个人不得招用未满十六周岁的未成年人、不得披露未成年人的个人隐私;禁止拐卖、绑架、虐待未成年人,禁止对未成年人实施性侵害,等等。另外,司法保护方面,公安机关、人民检察院、人民法院以及司法行政部门,应当依法履行职责,在司法活动中保护未成年人的合法权益。同时,《未成年人保护法》还对各种侵犯未成年人合法权益的违法行为及其法律责任进行了规定。

未成年人犯罪 为了保障未成年人身心健康,培养未成年人良好品行,有效地预防未成年人犯罪,1999 年 6 月,第九届全国人民代表大会常务委员会第十次会议通过《中华人民共和国预防未成年人犯罪法》(主席令第 17 号)(简称《预防未成年人犯罪法》),并于 2012 年 10 月第十一届全国人民代表大会常务委员会第二十九次会议对《中华人民共和国预防未成年人犯罪法》进行修正(主席令第 66 号)。《预防未成年人犯罪法》主要包括预防未成年人犯罪的教育、对未成年人不良行为的预防、对未成年人严重不良行为的矫治、未成年人对犯罪的自我防范、对未成年人重新犯罪的预防和法律责任等方面的内容。《预防未成年人犯罪法》规定,预防未成年人犯罪立足于教育和保护,应从小抓起,对未成年人的不良行为及时进行预防和矫治。未成年人应当遵守法律、法规及社会公共道德规范,树立自尊、自律、自强意识,增强辨别是非和自我保护的能力,自觉抵制各种不良行为及违法犯罪行为的引诱和侵害。各级人民政府应承担制定预防未成年人犯罪工作的规划,组织、协调公安、教育、文化、新闻出版、广播电影电视、工商、民政、司法行政等政府有关部门和其他社会组织进行预防未成年人犯罪工作等方面的职责。教育行政部门、学校、司法行政部门、共产主义青年团、少年先锋队等应当对未成年人加强理想、道德、法制和爱国主义、集体主义、社会主义教育,应当进行预防犯罪的教育。各行为主体应通过各种途径预防旷课、夜不归宿,携带管制刀具,打架斗殴、辱骂他人,强行向他人索要财物,偷窃、故意毁坏财物,参与赌博或者变相赌博等不良行为。对未成年人严重不良行为,父母或者其他监护人和学校应当相互配合,采取措施严加管教,也可送工读学校进行矫治和接受教育;对构成违反治安管理行为的,由公安机关依法予以治安处罚。对犯罪的未成年人追究刑事责任,要坚持教育、感化、挽救方针,坚持教育为主、惩罚为辅的原则。同时,《预防未成年人犯罪法》规定,未成年人的父母或者其他监护人、公安机关的工作人员、影剧院和录像厅等各类演播场所等等不履行职责,将按相关法律规定进行处罚,构成犯罪的,依法追究刑事责任。

无障碍环境建设 为了创造无障碍环境,保障残疾人等社会成员平等参与社会生活,2012 年 6 月,国务院发布了《无障碍环境建设条例》(国务院令第 622 号)(简称《条例》)。《条例》包括总则、无障碍设施建设、无障碍信息交流、无障碍社区服务、法律责任、负责等内容,指出无障碍环境建设应当与经济和社会发展水平相适应,遵循实用、易行、广泛受益的原则。城镇新建、改建、扩建设施应当符合无障碍设施工程建设标准,无障碍设施工程应当与主体工程同步设计、施工、验收、投入使用。城市的主要道路、商业区和大型居住区的天桥和地下通道,大中型公共场所的公共停车场,应当按标准配备无障碍设施,公共交通工具应当逐步达到无障碍设施的要求。县级以上人民政府应当将无障碍信息交流建设纳入信息化建设规划。国家举办的升学考试、职业资格考试和任职考试,应提供盲文试卷、电子试卷,或者由工作人员予以协助。设区的市级以上人民政府设立的电视台,应每周播放至少一次配播手语的新闻节目;公共图书馆应当开设视力残疾人阅览室;残疾人组织的网站应当达到无障碍网站设计标准。公共服务机构和公共场所应为残疾人提供信息交流服务。社区公共服务设施应当逐步完善无障碍服务功能。无障碍设施的所有权人或者管理人未进行保护或者及时维修,导致无法正常使用的,由有关主管部门责令限期维修;造成使用人人身、财产损害的,应当承担赔偿责任。无障碍环境建设主管部门工作人员滥用职权、玩忽职守、徇私舞弊的,依法给予处分;构成犯罪的,依法追究刑事责任。2012 年 10 月,住房和城乡建设部下发了《住房和城乡建设部关于贯彻落实〈无障碍环境建设条例〉进一步加强无障碍环境建设工作的通知》（建标〔2012〕154号）。2016年9月，中国残联、住房和城乡建设部、教育部等部门联合下发了《无障碍环境建设"十三五"实施方案》。上述两份文件强化了相关部门对建设和维护无障碍环境的主体责任，并明确了推进落实无障碍环境建设的方案。

西部中小学现代远程教育项目 西部中小学现代远程教育项目是教育部与李嘉诚基金会合作进行的教育项目。2002年3月，教育部印发《教育部办公厅关于做好西部中小学现代远程教育工程项目和西部中小学现代远程教育培训中心教师培训项目实施工作的通知》（教外厅〔2002〕1号），就首批教学示范点的教师培训、设备安装、调试工作作出安排。首批5000个教学示范点分布在广西、四川、贵州、云南、陕西、甘肃等西部省（自治区）。同时，文件就教学示范点实施工程和培训时间、要求、设备、检查、人员、管理、费用标准等作出规定。

现代大学制度 《国家中长期教育改革和发展规划纲要（2010—2020年）》（中发〔2010〕12号）（简称《教育规划纲要》）提出，完善中国特色现代大学制度和治理结构。依据《教育规划纲要》精神，现代大学制度要求公办高等学校坚持和完善党委领导下的校长负责制；健全议事规则与决策程序；依法落实党委、校长职权；完善大学校长选拔任用办法；充分发挥学术委员会在学科建设、学术评价、学术发展中的重要作用；探索教授治学的有效途径，充分发挥教授在教学、学术研究和学校管理中的作用；加强教职工代表大会、学生代表大会建设，发挥群众团体的作用；依法制定学校章程，依照章程规定管理学校；扩大社会合作，探索建立高等学校理事会或董事会，健全社会支持和监督学校发展的长效机制；推进专业评价，鼓励专门机构和社会中介机构对高等学校学科、专业、课程等水平和质量进行评估，建立科学、规范的评估制度。2010年10月，国务院印发《国务院办公厅关于开展国家教育体制改革试点的通知》（国办发〔2010〕48号），提出开展专项改革试点，改革高等教育管理方式,建设现代大学制度。试点单位和内容包括:在北京市、黑龙江省和上海市等地区试点探索高等学校分类指导、分类管理的办法,落实高等学校办学自主权。在北京大学等26所部属高校试点推动建立健全大学章程,完善高等学校内部治理结构。在清华大学等8所部属高校建立健全岗位分类管理制度,推进高校人事制度改革,改革高校基层学术组织形式及其运行机制。在黑龙江省、浙江省等地区,厦门大学等3所部属高校以及长春理工大学进行试点,建立高校总会计师制度,完善高校内部财务和审计制度。在湖南大学等3所部属高校试点改革学科建设绩效评估方式,完善以质量和创新为导向的学术评价机制。在黑龙江省试点构建高等学校学术不端行为监督查处机制,健全高等学校廉政风险防范机制。随后,《国务院关于印发统筹推进世界一流大学和一流学科建设总体方案的通知》(国发〔2015〕64号)和《中华人民共和国国民经济和社会发展第十三个五年规划纲要》(第十二届全国人民代表大会第四次会议批准)再次强调,深化高校综合改革,加快中国特色现代大学制度建设,完善学校内部治理结构,着力破除体制机制障碍,加快构建充满活力、富有效率、更加开放、有利于学校科学发展的体制机制,当好教育改革排头兵。

现代学徒制　为贯彻党的十八届三中全会和全国职业教育工作会议精神,深化产教融合、完善校企合作育人机制,创新技术技能人才培养模式,根据《国务院关于加快发展现代职业教育的决定》(国发〔2014〕19号)的要求,2014年8月,教育部下发《教育部关于开展现代学徒制试点工作的意见》(教职成〔2014〕9号)(简称《意见》)。《意见》要求充分认识现代学徒制试点工作的重要意义,以邓小平理论、"三个代表"重要思想、科学发展观为指导,坚持服务发展、就业导向,以推进产教融合、适应需求、提高质量为目标,以创新招生制度、管理制度和人才培养模式为突破口,以形成校企分工合作、协同育人、共同发展的长效机制为着力点,以注重整体谋划、增强政策协调、鼓励基层首创为手段,通过试点、总结、完善、推广,形成具有中国特色的现代学徒制度。试点工作以坚持政府统筹、协调推进,坚持合作共赢、职责共担,坚持因地制宜、分类指导,坚持系统设计、重点突破为工作原则。通过积极推进招生与招工一体化、深化工学结合人才培养模式改革、加强专兼结合师资队伍建设,形成与现代学徒制相适应的教学管理与运行机制以把握试点工作内涵;通过逐步增加试点规模、丰富培养形式、扩大试点范围以稳步推进试点工作;通过合理规划区域试点工作、加强试点工作组织保障、加大试点工作政策支持、加强试点工作监督检查以完善工作保障机制。2015年8月,教育部下发的《教育部办公厅关于公布首批现代学徒制试点单位的通知》(教职成厅函〔2015〕29号)要求,有关试点单位制订工作任务书、加强科研工作、做好宣传工作、强化组织领导,以确保工作的顺利进行。

现代学校制度 《国家中长期教育改革和发展规划纲要(2010—2020年)》(中发〔2010〕12号)(简称《教育规划纲要》)提出建设现代学校制度,推进政校分开、管办分离的教育治理体系改革任务。应根据《教育规划纲要》精神,建设依法办学、自主管理、民主监督、社会参与的现代学校制度,构建政府、学校、社会之间的新型关系。2012年11月,教育部出台《全面推进依法治校实施纲要》(教政法〔2012〕9号)(简称《纲要》)。《纲要》总结了《教育部关于大力加强依法治校工作的通知》(教政法〔2003〕3号)的经验,为继续推进现代学校制度建设提出了较为详细的方案,要求:制定和完善具有自身特色的学校章程,争取到2015年,全面形成一校一章程的格局;高等院校坚持党委领导下的校长负责制,明确学校党委、校长、校务委员会、学术委员的职责,在学校管理结构中新增学校理事会(董事会);中小学施行校长负责制,形成校务委员会制度、教职工代表大会制度、学生代表大会制度、家长委员会制度。在此阶段,学生代表大会制度只在高等和中等学校实行,中小学内部治理结构的设计是校长负责制下的校务委员会,不包括学校理事会和学术委员会。在此基础上,2015年5月,《教育部关于深入推进教育管办评分离促进政府职能转变的若干意见》(教政法〔2015〕5号)(简称《意见》)进一步规划了现代学校制度的格局及建设部署。《意见》提出:依法明确和保障各级各类学校办学自主权,更加注重以法治方式保障学校办学自主权,逐步取消学校行政级别,全面推进中小学校长职级制改革;加强学校章程和配套制度建设,在章程建设上迈进特色化的新阶段,全面形成一校一章程的格局;为完善学校内部治理结构,要坚持和完善中小学和中等职业学校的校长负责制,建立校务委员会制度、教职工代表大会制度、家长委员会制度,高等学校要落实学术委员会制度,实现行政权力与学术权力的相对分离;健全面向社会开放办学机制;完善校务公开制度。2016年1月,教育部印发《依法治教实施纲要(2016—2020年)》(教政法〔2016〕1号),要求按照法治原则和法律规范,加快现代学校制度建设,完善与落实包括《中小学家长委员会规程》和各类社团、协会、其他社会组织在学校组织及开展活动的规则与要求在内的相关法律法规。

现代远程教育工程 为加快农村教育发展,深化农村教育改革,促进农村经济社会和城乡协调发展,2003年9月,国务院印发《国务院关于进一步加强农村教育工作的决定》(国发〔2003〕19号)(简称《决定》),提出实施农村中小学现代远程教育工程。《决定》指出,实施农村中小学现代远程教育工程要按照"总体规划、先行试点、重点突破、分步实施"的原则推进。在2003年继续试点工作的基础上,争取用五年左右时间,使农村初中基本具备计算机教室,农村小学基本具备卫星教学收视点,农村小学教学点具备教学光盘播放设备和成套教学光盘。工程投入以地方为主,多渠道筹集经费,中央对中西部地区给予适当扶持。《决定》明确实施农村中小学现代远程教育工程,要着力于教育质量和效益的提高。要与农村各类教育发展规划和中小学布局调整相结合;与课程改革、加强学校管理、教师继续教育相结合;与"农科教结合"、"三教统筹"、农村党员干部教育相结合。《决定》提出加快开发农村现代远程教育资源,要求制定农村教育教学资源建设规划,加快开发和制作符合课程改革精神,适应不同地区、不同要求的农村教育教学资源和课程资源。国家重点支持开发制作针对中西部农村地区需要的同步课堂、教学资源光盘和卫星数据广播资源。建立农村现代远程教育资源征集、遴选、认证制度。同年12月,教育部、国家发展改革委、财政部联合发布《农村中小学现代远程教育工程试点工作方案》(教基〔2003〕22号),对试点地区的选择及规模、试点工作经费测算、三种模式基本配置标准、工程的组织实施和标准制定、工程实施的进度安排进行了详细规定。随后,《2004—2005年度农村中小学现代远程教育工程实施方案》(教基〔2005〕8号)、《教育部国家发展改革委财政部关于制定2006年度农村中小学现代远程教育工程实施方案的通知》(教基〔2006〕2号)、《教育部国家发展改革委财政部关于制定2007年度农村中小学现代远程教育工程实施方案的通知》(教基函〔2006〕7号)等文件对实施农村中小学现代远程教育工程进行了年度规划。各文件在现代远程教育工程建设方案方面明确:中央宏观指导,地方负责工程的实施;地方政府负责保障工程运行费用;工程采用集中连片的方式实施,逐步推进。方案还就经费测算、工程建设模式与组织实施、项目学校选择等进行了详细规定。

现代职业教育体系　为大力发展职业教育,《国家中长期教育改革和发展规划纲要(2010—2020年)》(中发〔2010〕12号)(简称《教育规划纲要》)提出,到2020年,形成适应经济发展方式转变和产业结构调整要求、体现终身教育理念、中等和高等职业教育协调发展的现代职业教育体系,满足人民群众接受职业教育的需求,满足经济社会对高素质劳动者和技能型人才的需要。2014年5月,国务院印发《国务院关于加快发展现代职业教育的决定》(国发〔2014〕19号)(简称《决定》),提出到2020年建立具有中国特色、世界水平的现代职业教育体系。为协调、发展、优化教育结构,2015年全国教育工作会议提出"要加快建立现代职业教育体系"。为贯彻落实党的十八大和十八届三中全会精神,贯彻落实《教育规划纲要》和《决定》精神,加快发展现代职业教育,建设现代职业教育体系,服务实现全面建成小康社会目标,教育部等六部门于2014年6月联合下发《现代职业教育体系建设规划(2014—2020年)》(教发〔2014〕6号)(简称《规划》)。《规划》要求以邓小平理论、"三个代表"重要思想、科学发展观为指导,将建设总体目标确定为:牢固确立职业教育在国家人才培养体系中的重要位置,到2020年,形成适应发展需求、产教深度融合、中职高职衔接、职业教育与普通教育相互沟通,体现终身教育理念,具有中国特色、世界水平的现代职业教育体系,建立人才培养立交桥,形成合理教育结构,推动现代教育体系基本建立、教育现代化基本实现。以坚持政府统筹规划、坚持市场需求导向、坚持产教融合发展、坚持各级各类教育协调发展为基本原则。按照终身教育的理念,形成服务需求、开放融合、纵向流动、双向沟通的现代职业教育的体系框架和总体布局。以现代教育理念为先导,加强现代职业教育体系建设的重点领域和薄弱环节。通过以产教融合为主线,建立各级政府、行业、企业、学校和社会各方面共同参与的制度创新平台,为现代职业教育体系建设提供制度保障。通过加强组织领导、完善支持政策、营造良好氛围、加强监测评估建立保障现代职业教育体系建设的政策体系和实施机制。

现代职业学校制度　为适应技术进步和生产方式变革以及社会公共服务的需要,加快现代职业教育体系建设,2014年5月,国务院下发了《国务院关于加快发展现代职业教育的决定》(国发〔2014〕19号)(简称《决定》)。《决定》要求扩大职业院校在专业设置和调整、人事管理、教师评聘、收入分配等方面的办学自主权;依法制定体现职业教育特色的章程和制度,完善治理结构,提升治理能力;建立学校、行业、企业、社区等共同参与的学校理事会或董事会；制定校长任职资格标准，推进校长聘任制改革和公开选拔试点；坚持和完善中等职业学校校长负责制、公办高等职业院校党委领导下的校长负责制；建立企业经营管理和技术人员与学校领导、骨干教师相互兼职制度；完善体现职业院校办学和管理特点的绩效考核内部分配机制，从而完善现代职业学校制度。为落细落实《决定》，建立和完善现代职业学校制度，2015年8月，教育部下发《职业院校管理水平提升行动计划（2015—2018年）》（教职成〔2015〕7号），提出职业院校要加快学校章程建设步伐，建立健全体现职业院校办学特点的内部管理制度、标准和运行机制，通过加快学校章程建设、完善管理制度标准、强化制度标准落实，不断完善现代职业学校制度。各级教育行政部门要为职业院校制定章程搭建交流、咨询和服务平台，推动形成一校一章程的格局；组织开展职业院校管理指导手册研制工作，为完善学校管理制度提供科学指导。

《宪法》教育条款　《宪法》规定，国家发展社会主义的教育事业，提高全国人民的科学文化水平。国家举办各种学校，普及初等义务教育，发展中等教育、职业教育和高等教育，并且发展学前教育。国家发展各种教育设施，扫除文盲，对工人、农民、国家工作人员和其他劳动者进行政治、文化、科学、技术、业务的教育，鼓励自学成才。国家鼓励集体经济组织、国家企业事业组织和其他社会力量依照法律规定举办各种教育事业。国家推广全国通用的普通话。国家通过普及理想教育、道德教育、文化教育、纪律和法制教育，通过在城乡不同范围的群众中制定和执行各种守则、公约，加强社会主义精神文明的建设。国家提倡爱祖国、爱人民、爱劳动、爱科学、爱社会主义的公德，在人民中进行爱国主义、集体主义和国际主义、共产主义的教育，进行辩证唯物主义和历史唯物主义的教育，反对资本主义的、封建主义的和其他的腐朽思想。中华人民共和国公民有受教育的权利和义务。国家培养青年、少年、儿童在品德、智力、体质等方面全面发展。中华人民共和国公民有进行科学研究、文学艺术创作和其他文化活动的自由。国家对于从事教育、科学、技术、文学、艺术和其他文化事业的公民的有益于人民的创造性工作，给予鼓励和帮助。

乡村教师荣誉制度　为提升乡村教师职业荣誉感，在全社会营造关心支持乡村教师的浓厚氛围,贯彻党中央、国务院关于加强教师队伍建设的部署和要求,2015年6月,国务院办公厅印发《乡村教师支持计划(2015—2020年)》(国办发〔2015〕43号),提出要建立乡村教师荣誉制度,国家对在乡村学校从教30年以上的教师按照有关规定颁发荣誉证书;鼓励和引导社会力量建立专项基金,对长期在乡村学校任教的优秀教师给予物质奖励;在评选表彰教育系统先进集体和先进个人等方面要向乡村教师倾斜;广泛宣传乡村教师坚守岗位、默默奉献的崇高精神,在全社会大力营造关心支持乡村教师和乡村教育的浓厚氛围。为贯彻落实上述计划,2016年9月,教育部、人力资源和社会保障部颁布《教育部人力资源和社会保障部向乡村学校从教30年教师颁发荣誉证书的决定》(教师〔2016〕8号),决定从2016年开始,为400万名在岗和离退休教师颁发"乡村学校从教30年教师荣誉证书"。

乡村教师支持计划　为认真贯彻党中央、国务院关于加强教师队伍建设的部署和要求,采取切实措施加强老少边穷岛等边远贫困地区乡村教师队伍建设,明显缩小城乡师资水平差距,让每个乡村孩子都能接受公平、有质量的教育,2015年6月,国务院印发《乡村教师支持计划(2015—2020年)》(国办发〔2015〕43号)(简称《计划》)。《计划》要求坚持"师德为先,以德化人;规模适当,结构合理;提升质量,提高待遇;改革机制,激发活力"的基本原则,到2017年,力争使乡村学校优质教师来源得到多渠道扩充,乡村教师资源配置得到改善,教育教学能力水平稳步提升,各方面合理待遇依法得到较好保障,职业吸引力明显增强,逐步形成"下得去、留得住、教得好"的局面,到2020年,努力造就一支素质优良、甘于奉献、扎根乡村的教师队伍,为基本实现教育现代化提供坚强有力的师资保障。为了实现这些目标,要全面提高乡村教师思想政治素质和师德水平,拓展乡村教师补充渠道,提高乡村教师生活待遇,统一城乡教职工编制标准,职称(职务)评聘向乡村学校倾斜,推动城镇优秀教师向乡村学校流动,全面提升乡村教师能力素质,建立乡村教师荣誉制度,同时,要明确责任主体,加强经费保障,开展督导检查。为了保障乡村教师支持计划的顺利实施,国务院、教育部等部门相继印发《国务院关于加快发展民族教育的决定》(国发〔2015〕46号)、《国务院关于印发"十三五"脱贫攻坚规划的通知》(国发〔2016〕64号)、《教育部财政部关于改革实施中小学幼儿园教师国家级培训计划的通知》(教师〔2015〕10号)、《教育部办公厅财政部办公厅关于做好2016年农村义务教育阶段学校教师特设岗位计划实施工作的通知》(教师厅〔2016〕5

号)、《教育部办公厅关于印发乡村教师培训指南的通知》(教师厅〔2016〕1号)和《教育部人力资源和社会保障部关于向乡村学校从教30年教师颁发荣誉证书的决定》(教师〔2016〕8号)等文件,加强乡村教师队伍建设,落实好乡村教师支持计划。

小学教师专业标准 为促进小学教师专业发展,建设高素质小学教师队伍,2011至2012年,国务院颁布《国家中长期教育改革和发展规划纲要(2010—2020年)》(中发〔2010〕12号)和《国务院关于加强教师队伍建设的意见》(国发〔2012〕41号),要求完善教师专业发展标准体系、研究制定小学教师专业标准,规定教师专业标准要对教师的专业理念、师德师风、专业知识和业务能力做出明确要求,并作为教师培养、准入、培训、考核、退出的依据。为贯彻落实这一要求,2012年2月,教育部制定《小学教师专业标准(试行)》(教师〔2012〕1号)(简称《专业标准》),要求小学教师树立以师德为先、学生为本、能力为重、终身学习的基本理念;在专业理念方面,要认同小学教师的专业性和独特性,热爱小学教育事业,将保护小学生生命安全放在首位,尊重小学生独立人格,将小学生的知识学习、能力发展与品德养成相结合,重视小学生全面发展,衣着简洁得体,富有爱心、责任心;在专业知识方面,了解幼小和小初衔接阶段小学生的心理特点与安全防护的知识,掌握所教学科知识体系、基本思想与方法,掌握小学教育教学基本理论,具有相应的自然科学和人文社会科学知识;在专业能力方面,合理制定小学生教育教学计划,创设适宜的教学情境,调动小学生学习积极性与兴趣,发现和赏识每一位小学生的点滴进步,与小学生、同事、家长进行有效沟通,不断进行反思,改进教育教学工作。为了顺利实施《专业标准》,教育部要求各地教育行政部门、开展教师教育的院校、小学要把贯彻落实《专业标准》作为加强教师队伍建设的重要任务和举措,将《专业标准》作为教师队伍建设的基本依据,作为教师培养培训的主要依据,作为教师管理的重要依据和作为自身专业发展的基本依据。同时,各地、各校要采取宣讲、讨论、座谈、培训等多种形式,组织开展《专业标准》专题学习活动。

校车安全管理 为了加强校车安全管理,保障乘坐校车学生的人身安全,2012年4月,国务院颁布《校车安全管理条例》(国务院令第617号)(简称《条例》)。《条例》包括总则、学校和校车服务提供者、校车使用许可、校车驾驶人、校车通行安全、校车乘车安全和法律责任等方面的内容。《条例》规定,校车是指依照本条例取得使用许可,用于接送接受义务教育的学生上下学的7座以上的载客汽车。配备校车的学校和校车服务提供者应当建立健全校车安全管理制度,配备安全管理人员;由校车服务提供者提供校车服务的,学校应当与校车服务提供者签订校车安全管理责任书,落实校车运行安全管理措施。使用校车应当取得校车使用许可,校车标牌应当载明本车的号牌号码、车辆的所有人、驾驶人、行驶线路、开行时间、停靠站点以及校车标牌发牌单位、有效期等事项,取得校车标牌的车辆应当配备统一的校车标志灯和停车指示标志,禁止使用未取得校车标牌的车辆提供校车服务,校车必须安装安全设备,并放置在便于取用的位置。校车驾驶人应当取得校车驾驶资格,并每年接受公安机关交通管理部门的审验。校车行驶应当注意通行安全,公安机关交通管理部门应当加强对校车行驶线路的道路交通秩序管理,加强对校车运行情况的监督检查。配备校车的学校、校车服务提供者应当指派照管人员随校车全程照管乘车学生;随车照管人员应当认真履行职责。同时,《条例》还规定,对生产、销售和使用不符合校车安全国家标准的校车的行为,学校和校车驾驶人等违法违规行为进行相应的处罚。为了贯彻落实《条例》的相关规定,切实做好校车安全管理工作,2012年8月,教育部等20部门印发《教育部等20部门关于贯彻落实〈校车安全管理条例〉进一步加强校车安全管理工作的通知》(教基一〔2012〕10号),交通运输部印发《交通运输部关于认真做好〈校车安全管理条例〉贯彻实施工作的通知》(交运发〔2012〕327号),要求建立校车安全管理工作机制,建立健全校车安全管理各项制度,协调解决校车安全管理的有关问题,确保校车安全;按照"保障学生就近入学、寄宿制学校入学、公共交通满足入学、提供校车服务"依次优先的原则,制定《条例》实施办法;制定校车服务方案,确定校车运营模式,建立校车安全管理制度;按照"既保证安全、又不让学生无车可乘"的原则制订过渡期交通安全方案,确保过渡期交通安全;开展专项治理和校车安全管理专项督查,履行部门职责。

校企合作/产教融合/工学结合　为贯彻落实《国务院关于大力发展职业教育的决定》(国发〔2005〕35号)精神,大力推行工学结合、校企合作的培养模式,逐步建立和完善半工半读制度,实现新时期我国职业教育改革和发展的新突破,2006年3月,教育部下发《教育部关于职业院校试行工学结合、半工半读的意见》(教职成〔2006〕4号)(简称《意见》)。《意见》要求各级教育行政部门和职业院校要进一步提高对职业院校试行工学结合、半工半读的认识,努力做好职业院校试行工学结合、半工半读工作,为社会主义现代化建设培养数以亿计的高素质劳动者和数以千万计的高技能专门人才;进一步加强校企合作,加强教育与生产劳动和社会生产实践相结合,加快推进职业教育人才培养模式的根本性转变;坚持以服务为宗旨、以就业为导向的职业教育办学方针,进一步深化职业教育教学改革,大力推行工学结合、校企合作的培养模式;积极开展学生通过半工半读实现免费或低费接受职业教育的试点,逐步建立和完善半工半读制度,实现学生免费或低费接受职业教育;完善管理办法,提供政策支持,为推进工学结合、半工半读提供制度和条件保障。各级教育行政部门要加强对职业院校试行工学结合、半工半读工作的领导,大胆实践,确保工作健康持续开展。为提高职业教育质量,《国家中长期教育改革和发展规划纲要(2010—2020年)》提出:"实行工学结合、校企合作、顶岗实习的人才培养模式。"以上文件,对加强工学结合、半工半读的理论研究和实践探索,开创中国特色的职业教育发展的新局面具有重要作用。

"校校通" "校校通"工程和中小学现代远程教育建设工程是"十五"期间教育信息化的重大基础建设工程之一。2001年5月,《国务院关于基础教育改革与发展的决定》(国发〔2011〕21号)要求,大力普及信息技术教育,以信息化带动教育现代化。各地要科学规划,全面推进,因地制宜,注重实效,以多种方式逐步实施中小学"校校通"工程。2002年9月发布的《教育信息化"十五"发展规划(纲要)》将全面实施"校校通"工程列为该时期的重要任务之一。根据目前的实践情况主要采取四种模式:教学光盘播放系统(最简单的配置)、卫星教学收视点、依托中心学校建设乡镇农村计算机网络信息站、以地区为中心建立城域网。2012年9月,第一次全国教育信息化工作电视电话会议指出,"十二五"期间,要以建设好"三通两平台"为抓手,也就是"宽带网络校校通、优质资源班班通、网络学习空间人人通",建设教育资源公共服务平台和教育管理公共服务平台。这是当前教育信息化建设的核心目标与标志工程。"宽带网络校校通"即各级各类学校接入宽带并建成网络条件下的基本教学与学习环境,其中义务教育学校(尤其是农村中小学)和职业院校是校校通的重点建设对象。同年3月,教育部出台的《教育信息化十年发展规划(2011—2020年)》(教技〔2012〕5号)将"基本实现宽带网络的全面覆盖"列为发展目标之一,要求充分依托公共通信资源,地面网络与卫星网络有机结合,超前部署覆盖城乡各级各类学校和教育机构的教育信息网络,实现校校通宽带、人人可接入。2015年8月,《国务院关于加快发展民族教育的决定》(国发〔2015〕46号)要求,加快推进教育信息化。加强民族地区教育信息基础设施建设,加快推进"宽带网络校校通"、"优质资源班班通"、"网络学习空间人人通",国家教育资源公共服务平台优先向民族地区学校开放。同时,《"十三五"国家信息化规划》(国发〔2016〕73号)要求优先开展在线教育普惠行动。要求到2018年,"宽带网络校校通"、"优质资源班班通"、"网络学习空间人人通"取得显著进展;到2020年,基本建成数字教育资源公共服务体系,形成覆盖全国、多级分布、互联互通的数字教育资源云服务体系。

校长专业标准 为构建教师队伍建设标准体系、建设高素质学校校长队伍,2010年7月,中共中央、国务院印发《国家中长期教育改革和发展规划纲要(2010—2020年)》(中发〔2010〕12号)(简称《教育规划纲要》)提出,要制定校长任职资格标准,促进校长专业化。为落实《教育规划纲要》,2013年至2015年,教育部先后印发《义务教育学校校长专业标准》(教师〔2013〕3号)和《普通高中校长专业标准》、《中等职业学校校长专业标准》、《幼儿园园长专业标准》(教师〔2015〕2号),分别提出义务教育学校、普通高中、中等职业学校和幼儿园的校长专业标准,要求校长树立以德为先、育人为本、引领发展、能力为重、终身学习的基本理念,具有规划学校发展、营造育人文化、领导课程教学、引领教师成长、优化内部管理和调适外部环境的能力;加强校长培养培训的师资队伍建设,开展校长专业成长的科学研究,促进校长专业发展。

新增招生计划向中西部高等教育资源短缺地区倾斜 《国家中长期教育改革和发展规划纲要(2010—2020年)》(中发〔2010〕12号)(简称《教育规划纲要》)提出,为优化高等教育结构,办出有特色的教育,要求:设立支持地方高等教育专项资金,实施中西部高等教育振兴计划;新增招生计划向中西部高等教育资源短缺地区倾斜,扩大东部高校在中西部地区招生规模,加大东部高校对西部高校对口支援力度。为贯彻落实《教育规划纲要》精神,振兴中西部高等教育,服务国家西部大开发战略、振兴东北地区等老工业基地战略和中部崛起战略的深入实施,服务区域经济社会发展需要,2013年2月,教育部、国家发展改革委、财政部印发《中西部高等教育振兴计划（2012—2020年）》（教高〔2013〕2号）（简称《振兴计划》），《振兴计划》提出扩大中西部学生入学机会的主要任务，要求坚持新增招生计划向中西部高等教育资源短缺地区倾斜。继续实施"支援中西部地区招生协作计划"，将招生计划增量和对东部高校调整出的生源存量计划投向中西部高等教育升学压力较大的地区。适度降低东部地区中央部门高校属地计划比例，继续将学校从属地调出计划及学校计划增量投向中西部优质高等教育资源相对较少的地区，逐步缩小东中西部地区招生录取率的差距。对中西部地区学科专业特色优势明显的地方高校，在研究生招生计划特别是博士生招生计划安排上予以倾斜支持。

信息化公共服务平台 信息化公共服务平台是实现优质资源共享的重要基础。2012年9月，第一次全国教育信息化工作电视电话会议提出要建设教育资源公共服务平台和教育管理公共服务平台。2013年2月，为振兴中西部高等教育，服务国家西部大开发战略、东北地区等老工业基地振兴战略和中部崛起战略的深入实施，服务区域经济社会发展需要，教育部、国家发展改革委和财政部联合印发《中西部高等教育振兴计划（2012—2020年）》（教高〔2013〕2号），明确提出加强信息化公共服务平台建设。要求加强中西部高校信息技术基础设施建设，充分利用互联网、广播电视网、移动通信网、卫星通信等载体发展现代远程教育；加强数字化教室、数字化图书馆等信息化条件建设，将东部高校和中西部中央部委属高校的优质教学资源输送到中西部地方高校。

信息化基础设施 信息化基础设施建设是教育信息化发展的物质基础和有效保障。2012年3月，教育部出台《教育信息化十年发展规划（2011—2020年）》（教技〔2012〕5号），要求规划教育信息化基础能力建设行动，明确实现教育信息化的重要公共基础是教育宽带网络和教育云基础平台等教育信息化支撑环境的全面覆盖。要求采用统一规范、分级管理方式，推进具有先进、安全、绿色特征的公益性信息化基础设施建设，建立公益性信息化基础设施的可持续发展机制。具体包括：超前部署教育信息网络，国家教育卫星宽带传输网络建设，国家教育云基础平台建设以及开放大学信息化支撑平台建设。为拓宽信息化基础设施建设渠道，2014年11月，教育部、财政部和国家发展改革委等部门联合印发《构建利用信息化手段扩大优质教育资源覆盖面有效机制的实施方案》（教技〔2014〕6号），提出鼓励引导企业积极参与教育信息化基础设施建设、资源开发与服务、设施设备运维保障等。为充分发挥教育信息化促进教育公平的作用,教育部高度重视中西部和农村地区教育信息化基础设施建设,2015年8月,《国务院关于加快发展民族教育的决定》(国发〔2015〕46号)要求加快推进教育信息化,加强民族地区教育信息基础设施建设,加快推进"宽带网络校校通"、"优质资源班班通"、"网络学习空间人人通"。《"十三五"国家信息化规划》(国发〔2016〕73号)进一步要求鼓励互联网骨干企业开放平台资源,加强行业云服务平台建设,支持政务系统和行业信息系统向云平台迁移,建设基于云计算的国家科研信息化基础设施,打造"中国科技云"。

信息技术安全 为加快推进信息化建设,建立健全信息安全保障体系,有力促进经济社会发展,2012年6月,国务院印发《国务院关于大力推进信息化发展和切实保障信息安全的若干意见》(国发〔2012〕23号)(简称《意见》),要求基本形成国家信息安全保障体系。为深入贯彻中央关于网络安全工作的总体部署,落实《意见》与信息安全等级保护制度的要求,加快建立健全教育行业网络与信息安全保障体系,提高防护能力和水平,保障教育事业健康有序发展,教育部出台《教育部关于加强教育行业网络与信息安全工作的指导意见》(教技〔2014〕4号),提出信息安全工作要遵循"分级管理、逐级负责,自主防护、明确责任,统筹规划、同步建设,政策合规、遵从标准"的基本原则,全面提高教育行业网络与信息安全意识,建立健全教育网络与信息安全工作的组织体系、管理规章和责任制度,落实国家信息安全等级保护制度,有效防范、控制和抵御信息安全风险,增强安全预警、应急处置和灾难恢复能力,提高各级教育部门和学校整体安全防护水平,形成与教育信息化发展相适应的、完备的网络与信息安全保障体系,支撑教育现代化事业健康持续发展。重点开展如下任务:建立健全网络与信息安全组织领导体系,制定完善网络与信息安全规划和管理制度,全面实施信息安全等级保护制度,大力提升网络与信息安全技术防护能力,建立健全网络与信息安全应急处置和通报机制,加强网络与信息安全队伍建设和人员培训,加快教育行业网络与信息安全标准规范建设。为保障各项任务的顺利开展,要求加强组织领导,加大网络与信息安全投入,加强宣传教育和监督检查。

信息技术与教育教学深度融合示范培育推广计划 《国家中长期教育改革和发展

规划纲要(2010—2020年)》(中发〔2010〕12号)(简称《教育规划纲要》)和《中等职业教育改革创新行动计划(2010—2020年)》(教职成〔2010〕13号)指出,信息技术对教育发展具有革命性影响,必须予以高度重视。为推进落实《教育规划纲要》关于教育信息化的总体部署,2012年3月,教育部印发《教育信息化十年发展规划(2011—2020年)》(教技〔2012〕5号),要求建设覆盖城乡各级各类学校的教育信息化体系,促进优质教育资源普及共享,推进信息技术与教育教学深度融合,实现教育思想、理念、方法和手段全方位创新。探索信息技术与教育教学深度融合的规律,深入研究信息化环境下的教学模式。为进一步促进教育信息化发展,2015年2月,教育部出台《2015年教育信息化工作要点》(教技厅〔2015〕2号),提出启动实施"信息技术与教育教学深度融合示范培育推广计划"。计划将先期在基础教育领域遴选一批覆盖不同地区、不同学段、不同类型、不同应用模式的示范点,组织专家重点指导,培育一批能够发挥示范应用、辐射带动作用的骨干学校、教师、课程,加以推广;鼓励各级教育行政部门也积极开展示范点培育推广工作,形成分层推进机制。

信息素养 为深化职业教育教学改革,全面提高人才培养质量,2015年7月,教育部印发《教育部关于深化职业教育教学改革全面提高人才培养质量的若干意见》(教职成〔2015〕6号),提出提升信息化教学能力,加强区域联合、优势互补、资源共享,构建全国职业教育教学资源信息化网络。要求:各地、各职业院校组织开发一批优质的专业教学资源库、网络课程、模拟仿真实训软件和生产实际教学案例等;广泛开展教师信息化教学能力提升培训,不断提高教师的信息素养。2015年8月,教育部和财政部印发《教育部财政部关于改革实施中小学幼儿园教师国家级培训计划的通知》(教师〔2015〕10号),要求加强信息技术课程建设,提升师范生信息素养和利用信息技术促进教学的能力。同年12月,教育部出台的《教育部关于印发刘延东副总理在第二次全国教育信息化工作电视电话会议上讲话的通知》(教技〔2015〕6号),要求依托信息技术营造信息化教学环境,推动教学理念、方式和内容改革,创新人才培养模式,促进因材施教、个性化培养;积极探索信息技术在创业大学、创客教育、微课堂等方面的应用,提升学生的信息素养和创新创业能力,促进学生全面发展。

学分认定与学分转换 学分认定和转换机制是我国高校改革的重要内容,是推动终身教育体系建设的重大举措,也是深化创新创业教育的重要保障。早在2004年3月,教育部就印发了《教育部关于学习、宣传和全面实施〈2003—2007年教育振兴行动计划〉的通知》(教办〔2004〕4号),提出"鼓励人们通过多种形式和渠道参与终身学习,加强学校教育和继续教育相互结合,进一步改革和发展成人教育,完善广覆盖、多层次的教育培训网络,逐步确立以学习者个人为主体、用人单位支持、政府予以必要资助的继续教育保障机制,建立对各种非全日制教育培训学分的认证及积累制度"。新形势下,为加快推进适合我国国情的在线开放课程和平台建设,教育部出台《教育部关于加强高等学校在线开放课程建设应用与管理的意见》(教高〔2015〕3号),要求推进在线开放课程学分认定和学分管理制度创新。鼓励高校制订在线开放课程教学质量认定标准,将通过本校认定的在线课程纳入培养方案和教学计划,并制订在线课程的教学效果评价办法和学生修读在线课程的学分认定办法。在保证教学质量的前提下,鼓励高校开展在线学习、在线学习与课堂教学相结合等多种方式的学分认定、学分转换和学习过程认定。2015年7月以来,教育部相继印发《教育部关于深化职业教育教学改革全面提高人才培养质量的若干意见》(教职成〔2015〕6号)和《教育部关于中央部门所属高校深化教育教学改革的指导意见》(教高〔2016〕2号)等文件,要求建立学分积累与转换制度,推进学习成果互认,促进工作实践、在职培训和学历教育互通互转;通过建立创新创业学分积累和转换制度,允许参与创新创业的学生调整学业进程,保留学籍休学创新创业。

学分银行 《国家中长期教育改革和发展规划纲要(2010—2020年)》(中发〔2010〕12号)(简称《教育规划纲要》)提出,建立学分认定、积累与转换制度,实现学习成果的互认和衔接,多地建立起终身教育学分银行体系。为贯彻《教育规划纲要》的部署,各地方陆续出台相关政策文件,如《上海市教育委员会关于成立上海市终身教育学分银行的通知》(沪教委终〔2012〕6号)、《江苏省教育厅关于印发〈江苏省终身教育学分银行管理办法(试行)〉的通知》(苏教规〔2013〕3号)、《浙江省教育厅关于成立浙江省终身教育学分银行的通知》(浙教高教〔2015〕5号)等,因地制宜地开展终身教育学分银行建设工作。为适应全民终身学习需要,不断拓展开放大学办学功能,为学习者学习成果转换提供便利服务,2016年1月,教育部印发《教育部关于办好开放大学的意见》(教职成〔2016〕2号)(简称《意见》)。《意见》提出"建设学分银行,实现学习成果积累和转换"的任务。要求:建立个人终身学习电子档案,主要存储个人信息、学习经历、学习成果及转换记录等信息;完善档案管理,一人一档,终身有效,经授权后可供用人单位、教育机构查询使用;加快学习成果认定,制定学分转换标准,对学习者在正规教育和非正规教育过程中获得的学分、证书、工作和生活经验及技能等进行认定,确定学分,实现学习成果转换;主动沟通高校、行业、企业和用人单位,通过协议或联盟等方式,推进相互之间学习成果的互认;探索建立"学分银行",将学习者的各类学习成果转换成学分进行存储,实现不同类型学习成果的转换,为学习者申请相关学历证书、学位证书、毕业证书、资格证书等提供依据。2016年6月,教育部等九部门印发《教育部等九部门关于进一步推进社区教育发展的意见》(教职成〔2016〕4号),提出要加强社区教育实验区和示范区建设,推进市民学分银行建设的示范引领作用,进一步提升社区教育服务能力和水平。推进学习成果积累转换,鼓励有条件的省级和市(地)级教育行政部门先行先试,探索建立居民个人学习账号,开发、研制具有学时记载等功能的社区学习卡,记录学习者注册报名、培训考勤、线上线下学习学时等具体信息,形成居民终身学习电子档案,探索建设社区教育学分银行。

学科评估 为落实《面向21世纪教育振兴行动计划》,在高等学校中建设一批重点学科,进一步提高我国高等教育的质量、水平和效益,2011年2月,教育部印发了《教育部关于开展高等学校重点学科评选工作的通知》(教研函〔2001〕1号)(简称《通知》)。《通知》规定了学科评估的重点标准和内容:首先,应选择总体水平处于国内同类学科前列,并有一定国际影响的博士点;评选主要以现行《授予博士、硕士学位和培养研究生的学科、专业目录》中的二级学科为依据。其次,重点学科评选的主要内容包括学科方向、学术队伍、人才培养、科学研究、条件建设和学术交流。最后,入选重点学科,其学科方向应该对推动学科发展、科技进步,促进我国经济、社会、文化发展和国防建设具有重要意义;有在本学科学术造诣高、有一定国际影响或国内公认的学术带头人,有结构合理的高水平学术梯队;所培养博士生的数量和质量位于国内同类博士点前列等条件。《通知》还就评选的基本程序与监督问责机制进行了规定。

学历学位互认《国家中长期教育改革和发展规划纲要(2010—2020年)》(中发

〔2010〕12号）（简称《教育规划纲要》）提出提高交流合作水平，扩大政府间学历学位互认，支持中外大学间的教师互派、学生互换、学分互认和学位互授联授。为贯彻《教育规划纲要》及相关文件要求，教育部印发《国家教育事业发展第十二个五年规划》（教发〔2012〕9号）和《教育部国家发展改革委财政部关于深化研究生教育改革的意见》（教研〔2013〕1号），要求开展多层次、宽领域的教育交流与合作。推动教育双边、多边和区域教育交流合作；扩大政府间学历学位互认，积极推进我国与周边国家以及联合国相关机构、欧盟、上海合作组织、东盟、非盟、阿盟、美洲国家组织等全球性和区域性组织的教育合作；增强对外开放的主动性，服务国家对外开放战略，加快建设有利于国际互认的学位资历框架体系，继续推动双边和多边学位互认工作，加强与周边国家、区域的研究生教育合作。2014年9月，教育部副部第七届"中国—东盟教育交流周"部长讲坛上表示，目前我国已与41个国家和地区签署了学历学位互认协议，出国留学人员遍及100多个国家和地区，来华留学生源地国家和地区达200个。2016年7月，教育部出台《推进共建"一带一路"教育行动》（教外〔2016〕46号），提出要推动"一带一路"沿线学历学位认证标准连通，推动落实联合国教科文组织《亚太地区承认高等教育资历公约》，支持教科文组织建立世界范围学历互认机制，实现区域内双边多边学历学位关联互认；呼吁各国完善教育质量保障体系和认证机制，加快推进本国教育资历框架开发，助力各国学习者在不同种类和不同阶段教育之间进行转换，促进终身学习社会建设；共商共建区域性职业教育资历框架，逐步实现就业市场的从业标准一体化。

学前教育成本分担机制 为认真贯彻党的十八大"办好学前教育"和十八届三中全会"推进学前教育改革发展"的要求，进一步落实《国务院关于当前发展学前教育的若干意见》（国发〔2010〕41号），促进学前教育持续健康发展，教育部、国家发展改革委、财政部联合印发《教育部国家发展改革委财政部关于实施第二期学前教育三年行动计划的意见》（教基二〔2014〕9号），提出逐步建立起以公共财政投入为主的农村学前教育成本分担机制的目标。为深入推进学前教育改革发展，2015年8月，教育部印发《教育部办公厅关于申报国家学前教育改革发展实验区的通知》（教基二厅函〔2015〕16号），提出以财政投入为主的农村学前教育成本分担机制，要求研究制定促进农村学前教育发展的财政支持政策，探索落实农村幼儿园"保安全、保工资、保运转、保发展"的实现路径和具体措施。

学前教育发展指导意见 为贯彻落实党的十七届五中全会、全国教育工作会议精神和《国家中长期教育改革和发展规划纲要（2010—2020年）》（中发〔2010〕12号）相关要求，积极发展学前教育，着力解决当前存在的"入园难"问题，满足适龄儿童入园需求，促进学前教育事业科学发展，2010年11月，国务院印发《国务院关于当前发展学前教育的若干意见》（国发〔2010〕41号）（简称《意见》）。《意见》提出，要把发展学前教育摆在更加重要的位置，坚持公益性和普惠性发展学前教育，努力构建覆盖城乡、布局合理的学前教育公共服务体系；坚持政府主导，社会参与，公办民办并举，落实各级政府责任；坚持改革创新，着力破除制约学前教育科学发展的体制机制障碍。采用多种形式扩大学前教育资源，大力发展公办幼儿园，提供"广覆盖、保基本"的学前教育公共服务；鼓励社会力量以多种形式举办幼儿园；城镇小区按照国家有关规定配套建设幼儿园；努力扩大农村学前教育资源。运用多种途径加强幼儿教师队伍建设。加快建设一支师德高尚、热爱儿童、业务精良、结构合理的幼儿教师队伍；依法落实幼儿教师地位和待遇；完善学前教育师资培养培训体系。多种渠道加大学前教育投入，各级政府要将学前教育经费列入财政预算，研究制定公办幼儿园生均经费标准和生均财政拨款标准，鼓励社会力量办园和捐资助园，建立学前教育资助制度，发展残疾儿童学前康复教育；中央财政设立专项经费支持中西部农村地区、少数民族地区和边疆地区发展学前教育和学前双语教育。加强幼儿园准入管理，完善法律法规，规范学前教育管理，严格执行幼儿园准入制度。强化幼儿园安全监管，加强安全设施建设，配备保安人员，健全各项安全管理制度和安全责任制。规范幼儿园收费管理，按照非义务教育阶段家庭合理分担教育成本的原则，制定公办幼儿园收费标准；实行收费公示制度。坚持科学保教，促进幼儿身心健康发展。完善工作机制，加强组织领导，各级政府要加强对学前教育的统筹协调，健全教育部门主管、有关部门分工负责的工作机制，形成推动学前教育发展的合力。另外，统筹规划，实施学前教育三年行动计划。

学前教育公共服务体系 为贯彻落实党的十七届五中全会、全国教育工作会议精神和《国家中长期教育改革和发展规划纲要（2010—2020年）》（中发〔2010〕12号），积极发展学前教育，2010年11月，国务院印发《国务院关于当前发展学前教育的若干意见》（国发〔2010〕41号）和《国务院办公厅关于开展国家教育体制改革试点的通知》（国办发〔2010〕48号），要求必须坚持公益性和普惠性，努力构建覆盖城乡、布局合理的学前教育公共服务体系,保障适龄儿童接受基本的、有质量的学前教育。同时,决定在辽宁省大连市、上海市闵行区、江苏省部分市县、浙江省部分市、安徽省合肥市、甘肃省部分自治州、宁夏回族自治区部分市县等地区和学校开展专项改革试点。建立健全体制机制,加快学前教育发展,要求明确政府职责,完善学前教育体制机制,构建学前教育公共服务体系。2012年7月,国务院相继印发《少数民族事业"十二五"规划》(国办发〔2012〕38号)和《国家基本公共服务体系"十二五"规划》(国发〔2012〕29号),提出支持民族地区大力发展公办幼儿园,积极扶持普惠性民办幼儿园发展,优先将农牧区幼儿园纳入学前教育项目支持范围,构建"广覆盖、保基本"的学前教育公共服务体系。同时,要求建立政府主导、社会参与、公办民办并举的办园体制,构建覆盖城乡、布局合理的学前教育公共服务体系。《中华人民共和国教育法(2015年修正)》也规定,国家要制定学前教育标准,加快普及学前教育,构建覆盖城乡特别是农村的学前教育公共服务体系。

学前教育国家实验区　为贯彻党的十八大和十八届三中全会精神,全面落实《国务院关于当前发展学前教育的若干意见》(国发〔2010〕41号)和《教育部国家发展改革委财政部关于实施第二期学前教育三年行动计划的意见》(教基二〔2014〕9号),深入推进学前教育改革发展,教育部决定在全国范围内选择部分地区开展学前教育改革发展实验,进而为全国其他地区提供经验,发挥示范带头作用。2015年8月,教育部印发《教育部办公厅关于申报国家学前教育改革发展实验区的通知》(教基二厅函〔2015〕16号),指出开展学前教育改革发展实验的目标是按照构建学前教育公共服务体系的总体要求,落实地方政府发展学前教育的主体责任,健全学前教育管理体制;结合本地实际,重点围绕提高学前教育改革发展的条件,保障和推进体制机制建设;开展先行试点,建立促进学前教育持续健康发展的长效机制。试点的任务主要包括:扩大普惠性资源,建立以财政投入为主的农村学前教育成本分担机制、公益普惠的学前教育财政投入保障机制、幼儿园教师队伍培养和补充机制、幼儿园教师工资待遇保障机制、幼儿园教师师德建设长效机制,规范普惠性民办幼儿园监管,健全学前教育教研制度和贯彻落实《3—6岁儿童学习与发展指南》。在各地申报的基础上,经专家评审,2016年2月,教育部印发《教育部办公厅关于公布国家学前教育改革发展实验区名单的通知》(教基二厅函〔2016〕2号),《通知》确定了北京市顺义区等36个地区为国家学前教育改革发展实验区。同时,要求有关省(区、市)要加强对实验区的指导,进一步完善实验方案,在政策、资金和项目安排等方面予以倾斜支持。各实验区要坚持公益普惠的基本方向,切实履行政府责任,加大改革创新力度,研究出台具体可行的政策措施,认真落实人、财、物条件保障,完善学前教育体制机制,在相应实验任务上取得突破,发挥好示范带动作用。

学前教育资助制度　《国务院关于当前发展学前教育的若干意见》(国发〔2010〕41号)要求建立学前教育资助制度,资助家庭经济困难儿童、孤儿和残疾儿童接受普惠性学前教育。为贯彻《国务院关于当前发展学前教育的若干意见》(国发〔2010〕41号)和财政部、教育部《关于加大财政投入支持学前教育发展的通知》(财教〔2011〕405号),完善国家资助政策体系,积极发展学前教育,切实解决家庭经济困难儿童入园问题,2011年9月,财政部、教育部印发《财政部教育部关于建立学前教育资助制度的意见》(财教〔2011〕410号),要求按照"地方先行,中央补助"的原则,各地从2011年秋季学期起建立学前教育资助政策体系,具体资助方式和资助标准由省级政府自行制定。中央财政根据地方出台的资助政策、经费投入及实施效果等因素,予以奖补。地方政府对经由县级以上教育行政部门审批设立的普惠性幼儿园在园家庭经济困难儿童、孤儿和残疾儿童,予以资助。幼儿园要从事业收入中提取3%—5%比例的资金,用于减免收费、提供特殊困难补助等,具体比例由各地自行确定。各地进一步建立和完善相关优惠政策措施,积极引导和鼓励企业、社会团体及个人等捐资,帮助家庭经济困难儿童、孤儿和残疾儿童接受普惠性学前教育。

学前特殊教育　2009年5月,国务院办公厅发布《国务院办公厅转发教育部等部门〈关于进一步加快特殊教育事业发展意见〉的通知》(国办发〔2009〕41号),提出要因地制宜发展残疾儿童学前教育。有条件的城市和农村地区要基本满足残疾儿童接受学前教育的需求。地方各级教育、民政、卫生部门和残联要相互协作,采取多种形式,在有条件地区积极举办0—3岁残疾儿童早期干预、早期教育和康复训练机构。同时,鼓励社会力量举办学前特殊教育机构。2012年3月,残疾人联合会、教育部下发《关于共同做好残疾人事业专项彩票公益金助学项目(学前教育)工作的通知》(残联厅〔2012〕20号),计划五年内为全国各地514万人次家庭经济困难的残疾儿童享受普惠性学前教育提供资助,不断提高残疾儿童学前教育入园率、巩固率,推进学前特殊教育加快发展。要求充分认识实施项目的重要意义,各地残联、教育部门要加强对项目工作的领导,指派专人负责项目日常工作,精心组织与管理。残联、教育两部门分工合作,协同推进项目工作。加大宣传力度,动员全社会积极参与,强化资金管理与监督,建立相应的资金管理制度;建立并完善项目档案和数据库,加强检查评估,建立定期报告制度。2016年8月国务院下发《"十三五"加快残疾人小康进程规划纲要》(国发〔2016〕47号),要求贯彻实施《残疾人教育条例》,依法保障残疾人受教育权利。为家庭经济困难的残疾儿童、青少年提供包括义务教育、高中阶段教育在内的12年免费教育。鼓励特殊教育学校实施学前教育,鼓励残疾儿童康复机构取得办园许可,为残疾儿童提供学前教育,鼓励普通幼儿园接收残疾儿童,进一步落实残疾儿童接受普惠性学前教育资助政策。

学区制对口招生 为贯彻十八届三中全会精神,落实义务教育免试就近入学要求,健全科学、明晰、便利的小学升入初中制度,规范招生入学行为,提高治理水平,促进教育公平,2014年1月,教育部出台《关于进一步做好小学升入初中免试就近入学工作的实施意见》(教基一〔2014〕1号)(简称《意见》),开始试行学区制和九年一贯对口招生。《意见》提出合理规范招生范围,要求县级教育行政部门根据适龄学生人数、学校分布、所在学区、学校规模等因素,按照就近入学原则为每所义务教育学校科学划定片区范围,优质初中被纳入多校划片范围。为进一步做好义务教育招生工作,2016年2月,教育部印发《教育部办公厅关于做好2016年城市义务教育招生入学工作的通知》(教基一厅〔2016〕1号),再次强调科学确定划片方式,在教育资源相对均衡的地方,要积极通过单校划片的方式,落实就近入学的要求。在目前教育资源配置不均衡、择校冲动强烈的地方,要根据实际情况,积极稳妥采取多校划片,合理确定片区范围,完善划片工作机制,严格控制特长生招生比例,加强政策宣传引导,抓好政策的落实,确保招生入学各环节有序衔接。

学生课业负担监测公告制度 为了减轻中小学生过重的课业负担,全面推进素质教育,2013年2月,北京市教育委员会颁发《关于切实减轻中小学生过重课业负担的通知》(京教基一〔2013〕2号)(简称《通知》),要求严格执行国家和北京市的课程计划,各县区和学校要确保开齐课程、开足课时,不得增加考试科目时间或挪用音乐、体育等非考试科目时间;严格控制学生在校学习时间,小学生在校学习时间不超过6小时,中学生不能超过8小时;严格控制作业量,教师布置作业必须坚持"精选、批改、讲评"原则,做到"三严格三禁止";严格规范考试和评价工作,义务教育学段的考试方式、科目和难度、次数;禁止区县在小学各年级组织相关选拔性考试;严禁违规补课;严格教辅用书管理,认真落实教育部《教育部关于加强中小学教辅材料使用管理工作的通知》(教基二〔2012〕1号),教材和学习辅助资料应从市教委公布的《普通中小学教学用书目录》中选用;严格各类竞赛管理,坚决禁止学校单独或和社会培训机构联合或委托举办以选拔生源为目的各类培训班。同时,《通知》规划建立市、区教育行政部门对中小学生课业负担全面性、常态性监测公告制度,把减负工作纳入督政督学内容之中,进行定期的专项督导。

《学生伤害事故处理办法》 为积极预防、妥善处理在校学生伤害事故,保护学生、学校的合法权益,根据《中华人民共和国教育法》、《中华人民共和国未成年人保护法》和其他相关法律、行政法规及有关规定,2002年8月,教育部颁布《学生伤害事故处理办法》(教育部令第12号)(简称《办法》)。《办法》适用于在学校实施的教育教学活动或者学校组织的校外活动中,以及在学校负有管理责任的校舍、场地、其他教育教学设施和生活设施内发生的,造成在校学生人身损害后果的事故的处理;内容涵盖事故与责任、事故处理程序、事故损害的赔偿、事故责任者的处理等方面。《办法》规定学生伤害事故应当遵循依法、客观公正、合理适当的原则,及时、妥善地处理的原则。学生伤害事故的责任,应当根据相关当事人的行为与损害后果之间的因果关系依法确定。发生学生伤害事故,学校应当及时救助受伤学生,并应当及时告知未成年学生的监护人;有条件的,应当采取紧急救援等方式救助;情形严重的,学校应当及时向主管教育行政部门及有关部门报告;属于重大伤亡事故的,教育行政部门应当按照有关规定及时向同级人民政府和上一级教育行政部门报告;事故处理结束,学校应当将事故处理结果书面报告主管的教育行政部门;重大伤亡事故的处理结果,学校主管的教育行政部门应当向同级人民政府和上一级教育行政部门报告。对发生学生伤害事故负有责任的组织或个人,应当按照法律法规的有关规定,承担相应的损害赔偿责任。发生学生伤害事故,学校负有责任且情节严重的,教育行政部门应当根据有关规定,对学校的直接负责的主管人员和其他直接责任人员,分别给予相应的行政处分;有关责任人的行为触犯刑律的,应当移送司法机关依法追究刑事责任。教育行政部门未履行相应职责,对学生伤害事故的发生负有责任的,由有关部门对直接负责的主管人员和其他直接责任人员分别给予相应的行政处分;有关责任人的行为触犯刑律的,应当移送司法机关依法追究刑事责任。违反学校纪律,对造成学生伤害事故负有责任的学生,学校可以给予相应的处分;触犯刑律的,由司法机关依法追究刑事责任。

学生申诉制度 为了积极探索建立在法治框架内的多元化矛盾纠纷解决机制,引导公民、法人和其他社会组织通过法治途径,合法合理表达诉求,妥善处理各类教育纠纷,2003年7月,教育部出台《教育部关于加强依法治校工作的若干意见》(教政法〔2003〕3号),要求建立校内学生申诉制度,保障学生申诉的法定权利。同年11月印发的《教育部办公厅关于开展依法治校示范校创建活动的通知》(教政法厅〔2003〕4号)将建立学生申诉制度纳入依法治校示范校的基本标准。2005年9月,教育部颁发《普通高等学校学生管理规定》(教育部令第21号),明确规定学校应当成立学生申诉处理委员会,受理学生对取消入学资格、退学处理或者违规、违纪处分的申诉。学生申诉处理委员会应当由学校负责人、职能部门负责人、教师代表、学生代表组成。学生对处分决定有异议的,可以向学校学生申诉处理委员会提出书面申诉。学生申诉处理委员会对学生提出的申诉进行复查,要求作出复查结论并告知申诉人。需要改变原处分决定的,由学生申诉处理委员会提交学校重新研究决定。为大力推进依法治校,2012年11月,教育部印发《全面推进依法治校实施纲要》(教政法〔2012〕9号),要求健全学校权利救济和纠纷解决机制,完善教师学生权利救济制度。为完善学生申诉机制,学校应当建立相对独立的学生申诉处理机构,其人员组成、受理及处理规则,应当符合正当程序原则的要求,并允许学生聘请代理人参加申诉。学校处理教师、学生申诉或纠纷,应当建立并积极运用听证方式,保证处理程序的公开、公正。2016年1月,教育部制定的《依法治教实施纲要(2016—2020年)》(教政法〔2016〕1号)进一步提出健全教育领域纠纷处理机制,明确要求制定《学生申诉办法》,健全学生申诉制度;健全完善学校的学生申诉,设立师生权益保护、争议调解委员会、仲裁委员会等机构,吸纳师生代表,公平、公正调处纠纷、化解矛盾。

学生体质健康标准 为贯彻落实健康第一的指导思想,切实加强学校体育工作,促进学生积极参加体育锻炼,养成良好的锻炼习惯,提高体质健康水平,2002年,我国开始试行《学生体质健康标准》,并印发《学生体质健康标准(试行方案)》及《学生体质健康标准(试行方案)实施办法》(教体艺〔2002〕12号)。在总结试点经验的基础上,2007年4月,教育部、国家体育总局印发《教育部国家体育总局关于实施〈国家学生体质健康标准〉的通知》(教体艺〔2007〕8号),并随文下发《国家学生体质健康标准》和《〈国家学生体质健康标准〉实施办法》。在认真总结各地实施现行《国家学生体质健康标准》的基础上,结合新时期青少年体质健康状况和体育工作实施,2014年7月,教育部印发了《国家学生体质健康标准(2014年修订)》(教体艺〔2014〕5号)(简称《标准》)。《标准》适用于全日制小学、初中、普通高中、中等职业学校和普通高等学校的在校学生。《标准》将测试对象划分为若干组别,从身体形态、身体机能、身体素质和运动能力等方面综合评定学生的体质健康水平,要求学校每学年对学生进行一次本标准的测试,因病或残疾的学生,经医疗单位证明、体育教学部门核准,可免予执行。为保证《国家学生体质健康标准》测试工作的规范性和科学性,教育部印发《关于〈国家学生体质健康标准〉有关测试方法、器材规格的通知》(教体艺厅〔2007〕4号),对部分项目的测试方法和测试器材作了明确规定。测试的最终得分为标准中各评价指标之和,并依次分为优秀、良好、及格和不及格四个等级。学生的测试成绩按评定的等级记入《国家学生体质健康标准登记卡》,小学列入学生成长记录或学生素质报告书,初中以上学校列入学生档案,作为学生毕业、升学的重要依据。《标准》规定,测试成绩达不到50分的高中、中职及普通高校的毕业生按肄业处理。为了加强学校体育工作,落实国家学生体质健康标准测试的相关工作和《学生体质健康监测评价办法》、《中小学学校体育工作评估办法》、《学校体育工作年度报告办法》(教艺体〔2014〕3号)(简称三个办法)的相关规定,2015年7月,教育部印发《教育部办公厅关于2015年开展国家学生体质健康标准测试和落实学校体育三个办法有关工作安排的通知》(教体艺厅函〔2015〕32号),对学生体质健康标准测试工作进行了布署。

学生体质健康监测评价 为贯彻党的十八届三中全会精神,认真落实《国家中长期教育改革和发展规划纲要(2010—2020年)》(中发〔2015〕12号)和《国务院办公厅转发教育部等部门关于进一步加强学校体育工作若干意见的通知》(国办发〔2012〕53号)的有关要求,2014年4月,教育部下发《学生体质健康监测评价办法》(教体艺〔2014〕3号)(简称《办法》),要求各地将学生体质健康监测评价纳入教育现代化指标体系,作为考试制度建设和改革的重要内容,逐步形成学生体质健康监测评价制度。依据《办法》精神,各地要通过政府主导、第三方监测、社会监督等多种渠道汇聚、分析和公布学生体质健康变化趋势、学校体育工作进展情况等信息,对弄虚作假或工作不力的单位和个人予以通报批评;对学生体质健康水平持续三年下降的地区和学校,在教育工作评估和评优评先中实行"一票否决"。《办法》规定,学生体质健康测试是指测试人员采用规范的技术、方式和方法,组织学生参加《国家学生体质健康标准》所确定的测试项目及有关内容的实际测评。各级教育行政部门要以强化体育课程和课外锻炼为基础,以《国家学生体质健康标准》为依据,在本行政区域内统筹开展面向全体学生的体质健康测试,逐步建立健全包括学校测试上报、部门逐级审查、随机抽查复核、动态分析预测、信息反馈公示、评价结果应用等相关制度和管理措施在内的学生体质健康监测评价体系。教育部依托第三方机构设立全国学生体质健康监测评价研究机构,开展学生体质健康监测评价的相关工作。教育部设立国家学生体质健康监测评价工作监督电话和相关网络信息平台,接收社会咨询和反映情况。将学生体质健康监测评价工作纳入本级政府教育督导内容和评估指标体系,并作为对各级各类学校进行评优、表彰的基本依据。此外,2015年全国教育工作会议提出"实施好学生体质健康监测抽测办法,促进学生身心健康、体魄强健"。

学生违纪处分 为规范学生管理,2005年2月,教育部通过《普通高等学校学生管理规定》(教育部令第21号)(简称《规定》),对纪律处分的原则、类型和程序等进行了规定。《规定》提出,学生处分要坚持程序正当、证据充分、依据明确、定性准确、处分适当等原则。纪律处分包括警告、严重警告、记过、留校察看、开除学籍5种类型。有下列情形之一的学生,学校可以给予开除学籍处分:违反宪法,反对四项基本原则、破坏安定团结、扰乱社会秩序的;触犯国家法律,构成刑事犯罪的;违反治安管理规定受到处罚,性质恶劣的;由他人代替考试、替他人参加考试、组织作弊、使用通讯设备作弊及其他作弊行为严重的;剽窃、抄袭他人研究成果,情节严重的;违反学校规定,严重影响学校教育教学秩序、生活秩序以及公共场所管理秩序,侵害其他个人、组织合法权益,造成严重后果的;屡次违反学校规定受到纪律处分,经教育不改的。对学生作出处分决定之前,应当听取学生或者其代理人的陈述和申辩;学校依据违纪事实作出处分,对开除学籍处分决定,应当由校长会议研究决定;学校对学生作出处分,应当出具处分决定书,送交本人;开除学籍的处分决定书报学校所在地省级教育行政部门备案。学生对处分决定有异议的可以向学校学生申诉处理委员会提出书面申诉。学生申诉处理委员会应当由学校负责人、职能部门负责人、教师代表、学生代表组成,学生申诉处理委员会对学生提出的申诉进行复查,并将复查结论并告知申诉人。需要改变原处分决定的,由学生申诉处理委员会提交学校重新研究决定。

学生运动技能等级评定标准 《国家中长期教育改革和发展规划纲要(2010—2020年)》(中发〔2010〕12号)(简称《教育规划纲要》)要求增强学生体质。2014年修订完善《国家学生体质健康标准》,研究制订学生运动技能等级评定标准。为贯彻《教育规划纲要》部署,促进青少年身心健康,2015年7月,教育部等6部门出台《教育部等6部门关于加快发展青少年校园足球的实施意见》(教体艺〔2015〕6号),要求各级各类学校把足球列入体育课教学内容,发布青少年校园足球教学指南、学生足球运动技能等级标准,规范指导校园足球教学。根据文件精神,教育部印发《学生足球运动技能等级评定标准(试行)》(教体艺厅〔2016〕4号)(简称《标准》)。《标准》是评价学生足球运动技能和评估校园足球及衡量各地校园足球发展的重要依据,是引导学生提升足球运动技能水平的重要手段,主要适用于全日制普通小学、初中、普通高中、中等职业学校的学生。2016年4月,国务院出台《国务院办公厅关于强化学校体育促进学生身心健康全面发展的意见》(国办发〔2016〕27号),提出中小学要把学生参加体育活动情况、学生体质健康状况和运动技能等级纳入初中、高中学业水平考试,纳入学生综合素质评价体系;各地要根据实际,科学确定初中毕业升学体育考试分值或等第要求。

学术能力评估测试 1933年,哈佛大学校长詹姆斯·科南特(James B. Conant)为吸引公立学校的优秀学生到哈佛大学学习,决定启动奖学金项目,并通过伯林翰的学术智慧考试(Scholastic Aptitude Test,SAT)甄选奖学金候选人。1948年,以科南特为首任主席的教育考试服务中心(Educational Testing Service，ETS)成立，ETS作为大学理事会的合同方为其提供大学入学考试服务。从此，SAT考试成绩成为绝大多数大学的最基本的入学条件之一。1995年，大学理事会将以前的学术智慧考试改为学术能力评估测试(Scholastic Assessment Test)。变学术"智慧"考试为学术"评估"考试，目的是评估学生进入大学以后的学习能力，而不只是测试学生应付智力测验的智力。当前，世界各国高中生要申请美国的顶尖大学，除了要提供TOEFL这样的语言能力考试成绩以外，美国大学(特别是常青藤学校)还要求学生提供SAT考试成绩，将其视为唯一可以比较来自不同地区和学校学生能力的成绩，也是决定录取和评定奖学金发放的重要参考指标。SAT考试分为SAT Ⅰ和SAT Ⅱ两部分，SAT Ⅰ属于推理测验(Reasoning Test)，主要考察批判性阅读(Critical Reading)、数学(Mathematics)和写作(Writing)三个科目，考试时间持续四个多小时。SAT Ⅱ为学科测验(Subject Tests)，主要考察在某个特定学科领域的知识与技能以及运用这些知识的能力，涉及五个学科领域的20个科目。除少数学校以外，学生一般只需提交SAT Ⅰ推理成绩。

学位证书制度 为更好地适应学位工作和高等教育综合改革需要，提高学位授予质量，2015年6月，国务院学位委员会、教育部下发《学位证书和学位授予信息管理办法》(学位〔2015〕18号)(简称《办法》)，用以规范我国学位证书制度。《办法》规定，学位证书是学位获得者达到相应学术水平的证明，由授予学位的高等学校和科学研究机构(以下简称学位授予单位)制作并颁发给学位获得者。学位授予信息是学位获得者申请学位的相关信息，以及学位证书的主要信息，包括博士学位、硕士学位和学士学位授予信息。自2016年1月1日起，学位证书由各学位授予单位自行印制，国务院学位委员会办公室印制的学位证书不再使用。依据学位证书制度，证书应包括以下内容：学位获得者姓名、性别、出生日期，近期免冠正面彩色照片；攻读学位的学科、专业名称；所授学位的学科门类或专业学位类别；学位授予单位名称，校(院、所)长签名；证书编号；发证日期。对于撤销的学位，学位授予单位应予以公告，宣布学位证书作废；学位证书遗失或损坏的，经本人申请，学位授予单位核实后可出具相应的"学位证明书"。《办法》规定学位授予信息主要包括：学位获得者个人基本信息、学业信息、研究生学位论文信息等。学位授予单位根据有关要求，结合本单位实际情况，采集学位授予信息并报送省级学位主管部门。省级学位主管部门汇总、审核、统计、发布本地区学位授予单位的学位授予信息并报送国务院学位委员会办公室。国务院学位委员会办公室汇总各省(自治区、直辖市)和军队系统的学位授予信息,开展学位授予信息的统计、发布。学位授予单位在作出撤销学位的决定后,应及时将有关信息报送省级学位主管部门和国务院学位委员会办公室。确需更改的学位授予信息,由学位授予单位提出申请,经省级学位主管部门审核确认后,报送国务院学位委员会办公室进行更改。《办法》对学位授予单位、省级学位主管部门和国务院学位委员会办公室的相关责任进行了说明,对规范学位证书制度具有重要意义。

学习型社会 构建学习型社会与发展终身教育体系有着密不可分的关系,《中华人民共和国教育法》规定,国家适应社会主义市场经济发展和社会进步的需要,推进教育改革,促进各级各类教育协调发展,建立和完善终身教育体系;国家鼓励学校和其他教育机构、社会组织采取措施,为公民接受终身教育创造条件。2002年5月,中共中央、国务院出台《2002—2005年全国人才队伍建设规划纲要》(中办发〔2002〕12号),明确提出构建终身教育体系和开展创建"学习型组织"、"学习型社区"活动,促进学习型社会的形成。党的十六大、十六届四中全会皆提出形成全民学习、终身学习的学习型社会的要求。为全面贯彻会议精神,2003年12月,中共中央国务院印发《中共中央国务院关于进一步加强人才工作的决定》(中发〔2003〕16号),提出"加快构建终身教育体系,促进学习型社会的形成"。建构学习型社会的主要举措包括:在全社会进一步树立全民学习、终身学习理念,鼓励人们通过多种形式和渠道参与终身学习,积极推动学习型组织建设和学习型社区建设。加强终身教育的规划和协调,优化整合各种教育培训资源,综合运用社会的学习资源、文化资源和教育资源,完善广覆盖、多层次的教育培训网络,构建中国特色的终身教育体系。在加快普通教育发展的同时,大力发展成人教育、社区教育,推进教育培训的社会化。开辟教育培训新途径,加快发展远程教育,建立覆盖全国的教育培训信息网,形成终生化、网络化、开放化、自主化的终身教育体系。加强终身教育的规划和协调。

学校安全 为确保中小学生在全面发展的过程中安全、健康成长,2001年1月,教育部印发《教育部办公厅关于2001年开展中小学"校园安全"主题教育活动的通知》(教基厅〔2001〕3号),以保障中小学安全工作能更好地适应基础教育深化改革、全面推进素质教育的需要。为加强中小学、幼儿园安全管理,保障学校及其学生和教职工的人身、财产安全,维护中小学、幼儿园正常的教育教学秩序,2006年6月,教育部联合公安部、司法部等多部门颁发《中小学幼儿园安全管理办法》(教育部、公安部、司法部、建设部、交通部、文化部、卫生部、国家工商行政管理总局、国家质量监督检验检疫总局、新闻出版总署令第23号)(简称《办法》)。《办法》包括总则、安全管理职责、校内安全管理制度、日常安全管理、安全教育、校园周边安全管理、安全事故处理、奖励与责任等方面的内容。《办法》规定,学校要遵循"积极预防、依法管理、社会参与、各负其责"的方针,开展构建学校安全工作保障体系,健全学校安全预警机制,建立校园周边整治协调工作机制,加强安全宣传教育培训以及事故发生后启动应急预案、对伤亡人员实施救治和责任追究等方面的安全管理工作。为做好《办法》的学习宣传和贯彻落实工作,教育部印发了《教育部办公厅关于学习宣传和贯彻落实〈中小学幼儿园安全管理办法〉的通知》(教基厅〔2006〕11号)。为贯彻国务院和教育部关于安全工作的部署,2013年以来,教育部相继印发了《教育部办公厅关于做好2013年学校安全工作的通知》(教发厅〔2013〕1号)、《教育部办公厅关于切实加强汛期学校安全工作的紧急通知》(教发厅〔2014〕1号)、《教育部办公厅关于开展打非治违专项行动做好学校安全工作的通知》(教发厅〔2014〕2号)、《教育部关于加强冬季学校安全工作的紧急通知》(教督〔2014〕3号)、《教育部关于开展学校安全大检查深化"打非治违"和专项整治的紧急通知》(教师〔2015〕6号)、《教育部办公厅关于召开全国学校安全工作电视电话会议的通知》(教督厅函〔2016〕3号)、《教育部办公厅关于切实做好汛期学校安全工作的预警通知》(教督厅函〔2016〕4号)和《教育部办公厅关于深入开展安全生产大检查切实加强岁末年初学校安全工作的通知》(教发厅函〔2016〕129号)等文件,以落实学校安全工作,保障学校安全。

学校的权利与义务 《中华人民共和国教育法(2015年修正)》规定,学校及其他教育机构具有如下权利:按照章程自主管理;组织实施教育教学活动;招收学生或者其他受教育者;对受教育者进行学籍管理,实施奖励或者处分;对受教育者颁发相应的学业证书;聘任教师及其他职工,实施奖励或者处分;管理、使用本单位的设施和经费;拒绝任何组织和个人对教育教学活动的非法干涉;法律、法规规定的其他权利。同时，学校及其他教育机构应当履行下列义务：遵守法律、法规；贯彻国家的教育方针，执行国家教育教学标准，保证教育教学质量；维护受教育者、教师及其他职工的合法权益；以适当方式为受教育者及其监护人了解受教育者的学业成绩及其他有关情况提供便利；遵照国家有关规定收取费用并公开收费项目；依法接受监督。

学校内部治理结构　《国家中长期教育改革和发展规划纲要（2010—2020年）》（中发〔2010〕12号）（简称《教育规划纲要》）要求完善中国特色现代大学制度，完善治理结构。同时，《中华人民共和国国民经济和社会发展第十三个五年规划纲要》也提出推进现代大学制度建设，完善学校内部治理结构。为贯彻《教育规划纲要》的规定，进一步落实和扩大高校办学自主权、完善高校内部治理结构，国家教育体制改革领导小组印发了《国家教育体制改革领导小组办公室关于进一步落实和扩大高校办学自主权、完善高校内部治理结构的意见》（教改办〔2014〕2号）（简称《意见》）。《意见》提出，坚持权责统一，完善高校内部治理结构。高校应严格遵守国家法律法规，着力完善内部治理结构，切实加强自律机制建设，自觉履行社会责任，维护校园和谐稳定，确保用好办学自主权。坚持和完善党委领导下的校长负责制，保障学术组织相对独立行使职权，完善校内民主管理和监督机制，健全社会参与监督机制，健全以章程为统领规范行使办学自主权的制度体系。为落实关于完善学校内部治理结构的相关文件精神，教育部相继印发《教育部关于深入推进教育管办评分离促进政府职能改变的若干意见》（教政法〔2015〕5号）和《国务院关于印发统筹推进世界一流大学和一流学科建设总体方案的通知》（国发〔2015〕64号），要求进一步加强和改善党对学校的领导，在公办高等学校落实《中共中央办公厅关于坚持和完善普通高等学校党委领导下的校长负责制的实施意见》（中办发〔2014〕55号），在中小学、民办学校充分发挥基层党组织的政治核心作用；坚持和完善普通中小学和中等职业学校校长负责制；建立由学校负责人、教师、学生及家长代表、社区代表等参加的校务委员会，对学校章程、发展规划及年度工作报告，对重大教育教学改革及涉及学生、家长、社区工作重要事项的决策等提出意见建议，完善民主决策程序；加强家长委员会建设，保障家长委员会对学校教育教学、管理活动实施监督，提出意见建议。在高等学校，加强学术组织建设，落实《高等学校学术委员会规程》，实现行政权力与学术权力的相对分离，保障学术权力相对独立行使;落实《学校教职工代表大会规定》,进一步完善和落实学生代表大会制度,依法保障广大教职工和学生参与学校民主管理和监督;建立和完善普通高等学校理事会,发挥好理事会在决策咨询和社会合作中的积极作用。

学校体育报告公示制度 为贯彻党的十八届三中全会精神,认真落实《国家中长期教育改革和发展规划纲要(2010—2020年)》(中发〔2010〕12)和《国务院办公厅转发教育部等部门关于进一步加强学校体育工作若干意见的通知》(国办发〔2012〕53号)的有关要求,2014年4月,教育部下发《学校体育工作年度报告办法》(教体艺〔2014〕3号),要求各地把学校体育工作年度报告作为一项基本工作制度,通过年度报告全面、客观、真实地反映本地区学校体育工作和学生体质健康状况,系统总结、发现各地的经验和典型,深入分析、研究存在的问题与困难,及时发布年度报告,促进信息公开、共享,推动改革成果转化和深度开发利用,推动学校体育健康发展。《学校体育工作年度报告办法》要求各地教育行政部门每年全面总结各级各类学校体育工作,组织编制和公示本地区学校体育工作年度报告,逐级上报,上级教育行政部门对所报情况进行分析、反馈,并向社会公开。年度报告重点反映本地区学校体育开课率、教学实施总体情况、阳光体育运动开展情况、学校体育经费投入、教学条件改善、教师队伍建设和学生体质健康状况等关键指标。教育部负责委托第三方机构编制和发布《全国学校体育工作年度报告》,研究、分析和公布全国学校体育工作基本情况、学生体质健康状况和相关信息。地方各级教育行政部门要结合本地实际组织编制和发布本地区的学校体育工作年度报告。

《学校体育工作条例》 为保证学校体育工作的正常开展,促进学生身心的健康成长,1990年3月,原国家教育委员会下发《学校体育工作条例》(国家教育委员会令第8号)(简称《条例》),原教育部、国家体育运动委员会于1979年10月发布的《高等学校体育工作暂行规定(试行草案)》和《中、小学体育工作暂行规定(试行草案)》同时废止。《条例》规定,学校体育工作的基本任务是:增进学生身心健康、增强学生体质;使学生掌握体育基本知识,培养学生体育运动能力和习惯;提高学生运动技术水平,为国家培养体育后备人才;对学生进行品德教育,增强组织纪律性,培养学生的勇敢、顽强、进取精神。《条例》规定,学校体育工作应当坚持普及与提高相结合、体育锻炼与安全卫生相结合的原则,面向全体学生,积极推行国家体育锻炼标准,并接受体育行政部门的指导。学校应当在体育课教学和课外体育活动的基础上,开展多种形式的课余体育训练;同时安排好文化课学习,加强思想品德教育。学校的体育竞赛贯彻小型多样、单项分散、基层为主、勤俭节约的原则。依据《条例》规定,全国中学生运动会每三年举行一次,全国大学生运动会每四年举行一次。学校应当按需要配备体育教师,各级教育行政部门和学校应当有计划地安排体育教师进修培训。学校的上级主管部门和学校应当按照国家或者地方制定的各类学校体育场地、器材、设备标准,有计划地逐步配齐。各级教育行政部门和学校应当根据学校体育工作的实际需要,把学校体育经费纳入核定的年度教育经费预算内。各级教育行政部门应当健全学校体育管理机构,加强对学校体育工作的指导和检查。普通高等学校、中等专业学校和规模较大的普通中学,可以建立相应的体育管理部门,配备专职干部和管理人员。《条例》还就学校体育工作的奖惩制度进行了规定。

《学校卫生工作条例》 为加强学校卫生工作,提高学生健康水平,1990 年 6 月,国家教委下发《学校卫生工作条例》(国家教育委员会令第 10 号)(简称《条例》)。《条例》规定,学校卫生工作的主要任务为监测学生健康状况;对学生进行健康教育,培养良好的卫生习惯;改善学校卫生环境和教学卫生条件;加强对传染病、学生常见病的预防和治疗。根据《条例》要求,学校应当合理安排学生的学习时间,学校教学建筑、环境噪声、室内微小气候等环境质量以及黑板、课桌椅的设置应当符合国家有关标准,应当按照有关规定为学生设置厕所和洗手设施;应当建立卫生制度;应根据学生的年龄,组织学生参加适当的劳动;应当把健康教育纳入教学计划,开展学生健康咨询活动;应当建立学生健康管理制度,配备可以处理一般伤病事故的医疗用品,积极做好学生常见疾病的群体预防和矫治工作;应当认真贯彻执行传染病防治法律、法规。各级教育行政部门应当把学校卫生工作纳入学校工作计划,作为考评学校工作的一项内容。普通高等学校、中等专业学校可以设立卫生管理机构,普通高等学校设校医院或者卫生科。各级教育行政部门和学校应当将学校卫生经费纳入核定的年度教育经费预算。县以上卫生行政部门对学校卫生工作行使监督职权,由省级以上卫生行政部门聘任学校卫生监督员并发给证书。对在学校卫生工作中成绩显著的单位或个人,应当给予表彰、奖励。对违反《条例》有关规定的,由卫生行政部门对直接责任单位或者个人给予警告,情节严重的,可以同时建议教育行政部门给予行政处分。当事人对行政处罚不服的,可以在接到处罚决定书之日起十五日内,向作出处罚决定机关的上一级机关申请复议,也可以直接向人民法院起诉。之后,国家教委相继下发《国家教委卫生部关于实施〈学校卫生工作条例〉的通知》(教体〔1990〕009号)和《农村教育综合改革实验县贯彻〈学校体育工作条例〉和〈学校卫生工作条例〉的意见》(教体〔1990〕017号)。为加强执法检查,推动学校体育卫生工作的开展,全面推进素质教育的实施,1998年3月,国家教委印发《普通中小学和中等职业学校落实〈学校体育工作条例〉检查评估细则》与《普通中小学和中等职业学校落实〈学校卫生工作条例〉检查评估细则》(教体〔1998〕2号)。

《学校艺术教育工作规程》　　为全面贯彻国家的教育方针,加强学校艺术教育工作,促进学生全面发展,教育部于2002年7月下发了《学校艺术教育工作规程》(教育部令第13号)(简称《规程》)。《规程》包括总则,学校艺术课程,课外、校外艺术教育活动,学校艺术教育的保障,奖励与处罚,附则等内容。《规程》指出,艺术教育是学校实施美育的重要途径和内容,是素质教育的有机组成部分,学校艺术教育工作应以马克思列宁主义、毛泽东思想、邓小平理论为指导,贯彻面向全体学生、分类指导、因地制宜、讲求实效的方针,遵循普及与提高相结合、课内与课外相结合、学习与实践相结合的原则。国务院教育行政部门主管和指导全国的学校艺术教育工作,地方各级人民政府教育行政部门主管和协调本行政区域内的学校艺术教育工作,各级教育部门应当建立对学校艺术教育工作进行督导、评估的制度。各级各类学校应当加强艺术类课程教学,按照国家的规定和要求开齐开足艺术课程,应当按照国家或者授权的省级教育行政部门颁布的艺术课程标准进行教学,使用经审定通过的教材。小学、初级中学、普通高级中学的艺术课程列入期末考查和毕业考核科目,实行学分制的学校应将成绩计入学分。学校每年应当根据自身条件,举办艺术活动,与艺术课程教学相结合,扩展和丰富学校艺术教育的内容和形式。学校应当充分利用社会艺术教育资源,补充和完善艺术教育活动内容,推动校园文化艺术环境建设。各级教育行政部门应当明确学校艺术教育管理机构,配备艺术教育管理人员和教研人员。各级教育部门和学校应当根据国家有关规定配备专职或者兼职艺术教师,保证艺术教育经费。为贯彻落实《规程》,加强对全国中小学校艺术教育工作的检查督导,2005年1月,教育部下发《普通中小学校和中等职业学校贯彻〈学校艺术教育工作规程〉评估方案(试行)》(教体艺〔2005〕1号),为艺术教育的评估与督导提供了政策保障。

学校与社会美育资源的统筹整合　为进一步强化美育育人功能,推进学校美育改革发展,建立统筹整合的协同推进机制,2015年9月,国务院办公厅下发《国务院办公厅关于全面加强和改进学校美育工作的意见》(国办发〔2015〕71号),要求各级教育部门和各级各类学校采取有力措施统筹整合美育资源。具体措施包括:配齐美育教师,把师资队伍建设作为美育工作的重中之重,努力建设一支师德高尚、业务精湛、结构合理、充满活力的高素质美育教师队伍;各地要建立高校与地方政府、行业企业、中小学校协同培养美育教师的新机制,促进美育教师培养、培训、研究和服务一体化,切实提高各级各类学校美育师资水平,通过多种途径提高美育师资整体素质;积极参与文艺支教志愿服务项目,鼓励和引导高校艺术专业教师、艺术院团专家和社会艺术教育专业人士到中小学校担任兼职艺术教师,开展"结对子、种文化"活动,整合各方资源充实美育教学力量;以立德树人、崇德向善、以美育人为导向,加强对家庭美育的引导,规范社会艺术考级市场,强化社会文化环境治理,宣传正确的美育理念,充分发挥家庭和社会的育人作用,转变艺术学习的技术化和功利化倾向,营造有利于青少年成长的健康向上的社会文化环境;建立学校、家庭、社会多位一体的美育协同育人机制,推进美育协同创新,探索建立教育与宣传、文化等部门及文艺团体的长效合作机制,建立推进学校美育工作的部门间协调机制,探索构建美育协同育人机制。

学校章程　为贯彻党的教育方针,2015年,教育部制定了《中等职业学校管理规程》(教职成〔2010〕6号),对《中等职业学校设置标准》(教职成〔2010〕12号)进行修订,明确规定学校应当依法制定学校章程,按照章程自主办学。学校章程包括名称、校址、办学宗旨、学校内部管理体制和运行机制、教职工管理、学生管理、教育教学管理、校产和财务管理、学校章程的修订等内容。学校章程中应当明确校长在学校发展规划、行政管理、教育教学管理、人事管理、财务管理等方面的责任、权利和义务。为贯彻落实党的十八大精神,进一步推动《国家中长期教育改革和发展规划纲要(2010—2020年)》(中发〔2010〕12号)实施,全面落实依法治国要求,大力推进依法治校,建设现代学校制度,2012年11月,教育部印发《全面推进依法治校实施纲要》(教政法〔2012〕9号)(简称《纲要》),要求加强章程建设,健全学校依法办学自主管理的制度体系,依法制定具有自身特色的学校章程。学校起草制定章程要遵循法制统一、坚持社会主义办学方向的基本原则,以促进改革、增强学校自主权为导向,着力规范内部治理结构和权力运行规则,充分反映广大教职员工、学生的意愿,凝练共同的理念与价值认同,体现学校的办学特色和发展目标,突出科学性和可操作性。高等学校要依据《高等学校章程制定暂行办法》制定或者修改章程,由教育部或者省级教育行政部门核准;普通中小学、幼儿园、中等职业学校章程,由主管教育行政部门核准。经过核准的章程,应当成为学校改革发展、实现依法治校的基本依据。《纲要》要求到2015年全面形成"一校一章程"的格局。

学业发展水平 为深入贯彻落实党的十八大精神和《国家中长期教育改革和发展规划纲要(2010—2020)》(中发〔2010〕12号),2013年6月,教育部出台了《教育部关于推进中小学教育质量综合评价改革的意见》(教基二〔2013〕2号)(简称《意见》)。《意见》要求建立体现素质教育要求、以学生发展为核心、科学多元的中小学教育质量评价制度,切实扭转单纯以学生学业考试成绩和学校升学率评价中小学教育质量的倾向,促进学生全面发展、健康成长。依据党的教育方针、相关教育法律法规、国家课程标准等有关规定,把学生的品德发展水平、学业发展水平、身心发展水平、兴趣特长养成、学业负担状况等方面作为评价学校教育质量的主要内容,着力构建中小学教育质量综合评价指标体系。具体来说,品德发展水平主要考查学生品德认知和行为表现等方面的情况;身心发展水平主要考查学生身体素质和心理素质等方面的情况;兴趣特长养成主要考查学生学习的主动性、积极性和个人爱好等方面的情况;学业负担状况主要考查学生的客观学习负担和主观学习感受;学业发展水平则主要考查学生对各学科课程标准所要求内容的掌握情况,可以通过知识技能、学科思想方法、实践能力、创新意识等关键性指标进行评价,促进学生打好终身学习和发展的基础。综合评价结果应作为完善教育政策措施、加强教育宏观管理的重要参考,作为评价考核学校教育工作的主要依据。学校应正确运用评价结果,改进教育教学,发挥以评促建的作用。为确保《意见》各项工作的落实,教育部门要加强对评价改革工作的统筹规划,制定具体的实施方案,明确改革的具体任务、实施步骤和进度安排,建立有效工作机制。

研究生教育综合改革　为大力推进研究生培养机制改革,《国家中长期教育改革和发展规划纲要（2010—2020 年）》（中发〔2010〕12 号）（简称《教育规划纲要》）提出,要实施"研究生教育创新计划"。为贯彻落实《教育规划纲要》,进一步推进研究生教育改革与发展,2010 年 10 月,教育部下发《教育部关于批准有关高等学校开展专业学位研究生教育综合改革试点工作的通知》（教研〔2010〕2 号）,并随文下发《关于实施专业学位研究生教育综合改革试点工作的指导意见》。为全面贯彻落实党的十八大精神和《教育规划纲要》,进一步提高研究生教育质量,2013 年 3 月,教育部、国家发展改革委、财政部下发《教育部国家发展改革委财政部关于深化研究生教育改革的意见》（教研〔2013〕1 号）（简称《意见》）。《意见》要求通过改革,实现发展方式、类型结构、培养模式和评价机制的根本转变;到 2020 年,基本建成规模结构适应需要、培养模式各具特色、整体质量不断提升、拔尖创新人才不断涌现的研究生教育体系。《意见》还要求通过优化人才培养类型结构、深化招生计划管理改革、建立健全科学公正的招生选拔机制、完善招生选拔办法等措施改革招生选拔制度;借助于拓展思想政治教育的途径,完善以提高创新能力为目标的学术学位研究生培养模式,建立以提升职业能力为导向的专业学位研究生培养模式,加强课程建设,建立创新激励机制,加大考核与淘汰力度等措施实现人才培养模式的创新;通过改革评定制度,强化导师责任,提升指导能力以健全导师责任机制;通过改革质量评价机制,强化培养单位质量保证的主体作用,完善外部质量监督体系,建立质量信息平台规范在职人员攻读硕士、博士学位工作的管理,以改革评价监督机制;进一步深化开放合作,强化政策和条件保障,加强组织领导,保证改革顺利进行。

阳光体育运动　为全面贯彻党的教育方针,认真落实"健康第一"的指导思想,2006 年 12 月,教育部、国家体育总局、共青团中央下发《教育部国家体育总局共青团中央关于开展全国亿万学生阳光体育运动的决定》（教体艺〔2006〕6 号）,决定从

2007年开始结合《学生体质健康标准》的全面实施,在全国各级各类学校中广泛、深入地开展全国亿万学生阳光体育运动(以下简称阳光体育运动)。为切实推动全国亿万学生阳光体育运动的广泛开展,吸引广大青少年学生积极参加体育锻炼,2007年4月,教育部、国家体育总局、共青团中央下发《教育部国家体育总局共青团中央关于全面启动全国亿万学生阳光体育运动的通知》(教体艺〔2006〕6号),要求各级教育、体育行政部门和共青团组织要提高认识、精心组织,确保阳光体育运动在各地、各级各类学校全面开展,做到有声势、有影响、有内容;统一时间、全面启动,各地要组织各级各类学校师生在同期统一时间内以学校为单位,因地制宜地组织开展适合各自特点的学生体育活动;充分利用各种媒体加大对全国亿万学生阳光体育运动的宣传报道,营造氛围;活动结束后,各地要对活动开展情况进行认真总结,并形成书面总结分别报送教育部、国家体育总局和共青团中央。为加强对全国亿万学生阳光体育运动的领导,教育部办公厅、国家体育总局办公厅、共青团中央办公厅相继下发《教育部办公厅国家体育总局办公厅共青团中央办公厅关于成立"全国亿万学生阳光体育运动领导小组"的通知》(教体艺厅函〔2007〕14号)和《国家体育总局教育部共青团中央关于举办"全国亿万青少年学生阳光体育运动展示大会"的通知》(体群字〔2007〕86号)。此外,《国家中长期教育改革和发展规划纲要(2010—2020年)》(中发〔2010〕12号)提出:"大力开展'阳光体育'运动,保证学生每天锻炼一小时,不断提高学生体质健康水平。"

"一带一路"教育行动 为提高教育对外开放规范化、法治化水平,更好地满足人民群众多样化、高质量的教育需求,2016年4月,中共中央办公厅、国务院办公厅印发《关于做好新时期教育对外开放工作的若干意见》(简称《意见》)。《意见》提出,实施"一带一路"教育行动,促进沿线国家教育合作。为了贯彻落实《意见》精神,2016年7月,教育部出台《推进共建"一带一路"教育行动》(教外〔2016〕46号)(简称《教育行动》),倡议沿线各国携手行动起来,增进理解、扩大开放、加强合作、互学互鉴,谋求共同利益、直面共同命运、勇担共同责任,聚力构建"一带一路"教育共同体,全面支撑共建"一带一路"。《教育行动》提出,教育合作交流要坚持"育人为本,人文先行;政府引导,民间主体;共商共建,开放合作;和谐包容,互利共赢"的原则,以基础性、支撑性、引领性三方面举措为建议框架,开展教育互联互通合作、人才培养培训合作和共建丝路合作机制三方面重点合作。其中教育互联互通合作包括加强教育政策沟通、助力教育合作渠道畅通、促进沿线国家语言互通、推进沿线国家民心相通和推动学历学位认证标准连通等五方面的内容；人才培养培训合作包括实施"丝绸之路"留学推进计划、"丝绸之路"合作办学推进计划、"丝绸之路"师资培训推进计划和"丝绸之路"人才联合培养推进计划；共建丝路合作机制包括加强"丝绸之路"人文交流高层磋商，充分发挥国际合作平台作用，实施"丝绸之路"教育援助计划和开展"丝路金驼金帆"表彰工作四方面内容。为了保障共建"一带一路"教育行动取得实效，《教育行动》提出要形成合力扎实有序地推进，在组织上由中央政府引导推动，地方政府重点推进，各级学校有序前行，社会力量顺势而行。《教育行动》表示，中国愿与沿线各国一道，秉持开放合作、互利共赢理念，共同构建多元化教育合作机制，制订时间表和路线图，推动弹性化合作进程，打造示范性合作项目，满足各方发展需要，构建"一带一路"教育共同体，共创人类美好生活新篇章。

一年多次考试 为深入贯彻落实党的十八大关于深化教育领域综合改革的要求和部署，2013 年 1 月，教育部印发《教育部关于 2013 年深化教育领域综合改革的意见》（教改〔2013〕1 号），要求各省、自治区、直辖市教育厅（教委），新疆生产建设兵团教育局以及部属各高等学校，充分认识深化教育领域综合改革的紧迫性，准确把握深化教育领域综合改革的总要求，进一步聚焦深化教育领域综合改革突破口，在重点领域和关键环节取得重要进展。在改革人才培养模式方面，深入推进考试招生制度改革。研究制定高考改革的总体目标和基本框架，完善高校招生考试综合评价改革试点，提出高考英语科目一年多次考试实施办法，推进普通高中考试招生制度改革。

"一师一优课、一课一名师"活动 为贯彻落实党的十八届三中全会提出的"构建利用信息化手段扩大优质教育资源覆盖面的有效机制"，按照《教育部关于全面深化课程改革落实立德树人根本任务的意见》精神，教育部决定开展"一师一优课、一课一名师"活动，并于 2014 年 7 月印发《教育部办公厅关于开展 2014 年度"一师一优课、一课一名师"活动的通知》（教基二厅函〔2014〕13 号），于 2016 年 3 月印发《教育部办公厅关于开展 2015—2016 年度"一师一优课、一课一名师"活动的通知》（教基二厅函〔2016〕5 号）。开展"一师一优课、一课一名师"活动（以下简称活动)旨在进一步增强教师对信息技术推进教学改革、提高教学质量重要性的认识,充分调动各学科教师在课堂教学中应用信息技术的积极性和创造性,使每位教师能够利用信息技术和优质数字教育资源至少上好一堂课;建设一支善用信息技术和优质数字教育资源开展教学活动的骨干教师队伍,使每堂课至少有一位优秀教师能够利用信息技术和优质数字教育资源讲授;促进优质数字教育资源的开发与共享,推动信息技术和数字教育资源在中小学课堂教学中的合理有效应用和深度融合。活动主要面向全国所有具备网络和多媒体教学条件的中小学校(包括小学、初中、九年一贯制学校、完全中学和普通高中等)的各年级各学科的教师,主要包括教师网上"晒课"与"优课"评选两个阶段;活动评选出的"优课"覆盖义务教育阶段和普通高中各年级各学科各版本,可以为教师课前备课、课中上课、课后评价、教师专业发展等教育教学的各个环节提供参考和借鉴。为保障活动的顺利开展,活动要求各级教育行政部门相互协调,明确工作职责,健全工作机制,组织和动员广大中小学教师积极参与活动。同时,"一师一优课、一课一名师"活动也是促进教育信息化的重要举措。2014年11月,教育部、财政部和国家发展改革委等部门联合印发《构建利用信息化手段扩大优质教育资源覆盖面有效机制的实施方案》(教技〔2014〕6号),提出全面推进"优质资源班班通",开展"一师一优课、一课一名师"活动,充分发挥学校和教师个性化资源建设的主体作用,研究鼓励优质校本资源广泛共享的政策,形成系统开发基础性资源、有计划开发个性化资源的新格局。2016年6月,教育部印发《教育信息化"十三五"规划》(教技〔2016〕2号),提出继续开展"一师一优课、一课一名师"等信息化教学推广活动,激发广大教师的教育智慧,不断生成和共享优质资源,以加快探索数字教育资源服务供给模式,有效提升数字教育资源服务水平与能力。

"一市两校"教育综合改革 "一市两校"是北京大学、清华大学和上海市教育综合改革的简称。2014年5月,国家主席习近平在北京大学师生座谈会上强调,全国高等院校要走在教育改革前列,紧紧围绕立德树人的根本任务,加快构建充满活力、富有效率、更加开放、有利于学校科学发展的体制机制,当好教育改革排头兵,早日实现创建世界一流大学的梦想。2014年7月,国家教育体制改革领导小组第十一次会议召开,原则上同意"两校一市"的综合改革方案。2014年10月以后,国家教育体制改革领导小组先后下发《关于同意〈清华大学综合改革方案〉备案的函》《关于同意〈北京大学综合改革方案〉备案的函》和《上海交通大学综合改革方案》。其中综合改革的主要任务包括7个方面：加快完善中国特色现代大学制度、深入推进人事制度改革、创新人才培养模式、健全学科发展机制和科技创新体系、改革社会服务体制机制、推进资源管理模式改革、进一步深化行政管理改革。

伊拉斯谟计划 伊拉斯谟计划（Erasmus Mundus Programme），又称"欧洲共同体关于大学生流动的行动计划"（European Community Action, Scheme for the Mobility of University Students），以荷兰哲学家、神学家、人文主义者伊拉斯谟的名字命名，是欧盟各国追求交流与联合理想的集中体现。目前，已有30个国家参与其中。计划主要包括：促进学生流动，为欧盟国家大学生提供大学短期学习（3—12个月）的机会；设立欧洲学分转换系统，推动学分与成绩的互相认定；加强课程的联合开发和执行；建立主题网络系统，加强大学院系之间的合作。

依法治教 为贯彻落实党的十八大和十八届三中、四中、五中全会精神，进一步落实《国家中长期教育改革和发展规划纲要（2010—2020年）》（中发〔2010〕12号）提出的工作任务，落实《法治政府建设实施纲要（2015—2020年）》要求，全面推进依法治教，2016年1月，教育部研究制定了《依法治教实施纲要（2016—2020年）》（教政法〔2016〕1号）（简称《纲要》）。《纲要》的总体目标是到2020年，形成系统完备、层次合理、科学规范、运行有效的教育法律制度体系，形成政府依法行政、学校依法办学、教师依法执教、社会依法评价、支持和监督教育发展的教育法治实施机制和监督体系。围绕总体目标，《纲要》作出以下部署：在推进依法治教方面，构建完善的教育法律与制度体系，大力加强教育立法工作，积极推动教育地方性法规规章建设，全面提高规章及规范性文件质量，建立规章和规范性文件清理长期机制；深入推进教育部门依法行政，依法全面履行教育行政管理职能，推进决策科学化、民主化、法治化，深化教育行政执法体制机制改革，全面推进教育领域信息公开，构建多元参与的教育治理体制，健全教育领域纠纷处理机制；大力增强教育系统法治观念，实施教育系统法治观念提升工程，全面加强学生法治教育，积极推进青少年法治教育实践基地建设，健全青少年法治教育支持体系，着力提升中小学法治教育教师专业素质；深入推进各级各类学校依法治校，大力推进学校依章程自主办学，积极推进现代学校制度建设，完善师生权益保护机制，全面启动依法治校师范校创建活动;健全组织保障和落实机制,加强对依法治教的组织领导,健全教育法治工作队伍,建立学校法律服务和支持体系,构建教育法治智力支持体系。为深入贯彻《纲要》的精神,教育部相继印发《教育部办公厅关于落实国务院决定取消中央指定地方实施行政审批事项的通知》(教政法厅〔2016〕1号)和《全国教育系统开展法治宣传教育的第七个五年规划(2016—2020年)》(教政法〔2016〕15号)等文件,大力推进教育系统依法治教。

依法治校 《国家中长期教育改革和发展规划纲要(2010—2020年)》(中发〔2010〕12号)(简称《教育规划纲要》)要求大力推进依法治校。根据《教育规划纲要》的相关精神,学校要建立完善符合法律规定、体现自身特色的学校章程和制度,依法办学,从严治校,认真履行教育教学和管理职责;尊重教师权利,加强教师管理;保障学生的受教育权,对学生实施的奖励与处分要符合公平、公正原则;健全符合法治原则的教育救济制度;开展普法教育。为贯彻落实党的十八大精神,进一步推动《教育规划纲要》实施,在各级各类学校全面落实依法治国要求,大力推进依法治校,2012年11月,教育部印发《全面推进依法治校实施纲要》(教政法〔2012〕9号)(简称《纲要》)。《纲要》进一步明确了依法治校的举措,要求加强章程建设,健全学校依法办学自主管理的制度体系;健全科学决策、民主管理机制,完善学校治理结构;学校依法办学,落实师生主体地位,形成自由平等公正法治的育人环境;健全学校权利救济和纠纷解决机制,有效化解矛盾纠纷;深入开展法制宣传教育,形成浓厚的学校法治文化氛围;加强组织与考核,切实提高依法治校的能力与水平;转变政府职能,加强对学校依法治校的保障。为了贯彻《教育规划纲要》和依法治教的相关要求,教育部、司法部等部门印发《依法治教实施纲要(2016—2020年)》(教政法〔2016〕1号)和《青少年法治教育大纲》(教政法〔2016〕13号),要求深入推进各级各类学校依法治校,全面落实依法治校要求,并全面启动依法治校示范校创建活动。

依法治校示范校建设 为推进依法治教,落实《教育部关于加强依法治校工作的若干意见》(教政法〔2003〕3号),树立依法治校的先进典型,2003年11月,教育部印发《教育部办公厅关于开展依法治校示范校创建活动的通知》(教政法厅〔2003〕4号),决定在全国开展创建"依法治校示范校"的活动。开展"依法治校示范校"创建活动是深入推进教育领域民主法制建设的重要措施,旨在增强学校校长、教师、学生的法制观念和依法办事的能力,提高学校依法决策、民主管理和监督的水平,形成符合法治精神的育人环境,维护学生、教师和学校的合法权益,保证国家教育方针的贯彻落实。"依法治校示范校"的基本标准是管理制度完善健全,校内管理体制完善,办学活动依法规范,民主管理机制健全,教师权益受到保障,学生权益得到尊重和维护,法制宣传教育成效明显,依法治校工作机制健全。各地根据实施方案和依法治校具体要求,开展本地区依法治校工作和创建本地区依法治校示范校,并推荐全国依法治校示范校,被确认的将命名为"教育部依法治校示范校"。教育行政部门以多种方式介绍、推广示范校依法办学的先进经验,推进全国依法治校工作的开展。

义务教育标准化 为深入贯彻党的十八大和十八届三中全会精神,全面落实《国家中长期教育改革和发展规划纲要(2010—2020年)》(中发〔2010〕12号),推进义务教育学校标准化建设,2013年12月,教育部、国家发展改革委和财政部联合印发了《教育部国家发展改革委财政部关于全面改善贫困地区义务教育薄弱学校基本办学条件的意见》(教基一〔2013〕10号)(简称《意见》)。《意见》明确提出了改善贫困地区义务教育薄弱学校基本办学条件的重点任务,共包含保障基本教学条件、改善学校生活设施、办好必要的教学点、妥善解决县镇学校大班额问题、推进农村学校教育信息化、提高教师队伍素质等六个方面。《意见》指出,为全面改善贫困地区义务教育薄弱学校,各部门要明确责任,以校为单位,摸清底数,针对每一所存在基本办学条件缺口的学校制订专门方案,加大项目统筹与经费投入力度,加强监督检查评估。为督促《意见》的落实,2015年12月,国务院教育督导委员会印发《全面改善贫困地区义务教育薄弱学校基本办学条件工作专项督导办法》(国教督办〔2015〕6号),提出在全面改善贫困地区义务教育薄弱学校基本办学条件项目实施期间(2015年至2019年),由国务院教育督导委员会办公室每年组织一次专项督导工作,对贫困地区义务教育薄弱学校基本教学条件、改善学校生活设施等六个方面的内容进行专项督导。

义务教育基本均衡县(市、区)评估 为推动义务教育均衡发展,促进教育公平,2012年1月,根据《中华人民共和国义务教育法》、《国家中长期教育改革和发展规划纲要（2010—2020年）》（中发〔2010〕12号），教育部印发《县域义务教育均衡发展督导评估暂行办法》（教督〔2013〕3号）（简称《办法》），决定建立县域义务教育均衡发展督导评估制度，开展对义务教育发展基本均衡县（市、区）的督导检查和评估认定工作。《办法》规定，义务教育发展基本均衡县的评估认定，按照省级评估、国家认定的原则，从县域内义务教育校际间均衡状况和县级人民政府推进义务教育均衡发展两个方面进行评估。对义务教育校际间均衡状况工作的评估，重点评估县级政府均衡配置教育资源情况，内含生均教学及辅助用房面积、每百名学生拥有计算机台数、生均图书册数等8项指标；对县级人民政府推进义务教育均衡发展工作的评估，主要对入学机会、保障机制、教师队伍、教育质量与管理四个维度进行综合考量。各地依据《办法》制定出本省（区、市）县域义务教育均衡发展督导评估实施办法和评估标准，先由各省级教育督导机构负责对县级政府进行督导评估，再由国家教育督导团对各省（区、市）报送的申请认定义务教育发展基本均衡县的相关材料进行审核。《办法》规定，各省（区、市）应对实现义务教育发展基本均衡县给予表彰奖励，对认定后连续三年（非常情况除外）不能达到本办法标准的县，教育部撤消其义务教育发展基本均衡县称号。

义务教育教师队伍"县管校聘"管理改革 为全面落实《国家中长期教育改革和发展规划纲要（2010—2020年）》和《国务院关于加强教师队伍建设的意见》（国发〔2012〕41号）的文件精神，按照率先实现县（区）域内义务教育均衡发展的要求，2014年8月，教育部、财政部、人力资源和社会保障部联合印发《教育部财政部人力资源和社会保障部关于推进县（区）域内义务教育学校校长教师交流轮岗的意见》（教师〔2014〕4号）（简称《意见》）。《意见》提出，全面推进义务教育教师队伍"县管校聘"管理改革。加强县（区）域内义务教育教师的统筹管理，推进"县管校聘"管理改革，打破教师交流轮岗的管理体制障碍。县级教育行政部门会同有关部门制定本县（区）域内教师岗位结构比例标准、公开招聘和聘用管理办法、培养培训计划、业绩考核和工资待遇方案，规范人事档案管理和退休管理服务。学校依法与教师签订聘用合同，负责教师的使用和日常管理。教师交流轮岗经历纳入其人事档案管理。国家层面推动义务教育教师队伍"县管校聘"示范区建设，总结推广各地成功经验，全面推进"县管校聘"管理改革，为教师交流轮岗工作提供制度保障。各地也要从本地实际情况出发，大胆探索教师队伍管理新机制。为落实

"县管校聘"管理改革,教育部印发《教育部办公厅关于组织申报首批义务教育教师队伍"县管校聘"管理改革示范区的通知》(教师厅函〔2014〕20号)和《教育部关于确定首批义务教育教师队伍"县管校聘"管理改革示范区的通知》(教师函〔2015〕3号),最终确定北京市东城区等19个申报单位为首批义务教育教师队伍"县管校聘"管理改革示范区,以发挥引领示范作用。2016年,《国务院关于统筹推进县域内城乡义务教育一体化改革发展的若干意见》(国发〔2016〕40号)也要求全面推进教师"县管校聘"改革,按照教师职业特点和岗位要求,完善教师招聘机制,统筹调配编内教师资源,着力解决乡村教师结构性缺员和城镇师资不足问题。

义务教育阶段聋校教学与医疗康复仪器设备配备标准　2010年2月,教育部发布《教育部关于发布〈义务教育阶段盲校教学与医疗康复仪器设备配备标准〉等三个教育行业标准的通知》(教基二〔2010〕2号),随文下发了《义务教育阶段聋校教学与医疗康复仪器设备配备标准》(简称《标准》)。《标准》规定了义务教育阶段聋校普通教室、学科教学、医疗康复、教学资源中心和职业技术教育仪器设备的配备要求。聋校教学与医疗康复仪器设备分为"基本"和"选配"两种配备要求。"基本"栏目规定了完成教育部发布的《聋校义务教育课程设置实验方案》中所规定的各项教学与医疗康复任务应具备的普通教室教学设备、学科教学仪器、医疗康复仪器设备、教学资源中心设备和职业技术教育器材设备,所有聋校均应达到该栏目的配备要求。有条件的聋校,可根据学校场地条件和教师状况等实际情况,有选择地配备相应的仪器设备。聋校可根据教学与医疗康复需求对仪器设备配备数量提出要求。购置的教学仪器设备应符合教学仪器有关安全、质量要求,并符合GB 6675、GB/T 14710、GB 21746、GB/T 21747、GB 21748和GB 21749的要求;购置的医疗康复仪器、设备(包括所需要的软件),应符合《医疗器械监督管理条例》有关安全、有效的规定;教学实验用的各种药品、试剂、工具应存放在有专人看管的房间,防止学生擅自接触;医疗康复仪器设备应在专业人员指导下使用;凡是进入学校的教学与医疗康复仪器设备,不得含有国家明令禁止的有毒材料;学校应根据需要及时补充消耗性实验材料。《标准》规定由省级教育行政部门的教育技术装备机构负责监督执行情况。

义务教育阶段学校校长教师交流轮岗　《国家中长期教育改革和发展规划纲要(2010—2020年)》(中发〔2010〕12号)(简称《教育规划纲要》)要求加强教师队伍建设。2012年8月,国务院印发《国务院关于加强教师队伍建设的意见》(国发〔2012〕41号),提出加强教师资源配置管理,建立县(区)域内义务教育学校教师校长轮岗交流机制,促进教师资源合理配置。为贯彻落实《教育规划纲要》和《国务院关于加强教师队伍建设的意见》,加快农村义务教育教师队伍建设,建立城乡一体化义务教育发展机制,教育部、中央编办、国家发展改革委等部门联合出台《教育部中央编办国家发展改革委财政部人力资源社会保障部关于大力推进农村义务教育教师队伍建设的意见》(教师〔2012〕9号),要求建立健全城乡教师校长轮岗交流制度。各地要建立县(区)域内教师校长轮岗交流机制,建立县(区)域内城镇中小学教师到乡村学校任教服务期制度,引导、鼓励优秀教师到乡村薄弱学校或教学点工作。城镇中小学教师在评聘高级职务(职称)时,要有一年以上在农村学校或薄弱学校任教的经历。支持退休的特级教师、高级教师到乡村学校支教讲学。推进校长职级制改革试点,探索实行校长任期制和定期交流制。为了保障教师校长轮岗交流,实现教育均衡发展,2014年8月,《教育部财政部人力资源和社会保障部关于推进县(区)域内义务教育学校校长教师交流轮岗的意见》(教师〔2014〕4号)(简称《意见》)出台。《意见》提出:教师交流轮岗的人员范围为义务教育阶段公办学校在编在岗教师,校长交流轮岗的人员范围为义务教育阶段公办学校校长、副校长;根据各地经验和做法,校长教师交流轮岗可采取定期交流、跨校竞聘、学区一体化管理、学校联盟、名校办分校、集团化办学、对口支援、乡镇中心学校教师走教等多种途径和方式;加强县(区)域内义务教育教师的统筹管理,推进"县管校聘"管理改革,打破教师交流轮岗的管理体制障碍;国家层面推动义务教育教师队伍"县管校聘"示范区建设,总结推广各地成功经验,全面推进"县管校聘"管理改革,为教师交流轮岗工作提供制度保障。校长教师交流轮岗实行"省级统筹、以县为主"的工作机制。

义务教育均衡发展　为进一步推进义务教育均衡发展,2005年5月,教育部出台《教育部关于进一步推进义务教育均衡发展的若干意见》(教基〔2005〕9号),要求统一思想认识,把推进义务教育均衡发展摆上重要位置;采取积极措施,逐步缩小学校办学条件的差距;统筹教师资源,加强农村学校和城镇薄弱学校师资队伍建设；建立有效机制，努力提高每一所学校的教育教学质量；落实各项政策，切实保障弱势群体学生接受义务教育；建立监测评估体系，切实推进义务教育均衡发展。《中华人民共和国义务教育法（2006年修正）》（主席令第52号）（简称《义务教育法》）明确规定，国务院和县级以上地方人民政府应当合理配置教育资源，促进义务教育均衡发展，改善薄弱学校的办学条件。为了贯彻《义务教育法》的要求，2010年1月，教育部印发《教育部关于贯彻落实科学发展观进一步推进义务教育均衡发展的意见》（教基一〔2010〕1号），要求将推进均衡发展作为义务教育改革与发展的重要任务；以提高教育质量、促进内涵发展为重点，推进义务教育均衡发展；加强制度建设，依法建立和完善推进义务教育均衡发展的有效工作机制。2010年7月，《国家中长期教育改革和发展规划纲要（2010—2020年）》（中发〔2010〕12号）（简称《教育规划纲要》）提出，推进义务教育均衡发展。均衡发展是义务教育的战略性任务，要建立健全义务教育均衡发展保障机制，也要进行义务教育均衡发展改革试点，建立城乡一体化义务教育发展机制；实行县（区）域内教师、校长交流制度；实行优质普通高中和优质中等职业学校招生名额合理分配到区域内初中的办法，切实解决区域内义务教育阶段择校问题等。根据《教育规划纲要》的部署，2010年10月，国务院印发《国务院办公厅关于开展国家教育体制改革试点的通知》（国办发〔2010〕48号），要求开展专项改革试点，推进义务教育均衡发展，多种途径解决择校问题；推进义务教育学校标准化建设，探索城乡教育一体化发展的有效途径；创新体制机制，实施县域内义务教育学校教师校际交流制度，实行优质高中招生名额分配到区域内初中学校的办法，多种途径推进义务教育均衡发展；完善农民工子女接受义务教育体制机制，探索非本地户籍常住人口随迁子女非义务教育阶段教育保障制度；完善寄宿制学校管理体制与机制，探索民族地区、经济欠发达地区义务教育均衡发展模式；建立健全义务教育均衡发展督导、考核和评估制度。2012年9月，国务院又印发《国务院关于深入推进义务教育均衡发展的意见》（国发〔2012〕48号），要求推动优质教育资源共享，均衡配置办学资源。为贯彻《义务教育法》、《教育规划纲要》等相关文件精神，教育部印发的《国家教育事业发展第十二个五年规划》（教发〔2012〕9号）提出要扩大和保障公平受教育机会，推动义务教育均衡发展。同时出台了一系列文件，保障义务教育均衡发展，如《县域义务教育均衡发展督导评估暂行办法》（教督〔2012〕3号）、《教育部办公厅关于组织申报首批义务教育教师队伍"县管校聘"管理改革示范区的通知》

(教师厅函〔2014〕20号)、《教育部财政部人力资源和社会保障部关于推进县(区)域内义务教育学校校长教师交流轮岗的意见》(教师〔2014〕4号)、《教育部国家发展和改革委员会财政部关于全面改善贫困地区义务教育薄弱学校基本办学条件的意见》(教基一〔2013〕10号)和《教育部办公厅关于进一步做好重点大城市义务教育免试就近入学工作的通知》(教基一厅〔2014〕1号)等等。

义务教育均衡发展督导评估 为贯彻落实《中华人民共和国义务教育法》,保障《国家中长期教育改革和发展规划纲要(2010—2020年)》(中发〔2010〕12号)提出的义务教育均衡发展目标的实现,2012年1月,教育部制定《县域义务教育均衡发展督导评估暂行办法》(教督〔2012〕3号)(简称《办法》),要求开展义务教育发展基本均衡县(市、区)的评估认定工作。《办法》规定,义务教育发展基本均衡县的评估认定,按照省级评估、国家认定的原则进行,对县域内义务教育校际间均衡状况和对县级人民政府推进义务教育均衡发展工作两个方面进行评估。其中县域内义务教育校际间均衡状况评估是重点评估县级政府均衡配置教育资源情况,具体包括生均图书册数、师生比、生均高于规定学历教师数、生均中级及以上专业技术职务教师数等八项指标;对县级人民政府推进义务教育均衡发展工作评估指标主要包括入学机会、保障机制、教师队伍和质量与管理四个方面。为了保障评估的规范化,需要严格执行评估认定程序。各地要根据本办法,结合实际,制定本省(区、市)县域义务教育均衡发展督导评估实施办法和评估标准,县级人民政府根据省级制定的县域义务教育均衡发展督导评估实施办法和评估标准,对本县义务教育均衡发展状况进行自评。自评达到要求的,报地市级复核后,向省级提出评估申请,各省级教育督导机构对申请评估的县进行督导评估,通过省级督导评估的县,由各省(区、市)将有关材料报送国家教育督导团审核认定。同时,《办法》还规定,对实现义务教育发展基本均衡的县给予表彰奖励,对违法违规行为给予处罚。

义务教育课程标准 为贯彻落实《国家中长期教育改革和发展规划纲要(2010—2020年)》(中发〔2010〕12号),适应新时期全面实施素质教育的要求,深化基础教育课程改革,提高教育质量,教育部对义务教育各学科课程标准进行了修订完善,并于2011年12月出台了《教育部关于印发义务教育语文等学科课程标准(2011

年版)的通知》(教基二〔2011〕9 号)(简称《通知》),并于 2012 年秋季开始执行。新修订的学科课程标准包括《义务教育历史课程标准(2011 年版)》、《义务教育历史与社会课程标准(2011 年版)》、《义务教育美术课程标准(2011 年版)》、《义务教育品德与社会课程标准(2011 年版)》、《义务教育品德与生活课程标准(2011 年版)》、《义务教育日语课程标准(2011 年版)》、《义务教育生物课程标准(2011 年版)》、《义务教育数学课程标准(2011 年版)》、《义务教育思想品德课程标准(2011 年版)》、《义务教育体育与健康课程标准(2011 年版)》、《义务教育物理课程标准(2011 年版)》、《义务教育艺术课程标准(2011 年版)》、《义务教育音乐课程标准(2011 年版)》、《义务教育英语课程标准(2011 年版)》、《义务教育语文课程标准(2011 年版)》、《义务教育初中科学课程标准(2011 年版)》、《义务教育地理课程标准(2011 年版)》、《义务教育俄语课程标准(2011 年版)》、《义务教育化学课程标准(2011 年版)》等。为保障新修订的课程标准的执行,《通知》要求全面加强学习培训工作,深入推进教学改革,积极推进评价考试制度改革,加强课程资源建设,加强各级教育部门的组织领导。同时,为促进少数民族中小学汉语课程建设,推动少数民族中小学汉语教学的改革与发展,教育部对民族中小学汉语课程标准进行修订,并于 2013 年 12 月出台《教育部关于印发〈民族中小学汉语课程标准(义务教育)〉的通知》(教民〔2013〕4 号),规定全日制民族中小学开设汉语课程,汉语课程标准分义务教育和普通高中两个阶段,要求各地将《民族中小学汉语课程标准(义务教育)》作为双语教师培训的一项重要内容,认真组织开展对民语授课为主、单科加授汉语的义务教育阶段学校的汉语教师、校长以及各级汉语教研员的培训,帮助他们全面理解、深入领会和准确把握修订后汉语课程标准的精神实质和主要变化,切实将汉语课程标准的教育理念和基本要求全面落实到汉语教学中。

义务教育免试就近入学　为落实义务教育免试就近入学要求,健全科学、明晰、便利的小学升入初中制度,规范招生入学行为,提高治理水平,促进教育公平,根据《义务教育法》规定,2014 年 1 月,教育部出台《教育部关于进一步做好小学升入初中免试就近入学工作的实施意见》(教基一〔2014〕1 号)(简称《意见》)。《意见》要求,县级教育行政部门要在上级教育行政部门指导统筹下,根据适龄学生人数、学校分布、所在学区、学校规模、交通状况等因素,按照就近入学原则,合理划定招生范围;严格实行"一人一籍、籍随人走",单校划片学校采用对口直升方式,多校划片学校以随机派位的方式有序确定入学对象;规范办理入学手续,县域内初中新生入学手续办理工作要在同一时段进行;全面实行阳光招生,通过多种形式主动向社会公开相关信息;逐步减少特长招生,强化义务教育注重品行培养、激发学习兴趣、培育健康体魄、养成良好习惯的目标任务,逐步减少特长生招生学校和招生比例;做好随迁子女就学,坚持深化改革,分类推进,妥善解决外来务工人员随迁子女小升初问题;大力推进均衡发展,统筹义务教育资源均衡配置,开展义务教育学校标准化建设,实行校长教师交流轮岗和推进学校联盟或集团化办学模式;试行学区化办学,因地制宜,按照地理位置相对就近、办学水平大致均衡的原则,将初中和小学结合成片进行统筹管理,提倡多校协同、资源整合、九年一贯。为贯彻落实《意见》精神,2014年1月,教育部办公厅印发《教育部办公厅关于进一步做好重点大城市义务教育免试就近入学工作的通知》(教基一厅〔2014〕1号),要求进一步明确重点大城市入学工作的目标任务,纠正影响重点大城市入学工作的违规行为,不得违反《义务教育法》免试规定,不得抢夺生源和举办相关培训班,保持治理择校乱收费高压态势;同时,加强重点大城市入学工作的组织领导,制订工作方案,狠抓工作落实。

义务教育学校标准化建设 《国家中长期教育改革和发展规划纲要(2010—2020年)》(中发〔2010〕12号)(简称《教育规划纲要》)提出要推进义务教育学校标准化建设,均衡配置教师、设备、图书、校舍等资源。同时,2010年10月,国务院出台的《国务院办公厅关于开展国家教育体制改革试点的通知》(国办发〔2010〕48号)也要求推进义务教育学校标准化建设,探索城乡教育一体化发展的有效途径。为贯彻《教育规划纲要》和相关文件精神,2012年6月,教育部和国务院相继印发《国务院关于深入推进义务教育均衡发展的意见》(国发〔2012〕48号)和《国家教育事业发展第十二个五年规划》(教发〔2012〕9号),部署推进义务教育学校标准化建设。依据上述文件精神,省级政府要依据国家普通中小学校建设标准和本省(区、市)标准,为农村中小学配齐图书、教学实验仪器设备、音体美等器材,着力改善农村义务教育学校学生宿舍、食堂等生活设施,妥善解决农村寄宿制学校管理服务人员配置问题。继续实施农村义务教育薄弱学校改造计划和中西部农村初中校舍改造工程,积极推进节约型校园建设。采取学校扩建改造和学生合理分流等措施,着力解决县镇学校大班额、农村学校多人一铺和校外住宿以及留守儿童较多地区寄宿设施不足等问题。2016年7月,国务院印发《国务院关于统筹推进县域内城乡义务教育一体化改革发展的若干意见》(国发〔2016〕40号),提出科学推进学校标准化建设,要求各地逐县(市、区)逐校建立义务教育学校标准化建设台账,全面摸清情况,完善寄宿制学校、乡村小规模学校办学标准,科学推进城乡义务教育公办学校标准化建设,全面改善贫困地区义务教育薄弱学校基本办学条件;提升乡村学校信息化水平,促进优质教育资源共享;适当提高寄宿制学校、规模较小学校和北方取暖地区学校公用经费补助水平,切实保障正常运转;落实义务教育学校管理标准,提高学校管理标准化水平;重点提高乡镇寄宿制学校管理服务水平,通过政府购买服务等方式为乡镇寄宿制学校提供工勤和教学辅助服务。

义务教育学校管理标准　为适应教育改革发展的新形势和新任务,全面贯彻教育方针,完善义务教育治理体系,深入实施素质教育,促进教育公平,推动学校依法办学、科学管理,2014年8月,教育部根据《教育法》、《义务教育法》、《教师法》和《国家中长期教育改革和发展规划纲要(2010—2020年)》(中发〔2010〕12号),印发《义务教育学校管理标准(试行)》(教基一〔2014〕10号)(简称《标准》)。《标准》提出,学校管理要坚持"育人为本,全面发展;促进公平,提高质量;安全和谐,充满活力;依法办学,科学治理"的基本理念,认真履行平等对待每位学生、促进学生全面发展、引领教师专业发展、提升教育教学质量、营造和谐安全环境和建设现代学校制度的管理职责。其中,平等对待每位学生包括维护学生平等入学权利,建立"控辍保学"工作机制,满足需要关注学生的需求等管理任务,具体分为11项管理要求;促进学生全面发展包括提升学生道德品质,帮助学生学会学习,增强学生身体素质,提高学生艺术素养和培养学生生活本领等5项管理任务,囊括24项管理要求;引领教师专业发展包括加强教师管理和职业道德建设,提高教师教育教学能力,建立教师专业发展支持体系等3项管理任务,分为13项管理要求;提升教育教学质量包括建设适合学生发展的课程,实施以学生发展为本的教学,建立促进学生发展的评价体系和提供便利实用的教学资源等4项管理任务,细化为13项管理要求;营造和谐安全环境包括建立切实可行的安全与健康管理制度,建设安全卫生的学校基础设施,开展以生活技能为基础的安全健康教育和营造尊重包容的学校文化等4项管理任务,具体分为14项管理要求;建设现代学校制度包括提升依法科学管理能力,建立健全民主管理制度,构建和谐的家庭、学校、社区合作关系等3项管理任务,囊括16项管理要求。《标准》是对学校管理的基本要求,也是学校治理的基本依据,引领学校树立先进的治理理念、建立健全各项管理制度、完善工作机制。另外,《标准》要求教育督导部门依此修订完善义务教育学校督导评估指标体系和标准,开展督导评估工作,促进学校规范办学、科学管理,提高教育质量和办学水平。

义务教育学校校长专业标准　《国家中长期教育改革和发展规划纲要(2010—2020年)》(中发〔2010〕12号)(简称《教育规划纲要》)提出要制定校长任职资格标准,促进校长专业化。为贯彻落实《教育规划纲要》和《国务院关于加强教师队伍建设的意见》(国发〔2012〕41号),构建教师队伍建设标准体系,建设高素质义务教育学校校长队伍,2013年2月,教育部印发《义务教育学校校长专业标准》(教师〔2013〕3号)(简称《专业标准》)。《专业标准》提出,校长要坚持"以德为先、育人为本、引领发展、能力为重和终身学习"的办学理念,肩负规划学校发展、营造育人文化、领导课程教学、引领教师成长和优化内部管理等基本职责。校长的每一项职责又分别从专业理解与认识、专业知识与方法、专业能力与行为三个方面提出具体的专业要求。《专业标准》适用于国家和社会力量举办的全日制义务教育学校的正、副校长,是义务教育学校校长队伍建设和校长管理的重要依据,是义务教育学校校长培养培训的主要依据,是义务教育学校校长自身专业发展的基本准则。

义务教育"以县为主"管理体制　面对我国农村义务教育发展面临的新形势,为进一步完善农村义务教育管理体制,2001年5月,国务院颁布《国务院关于基础教育改革与发展的决定》(国发〔2001〕21号),要求实行在国务院领导下,由"地方政府负责、分级管理、以县为主"的体制。国家确定义务教育的教学制度、课程设置、课程标准,审定教科书。中央和省级人民政府要通过转移支付,加大对贫困地区和少数民族地区义务教育的扶持力度。省级和地(市)级人民政府要加强教育统筹规划,搞好组织协调。县级人民政府对本地农村义务教育负有主要责任,负责抓好中小学的规划、布局调整、建设和管理,指导学校教育教学工作。这一体制明确了中央、省、地、县、乡各级政府对农村义务教育的责任,特别是县级政府对农村义务教育的责任。2002 年 4 月,国务院又印发了《国务院办公厅关于完善农村义务教育管理体制的通知》(国办发〔2002〕28 号),进一步明确了各级政府责任,提出要加强对农村义务教育的领导和管理,并对经费保障机制、人事编制管理制度提出了具体意见。2003 年 9 月,在全国农村教育工作会议上,国务院发布《国务院关于进一步加强农村教育工作的决定》(国发〔2003〕19 号),再次强调把落实"以县为主"的农村义务教育管理体制作为加强农村教育工作的一项重要决定。2012 年 9 月,为推进义务教育的均衡发展,国务院印发了《国务院关于深入推进义务教育均衡发展的意见》(国发〔2012〕48 号),提出推进义务教育的均衡发展要加强省级政府统筹,强化以县为主的管理,建立健全义务教育均衡发展责任制。同时印发了《国务院关于进一步完善城乡义务教育经费保障机制》(国发〔2015〕67 号),以保障统筹城乡义务教育资源的均衡配置,要求县级人民政府要按照义务教育"以县为主"的管理体制,落实管理主体责任。为促进中西部地区教育的发展,国务院印发了《国务院办公厅关于加快中西部教育发展的指导意见》(国办发〔2016〕37 号),提出要积极探索"以县为主"的管理体制,县级人民政府负责统筹辖区内学前教育的园所布局、师资建设、经费投入、质量保障、规范管理等。2016 年 7 月,国务院印发的《国务院关于统筹推进县域内城乡义务教育一体化改革发展的若干意见》(国发〔2016〕40 号)提出要改革当前教育治理体系,在实行"以县为主"管理体制的基础上,进一步加强省级政府统筹,完善乡村小规模学校办学机制和管理办法,乡村小学和教学点纳入对乡村中心学校考核,加强乡村中心学校对村小学、教学点的指导和管理。

艺术特长生招考 为做好 2005 年普通高等学校招收艺术特长生工作,2005 年 1 月,教育部办公厅下发《教育部关于做好 2005 年普通高等学校招收艺术特长生工作的通知》(教学厅〔2005〕1 号)(简称《通知》),规定自 2005 年起清华大学等 53 所普通高等学校可面向全国开展招收艺术特长生试点工作,其他普通高等学校暂不参加试点。《通知》要求招生试点学校加强对招收艺术特长生工作的领导,做到测试要求明确、测试程序严格、测试结果公正;招生试点学校和招生管理部门要健全并加强招生信息公示制度,招生试点学校要将测试科目、时间、地点、选拔人数、录取办法等通过招生简章向社会公布;认真落实招生工作责任制和责任追究制度,取消在招生工作中违反要求的试点学校招收艺术特长生的资格,严肃查处违反规定的工作人员,对因管理不到位发生重大舞弊事件的,除追究当事人的责任外,还要追究其主管领导的责任;凡通过弄虚作假等手段报考或录取的考生,一经发现,取消其当年报考或录取资格,并向社会公布。随文下发的《2005年普通高等学校招收艺术特长生办法》规定了招生对象、招生试点学校和招生人数。对于艺术特长测试,招生试点学校要成立专家评审委员会制定测试标准和测试程序,按照有关规定编制本校艺术特长生招生简章,同时向社会公布。对于文化考试,考生按户口所在地省级招办规定的时间和地点报名并参加普通高校招生统一考试。对经有关省级招办核准备案及教育部集中公示的艺术特长生入选考生,有关省级招办可根据考生志愿在招生试点学校调档分数线下20分以内(但不低于学校同批次录取控制分数线)向学校提供档案,由学校审查是否录取。招生试点学校应于本校录取工作结束后一周之内,按《招生试点学校艺术特长生入选考生信息数据库结构》(数据库文件)要求,将本校艺术特长生录取名单报教育部(高校学生司)备案。

英语授课品牌课程 为贯彻落实《国家中长期教育改革和发展规划纲要(2010—2020年)》(中发〔2010〕12号),加强中外教育交流与合作,推动来华留学事业持续健康发展,全面提升来华留学教育教学质量,教育部出台《留学中国计划》(教外来〔2010〕68号)(简称《计划》)。《计划》提出到2020年使我国成为亚洲最大的留学目的国,确立了逐步增加中国政府奖学金名额、来华留学人员生源国别和层次更加均衡合理的发展任务。《计划》还对培养模式、专业课程师资建设等方面进行了规定。同时,2013年2月,教育部出台《教育部办公厅关于2013年度来华留学英语授课品牌课程评选工作的通知》(教外厅函〔2013〕5号)(简称《通知》),决定开展2013年度来华留学英语授课品牌课程评选工作,拟评选出150门品牌课程。《通知》要求评选课程应是普通高等学校面向来华留学生或同时面向我国学生开设的全英语授课课程;原则要求是基础课、专业基础课、量大面广的专业课或中国文化类课程,其中高职高专校应体现高职高专的办学定位和教学特色;在高校连续开设2年以上;课程负责人为高校专职教师,且具有教授职称。各省级教育行政部门根据《2013年度来华留学英语授课品牌课程推荐限额分配表》推荐品牌课程名额。评选工作由高等学校自评和申报,由省级教育行政部门推荐,经国家来华留学专家委员会专家评审后报教育部认定,并择优在留学中国网公开展示。

优质教育信息惠民行动计划 为贯彻落实《国务院关于促进信息消费扩大内需的若干意见》(国发〔2013〕32号)和《"十二五"国家战略性新兴产业发展规划》(国发〔2012〕28号)关于实施信息惠民工程的工作部署,2014年1月,国家发展改革委、教育部等12部门联合印发《关于加快实施信息惠民工程有关工作的通知》(发改高技〔2014〕46号)(简称《通知》),随文下发《信息惠民国家示范城市创建工作要求》和《信息惠民国家示范城市创建方案编制要点》。《通知》要求充分认识实施信息惠民工程的重要意义,坚持"围绕民生,突出重点;统筹发展,分步实施;政府引导,市场主导;条块结合,协同共享"的基本原则,通过实施信息惠民工程,实现信息化与民生领域应用的深度融合,教育、医疗、社保等基本公共服务有效供给逐步增多优化,养老、就业等公共服务模式不断创新多元,社会信用、城市和社区管理、食品药品安全监管等社会管理的模式不断创新优化,公共安全、城市管理等科技支撑手段不断升级完善,城乡、区域信息基础条件差距逐步缩小,教育、医疗、养老、社保等领域新型信息服务更加活跃,信息消费需求进一步释放。为实现总体目标,要重点开展信息惠民国家示范省市创建工作、社会保障信息惠民行动计划、健康医疗信息惠民行动计划、优质教育信息惠民行动计划、养老服务信息惠民行动计划、就业服务信息惠民行动计划、食品药品安全信息惠民行动计划、公共安全信息惠民行动计划、社区服务信息惠民行动计划、家庭服务信息惠民行动计划和信息惠民综合试点行动计划等方面的工作。要采取建立跨部门协调推进机制、强化国家政策引导支持、突出信息惠民工程的重点、确保信息惠民工程的落实、积极推进信息惠民工程的实施等措施,推进信息惠民工程。为推动教育信息化,促进教育公平,2014年11月,教育部、财政部和国家发展改革委等部门联合印发《构建利用信息化手段扩大优质教育资源覆盖面有效机制的实施方案》(教技〔2014〕6号),提出要加大"信息惠民工程"中优质教育信息惠民行动计划的实施力度,先期启动职业教育资源建设。

优质数字教育资源共建共享机制 为贯彻落实《中共中央关于全面深化改革若干重大问题的决定》提出的"构建利用信息化手段扩大优质教育资源覆盖面的有效机制,逐步缩小区域、城乡、校际差距"的战略部署,根据《国家中长期教育改革和发展规划纲要(2010—2020年)》(中发〔2010〕12号)、《教育信息化十年发展规划

(2011—2020年)》(教技〔2012〕5号)的工作部署,2014年11月,教育部、财政部等部门出台《构建利用信息化手段扩大优质教育资源覆盖面有效机制的实施方案》(教技〔2014〕6号)(简称《方案》)。《方案》要求,充分认识教育信息化的重大战略意义,根据构建有效机制的总体思路,通过构建利用信息化手段扩大教育资源覆盖面的有效机制,加快推进教育信息化"三通两平台"建设与应用,实现各级各类学校宽带网络的全覆盖,优质数字教育资源的共建共享。为实现这一总体目标,《方案》设定阶段性目标并规划了重点任务,要求加快推进"宽带网络校校通",全面推进"优质资源班班通",大力推进"网络学习空间人人通",建设教育资源公共服务平台和教育管理公共服务平台。为保障目标的实现和各项任务的开展,《意见》要求建立跨部门协调推进机制,建立健全政策环境,形成多元化投入格局,完善教育信息化管理体系,营造良好的舆论环境。

《幼儿园工作规程》 为加强幼儿园的科学管理,规范办园行为,提高保育和教育质量,促进幼儿身心健康,依据《中华人民共和国教育法》等法律法规,2015年12月,教育部制定《幼儿园工作规程》(教育部令第39号)(简称《工作规程》),对幼儿入园和编班、幼儿园的安全、卫生保健、幼儿园的教育、园舍和设备、教职工、经费、幼儿园与家庭和社区、幼儿园的管理等方面的内容进行了规定。同时,1996年3月发布的《幼儿园工作规程》(国家教育委员会令第25号)废止。《工作规程》规定,幼儿园是对3周岁以上学龄前幼儿实施保育和教育的机构,承担着"贯彻国家的教育方针,按照保育与教育相结合的原则,遵循幼儿身心发展特点和规律,实施德、智、体、美等方面全面发展的教育,促进幼儿身心和谐发展"的任务,以实现幼儿园保育和教育的目标。依据《工作规程》,幼儿园一般为三年制,每年秋季招生,幼儿入园前,应当按照卫生部门制定的卫生保健制度进行健康检查,合格者方可入园;根据有利于幼儿身心健康、便于管理的原则合理确定招生规模和班级人数;严格执行国家和地方幼儿园安全管理的相关规定,建立健全门卫、房屋、设备、消防等安全防护和检查制度,建立安全责任制和应急预案;幼儿园的园舍应当符合国家和地方的建设标准,以及相关安全、卫生等方面的规范;严格执行国家有关食品药品安全的法律法规;幼儿园教职工必须掌握基本急救常识和防范、避险、逃生、自救的基本方法,以保障幼儿安全。幼儿园必须严格执行《托儿所幼儿园卫生保健管理办法》以及其他有关卫生保健的法规、规章和制度;制定合理的幼儿一日生活作息制度，建立幼儿健康检查制度和幼儿健康卡或档案，建立卫生消毒、晨检、午检制度和病儿隔离制度；建立传染病预防和管理制度，制定突发传染病应急预案，建立患病幼儿用药的委托交接制度。幼儿园教育应当贯彻"以游戏为基本活动，寓教育于各项活动之中；注重个体差异，因人施教"等原则和要求，将游戏作为对幼儿进行全面发展教育的重要形式，尊重幼儿的个体差异。幼儿园的建筑规划面积、建筑设计和功能要求，以及设施设备、玩教具配备，要按照国家和地方的相关规定执行。幼儿园应按照国家相关规定设园长、副园长、教师、保育员、卫生保健人员、炊事员和其他工作人员等岗位，配足配齐教职工，并按照有关规定执行收费标准。应当主动与幼儿家庭沟通合作，建立幼儿园与家长联系的制度，成立家长委员会，同时加强与社区的联系与合作。实行园长负责制，应当建立教职工大会制度或者教职工代表大会制度，依法加强民主管理和监督，同时建立教研制度，研究解决保教工作中的实际问题。

《幼儿园管理条例》 为了加强幼儿园的管理，促进幼儿教育事业的发展，1989年9月，教育部颁布《幼儿园管理条例》（国家教育委员会令第4号）（简称《条例》）。《条例》包括举办幼儿园的基本条件和审批程序，幼儿园的保育和教育工作，幼儿园的行政事务，奖励与处罚等方面的内容。《条例》规定，幼儿园的保育和教育工作应当促进幼儿在体、智、德、美诸方面和谐发展，幼儿园的管理实行地方负责、分级管理和各有关部门分工负责的原则。国家实行幼儿园登记注册制度，举办幼儿园必须将幼儿园设置在安全区域内，幼儿园必须具有与保育、教育的要求相适应的园舍和设施，具有符合条件的保育、幼儿教育、医务和其他工作人员。幼儿园应当贯彻保育与教育相结合的原则，以游戏为基本活动形式，严禁体罚和变相体罚幼儿；应当建立卫生保健制度和安全防护制度，防止发生食物中毒、传染病的流行和安全事故的发生。各级教育行政部门应当负责监督、评估和指导幼儿园的保育、教育工作，组织培训幼儿园的师资，审定、考核幼儿园教师的资格，并协助卫生行政部门检查和指导幼儿园的卫生保健工作，会同建设行政部门制定幼儿园园舍、设施的标准。同时，《条例》还对奖励与处罚条件进行了规定。

幼儿园教师专业标准 为促进幼儿园教师专业发展，建设高素质幼儿园教师队伍，2011至2012年，国务院颁布《国家中长期教育改革和发展规划纲要（2010—

2020年)》(中发〔2010〕12号)和《国务院关于加强教师队伍建设的意见》(国发〔2012〕41号),要求完善教师专业发展标准体系,研究制定幼儿园教师专业标准,并对教师的专业理念、师德师风、专业知识和业务能力作出明确要求,作为教师培养、准入、培训、考核、退出的依据。为贯彻落实这一要求,根据《中华人民共和国教师法》和《中华人民共和国义务教育法》,2012年2月,教育部制定了《幼儿园教师专业标准(试行)》(教师〔2012〕1号)(简称《专业标准》)。《专业标准》是国家对合格幼儿园教师专业素质的基本要求,是幼儿园教师实施保教行为的基本规范,是引领幼儿园教师专业发展的基本准则,也是幼儿园教师培养、准入、培训、考核等工作的重要依据。《专业标准》体现"师德为先、学生为本、能力为重、终身学习"的基本理念,分为专业理念与师德、专业知识和专业能力三个维度。专业理念与师德包括职业理解与认识、对幼儿的态度与行为、幼儿保育和教育的态度与行为以及个人修养与行为四个领域;专业知识包括幼儿发展知识、幼儿保育和教育知识以及通识性知识三个领域;专业能力包括环境的创设与利用、一日生活的组织与保育、游戏活动的支持与引导、教育活动的计划与实施、激励与评价、沟通与合作和反思与发展等七个领域,每一领域又详细提出了若干标准。为顺利实施《专业标准》,要求各地教育行政部门、开展教师教育的院校、幼儿园要把贯彻落实《专业标准》作为加强教师队伍建设的重要任务和举措,将本标准作为教师队伍建设的基本依据,作为教师培养培训的主要依据,作为教师管理的重要依据和作为自身专业发展的基本依据。同时,各地、各校要采取宣讲、讨论、座谈、培训等多种形式,组织开展《专业标准》专题学习活动。

幼儿园教师资格准入制度 为积极发展学前教育,2003年3月,国务院印发《国务院办公厅转发教育部等部门关于幼儿教育改革与发展指导意见的通知》(国办发〔2003〕13号),要求依据《教师资格条例》的有关规定,实行教师资格准入制度,严格实行持证上岗。为贯彻落实《国家中长期教育改革和发展规划纲要(2010—2020年)》(中发〔2010〕12号)和《国务院关于当前发展学前教育的若干意见》(国发〔2010〕41号),教育部印发《教育部关于开展中小学和幼儿园教师资格考试改革试点的指导意见》(教师函〔2011〕6号),决定2011年在湖北和浙江两省开展幼儿园教师资格考试改革试点。2012年8月,国务院印发《国务院关于加强教师队伍建设的意见》(国发〔2012〕41号),要求大力加强幼儿园教师队伍建设,严格实施幼儿园教师资格制度。为贯彻国家有关实施幼儿园资格制度的相关规定，2012年9月，教育部、中央编办、财政部、人力资源和社会保障部印发《教育部中央编办财政部人力资源社会保障部关于加强幼儿园教师队伍建设的意见》（教师〔2012〕11号），要求完善幼儿园教师资格制度。全面实施幼儿园教师资格考试制度，印发幼儿园教师资格考试标准，深化教师资格考试内容改革。幼儿园教师须取得相应教师资格证书。具有其他学段教师资格证书的教师到幼儿园工作，应在上岗前接受教育部门组织的学前教育专业培训。

幼儿园教玩具配备标准　《幼儿园工作规程（2015年修订）》（中华人民共和国教育部令第39号）规定，幼儿园应当配备适合幼儿特点的教玩具、图书和乐器等。教玩具应当具有教育意义并符合安全、卫生要求。幼儿园应当因地制宜，就地取材，自制教玩具。依据《幼儿园工作规程》要求，对幼儿实施体、智、德、美全面发展的教育，促进其身心和谐发展，力求创设与教育相适应的环境，为幼儿提供活动和表现力的机会与条件。在1986年颁布《幼儿园教玩具配备目录》（〔86〕教供字006号）的基础上，1992年12月，国家教委颁布《幼儿园教玩具配备目录》（简称《目录》）。由于我国各地区的经济发展不平衡，各地的办园条件差异很大，目录分为一、二、三类。二类为基本配备，经济条件好的可按一类配备，经济条件比较差的，按三类配备。教玩具分为体育、构造、角色表演游戏器具、科学启蒙玩具、音乐、美工、图片挂图和卡片、电教和劳动工具等九类。目录中的配备数量均按一所幼儿园两个大班、两个中班、两个小班计算的最基本配备量，学前班按一个班配备。《目录》是幼儿园的指导性文件，各地区可根据自己的经济条件，因地制宜，量力而行，逐步达到配备要求；提倡幼儿园参照本目录的内容，就地取材，利用各种无毒、安全卫生的自然安全和废旧材料自制教玩具。为落实《国家中长期教育改革和发展规划纲要（2010—2020年）》（中发〔2010〕12号），积极发展学前教育，国务院印发《国务院关于当前发展学前教育的若干意见》（国发〔2010〕41号），要求努力扩大农村学前教育资源，改善农村幼儿园保教条件，配备基本的保教设施、教玩具、幼儿读物等。

《幼儿园教育指导纲要(试行)》　为贯彻《中华人民共和国教育法》、《幼儿园管理条例》和《幼儿园工作规程》，指导幼儿园深入实施素质教育，2001年7月，教育部印发《幼儿园教育指导纲要（试行）》（教基〔2001〕20号）（简称《纲要》）。《纲要》指出，幼儿园应与家庭、社区密切合作，与小学相互衔接，综合利用各种教育资源，共同为幼儿的发展创造良好的条件；幼儿园教育应尊重幼儿的人格和权利，尊重幼儿身心发展的规律和学习特点，以游戏为基本活动，保教并重，关注个别差异，促进每个幼儿富有个性地发展。《纲要》指出，幼儿园的教育内容是全面的、启蒙性的，可以相对划分为健康、语言、社会、科学、艺术等五个领域，也可作其他不同的划分。《纲要》详细规定了各个领域的目标、内容和要求。各领域的内容相互渗透，从不同的角度促进幼儿情感、态度、能力、知识、技能等方面的发展。幼儿园的教育是为所有在园幼儿的健康成长服务的，要为每一个儿童提供积极的支持和帮助。因此，教师要创造性地开展教育活动的组织与实施，以《幼儿园工作规程》和《纲要》所提出的各领域目标为指导，确定教育活动目标；遵照《纲要》规定，同时体现"既适合幼儿的现有水平，又有一定的挑战性；既符合幼儿的现实需要，又有利于其长远发展"等原则，选择教育活动内容；充分考虑幼儿的学习特点和认识规律来组织教育活动内容，同时，科学、合理地安排和组织一日生活。另外，《纲要》还对教育评价作了指导，指出教育评价是了解教育的适宜性和有效性、调整和改进工作、促进每一个幼儿发展、提高教育质量的必要手段；管理人员、教师、幼儿及其家长均是幼儿园教育评价工作的参与者；评价的过程，是教师运用专业知识审视教育实践，发现、分析、研究、解决问题的过程，也是其自我成长的重要途径；幼儿园教育工作评价实行以教师自评为主，园长以及有关管理人员、其他教师和家长等参与评价的制度；同时，幼儿的行为表现和发展变化具有重要的评价意义，教师应视之为重要的评价信息和改进工作的依据。

幼儿园教职工配备标准　为规范幼儿园办园行为，促进幼儿园教师队伍建设，确保幼儿接受基本的、有质量的学前教育，落实《国家中长期教育改革和发展规划纲要（2010—2020年）》（中发〔2010〕12号）和《国务院关于加强教师队伍建设的意见》（国发〔2012〕41号）中制定幼儿园教师配备标准的要求，2012年9月，教育部、中央编办等部门发布《教育部中央编办财政部人力资源社会保障部关于加强幼儿园教师队伍建设的意见》（教师〔2012〕11号），提出要补足配齐幼儿园教师，到2015年幼儿园教师数量基本满足办园需要。为进一步规范各类幼儿园用人行为，2013年1月，教育部研究制定《幼儿园教职工配备标准（暂行）》（教师〔2013〕1

号），正式提出了幼儿园教职工配备标准，具体规定了幼儿园教职工与幼儿的配备比例，并根据幼儿园班级规模，规定了专任教师和保育员的配备数量，并对幼儿园内其他人员的配备，如园长、炊事人员、保安人员等进行了数量规定。为确保标准的落实，各地需根据当地经济社会发展水平和学前教育发展的实际情况，制定适合本地的具体实施方案，加强动态管理。为落实农村幼儿园教职工配备标准，2016年5月，国务院发布《国务院办公厅关于加快中西部教育发展的指导意见》（国办发〔2016〕37号），提出各地要按照幼儿园教职工配备标准，在地方事业单位编制总量内，合理调配，配齐农村公办幼儿园教职工，落实每班有两位教师一位保育员的要求。

《幼儿园收费管理暂行办法》 为促进学前教育事业科学发展，规范幼儿园收费行为，保障受教育者和幼儿园的合法权益，2011年12月，《幼儿园收费管理暂行办法》（发改价格〔2011〕3207号）（简称《办法》）出台。《办法》规定，学前教育属于非义务教育，幼儿园可向入园幼儿收取保育教育费（以下简称"保教费"），对在幼儿园住宿的幼儿可以收取住宿费。公办幼儿园的保教费、住宿费收入纳入行政事业性收费管理，民办幼儿园的保教费、住宿费收入纳入经营服务性收费管理。幼儿园为在园幼儿教育、生活提供方便而代收代管的费用，应遵循"家长自愿，据实收取，及时结算，定期公布"的原则，不得与保教费一并统一收取。幼儿园除收取保教费、住宿费及省级人民政府批准的服务性收费、代收费外，不得再向幼儿家长收取其他费用，如不得在保教费外以开办实验班、特色班、兴趣班、课后培训班和亲子班等，以特色教育为名向幼儿家长另行收取费用，不得以任何名义向幼儿家长收取与入园挂钩的赞助费、捐资助学费、建校费、教育成本补偿费等费用。公办幼儿园保教费标准根据年生均保育教育成本的一定比例确定。保育教育成本包括教职工工资、津贴、补贴及福利、社会保障支出、公务费、业务费、修缮费等正常办园费用支出，不包括灾害损失、事故、经营性费用支出等非正常办园费用支出。幼儿园应通过设立公示栏、公示牌、公示墙等形式，向社会公示收费项目、收费标准等相关内容。各级价格、教育、财政部门应加强对幼儿园收费的管理和监督检查，督促幼儿园建立健全收费管理制度，自觉执行国家制定的幼儿园教育收费政策。对违反国家教育收费法律、法规、政策和本办法规定的行为，要依据相关规定严肃查处。

幼儿园园长专业标准　为促进幼儿园园长专业发展,建设高素质幼儿园园长队伍,深入推进学前教育改革与发展,2012年9月,教育部、中央编办等部门出台《加强幼儿园教师队伍建设》(教师〔2012〕11号),进一步提出国家要制订幼儿园园长专业标准和任职资格标准,提高园长专业化水平。为贯彻落实《国家中长期教育改革和发展规划纲要(2010—2020年)》(中发〔2010〕12号)与《教育部中央编办财政部人力资源社会保障部关于加强幼儿园教师队伍建设的意见》(教师〔2012〕11号)精神,2015年1月,教育部出台《幼儿园园长专业标准》(教师〔2015〕2号)(简称《专业标准》)。《专业标准》要求幼儿园园长要坚持"以德为先、幼儿为本、引领发展、能力为重和终身学习"的办学理念。幼儿园园长肩负着规划幼儿园发展、营造育人文化、领导保育教育、引领教师成长、优化内部管理和调适外部环境等六方面的职责。每一项职责又从专业理解与认识、专业知识与方法、专业能力与行为三个方面提出具体的专业要求,具体包括坚持学前教育的公益性、普惠性,重视幼儿园发展规划的制定和实施,尊重幼儿教育规律等60项专业要求。为了贯彻《专业标准》,各级教育行政部门要将标准作为幼儿园园长队伍建设和管理的重要依据,幼儿园园长培训机构要将标准作为园长培训的主要依据,幼儿园园长要将标准作为自身专业发展的基本准则。

幼儿园园长资格准入制度　为积极发展学前教育,2003年3月,国务院印发《国务院办公厅转发教育部等部门关于幼儿教育改革与发展指导意见的通知》(国办发〔2003〕13号),要求依据《教师资格条例》的有关规定,实行幼儿园园长资格准入制度,严格实行持证上岗。为贯彻落实《国家中长期教育改革和发展规划纲要(2010—2020年)》(中发〔2010〕12号),国务院出台《国务院关于加强教师队伍建设的意见》(国发〔2012〕41号),提出制定幼儿园园长专业标准和任职资格标准,提高校长(园长)专业化水平。为落实国家的相关文件精神,大力加强幼儿园教师队伍建设,2012年9月,教育部、中央编办、财政部、人力资源和社会保障部印发《教育部中央编办财政部人力资源社会保障部关于加强幼儿园教师队伍建设的意见》(教师〔2012〕11号),要求建立幼儿园园长任职资格制度。国家制订幼儿园园长专业标准和任职资格标准,提高园长专业化水平。省级教育行政部门制订幼儿园园长任职资格制度实施办法。教育部门所办幼儿园园长由县级及以上教育行政部门聘任。企事业单位办、集体办、民办幼儿园园长由举办者按国家和地方相关规定聘任,报当地教育行政部门审核。为促进幼儿园园长专业发展,落实幼儿园园长资格准入制度,建设高素质幼儿园园长队伍,深入推进学前教育改革与发展,教育部制定了《幼儿园园长专业标准》(教师〔2015〕2号)(简称《专业标准》)。《专业标准》提出,幼儿园园长要坚持"以德为先、幼儿为本、引领发展、能力为重和终身学习"的办学理念,肩负规划幼儿园发展、营造育人文化、领导保育教育、引领教师成长、优化内部管理和调适外部环境等六方面的职责。每一项职责又从专业理解与认识、专业知识与方法、专业能力与行为三个方面提出具体的专业要求,具体包括坚持学前教育的公益性、普惠性,重视幼儿园发展规划的制定和实施,尊重幼儿教育规律等60项专业要求。标准适用于国家和社会力量举办的幼儿园正、副职园长。为了贯彻《专业标准》,各级教育行政部门要将本标准作为幼儿园园长队伍建设和管理的重要依据,幼儿园园长培训机构要将本标准作为园长培训的主要依据,幼儿园园长要将本标准作为自身专业发展的基本准则。

"幼小衔接" 为解决好幼儿教育与小学教育的衔接问题,促进人的可持续发展,提高教育质量,2011年10月和2012年2月分别出台《教育部关于大力推进教师教育课程改革的意见》(教师〔2011〕6号)和《幼儿园教师专业标准(试行)》(教师〔2012〕1号),要求幼儿园教师必须了解幼小衔接的有关知识与基本方法。2012年10月,教育部印发《3—6岁儿童学习与发展指南》(教基二〔2012〕4号)(简称《指南》),强调要抓好幼小衔接。要求地方各级教育行政部门制定相关配套政策,采取有效措施,严禁幼儿园提前学习小学教育内容,严禁小学举办各种形式的入学选拔考试,严禁小学一年级以任何理由压缩课程或加快课程进度,并要求积极探索幼儿园和小学的双向衔接,为《指南》的全面贯彻落实创造条件。

语言生活监测 《国家中长期语言文字事业改革和发展规划纲要(2012—2020年)》(教语用〔2012〕1号)(简称《语言文字规划纲要》)提出要加强社会语言生活监测和引导,引导网络、手机等新媒体规范使用语言文字。实现上述要求需要打造社会语言生活监测平台,跟踪研究语言生活中出现的新现象和新问题,纠正语言文字使用不规范的现象,引导社会语言生活健康发展,形成规范使用语言文字的社会氛围;完善社会语言生活监测平台。监测研究语言使用实态和语言生活热点,分析语言生活中的新现象,预测语言发展趋势,定期发布语言生活状况报告,并进行基于数据分析的语言战略研究。为贯彻《语言文字规划纲要》,加强语言文字规范标准建设和语言生活监测,2016年5月,教育部、国家语委在京发布《中国语言生活状况报告(2016)》,这是教育部、国家语委第11次向社会发布年度语言生活状况报告,同时发布了我国第一部地方和城市版的《北京市语言生活状况报告》。报告公布了过去一年里,国家语委科学规划、扎实推进语言文字制度建设,具体包括:推广普及国家通用语言文字,科学保护各民族语言文字,推进语言文字规范标准和信息化建设,打造文化传承品牌,启动语言资源保护工程;开展语言生活监测与研究,服务社会语言生活;推进语言科学研究与智库建设,通过科研立项加强语言能力建设、阅读行动、语言与教育、语言文字规范标准、汉语国际传播等语言文字事业发展关键问题研究;通过举办第一届"两岸语言文字调查研究与语文生活"研讨会、第九届海峡两岸现代汉语问题学术研讨会,加强语言文化交流、传播与合作;关注社会热词、流行词、新词、网络用语,聚焦语言生活。

语言文字规范(标准)　为进一步加强语言文字规范标准建设,逐步建立起科学、有序的语言文字管理机制,以适应新世纪语言文字工作发展的需要,教育部、国家语委印发了《国家语言文字工作委员会语言文字规范(标准)管理办法》(教语言〔2001〕2号)。2015年3月,国家语委根据工作实际对此文件进行了修订完善,形成《国家语言文字工作委员会语言文字规范标准管理办法(2015年修订)》(教语信〔2015〕1号)(以下简称《管理办法》)。《管理办法》是开展语言文字规范标准工作的规范性文件,涵盖了语言文字规范标准的计划、研制、审定、审批和发布、复审、实施七个方面的内容。具体流程是:先由国家语委制订发布语言文字规范标准中长期规划,并择优选择相应单位承担语言文字规范标准起草工作。再由国家语委成立语言文字规范标准审定委员会(以下简称审委会),负责语言文字规范标准的审定和维护性复审工作。然后,通过国家语委主任签发,教育部、国家语委发布语言文字规范。规范标准实施后,国家语委协助审委会根据社会发展和语言生活需要适时进行维护性复审。复审结束后,不需要修改的规范标准继续有效,需作修改的规范标准作为修订项目列入研制计划,国家语委负责对语言文字规范标准的实施情况进行监督检查。

预算管理全过程审计　为进一步加强高校预算执行与决算审计工作,2008年7月,教育部印发《教育部关于加强高等学校预算执行与决算审计工作的意见》(教财〔2008〕12号),要求高度重视预算执行与决算审计工作。各地教育行政部门要将高校预算执行与决算审计作为提高教育经费使用规范性、安全性、有效性的重要措施,切实加强高校预算执行与决算审计工作。要对高校开展预算执行与决算审计进行指导和监督。要组织力量,对高校预算执行和决算情况进行定期审计和审计调查,并按规定及时公布审计和审计调查结果。高校要将预算执行与决算审计列为年度常规工作,安排内部审计机构在事前介入,了解预算编制和调整情况;组织内部审计机构对校本级和所属单位年度预算执行情况进行经常性审计,对决算的真实性、合法性、完整性进行确认和审查。同时,为深入贯彻落实中共中央印发的《建立健全惩治和预防腐败体系2013—2017年工作规划》(中发〔2013〕14号),加强教育部机关和直属单位惩治和预防腐败体系建设,推进党风廉政建设和反腐败工作,2014年10月,教育部出台《教育部机关和直属单位建立健全惩治和预防腐败体系实施办法》,要求加强权力运行的监督,使权力规范运行,加强党内监督、巡视监督和审计监督。加强审计监督,加大对重大教育项目、重要教育资金、重点领域和关键关节的审计监督,强化预算管理全过程审计,稳步推进内部控制审计,深化经济责任审计等。严格执行经济责任审计制度,坚持任中审计和离任审计相结合,真正发现问题、解决问题,强化审计结果运用,加大审计发现问题的整改和问责力度,把审计结果作为提拔任用干部的重要参考。

云计算　为积极发挥我国互联网的比较优势,加快推进"互联网+"发展,重塑创新体系、激发创新活力、培育新兴业态和创新公共服务模式,打造大众创业、万众创新和增加公共产品、公共服务"双引擎",2015年7月,国务院印发《国务院关于积极推进"互联网+"行动的指导意见》(国发〔2015〕40号)(简称《意见》)。《意见》确定了"互联网+"的发展目标,要求基础支撑进一步夯实提升,固定宽带网络、新一代移动通信网和下一代互联网加快发展,物联网、云计算等新型基础设施更加完备。《意见》将云计算列为重点行动之一,提出大力发展"互联网+"协同制造,利用云计算发展智能制造,加速制造业服务化转型;发展"互联网+"现代农业,利用云计算等技术建立农业信息监测体系;发展"互联网+"普惠金融,支持金融企业与云计算技术提供商合作开展金融公共云服务;发展"互联网+"益民服务,鼓励健康服务机构利用云计算等技术搭建公共信息平台;发展"互联网+"高效物流,鼓励大数据、云计算在物流领域的应用;发展"互联网+"绿色生态,依托现有互联网、云计算平台,逐步实现各级政府资源环境动态监测信息互联共享。《意见》还将云计算作为"互联网+行动"的保障支持,部署实施云计算工程,大力提升公共云服务能力,引导行业信息化应用向云计算平台迁移。同年8月,国务院出台《促进大数据发展行动纲要》(国发〔2015〕50号),要求推动大数据与云计算、物联网、移动互联网等新一代信息技术融合发展,培育高端智能、新兴繁荣的产业发展新生态。2016年6月,教育部出台《教育信息化"十三五"规划》(教技〔2016〕2号),将云计算写入教育信息化发展的主要任务之中,提出利用云计算、大数据等新技术,创新资源平台、管理平台建设、应用模式,实现公共服务平台协同发展,大幅提升信息化服务教育教学与管理的能力。

允许科研人员和教师依法依规适度兼职兼薪　为加快实施创新驱动发展战略,激发科研人员创新创业积极性,在全社会营造尊重劳动、尊重知识、尊重人才、尊重创造的氛围,2016年11月,中共中央办公厅、国务院办公厅印发《关于实行以增加知识价值为导向分配政策的若干意见》(简称《意见》)。《意见》提出了"坚持价值导向、实行分类施策、激励约束并重和精神物质激励结合"的原则,在此原则下,允许科研人员和教师依法依规适度兼职兼薪;允许科研人员从事兼职工作获得合法收入;科研人员在履行好岗位职责、完成本职工作的前提下,经所在单位同意,可以到企业和其他科研机构、高校、社会组织等兼职并取得合法报酬;鼓励科研人员公益性兼职,积极参与决策咨询、扶贫济困、科学普及、法律援助和学术组织等活动。科研机构、高校应当规定或与科研人员约定兼职的权利和义务,实行科研人员兼职公示制度;兼职行为不得泄露本单位技术秘密,损害或侵占本单位合法权益,违反承担的社会责任;兼职取得的报酬原则上归个人,建立兼职获得股权及红利等收入的报告制度;担任领导职务的科研人员兼职及取酬,按中央有关规定执行;经所在单位批准,科研人员可以离岗从事科技成果转化等创新创业活动;兼职或离岗创业收入不受本单位绩效工资总量限制,个人须如实将兼职收入报单位备案,按有关规定缴纳个人所得税;允许高校教师从事多点教学获得合法收入;高校教师经所在单位批准,可开展多点教学并获得报酬。鼓励利用网络平台等多种媒介,推动精品教材和课程等优质教学资源的社会共享,授课教师按照市场机制取得报酬。

在线开放课程　为加快推进适合我国国情的在线开放课程和平台建设,促进课程应用,加强组织管理,2015年4月,教育部印发《教育部关于加强高等学校在线开放课程建设应用与管理的意见》(教高〔2015〕3号)(简称《意见》)。《意见》提出以邓小平理论、"三个代表"重要思想、科学发展观为指导,深入贯彻习近平总书记系列重要讲话精神,坚持"立足自主建设、注重应用共享、加强规范管理"的基本原则,落实《国家中长期教育改革和发展规划纲要(2010—2020年)》(中发〔2010〕12号)和《教育信息化十年发展规划(2011—2020年)》(教技〔2012〕5号)战略部署,立足国情建设在线开放课程和公共服务平台,建设一批以大规模在线开放课程为代表、课程应用与教学服务相融通的优质在线开放课程;认定一批国家精品在线开放课程;建设在线开放课程公共服务平台;促进在线开放课程广泛应用;规范在线开放课程的对外推广与引进;加强在线开放课程建设应用的师资和技术人员培训;推进在线开放课程学分认定和学分管理制度创新。为保障这些任务的实施,《意见》要求,教育部为在线开放课程和公共服务平台的建设提供政策研究、宏观指导和一定的条件支持,高校应切实承担在线开放课程建设应用与管理的主体责任,在线开放课程公共服务平台建设方要切实承担课程服务和数据安全保障的主体责任等。同时,《教育信息化"十三五"规划》(教技〔2016〕2号)和《教育部关于中央部门所属高校深化教育教学改革的指导意见》(教高〔2016〕2号)等文件也对在线开放课程建设进行部署,要求继续推动高校建设并向社会开放在线课程,促进中央部门高校支援西部高校开展在线开放课程线上线下混合式教学改革。提出:各高校要着力推进信息技术与教育教学深度融合,具有学科专业优势和现代教育技术优势的高校,要以受众面广量大的公共课、基础课和专业核心课为重点,致力于以学为本的课程体系重塑、课程内容改革,建设一批以大规模在线开放课程为代表、课程应用与教学服务相融通的优质在线开放课程;创新在线课程共享与应用模式,推动优质大规模在线开放课程共享、不同类型高校小规模定制在线课程应用、校内校际线上线下混合式教学,推进以学生为中心的教与学方式方法变革。

职业教育活动周　根据国务院关于每年5月的第二周为"职业教育活动周"的决定和《国务院关于加快发展现代职业教育的决定》(国发〔2014〕19号)要求,2015年4月,教育部职业教育与成人教育司下发《关于做好首届全国职业教育活动周组织工作的预通知》(教职成司函〔2015〕39号),教育部、人力资源和社会保障部联合下发《教育部人力资源社会保障部关于做好首届职业教育活动周相关工作的通知》(教职成函〔2015〕6号)。依据上述文件要求,职业教育活动周旨在弘扬劳动光荣、技能宝贵、创造伟大的时代风尚,促进职业教育产教融合、校企合作培养合格技术技能人才,支撑中国经济转型升级。次年4月,教育部、中央宣传部、人力资源和社会保障部下发《教育部中央宣传部人力资源社会保障部关于做好2016年职业教育活动周相关工作的通知》(教职成函〔2016〕5号)(简称《通知》),规划了当年的活动周时间和主题,要求:活动内容为面向中小学生、家长和社区居民开放职业院校校园,开展职业体验活动、观摩教育教学成果;邀请有条件的行业、企业开展相关活动,介绍产业发展前景、企业产品研发等情况,激发全社会对于劳动和技术技能的兴趣爱好;职业教育研究机构、学会(协会)等要围绕主题,举办论坛、讲座、展览等,面向群众充分展示职业教育历史沿革、创新成果、典型案例等;开展中国技能大赛、全国职业院校技能大赛、中等职业学校文明风采竞赛赛场要为中小学生、家长和社区居民设立观赛通道、项目体验和成果展示区域;职业院校师生要"走出去",开展紧贴群众生活的服务活动,让群众感知职业教育服务现代美好生活;充分发挥主流媒体和新媒体的作用,进行多层次、全方位的职业教育宣传,努力营造崇尚劳动、崇尚技能的良好社会氛围。《通知》还要求各地教育、党委宣传及人力资源和社会保障部门做好职业教育活动周的策划和各项组织工作,使职业教育活动周期间"天天有活动、处处有看点、人人有收获",达到展成就、扩影响、造声势、促发展的目的。

职业教育集团化办学　2009年4月,第十一届全国人民代表大会常务委员会第八次会议通过了《国务院关于职业教育改革与发展情况的报告》,要求明确职业教育办学思想,改革发展思路,积极推进集团化办学。2010年7月,中共中央、国务院颁发了《国家中长期教育改革和发展规划纲要（2010—2020年）》（中发〔2010〕12号）（简称《教育规划纲要》）提出开展职业教育办学模式改革试点，要求以推进政府统筹、校企合作、集团化办学为重点，探索部门、行业、企业参与办学的机制。为了落实《教育规划纲要》的要求，2010年10月，《国务院办公厅关于开展国家教育体制改革试点的通知》（国办发〔2010〕48号）提出要探索职业教育集团化办学模式，并在北京市、天津市等15个省市进行试点。随后，出台了《中华全国供销合作总社教育部关于进一步推进供销合作社职业教育改革和发展的意见》（供销科联字〔2011〕7号）和《中华全国供销合作总社教育部关于在全国供销合作社系统开展职业教育集团化办学试点工作的意见》（供销科联字〔2012〕9号），要求建立健全"政府主导、行业指导、企业参与"的办学机制，加快推进职业教育集团化办学，并开展职业教育集团化办学试点。为贯彻落实全国职业教育工作会议精神和《国务院关于加快发展现代职业教育的决定》（国发〔2014〕19号），鼓励多元主体组建职业教育集团，深化职业教育办学体制机制改革，2014年6月，教育部、国家发展改革委和财政部等部门印发《现代职业教育体系建设规划（2014—2020年）》（教发〔2014〕6号），提出加快民办职业教育发展步伐，创新民办职业教育办学模式，支持发展一批品牌化、连锁化和中高职衔接的民办职业教育集团。2015年6月，《教育部关于深入推进职业教育集团化办学的意见》（教职成〔2015〕4号）（简称《意见》）出台。《意见》提出加快完善职业教育集团化办学的实现形式，积极鼓励多元主体组建职业教育集团，规范完善职业教育集团治理结构，建立健全职业教育集团化办学运行机制；全面提升职业教育集团的综合服务能力，提升职业教育集团服务发展方式转变的能力、服务区域协调发展的能力、服务促进就业创业的能力和服务现代职教体系建设的能力；不断强化职业教育集团化办学的保障机制，加强对职业教育集团化办学的领导，完善职业教育集团化办学支持政策，加大对职业教育集团化办学的投入。

职业教育教学改革　为深化职业教育教学改革，全面提高职业教育教学质量，自2008年起，教育部陆续下发《关于成立全国中等职业教育教学改革专家咨询委员会的通知》（教职成司函〔2008〕7号）、《教育部关于进一步深化中等职业教育教学改革的若干意见》（教职成〔2008〕8号）、《教育部关于深化职业教育教学改革全面提高人才培养质量的若干意见》（教职成〔2015〕6号）。依据上述文件精神，职业教育教学改革要求全面贯彻党的教育方针,按照党中央、国务院决策部署,坚持立德树人、全面发展,坚持系统培养、多样成才,坚持产教融合、校企合作,坚持工学结合、知行合一,坚持国际合作、开放创新的基本原则。为完成落实立德树人根本任务,要坚持把德育放在首位,加强文化基础教育,加强中华优秀传统文化教育,把提高学生职业技能和培养职业精神高度融合。通过引导职业院校科学合理设置专业,优化服务产业发展的专业布局,推动国家产业发展急需的示范专业建设以改善专业结构和布局。通过积极稳妥推进中高职人才培养衔接,完善专业课程衔接体系,拓宽技术技能人才终身学习通道以提升系统化培养水平。凭借深化校企协同育人,强化行业对教育教学的指导,推进专业教学紧贴技术进步和生产实际,开展实践性教学以推进产教深度融合。借助完善教学标准体系,加强教学常规管理,提高教学质量管理水平,健全教材建设管理制度以强化教学规范管理。通过加强教师培养培训,提升信息化教学能力,提高实习实训装备水平,加强教科研及服务体系建设以完善教学保障机制。同时各级教育行政部门、各职业院校要健全工作机制、加强督查落实,从而加强组织领导。

职业教育双证书制度 为增强职业教育吸引力,《国家中长期教育改革和发展规划纲要(2010—2020年)》(中发〔2010〕12号)(简称《教育规划纲要》)提出,积极推进学历证书和职业资格证书"双证书"制度,推进职业学校专业课程内容和职业标准相衔接。为促进职业教育与职业资格的有机衔接,加强交通运输行业技术技能人力资源开发,根据《教育规划纲要》和《交通行业职业资格工作中长期规划纲要》,2013年10月,交通运输部、教育部下发《交通运输部教育部关于在职业院校交通运输类专业推行"双证书"制度的实施意见》(交科技发〔2013〕606号)(简称《意见》),要求以邓小平理论、"三个代表"重要思想和科学发展观为指导,以服务现代交通运输业发展为宗旨,以促进职业教育教学改革与职业资格制度建设相结合为抓手,创新人才培养模式,完善职业资格制度,为加快发展现代交通运输业提供人才保障和智力支持。坚持需求导向、提升质量,坚持改革创新、增强活力,坚持统一部署、试点先行,力求到2020年,职业院校交通运输类专业教学标准与国家职业标准联动机制更加健全,学历证书与职业资格证书相互衔接更加紧密,交通运输应用技术和技能人才培养质量和数量基本满足行业发展需要。《意见》要求以职业能力为基础,建立健全职业标准评价体系;以职业资格为引领,不断深化职业教育教学改革；以质量评价为核心，积极推进"双证书"制度组织实施。各级各类交通运输部门和教育部门要加强组织领导、强化基础保障、加大宣传力度以确保"双证书"制度顺利实施。2015 年 7 月，教育部下发《教育部关于深化职业教育教学改革全面提高人才培养质量的若干意见》（教职成〔2015〕6 号），要求职业院校要加强与职业技能鉴定机构、行业企业的合作，积极推行"双证书"制度，把职业岗位所需要的知识、技能和职业素养融入相关专业教学中，将相关课程考试考核与职业技能鉴定合并进行。

职业教育信息化建设 《国家中长期教育改革和发展规划纲要（2010—2020 年）》（中发〔2010〕12 号）（简称《教育规划纲要》）提出，加快教育信息基础设施建设。为贯彻落实《教育规划纲要》关于加快教育信息化进程的战略部署，全面加强信息技术支撑职业教育改革发展的能力，以先进教育技术改造传统教育教学，以信息化促进职业教育现代化，2012 年 5 月，教育部下发《教育部关于加快推进职业教育信息化发展的意见》（教职成〔2012〕5 号）（简称《意见》）。《意见》要求认识到加快推进我国职业教育信息化是适应当今世界信息技术创新应用趋势，是适应国家信息化与工业化融合发展要求，也是我国教育信息化工作的重要内容。要把信息技术创新应用作为改革和发展职业教育的关键基础和战略支撑，坚持以科学发展观为指导，以人为本、需求导向、创新引领、共建共享、突出特色，加快推进职业教育信息化发展的基本思路。力求到 2015 年，职业院校配备够用适用的计算机及其配套设备设施；建成国家职业教育数字化信息资源库，不断完善各级职业教育网络学习平台；建成国家职业能力培养虚拟仿真实践教学公共环境；建成全国职业教育综合管理信息系统，职业教育信息化能力达到发达国家水平。努力提升职业教育信息化基础能力，加快开发职业教育数字化优质信息资源，切实增强职业教育电子政务应用能力，提升职业教育工作者的信息素养，大力发展现代远程职业教育，加快提高职业院校数字校园建设水平，加大信息化技能型人才培养工作力度以推进改革创新、突破职业教育信息化发展的关键环节。加强职业教育信息化的组织管理，强化职业教育信息化发展规划落实机制，多渠道筹措职业教育信息化建设经费，推动职业教育信息化研究，加强职业教育信息化规范管理以保障职业教育信息化持续健康发展。2014 年 6 月，教育部等六部门下发《现代职业教育体系建设规划（2014—2020 年）》（教发〔2014〕6 号），提出推进信息化平台体系建设、加快数字化专业课程体系建设以加速职业教育数字化、信息化进程。

职业教育质量提升计划 为全面贯彻党的教育方针,适应技术进步、生产方式变革以及社会公共服务的需要,深化体制机制改革,统筹发挥好政府和市场的作用,加快现代职业教育体系建设,2014年5月,国务院下发了《国务院关于加快发展现代职业教育的决定》(国发〔2014〕19号)(简称《决定》)。《决定》要求在整合现有项目的基础上,实施现代职业教育质量提升计划,推动各地建立完善以促进改革和提高绩效为导向的高等职业院校生均拨款制度,引导高等职业院校深化办学机制和教育教学改革;重点支持中等职业学校改善基本办学条件,开发优质教学资源,提高教师素质;推动建立发达地区和欠发达地区中等职业教育合作办学工作机制;继续实施中等职业教育基础能力建设项目,支持一批本科高等学校转型发展为应用技术类型高等学校,地方人民政府、相关行业部门和大型企业要切实加强所办职业院校基础能力建设,支持一批职业院校争创国际先进水平。同时要完善职业教育质量评价制度,定期开展职业院校办学水平和专业教学情况评估,实施职业教育质量年度报告制度。为全面贯彻落实《决定》和全国人大常委会职业教育法执法检查有关要求,落实国家有关职业教育各项决策部署,发挥管理工作对职业教育改革发展的推动、引领和保障作用,2015年8月,教育部下发《职业院校管理水平提升行动计划(2015—2018年)》(教职成〔2015〕7号)。随后相关部委联合发布《现代职业教育质量提升计划专项资金管理办法》(财教〔2015〕525号)、《财政部教育部关于下达2016年现代职业教育质量提升计划专项资金预算的通知》(财教〔2016〕141号)等配套文件,对保障和规范职业教育质量提升计划的资金管理作出相应部署。

职业教育专业教学资源库建设 2016年5月,教育部职业教育与成人教育司下发《教育部职业教育与成人教育司关于做好职业教育专业教学资源库2016年度相关工作的通知》(教职成司函〔2016〕61号)(简称《通知》)。《通知》根据职业教育专业教学资源库(简称资源库)建设的工作安排,对2016年度国家级资源库备选项目申请、升级改进支持项目遴选和年度验收工作提出了相关要求。随文下发的《职业教育专业教学资源库建设工作指南(2016)》指出国家级资源库建设要按照"国家急需,全国一流"的要求,组建一流团队、汇聚一流资源、提供一流服务。资源库主要面向专业布点多、学生数量大、行业企业需求迫切的职业教育专业领域，旨在为全国相同（相近）专业的教学改革和教学实施提供范例和优质资源。资源库功能定位为"能学、辅教"，建设思路遵循"一体化设计、结构化课程、颗粒化资源"的逻辑，强化应用功能和共享机制设计。国家级职业教育专业教学资源库管理系统负责资源库监测，牵头学校和运行平台负责管理。资源库牵头学校负责组建项目团队，成立建设指导小组，集聚行业协会、企业及职业院校的专家参与建设，建设单位、参建人员、运行平台应商定和签署知识产权保障协议。项目筹措资金主要由学校举办方或地方财政投入资金、行业企业支持资金以及相关院校自筹资金组成。项目实施单位要制定科学完善的项目建设资金使用与管理细则，加强预算控制，规范会计核算与监督。教育部实行激励和淘汰机制，加强对已验收资源库的管理。为加强职业教育专业教学资源库建设资金管理，提高资金使用的规范性、安全性和有效性，助推优质职业教育资源共享，教育部办公厅于2016年9月下发了《职业教育专业教学资源库建设资金管理办法》（教财厅函〔2016〕28号），对资金的管理和使用提出相应要求。

职业培训 《国家中长期教育改革和发展规划纲要（2010—2020年）》（中发〔2010〕12号）（简称《教育规划纲要》）提出，我国教育体系坚持学校教育与职业培训并举，全日制与非全日制并重。为落实《国家中长期人才发展规划纲要（2010—2020年）》（中发〔2010〕6号）和《教育规划纲要》要求，全面提高劳动者职业技能水平，加快技能人才队伍建设，2010年10月，国务院下发《国务院关于加强职业培训促进就业的意见》（国发〔2010〕36号）（简称《意见》），要求充分认识加强职业培训的重要性和紧迫性，认识到加强职业培训是促进就业和经济发展的重大举措。《意见》规定职业培训工作的指导思想为深入贯彻落实科学发展观，以服务就业和经济发展为宗旨，坚持城乡统筹、就业导向、技能为本、终身培训的原则，建立覆盖对象广泛、培训形式多样、管理运作规范、保障措施健全的职业培训工作新机制。职业培训工作的主要任务是适应扩大就业规模、提高就业质量和增强企业竞争力的需要，切实提高职业培训的针对性和有效性，为促进就业和经济社会发展提供强有力的技能人才支持。《意见》要求通过健全职业培训制度、大力开展就业技能培训、切实加强岗位技能提升培训、积极推进创业培训，大力开展各种形式的职业培训；凭借大力推行就业导向的培训模式、加强职业技能考核评价和竞赛选拔、强化职业培训基础能力建设、切实加强就业服务工作、鼓励社会力量开展职业培训工作、完善政府购买培训成果机制,切实提高职业培训质量;依靠完善职业培训补贴政策、加大职业培训资金投入、落实企业职工教育经费、加强职业培训资金监管,加大职业培训资金支持力度;通过完善工作机制、科学制定培训规划、加大宣传表彰力度以加强组织领导,保证职业培训工作的顺利进行。

职业学校兼职教师管理制度　为贯彻落实《国家中长期教育改革和发展规划纲要（2010—2020年）》（中发〔2010〕12号）、《国务院关于大力发展职业教育的决定》（国发〔2005〕35号）和《国务院关于加强教师队伍建设的意见》（国发〔2012〕41号），进一步加强职业教育教师队伍建设,完善职业学校兼职教师聘用政策,强化职业教育实践教学环节,促进教师队伍结构优化,2012年10月,教育部、财政部、人力资源和社会保障部、国务院国有资产监督管理委员会下发《职业学校兼职教师管理办法》（教师〔2012〕14号）（简称《办法》）。《办法》指出,职业学校包括依法登记为事业单位的中等职业学校和高等职业学校,并规定兼职教师占职业学校专兼职教师总数的比例一般不超过30％,应重点满足面向战略性新兴产业、现代农业、先进制造业、现代服务业及特色专业的教学需要。兼职教师要具备良好的思想政治素质和职业道德,具有较高的专业素养和技能水平,具有中级以上专业技术职称（职务）或高级工以上等级职业资格（职务）,初次聘请的退休人员,离开原工作岗位不超过2年,年龄不超过65周岁。职业学校聘请兼职教师可通过对口合作的企事业单位选派的方式产生,也可以面向社会聘请。面向社会聘请兼职教师应按照公开、公平、择优的原则,严格考察、遴选和聘请程序。职业学校应与兼职教师签订工作协议明确双方的权利与义务,兼职教师要遵守职业道德规范,严格执行职业学校教学管理制度,认真履行职责。职业学校应当为兼职教师创造良好的工作环境。各级教育和人力资源社会保障行政部门将兼职教师纳入教师队伍建设总体规划,加强对职业学校兼职教师管理工作的指导。建立政府、学校、企事业单位多渠道筹措兼职教师经费投入机制,保障兼职教师的报酬。

职业学校教师企业实践制度　为贯彻落实全国职业教育工作会议精神以及《国务院关于加快发展现代职业教育的决定》（国发〔2014〕19号）要求,进一步加强职业学校"双师型"教师队伍建设,促进职业学校教师专业发展,提升教师实践教学水平,2016年5月,教育部等七部门联合下发《职业学校教师企业实践规定》(教师〔2016〕3号)(简称《规定》)。《规定》要求职业学校专业课教师(含实习指导教师)要根据专业特点,每5年必须累计不少于6个月到企业或生产服务一线实践,公共基础课教师也应定期到企业进行考察、调研和学习。教师企业实践要有针对性和实效性,实践的形式包括到企业考察观摩、接受企业组织的技能培训、在企业的生产和管理岗位兼职或任职、参与企业产品研发和技术创新等。各地要将教师企业实践纳入教师培训规划,建立健全教师企业实践的激励机制和保障体系。省级教育行政部门负责制订本省(区、市)教师企业实践工作总体规划和管理办法,地(市)级教育行政部门负责制订本地区教师企业实践实施细则和鼓励支持政策。各行业主管部门和行业组织应积极引导支持行业内企业开展教师企业实践活动、落实教师企业实践基地,企业应积极承担教师企业实践任务,职业学校要做好本校教师企业实践规划、实施计划、组织管理、考核评价等工作。建立政府、学校、企业和社会力量各方多渠道筹措经费机制。省级教育行政部门应会同有关行政部门和行业组织定期对所辖企业的教师企业实践工作进行监督、指导、考核;地方各级教育行政部门要把教师企业实践学时(学分)纳入教师考核内容;职业学校要会同企业对教师企业实践情况进行考核,教师无正当理由拒不参加企业实践或参加企业实践期间违反有关纪律规定的,所在学校应督促其改正,并视情节给予批评教育;有违法行为的,按照有关规定处理。

职业院校教师素质提高计划　　为推动和加强职业院校教师队伍建设,促进职业教育科学发展,2005年10月,国务院出台《国务院关于大力发展职业教育的决定》(国发〔2005〕35号),提出实施职业院校教师素质提高计划。同时,《国家中长期教育改革和发展规划纲要(2010—2020年)》(中发〔2010〕12号)(简称《教育规划纲要》)提出,严格教师资质,提升教师素质,努力造就一支师德高尚、业务精湛、结构合理、充满活力的高素质专业化教师队伍。为贯彻落实全国教育工作会议精神和《教育规划纲要》提出的完成培训一大批"双师型"教师、聘任(聘用)一大批有实践经验和技能的专兼职教师的工作要求,进一步推动和加强职业院校教师队伍建设,2011年11月,教育部、财政部下发《教育部财政部关于实施职业院校教师素质提高计划的意见》(教职成〔2011〕14号)。为保证职业院校教师素质提高计划顺利实施,2013年5月,教育部办公厅、财政部办公厅下发《教育部办公厅财政部办公厅关于印发〈职业院校教师素质提高计划中等职业学校专业骨干教师培训项目管理办法〉等三个文件的通知》（教师厅〔2013〕3号），进一步细化了相关要求。为贯彻落实《国务院关于加快发展现代职业教育的决定》（国发〔2014〕19号）精神，进一步加强职业院校"双师型"教师队伍建设，推动职业教育发展实现新跨越，2016年10月，教育部、财政部下发《教育部财政部关于实施职业院校教师素质提高计划（2017—2020年）的意见》（教师〔2016〕10号），决定实施职业院校教师素质提高计划（2017—2020年），提出：在2017—2020年，组织职业院校教师校长分层分类参加国家级培训，带动地方有计划、分步骤实施五年一周期的教师全员培训；支持开展中职、高职、应用型高校教师团队研修和协同创新，创建一批中高职教师专业技能创新示范团队；推进教师和企业人员双向交流合作，切实提升职业院校教师队伍整体素质和建设水平，加快建成一支"双师型"教师队伍。坚持中央引领、地方为主，对接需求、重点支持，协同创新、注重实效，规范管理、确保质量的实施原则。计划内容包括职业院校教师示范培训、中高职教师素质协同提升、校企人员双向交流；要求通过明确职责分工，加强体系建设，严格经费管理，开展督导评估为计划的实施提供保障。

治理中小学有偿补课　为加强师德师风建设，规范中小学校办学行为，大力推进素质教育，切实减轻学生学业负担，2012年8月，国务院颁布《国务院关于加强教师队伍建设的意见》（国发〔2012〕41号），指出要加强教师管理，严禁公办、在职中小学教师从事有偿补课。2014年1月，教育部颁布《中小学教师违反职业道德行为处理办法》（教师〔2014〕1号），再一次提到教师如组织、要求学生参加校内外有偿补课，或者组织、参与校外培训机构对学生有偿补课的，视情节轻重分别给予相应处分。为进一步加强中小学师德师风建设，2015年6月，教育部印发《严禁中小学校和在职中小学教师有偿补课的规定》（教师〔2015〕5号）（简称《规定》）。《规定》要求，严禁中小学校组织、要求学生参加有偿补课；严禁中小学校与校外培训机构联合进行有偿补课；严禁中小学校为校外培训机构有偿补课提供教育教学设施或学生信息；严禁在职中小学教师组织、推荐和诱导学生参加校内外有偿补课；严禁在职中小学教师参加校外培训机构或由其他教师、家长、家长委员会等组织的有偿补课；严禁在职中小学教师为校外培训机构和他人介绍生源、提供相关信息。对于违反上述规定的中小学校，视情节轻重，相应给予通报批评、取消评奖资格、撤消荣誉称号等处罚,并追究学校领导责任及相关部门的监管责任。对于违反上述规定的在职中小学教师,视情节轻重,分别给予批评教育、诫勉谈话、责令检查、通报批评直至相应的行政处分。各级教育行政部门要加强组织领导,落实主体责任;开展专项督查,严格责任追究;强化宣传教育,注重正面引导;严格教师管理,接受社会监督。为贯彻落实这一规定,2016 年 7 月,教育部发布《教育部办公厅关于开展治理中小学有偿补课和教师违规收受礼品礼金问题自查工作的通知》(教师厅函〔2016〕14 号),决定自 2016 年 7 月中旬起,开展为期 3 个月的治理中小学有偿补课和教师违规收受礼品礼金问题自查工作。

智慧城市 智慧城市建设是贯彻党中央、国务院关于创新驱动发展、推动新型城镇化、全面建成小康社会的重要举措。为探索智慧城市建设、运行、管理、服务和发展的科学方式,2012 年 11 月,住房和城乡建设部印发《住房城乡建设部办公厅关于开展国家智慧城市试点工作的通知》(建办科〔2012〕42 号),决定开展国家智慧城市试点工作。随文下发《国家智慧城市试点暂行管理办法》(简称《办法》)和《国家智慧城市(区、镇)试点指标体系(试行)》(简称《体系》)。《办法》对智慧城市试点的申报条件和程序,以及国家智慧城市试点的评审、创建过程管理和验收等方面内容进行了规定。《体系》将智慧城市试点指标分为一、二、三级。其中一级指标包括保障体系与基础设施、智慧建设与宜居、智慧管理与服务、智慧产业与经济四部分内容。根据《办法》,经过评审,确定北京市东城区等 90 个城市(区、镇)为创建国家智慧城市第一批试点。为做好试点工作,2013 年 1 月,住房和城乡建设部印发《住房城乡建设部办公厅关于做好国家智慧城市试点工作的通知》(建办科〔2013〕5 号),要求各地以创建智慧城市为契机,积极开展体制机制创新,探索符合当地实际的城镇化发展模式,加强城市规划、建设和管理,促进工业化、城镇化与信息化的高度融合;建立城市公共信息平台,实现跨行业、跨部门的综合应用和数据共享,构建智能、协同、高效、安全的城市运行管理体系和惠民利民的公共服务应用体系,并采取"政府引导、社会参与"的多种渠道、多元投资的方式,开展试点相关项目的建设和运营。为贯彻落实《国家新型城镇化规划(2014—2020 年)》(中发〔2014〕4 号)和《国务院关于促进信息消费扩大内需的若干意见》(国发〔2013〕32 号)有关要求,促进智慧城市健康发展,2014 年 8 月,国家发展改革委、工业和信息化部等八部委联合印发《关于促进智慧城市健康发展的指导意见》(发改高技〔2014〕1770号)(简称《意见》)。《意见》指出,智慧城市是运用物联网、云计算、大数据、空间地理信息集成等新一代信息技术,促进城市规划、建设、管理和服务智慧化的新理念和新模式;要求到2020年,建成一批特色鲜明的智慧城市,实现公共服务便捷化、城市管理精细化、生活环境宜居化、基础设施智能化、网络安全长效化。应在公共服务领域中,围绕促进教育公平、提高教育质量和满足市民终身学习需求,建设完善教育信息化基础设施,构建利用信息化手段扩大优质教育资源覆盖面的有效机制,推进优质教育资源共享与服务。

中等职业教育国家助学金政策 为贯彻党的十六大和十六届三中、六中全会精神,切实解决家庭经济困难学生的就学问题,2007年5月,国务院下发《国务院关于建立健全普通本科高校高等职业学校和中等职业学校家庭经济困难学生资助政策体系的意见》(国发〔2007〕13号)。为规范中等职业学校国家助学金管理(以下简称国家助学金),确保资助工作顺利实施,根据财政部、国家发展改革委、教育部、人力资源和社会保障部《关于扩大中等职业教育免学费政策范围进一步完善国家助学金制度的意见》(财教〔2012〕376号)等有关规定,2013年6月,财政部等部门联合下发《财政部教育部人力资源社会保障部关于印发〈中等职业学校国家助学金管理办法〉的通知》(财教〔2013〕110号),随文下发《中等职业学校国家助学金管理办法》(以下简称《办法》)。原《财政部教育部关于印发〈中等职业学校国家助学金管理暂行办法〉的通知》(财教〔2007〕84号)和《财政部劳动保障部关于做好技工学校国家助学金发放管理工作的通知》(财教〔2007〕85号)同时废止。《办法》规定国家助学金由中央和地方政府共同出资设立,鼓励地方政府、行业企业和社会团体设立中等职业学校助学金、奖学金,鼓励和引导金融机构为接受中等职业教育的学生提供助学贷款。中央财政于每年9月30日前按照有关规定,按照一定比例提前下达下一年度应承担的国家助学金预算。地方各级财政部门应足额安排应承担的国家助学金预算,按时拨付国家助学金。国家助学金按学期申请和评定,按月发放。中等职业学校应组织初审,并报至同级学生资助管理机构审核、汇总。审核结果在相关学校内进行不少于5个工作日的公示。国家助学金实行学校法人代表负责制,校长是第一责任人,学校应当制定本校国家助学金具体实施办法,设立专门机构和配备专职人员具体负责。省级教育部门、人力资源和社会保障部门、财政部门要督促享受资助政策的民办中等职业学校依法办学,规范收费。各级财政、教育、人力资源和社会保障等部门应加强对国家助学金的管理,实行专款专用,并接受检查和监督。对弄虚作假、套取财政专项资金或挤占、挪用、滞留国家助学金的行为,将追究直接责任人和相关领导的责任。

中等职业教育免费政策　2009年12月,财政部等四部委联合下发《财政部国家发展改革委教育部人力资源社会保障部关于中等职业学校农村家庭经济困难学生和涉农专业学生免学费工作的意见》(财教〔2009〕442号),决定从2009年秋季学期起,对中等职业学校农村家庭经济困难学生和涉农专业学生免学费。为增强职业教育吸引力,《国家中长期教育改革和发展规划纲要(2010—2020年)》(中发〔2010〕12号)(简称《教育规划纲要》)提出,逐步实行中等职业教育免费制度,完善家庭经济困难学生资助政策。为加快发展中等职业教育发展,促进教育公平和劳动者素质提高,2012年10月,财政部等四部委门联合下发《财政部国家发展改革委教育部人力资源社会保障部关于扩大中等职业教育免学费政策范围进一步完善国家助学金制度的意见》(财教〔2012〕376号)(简称《意见》)。《意见》提出要扩大中等职业教育免学费政策范围,免学费补助资金由各级财政共同分担。对因免除学费导致学校收入减少的部分,财政适当补助学校;民办中等职业学校经批准的学费标准高于补助的部分,学校可以按规定继续向学生收取。《意见》要求大力推进中等职业教育改革创新,满足经济社会对高素质劳动者和技能型人才的需要;按照"中央政策引导、地方统筹安排、积极稳妥推进、保持平稳过渡"的原则加强组织领导,完善工作机制。各地相关部门要加强学校管理,做好基础工作。各省(区、市)人民政府要落实经费责任,强化资金管理,规范收费行为。随后下发《财政部国家发展改革委教育部人力资源社会保障部关于做好扩大中等职业教育免学费政策范围进一步完善国家助学金制度有关工作通知》(财教明电〔2012〕3号)、《中等职业学校免学费补助资金管理办法》(财教〔2013〕84号)、《中等职业学校国家助学金管理办法》(财教〔2013〕110号)等配套文件,对财政补助方式、资金拨付时间及已收学费的退还作出规定并明确了国家助学金和涉农专业范围等问题。

中等职业学校办学能力评估　为贯彻落实《国务院关于加快发展现代职业教育的决定》(国发〔2014〕19号),全面了解中等职业学校办学条件,促进各地改善学校办学条件,指导学校加强自身建设,规范学校管理,不断提升学校办学水平和办学质量,2016年3月,国务院教育督导委员会办公室印发《中等职业学校办学能力评估暂行办法》(国教督办〔2016〕2号)(简称《办法》)。依据《办法》精神,中等职业学校办学能力评估以"统一标准、统一程序、客观公正、注重实效"为原则,利用数据表、调查问卷和数据信息管理分析平台对学校基本办学条件、师资队伍、课程与教学、校企合作、学生发展和办学效益等六个方面进行评估。评估程序为:学校在规定时间登录指定网址,按照系统操作说明和提示步骤,完成相关数据和表格的填写,最终由国务院教育督导委员会办公室委托第三方机构基于学校相关数据信息进行升级评估报告,建立模型,形成国家评估报告。各地依据评估结果,优化中等职业学校和专业布局,提高学校服务当地经济建设和社会发展的能力。教育部门应将评估成果作为对学校及主要负责人考核和奖惩的主要依据。

中等职业学校教师专业标准 为构建教师队伍建设标准体系,建设高素质"双师型"中等职业学校教师队伍,《国家中长期教育改革和发展规划纲要(2010—2020年)》(中发〔2010〕12号)和《国务院关于加强教师队伍建设的意见》(国发〔2012〕41号)要求完善教师专业发展标准体系,研究制定职业学校教师专业标准,对教师的专业理念、师德师风、专业知识和业务能力作出明确要求,以此作为教师培养、准入、培训、考核、退出的依据。为贯彻落实这一要求,根据《中华人民共和国教师法》、《中华人民共和国职业教育法》和《中华人民共和国义务教育法》,2013年9月,教育部印发《中等职业学校教师专业标准(试行)》(教师〔2013〕12号)(简称《标准》)。《标准》坚持"师德为先,学生为本,能力为重和终身学习"四大理念,从专业理念与师德、专业知识和专业能力三个维度建构了教师专业标准的15大条目。具体内容如下:专业理念与师德方面,主要对教师的职业理解与认识,对学生的态度与行为,教师的教育教学态度和行为,个人修养与行为作出了规定和引导;专业知识方面主要对教师的教育知识、职业背景知识、课程教学知识、通用性知识提出了基本要求;专业能力方面,要求教师具备一定的教学设计、教学实施、实训实习组织、班级管理与教育活动、教育教学评价、沟通与合作、教学研究与专业发展能力。《标准》要求各级教育行政部门要将中等职业学校教师专业标准作为中等职业学校教师队伍建设、教师培养培训、教师管理的基本依据。中等职业学校教师也要依据《标准》,制定自身专业发展规划,逐步提升专业发展水平。

中等职业学校校长专业标准　为促进中等职业学校校长专业发展,建设高素质中等职业学校校长队伍,落实立德树人根本任务,根据中共中央、国务院印发的《国家中长期教育改革和发展规划纲要(2010—2020年)》(中发〔2010〕12号)中制定校长任职资格标准、促进校长专业化的要求,2015年1月,《教育部关于印发〈普通高中校长专业标准〉〈中等职业学校校长专业标准〉〈幼儿园园长专业标准〉的通知》(教师〔2015〕2号)发布,随文下发的《中等职业学校校长专业标准》和《中等职业学校校长专业标准》要求:中等职业学校校长树立以德为先、育人为本、引领发展、能力为重、终身学习的基本理念;在专业要求方面,要规划学校发展战略,了解国内外职业学校改革和发展的基本趋势,诊断学校发展现状,确立学校中长期发展目标;把立德树人作为中等职业学校教育的根本任务,广泛涉猎自然科学与人文社会科学知识,加强校园自然环境和人文环境建设;了解国内外职业教育课程与教学改革经验,建立听课与评课制度,积极推进职业教育教学改革与创新;掌握中等职业学校教师专业标准,建立健全教师专业发展的制度,激发教师发展的内在动力;形成学校领导班子的凝聚力,建立和完善学校各种应急管理机制,自觉接受师生员工、合作企业、合作机构以及社会的监督;熟悉各级各类社会公共服务机构的教育功能,建立学校、行业、企业、社区等共同参与的学校理事会或董事会,建立健全产教融合、校企合作育人机制。

中等职业学校注册入学　为加强中等职业学校学生学籍管理,保证学校正常的教育教学秩序,维护学生的合法权益,推进中等职业教育持续健康发展,2010年5月,教育部印发了《中等职业学校学生学籍管理办法》(教职成〔2010〕7号)(简称《办法》)。《办法》对中等职业学历教育学生的学籍管理作出规定,内容包括入学与注册、学业形式与修业年限、学籍变动与信息变更等。在中等职业学校注册入学方面,新生应该按照学校规定时间,持录取通知书及本人身份证或户籍簿到学校办理报到、注册手续。一般来说,新生实行春、秋两季注册,春季注册截止日期为4月20日(限非应届初中毕业生),秋季注册截止日期为11月20日。学校从学生入学之日起建立学生学籍档案,并将新生基本信息、各年级学生变动名册(包括学生转入、转出、留级、休学、退学等情况)及时输入中等职业学校学生信息管理系统,并报教育主管部门。学生入学后,学校发现其不符合招生条件,应当注销其学籍,需报教育主管部门备案。外籍或无国籍人员进入中等职业学校就读,按照国家留学生管理办法办理就读手续,港澳台学生按照国家有关政策办理就读手续。东部、中部和西部联合招生合作办学招收的学生,注册及学籍管理由学生当前就读学校按学校所在省(区、市)有关规定执行,不得重复注册学籍。学校不得以虚假学生信息注册学生学籍,不得为同一学生以不同类型的高中阶段教育学校身份分别注册学籍,不得以不同类型职业学校身份分别向教育部门和人力资源和社会保障部门申报学生学籍。

中高职衔接 中高职衔接是指按照建设现代职业教育体系的要求,推动中等和高等职业教育协调发展,系统培养适应经济社会发展需要的技能型特别是高端技能型人才。《国家中长期教育改革和发展规划纲要(2010—2020年)》(中发〔2010〕12号)提出到2020年形成现代职业教育体系,增强职业教育吸引力。构建现代职业教育体系,增强职业教育支撑产业发展的能力,实现职业教育科学发展,中高职衔接是关键。为实现上述目标,2011年8月,教育部下发《教育部关于推进中等和高等职业教育协调发展的指导意见》(教职成〔2011〕9号)。依据上述文件精神,为促进中高职协调发展、系统培养高素质技能型人才,当前需在十个方面重点做好衔接工作,即:适应区域产业需求,明晰人才培养目标;紧贴产业转型升级,优化专业结构布局;深化专业教学改革,创新课程体系和教材;强化学生素质培养,改进教育教学过程;改造提升传统教学,加快信息技术应用;改革招生考试制度,拓宽人才成长途径;坚持以能力为核心,推进评价模式改革;加强师资队伍建设,注重教师培养培训;推进产教合作对接,强化行业指导作用;发挥职教集团作用,促进校企深度合作等。为加快发展现代职业教育,2015年全国教育工作会议再次提出"要重点抓好中高职衔接",打通职业教育学生上升流动的通道。

《中共中央关于教育体制改革的决定》 为改革教育体制,1985年5月,中共中央出台《中共中央关于教育体制改革的决定》(简称《决定》),《决定》指出,提高民族素质,多出人才、出好人才是教育体制改革的目的。为实现这一目的,要求把发展基础教育的责任交给地方,有步骤地实行九年制义务教育,实行基础教育由地方负责、分级管理的原则,将基础教育管理权属于地方;在实行九年制义务教育的同时,还要努力发展幼儿教育,发展盲、聋、哑、残人和弱智儿童的特殊教育和帮助少数民族地区加速发展教育事业;同时要建立一支有足够数量的、合格而稳定的师资队伍,这是实行义务教育、提高基础教育水平的根本大计。要调整中等教育结构,大力发展职业技术教育。根据大力发展职业技术教育的要求,我国广大青少年一般应从中学阶段开始分流:初中毕业生一部分升入普通高中,一部分接受高中阶段的职业技术教育;高中毕业生一部分升入普通大学,一部分接受高等职业技术教育;发展职业技术教育要以中等职业技术教育为重点,发挥中等专业学校的骨干作用,同时积极发展高等职业技术院校。要改革高等学校的招生计划和毕业生分配制度,扩大高等学校办学自主权。要改革大学招生的计划制度和毕业生分配制度,改变高等学校全部按国家计划统一招生、毕业生全部由国家包下来分配的办法,实行国家计划招生,用人单位委托招生和在国家计划外招收少数自费生的招生办法。要保证教育体制改革的顺利进行,党和政府加强领导,调动各方面积极因素。

《中国儿童发展纲要》 为给儿童提供必要的生存、发展、受保护和参与的机会和条件,最大限度地满足儿童的发展需要,2001 年,国务院颁布了《中国儿童发展纲要(2001—2010 年)》,以提高儿童身心素质为重点,以培养和造就 21 世纪社会主义现代化建设人才为目标,从儿童与健康、儿童与教育、儿童与法律保护、儿童与环境 4 个领域,提出了 2001—2010 年的目标和策略措施。十年来,我国儿童生存、保护、发展的环境和条件得到明显改善,儿童权利得到进一步保护,儿童发展取得了巨大成就。为保障儿童生存、发展、受保护和参与的权利,缩小儿童发展的城乡区域差距,提升儿童福利水平,提高儿童整体素质,促进儿童健康、全面发展,2011 年 8 月,国务院出台《中国儿童发展纲要(2011—2020 年)》(简称《发展纲要》)。《发展纲要》要求,坚持依法保护、儿童优先、儿童最大利益、儿童平等发展、儿童参与的基本原则,实现完善覆盖城乡儿童的基本医疗卫生制度,提高儿童身心健康水平;促进基本公共教育服务均等化,保障儿童享有更高质量的教育;扩大儿童福利范围,建立和完善适度普惠的儿童福利体系;提高儿童工作社会化服务水平,创建儿童友好型社会环境;完善保护儿童的法规体系和保护机制,依法保护儿童合法权益。为了实现这一目标,《发展纲要》分别从儿童与健康、儿童与教育、儿童与福利、儿童与社会环境、儿童与法律保护五个方面提出发展目标和策略措施。为了保障目标的实现和措施的落实,各级政府要加强对纲要实施工作的组织领导,制定地方儿童发展规划和部门实施方案,加强纲要与国民经济和社会发展规划的衔接,保障儿童发展的经费投入,建立健全实施纲要的工作机制,坚持和创新实施纲要的有效做法,加大实施纲要宣传力度,加强实施纲要能力建设,鼓励儿童参与纲要实施;同时,加强监测评估。

《中国教育改革和发展纲要》 中国共产党第十四次全国代表大会明确提出"必须把教育摆在优先发展的战略地位,努力提高全民族的思想道德和科学文化水平,这是实现我国现代化的根本大计"。为实现党的十四大所确定的战略任务,使教育更好地为社会主义现代化建设服务,1993年2月,中共中央、国务院印发《中国教育改革和发展纲要》(中发〔1993〕3号)(简称《纲要》)。为保证《纲要》的顺利实施,1994年7月,国务院出台《国务院关于〈中国教育改革和发展纲要〉的实施意见》(国发〔1994〕39号)。《纲要》包括教育面临的形势和任务,教育事业发展的目标、战备和指导方针,教育体制改革,全面贯彻教育方针和全面提高教育质量,教师队伍建设与教育经费等六方面内容。在深入分析教育面临的形势和任务后,《纲要》提出到20世纪末我国教育发展的总目标是:全民受教育水平有明显提高;城乡劳动者的职前、职后教育有较大发展;各类专门人才的拥有量基本满足现代化建设的需要;形成具有中国特色的、面向21世纪的社会主义教育体系的基本框架;再经过几十年的努力,建立起比较成熟和完善的社会主义教育体系,实现教育的现代化。为实现这些目标,要坚持协调发展,增加教育投入,提高教师素质,提高教育质量,注重办学效益,实行分区规划,加强社会参与的发展战略。《纲要》指出,要深化开展教育体制改革,改革办学体制,深化中等以下教育体制改革,深化高等教育体制改革,完善研究生培养和学位制度,改革对高等学校的财政拨款机制,改革中专、技校招生、毕业生就业制度,推进学校内部管理体制改革,深化人事制度改革,加快教育法制建设,加强教育改革和发展的理论研究和试验。《纲要》要求,全面贯彻教育方针,全面提高教育质量,加强教师队伍建设,改革和完善教育投资体制,增加教育经费。通过逐步提高国家财政性教育经费支出等措施筹措教育经费。

中国教育监测与评价统计指标体系 为全面贯彻落实《国家中长期教育改革和发展规划纲要(2010—2020)》(中发〔2010〕12号),充分发挥教育统计工作对教育管理、科学决策和服务社会的重要作用,指挥各级教育行政部门和学校科学开展教育事业发展监测与评价工作,2015年9月,教育部组织专家对1991年发布的《中国教育监测与评价统计指标体系》进行了修订和完善,出台了《中国教育监测与评价指标体系》(教发〔2015〕6号)。修订后的指标体系分为综合教育程度、国民接受学校教育状况、学校办学条件、教育经费、科学研究5类102项指标,涵盖各级各类教育。其中综合教育程度涵盖国家财政性教育经费占国内生产总值比例、新增劳动力平均受教育年限、主要劳动年龄人口平均受教育年限、新增劳动力中受过高中阶段及以上教育的比例等7项指标,用以考察我国教育的整体基本情况;国民接受学校教育状况,主要通过学前教育毛入园率,义务教育净入学率和毛入学率,毕业生升学率,义务教育阶段农村学校在校生中寄宿生、留守儿童、随迁子女所占比例,民办学校在校生比例,普通高中与中等职业教育招生比等在内的25项指标来考察;学校办学条件则包括教职工队伍状况、学校校舍和占地面积、学校图书和教学仪器配备、学校信息化建设、学校医疗和卫生安全情况五个方面;教育经费主要考察公共财政预算教育经费占公共财政支出的比例与生均公共财政预算教育事业费两大维度;科学研究主要考察普通高校出版自然科学、人文科学与技术专著数、论文数、知识产权授权数、科技成果获奖数、课题经费的拨款数、参与研究项目的研究生人数等14项。修订后的指标体系更具科学性和针对性,能够更好地监测与评价各级教育事业发展状况,可用于指导各级教育行政部门和学校科学开展教育事业发展监测与评价工作。

《中国人民政治协商会议共同纲领》的教育规定　1949年9月,中国人民政治协商会议第一届全体会议通过了具有临时宪法作用的《中国人民政治协商会议共同纲领》(简称《共同纲领》)。《共同纲领》肯定了人民革命的胜利成果,宣告了封建主义和官僚资本主义在中国统治的结束和人民民主共和国的建立,规定了新中国的国体和政体,也对新中国的教育进行了规划。《共同纲领》规定,中华人民共和国的文化教育为新民主主义的,即民族的、科学的、大众的文化教育;人民政府的文化教育工作,应以提高人民文化水平,培养国家建设人才,肃清封建的、买办的、法西斯主义的思想,发展为人民服务的思想为主要任务。新中国教育提倡爱祖国、爱人民、爱劳动、爱科学、爱护公共财物为中华人民共和国全体国民的公德;努力发展自然科学,以服务于工业农业和国防的建设;奖励科学的发现和发明,普及科学知识。《共同纲领》指出，新中国教育采用理论与实际一致的教育方法，人民政府应有计划有步骤地改革旧的教育制度、教育内容和教学法；有计划有步骤地实行普及教育，加强中等教育和高等教育、注重技术教育，加强劳动者的业余教育和在职干部教育；给青年知识分子和旧知识分子以革命的政治教育，以适应革命工作和国家建设工作的广泛需要；提倡国民体育，推广卫生医药事业，并注意保护母亲、婴儿和儿童的健康。

中国制造 2025 与职业教育转型　为抓住国际产业分工格局重塑这一重大历史机遇，实施制造强国战略，把我国建设成为引领世界制造业发展的制造强国，2015 年 5 月，国务院下发《国务院关于印发〈中国制造 2025〉的通知》(国发〔2015〕28 号)，随文下发了《中国制造 2025》。《中国制造 2025》要求全面贯彻党的十八大和十八届二中、三中、四中全会精神，坚持创新驱动、质量为先、绿色发展、结构优化、人才为本的基本方针；坚持市场主导、政府引导，立足当前、着眼长远，整体推进、重点突破，自主发展、开放合作的基本原则；立足国情，立足现实，力争通过"三步走"实现制造强国的战略目标。《中国制造 2025》指出，为实现制造强国的战略目标，必须坚持提高国家制造业创新能力、推进信息化与工业化深度融合、强化工业基础能力、加强质量品牌建设、全面推行绿色制造、大力推动重点领域突破发展、深入推进制造业结构调整、积极发展服务型制造和生产性服务业、提高制造业国际化发展水平，从而加快制造业转型升级，全面提高发展质量和核心竞争力。为建设制造强国，必须深化体制机制改革、营造公平竞争市场环境、完善金融扶持政策、加大财税政策支持力度、健全多层次人才培养体系、完善中小微企业政策、进一步扩大制造业对外开放、健全组织实施机制，从而推动制造业由大变强。提出成立国家制造强国建设领导小组，设立制造强国建设战略咨询委员会，支持包括社会智库、企业智库在内的多层次、多领域、多形态的中国特色新型智库建设，建立任务落实情况督促检查和第三方评价机制，以提供战略支撑与保障。为贯彻落实《国务院关于加快发展现代职业教育的决定》和全国人大常委会职业教育法执法检查有关要求，推动高等职业教育创新发展，2015 年 10 月，教育部下发了《高等职业教育创新发展行动计划(2015—2018)年》(教职成〔2015〕9 号)，要求提升职业教育服务"中国制造 2025"的能力。

中华经典诵读 为大力弘扬和培育以爱国主义为核心的民族精神，传承中华民族文化的优秀传统，推动社会主义文化的发展繁荣，2005年6月，中央宣传部、中央文明办和教育部等联合印发《关于运用传统节日弘扬民族文化的优秀传统的意见》（文明办〔2005〕11号）。为贯彻落实文件精神，教育部、国家语委于2007年9月正式启动"雅言传承文明，经典浸润人生——中华经典诗文诵读活动"，同时印发《中共中央宣传部中央文明办教育部民政部文化部国家语委关于以传统节日为主题开展经典诵读和诗词歌赋创作活动的通知（2008年）》（国语〔2008〕1号），决定在"中华经典诗文诵读活动"的基础上，继续组织分别以"我们的节日"为主题，以清明、端午、中秋和春节四个传统节日为内容的"中华经典诵读"和"中华赞·诗词歌赋创作"活动。教育部配合出台《教育部办公厅关于举办中华经典诵读和中华赞·诗词歌赋创作征集等活动的通知》（教语用厅〔2008〕1号），要求中小学（幼儿园）要将诵读活动与学校的教育教学活动有机融合，高等学校要将经典诵读和诗词歌赋创作活动纳入师生文化素质教育和校园文化建设内容；并决定举办"中华经典诵读大赛"。2009年4月《关于开展"中华诵·2009经典诵读大赛"和"中华赞·2009诗词歌赋创作大赛"的通知》（教语用司函〔2009〕36号）出台，全面启动了2009年"中华诵"、"中华赞"活动。为充分利用这一弘扬传承传统文化的有效载体，发挥其对于传承中华民族精神、在青少年中树立社会主义核心价值观的重要作用，教育部出台《教育部办公厅关于在教育系统做好"中华诵"经典诵读工作的意见》（教语用厅〔2009〕2号），要求各地教育行政部门和各级各类学校加强对"中华诵"经典诵读工作的组织领导，积极配合制订好本地"中华诵"、"中华赞"赛事的活动方案，广泛开展师生动员，扩大活动参与面，确保活动顺利开展。为引领广大师生更加广泛深入地感受领悟中华经典，加深对中华优秀文化传统的了解和热爱，增强继承和弘扬中华文化的自觉性，提高思想道德水平，教育部、国家语委、中央文明办决定从2010年起共同实施"中华诵·经典诵读行动"，并印发《教育部国家语言文字工作委员会关于在学校开展"中华诵·经典诵读行动"试点工作的通知》（教语用函〔2010〕6号），要求试点省份要广泛深入开发、建设课程体系，结合德育工作和校园文化建设开展丰富多彩的活动，培育师资队伍，形成教学、科研成果。

《中华人民共和国国家通用语言文字法》 为推动国家通用语言文字的规范化、标准化及其健康发展，使国家通用语言文字在社会生活中更好地发挥作用，促进各民族、各地区经济文化交流,我国依据宪法制定了《中华人民共和国国家通用语言文字法》(主席令第37号)(简称《语言文字法》)。《语言文字法》包括总则、国家通用语言文字的使用、管理和监督及附则四部分内容。《语言文字法》规定,国家推广普通话,推行规范汉字;公民有学习和使用国家通用语言文字的权利;国家通用语言文字的使用应当有利于维护国家主权和民族尊严,有利于国家统一和民族团结,有利于社会主义物质文明建设和精神文明建设。在国家通用语言文字的使用方面,除法律另有规定外,国家机关以普通话和规范汉字为公务用语用字,学校及其他教育机构以普通话和规范汉字为基本的教育教学用语用字。汉语出版物应当符合国家通用语言文字的规范和标准。广播电台、电视台以普通话为基本的播音用语。公共服务行业以规范汉字为基本的服务用字。国家通用语言文字以《汉语拼音方案》作为拼写和注音工具,初等教育应当进行汉语拼音教学。凡以普通话作为工作语言的岗位,其工作人员应当具备说普通话的能力。对外汉语教学应当教授普通话和规范汉字。同时要求加强对国家语言文字的使用进行规划指导和监督管理,对于违反本法规定,干涉他人学习和使用国家通用语言文字的,由有关行政管理部门责令限期改正,并予以警告。

《中华人民共和国教师法》 1993年10月,中华人民共和国第八届全国人民代表大会常务委员会第四次会议通过《中华人民共和国教师法》(主席令第15号)(简称《教师法》),并于2009年8月修订《中华人民共和国教师法(2009修正)》(主席令第18号)。《教师法》包括总则、权利和义务、资格和任用、培养和培训、考核、待遇、奖励和法律责任等方面内容。《教师法》明确指出,教师是履行教育教学职责的专业人员,承担教书育人、培养社会主义事业建设者和接班人、提高民族素质的使命。《教师法》规定教师应当忠诚于人民的教育事业。全社会都应当尊重教师。每年9月10日定为教师节。依据《教师法》,我国实行教师资格制度和教师职务制度,学校和其他教育机构应当逐步实行教师聘任制,国务院教育行政部门主管全国的教师工作。各级人民政府和有关部门应当办好师范教育和制定教师培训规划。学校或者其他教育机构应当对教师的政治思想、业务水平、工作态度和工作成绩进行考核。各级人民政府应当采取措施,加强教师的思想政治教育和业务培训,改善教师的工作条件和生活条件,保障教师的合法权益,提高教师的社会地位。教师的平均工资水平应当不低于或者高于国家公务员的平均工资水平,并逐步提高;医疗同当地国家公务员享受同等的待遇;退休或者退职后,享受国家规定的退休或者退职待遇。教师在教育教学、培养人才、科学研究、教学改革、学校建设、社会服务、勤工俭学等方面成绩优异的,由所在学校予以表彰、奖励。教师有故意不完成教育教学任务给教育教学工作造成损失的;体罚学生,经教育不改的;品行不良、侮辱学生,影响恶劣的,由所在学校、其他教育机构或者教育行政部门给予行政处分或者解聘。

《中华人民共和国教育法》 1995年3月,第八届全国人民代表大会第三次会议通过《中华人民共和国教育法》(主席令第39号)(简称《教育法》)。2015年12月,中华人民共和国第十二届全国人民代表大会常务委员会第十八次会议通过《全国人民代表大会常务委员会关于修改〈中华人民共和国教育法〉的决定》。《教育法》包括总则、教育基本制度、学校及其他教育机构、教师和其他教育工作者、受教育者、教育与社会、教育投入与条件保障、教育对外交流与合作、法律责任等方面内容。《教育法》规定,我国坚持以马克思列宁主义、毛泽东思想和建设有中国特色社会主义理论为指导,遵循宪法确定的基本原则,发展社会主义的教育事业。依据《教育法》精神,我国教育必须为社会主义现代化建设服务、为人民服务,必须与生产劳动和社会实践相结合,培养德、智、体、美等方面全面发展的社会主义建设者和接班人。中华人民共和国公民有受教育的权利和义务。国家实行学前教育、初等教育、中等教育、高等教育的学校教育制度;实行九年制义务教育、职业教育制度和继续教育制度;实行国家教育考试制度、学业证书制度、学位制度和教育督导制度等。《教育法》分别对教育工作者和受教育者的权利与义务进行了规定。教师享有法律规定的权利,履行法律规定的义务,忠诚于人民的教育事业;国家保护教师的合法权益,改善教师的工作条件和生活条件,提高教师的社会地位;我国实行教师资格、职务、聘任制度,通过考核、奖励、培养和培训,提高教师素质,加强教师队伍建设;学校及其他教育机构中的管理人员,实行教育职员制度。受教育者在入学、升学、就业等方面依法享有平等权利,同时要履行法定义务。《教育法》还对设立学校和其他教育机构的基本条件、学校和其他教育机构的权利与义务、教育与社会的关系、教育经费的投入和条件保障、教育对外交流与合作以及挪用教育经费等各类违法行为的责任追究机制进行了规定。

《中华人民共和国民办教育促进法》 为实施科教兴国战略,促进民办教育事业的健康发展,维护民办学校和受教育者的合法权益,2001年2月,全国人大常委会发布《中华人民共和国民办教育促进法》(主席令第55号)(简称《民办教育促进法》)并根据2016年11月第十二届全国人民代表大会常务委员会第二十四次会议通过的《关于修改〈中华人民共和国民办教育促进法〉的决定》,对法案进行修正。《民办教育促进法》包括总则、设立、学校的组织与活动、教师与受教育者、学校资产与财务管理、管理与监督、扶持与奖励、变更与终止、法律责任等内容。《民办教育促进法》适用于国家机构以外的社会组织或者个人,利用非国家财政性经费,面向社会举办学校及其他教育机构的活动。根据《民办教育促进法》精神,民办教育事业属于公益性事业,是社会主义教育事业的组成部分。民办学校与公办学校具有同等的法律地位,应贯彻教育与宗教相分离的原则,遵守法律、法规,贯彻国家的教育方针,保证教育质量,致力于培养社会主义建设事业的各类人才。国家保障民办学校的办学自主权,对民办教育实行积极鼓励、大力支持、正确引导、依法管理的方针,鼓励捐资办学,保障民办学校举办者、校长、教职工和受教育者的合法权益,奖励和表彰为发展民办教育事业作出突出贡献的组织和个人。国务院教育行政部门负责全国民办教育工作的统筹规划、综合协调和宏观管理。各级人民政府应当将民办教育事业纳入国民经济和社会发展规划。国务院人力资源社会保障行政部门及其他有关部门在国务院规定的职责范围内分别负责有关的民办教育工作。民办学校的举办者可以自主选择设立非营利性或者营利性民办学校,但不得设立实施义务教育的营利性民办学校。非营利性民办学校的举办者不得取得办学收益,学校的办学结余全部用于办学。营利性民办学校的举办者可以取得办学收益,学校的办学结余依照公司法等有关法律、行政法规的规定处理。

《中华人民共和国民办教育促进法实施条例》 根据《中华人民共和国民办教育促进法》(简称《民办教育促进法》),2004年2月,国务院下发《中华人民共和国民办教育促进法实施条例》(国务院令第399号)(简称《条例》)。《条例》包括总则、民办学校的举办者、民办学校的设立、民办学校的组织与活动、民办学校的资产与财务管理、扶持与奖励、法律责任、附则等内容。《条例》规定国家机构以外的社会组织或者个人不得举办实施军事、警察、政治等特殊性质教育的民办学校,限定了公办学校参与举办民办学校的条件。实施国家认可的教育考试、职业资格考试和技术等级考试等考试的机构，不得举办与其所实施的考试相关的民办学校。民办学校的举办者应当依照《民办教育促进法》和《条例》的规定制定学校章程，推选民办学校的首届理事会、董事会或者其他形式决策机构的组成人员。民办学校的举办者在获得筹设批准书之日起 3 年内完成筹设的，可提出正式设立申请，审批机关应当组织专家委员会评议。《条例》规定了不予审批的情形。民办学校聘任的教师、职员，应当具有相应的资格，并建立教师培训制度。民办学校享有与同级同类公办学校同等的招生权，但应当遵守国家有关规定，依法建立学籍和教学管理制度，并报审批机关备案。实施高等学历教育的民办学校符合学位授予条件的，经审批同意后，可以获得相应的学位授予资格。教育行政部门、劳动和社会保障行政部门应当加强对民办学校的日常监督，评估办学水平和教育质量，并鼓励其开展教育教学研究工作，促进民办学校提高教育教学质量。民办学校终止的，由审批机关收回办学许可证，通知登记机关，并予以公告。民办学校应当依照国家统一的会计制度进行会计核算，其收费项目和标准，应报价格主管部门批准并公示。捐资举办的民办学校和出资人不要求取得合理回报的民办学校，依法享受与公办学校同等的税收及其他优惠政策。民办学校可以设立基金接受捐赠财产，并依照有关法律、行政法规的规定接受监督。县级以上人民政府可以根据本行政区域的具体情况，设立民办教育发展专项资金。《条例》要求民办学校应当根据相应因素确定本校出资人从办学结余中取得回报的比例，并规定了出资人不得取得回报的情形及民办学校的违法情形及处罚措施。

《中华人民共和国民族区域自治法》　　1984 年 5 月，第六届全国人民代表大会第二次会议通过《中华人民共和国民族区域自治法》（主席令 6 届第 13 号），并于 2001 年 2 月第九届全国人民代表大会常务委员会第二十次会议通过《关于修改〈中华人民共和国民族区域自治法〉的决定》。《中华人民共和国民族区域自治法（2001 年修正）》（简称《民族区域自治法》）是实施宪法规定的民族区域自治制度的基本法律，共分为总则、民族自治地方的建立和自治机关的组成、自治机关的自治权、民族自治地方的人民法院和人民检察院、民族自治地方内的民族关系和上级国家机关的职责等七个部分。《民族区域自治法》坚持中华人民共和国是全国各族人民共同缔造的统一的多民族国家，民族区域自治是中国共产党运用马克思列宁主义解决我国民族问题的基本政策，是国家的一项基本政治制度。民族区域自治是在国家统一领导下,各少数民族聚居的地方实行区域自治,设立自治机关,行使自治权。实行民族区域自治,体现了国家充分尊重和保障各少数民族管理本民族内部事务权利的精神,体现了国家坚持实行各民族平等、团结和共同繁荣的原则。实行民族区域自治,对发挥各族人民当家作主的积极性,发展平等、团结、互助的社会主义民族关系,巩固国家的统一,促进民族自治地方和全国社会主义建设事业的发展,都起了巨大的作用。

《中华人民共和国学位条例》 为了促进我国科学专门人才的成长,促进各门学科学术水平的提高和教育、科学事业的发展,1980年2月,第五届全国人民代表大会常务委员会通过《中华人民共和国学位条例》,2004年8月,全国人大常委会下发了《全国人大常委会关于修改〈中华人民共和国学位条例〉的决定(2004)》(主席令第27号),随文下发了《中华人民共和国学位条例(2004年修正)》(简称《条例》)。《条例》规定了申请学位的条件及学位授予标准。国务院设立学位委员会,负责领导全国学位授予工作。学士学位,由国务院授权的高等学校授予;硕士学位、博士学位,由国务院授权的高等学校和科学研究机构授予。学位授予单位,应当设立学位评定委员会,并组织有关学科的学位论文答辩委员会负责审查硕士和博士学位论文、组织答辩,在学位评定委员会作出授予学位的决议后,发给学位获得者相应的学位证书。对于在科学或专门技术上有重要的著作、发明、发现或发展者,经有关专家推荐、学位授予单位同意,可以免除考试,直接参加博士学位论文答辩;对国内外卓越的学者或著名的社会活动家,经学位授予单位提名、国务院学位委员会批准,可以授予名誉博士学位;在我国学习的外国留学生和从事研究工作的外国学者,可以向学位授予单位申请学位。非学位授予单位和学术团体对于授予学位的决议和决定持有不同意见时,可以向学位授予单位或国务院学位委员会提出异议,学位授予单位和国务院学位委员会应当对提出的异议进行研究和处理。学位授予单位对于已经授予的学位,如发现有舞弊作伪等严重违反《条例》规定的情况,经学位评定委员会复议,可以撤销。国务院对于已经批准授予学位的单位,在确认其不能保证所授学位的学术水平时,可以停止或撤销其授予学位的资格。

《中华人民共和国义务教育法》 为了保障适龄儿童、少年接受义务教育的权利,保证义务教育的实施,提高全民族素质,根据宪法和教育法,1986年4月,第六届全国人民代表大会第四次会议通过《中华人民共和国义务教育法》(主席令第25号)(简称《义务教育法》),2015年4月,第十二届全国人民代表大会常务委员会第十四次会议对《中华人民共和国义务教育法》进行修订。《义务教育法》包括总则、学生、学校、教师、教育教学、经费保障和法律责任等方面的内容。《义务教育法》规定,国家实行九年义务教育制度,义务教育必须贯彻国家的教育方针,实施素质教育,提高教育质量,使适龄儿童、少年在品德、智力、体质等方面全面发展,为培养有理想、有道德、有文化、有纪律的社会主义建设者和接班人奠定基础。凡具有中华人民共和国国籍的适龄儿童、少年,依法享有平等接受义务教育的权利,并履行接受义务教育的义务。《义务教育法》规定,凡年满六周岁的儿童,其父母或者其他法定监护人应当送其入学接受并完成义务教育;条件不具备的地区的儿童,可以推迟到七周岁。适龄儿童、少年免试入学;地方各级人民政府应当保障适龄儿童、少年在户籍所在地学校就近入学,同时帮助解决适龄儿童、少年接受义务教育的困难,采取措施防止适龄儿童、少年辍学。为保障适龄学习者接受义务教育,《义务教育法》禁止用人单位招用应当接受义务教育的适龄儿童、少年。在学校方面,《义务教育法》规定学校建设应符合国家规定的办学标准,符合国家规定的选址要求和建设标准;学校应建立、健全安全制度和应急机制,不得违反国家规定收取费用;学校在治理上,实行校长负责制;牢牢地把德育放在首位,保证学生的课外活动时间。根据《义务教育法》精神,教师享有法律规定的权利,履行法律规定的义务,应平等对待学生,关注学生的个体差异。国务院教育行政部门根据适龄儿童、少年身心发展的状况和实际情况,确定教学制度、教育教学内容和课程设置,改革考试制度,并改进高级中等学校招生办法,推进实施素质教育。国家实行教科书审定制度,根据国家教育方针和课程标准编写教科书。在管理方面,义务教育实行国务院领导,省、自治区、直辖市人民政府统筹规划实施,县级人民政府为主管理的体制。县级以上地方人民政府应按照国家有关规定,制定、调整学校设置规划。人民政府教育督导机构对义务教育工作执行法律法规情况、教育教学质量以及义务教育均衡发展状况等进行督导,督导报告向社会公布。国务院和县级以上地方人民政府应当合理配置教育资源,促进义务教育均衡发展,并采取措施,保障农村地区、民族地区实施义务教育,保障家庭经济困难的和残疾的适龄儿童、少年接受义务教育。在财政方面,《义务教育法》规定,国家将义务教育全面纳入财政保障范围,义务教育经费由国务院和地方各级人民政府依照本法规定予以保障。学校的学生人均公用经费基本标准由国务院财政部门会同教育行政部门制定,义务教育经费投入由国务院和地方各级人民政府根据职责共同负担,地方各级人民政府在财政预算中将义务教育经费单列。国务院和省、自治区、直辖市人民政府规范财政转移支付制度。县级以上人民政府建立健全义务教育经费的审计监督和统计公告制度。另外,《义务教育法》还对相关问责机制进行规定。

中华优秀传统文化艺术传承学校建设 为全面贯彻教育方针,落实党的十七大提出的"加强中华优秀文化传统教育"的要求,引领青少年学生传承中华优秀文化艺术,弘扬伟大的民族精神,2010年6月,教育部下发《教育部办公厅关于在中小学开展创建中华优秀文化艺术传承学校活动的通知》(教体艺厅〔2010〕6号)(简称《通知》),决定自2010年起在全国小学、初中和高中(包括职业高中)开展创建中华优秀文化艺术传承学校(以下简称传承学校)活动。规定活动的宗旨是:坚持以科学发展观为指导,认真贯彻落实《国家中长期教育改革和发展规划纲要(2010—2020年)》(中发〔2010〕12号),以育人为本,切实推进素质教育,引导青少年学生在学习中华优秀文化艺术、参与丰富多彩的艺术活动的过程中,提高艺术修养和人文素养,培养热爱家乡、热爱祖国的感情,增强民族自信心和责任感,为构建中华民族共有精神家园奠定基础。任务为通过开展此项活动,在全国中小学范围内创建一批中华优秀文化艺术传承学校,传承优秀民族文化,弘扬民族精神,优化艺术教育环境;通过传承中华优秀文化艺术的有效途径,深化学校艺术教育教学改革,全面提升学校艺术教育质量;努力建设具有时代特征、校园特色、学生特点,凸现"向真、向善、向美、向上"特质的校园文化。活动坚持统筹兼顾、协调发展,坚持普及和提高相结合,坚持面向全体学生,坚持课堂教学和课外活动相结合,把中华优秀传统文化艺术纳入艺术教育的课堂教学和课外活动的原则。《通知》还对传承学校的条件提出了要求。第一批传承学校选择项目应以中华优秀文化艺术(音乐、舞蹈、戏剧、曲艺、民间美术和传统手工技艺等)为主,从2010年开始每三年评选一次。

中外合作办学 为规范中外合作办学活动,加强教育对外交流与合作,促进教育事业的发展,根据《中华人民共和国教育法》、《中华人民共和国职业教育法》和《中华人民共和国民办教育促进法》,2003年3月,国务院印发《中华人民共和国中外合作办学条例》(国务院令第372号)(简称《条例》)。《条例》包括总则、设立、组织与管理、教育教学、资产与财务、变更与终止、法律责任、附则等内容。《条例》明确了中外合作办学的主体条件、中外合作办学事业的性质及其义务和权力;对于中外合作办学机构的办学投入、基本条件、设置标准、审批程序及流程进行了规定;对其内部机构设置、理事会职权及构成、相关人员的从业资格进行了规定;对其课程和教材使用、专业设置等教育教学中的问题,变更与终止条件、程序,要承担的法律责任等作出了相关规定。为贯彻实施《条例》,2004年7月,教育部下发《中华人民共和国中外合作办学条例实施办法》(教育部令第20号)。为更好地促进中外合作办学的稳步健康发展,解决中外合作办学中存在的突出问题,2006年7月,教育部印发《教育部关于当前中外合作办学若干问题的意见》(教外综〔2006〕5号)(简称《意见》)。《意见》要求坚持中外合作办学以培养人才为根本目标的公益性事业原则;坚持依法办学,规范管理;坚持引进优质教育资源,加强能力建设的政策导向;加强对中外合作办学的质量管理;加强对采用"双校园"办学模式的中外合作办学项目的管理;加大外国教育资源的引进力度;加强对中外合作办学收费的管理。此外,《国家中长期教育改革和发展规划纲要(2010—2020年)》(中发〔2010〕12号)(简称《教育规划纲要》)提出"办好若干所示范性中外合作学校和一批中外合作办学项目";2015及2016全国教育工作会议上均提出"加强中外合作办学"以推动高等教育多样化发展。自《教育规划纲要》颁布以来,教育国际合作交流工作在支持高水平示范性中外合作办学方面取得了积极进展。高质量中外合作办学作为全面、系统引入境外优质教育资源的主渠道,其作用不断加强,在全国形成良好示范效应。截至2013年1月,经审批机关依法批准设立和举办的中外合作办学机构和项目共有1780个,其中机构186个,项目1594个。实施本科以上高等学历教育的项目732个;实施本科以上高等学历教育的机构43个,其中5个机构具有法人资格,分别是上海纽约大学、宁波诺丁汉大学、西交利物浦大学、长江商学院、北京师范大学—香港浸会大学联合国际学院。2012年批准筹备设立昆山杜克大学等三所高起点中外合作大学,批准设立中山大学中法核工程与技术学院等一批高起点中外合作二级学院。

中西部高等教育振兴计划 为适应国家和区域经济社会发展需要,不断优化高等教育结构,《国家中长期教育改革和发展规划纲要(2010—2020年)》(中发〔2010〕12号)(简称《教育规划纲要》)提出"设立支持地方高等教育专项资金,实施中西部高等教育振兴计划"。为贯彻《教育规划纲要》,振兴中西部高等教育,2013年2月,教育部、国家发展改革委、财政部下发《中西部高等教育振兴计划(2012—2020年)》(教高〔2013〕2号)(简称《振兴计划》)。实施中西部高等教育振兴计划,提出要以科学发展观为指导,服务国家发展战略,突出应用服务,支持区域急需,强化特色发展,发挥主体作用,注重分类指导为原则。力求到2020年,中西部高等教育结构更加合理,特色更加鲜明,建成一批有特色、高水平的高等学校。优化学位授权点布局,加强中西部博士、硕士学位授予单位建设,继续实施特色重点学科项目,加强优势特色学科专业建设;建立优先支持政策机制,加强教师培养培训,加强高层次人才队伍建设。推进本科教育教学改革、研究生培养机制改革、高等职业教育改革以深化教育教学改革;加强科研平台建设,加强科研经费和项目支持,以提升科研创新水平;协同服务区域经济社会发展,加强继续教育服务能力建设,以增强教育的社会服务能力;加强信息化公共服务平台建设,推进优质数字化资源共建共享,以促进优质资源共享。《振兴计划》还要求扩大中西部学生入学机会;优化院校布局和结构;加强区域内外交流与合作;健全投入机制。教育部、国家发展改革委、财政部联合组建《振兴计划》实施工作领导小组,加强省级统筹,建立协商机制,强化高校责任,从而加强组织管理,建立《振兴计划》实施情况的跟踪、监督机制,以提高建设效益。

中西部教育发展行动计划　　为贯彻脱贫攻坚部署,为促进中西部地区经济社会发展、缩小中西部地区与东部地区差距提供人才支撑,2016年4月,国务院审议通过《加快中西部教育发展行动计划(2016—2020)》(简称《计划》)。《计划》提出,国家在缩小中西部教育差距方面,采取了一系列重大措施:为提高义务教育的普及水平,国家实施了"两基"攻坚计划;为改善办学条件,国家实施了校安工程、薄弱学校改造工程;为配强师资队伍,国家实施免费师范生教育、农村教师特岗计划;为资助困难家庭,国家实施了两免一补、营养改善计划;为保证学校的正常运转,国家建立完善了义务教育的保障机制。次月,为全面提升中西部教育发展水平,国务院印发《国务院办公厅关于加快中西部教育发展的指导意见》(国办发〔2016〕37号)(简称《意见》)。《意见》指出,加快中西部教育发展要坚持"加强统筹、兜住底线、改革创新"的基本原则。提出加快中西部教育发展的总目标是：到 2020 年，实现中西部地区各级各类学校办学条件显著改善，教育普及程度明显提高，教育结构趋于合理，教育质量不断提升，教育保障水平进一步提高，人民群众接受良好教育的机会显著增加，支撑中西部经济社会发展的能力切实增强，中西部地区教育水平与东部发达地区差距进一步缩小，教育现代化取得重要进展。为了实现这一目标，要保障教学点基本办学需求，标准化建设寄宿制学校，基本消除大班额现象，全面加强乡村教师队伍建设，继续实施营养改善计划，实现县域内义务教育均衡发展；大力发展职业教育，改善中等职业学校办学条件，提升高等职业院校基础能力，改革人才培养模式；加快普及高中阶段教育，新建、改扩建普通高中，办好乡村高中，加大学生资助力度；提升中西部高等教育发展水平，建设一批高水平大学和学科，继续实施中西部高校基础能力建设工程，多方共建行业特色高校，多种形式开展高校对口支援，提升新建本科院校办学水平；积极发展农村学前教育，扩充公办幼儿园资源，支持普惠性民办幼儿园发展，补充学前教育师资队伍，改革学前教育管理体制；推动民族教育加快发展，办好内地西藏班、新疆班，实施万名教师支教计划，增加民族地区学生上大学机会，实施高层次双千人计划；保障残疾人受教育权利，扩充特教资源总量，加强特教教师队伍建设，拓展特教服务模式，提高特教经费保障水平。同时，要加强组织领导，抓好统筹协调，开展督导监测，营造良好氛围以保障各项任务的顺利落实。

中西部农村骨干教师培训　为贯彻《国家中长期教育改革和发展规划纲要（2010—2020 年）》（中发〔2010〕12 号）精神，进一步加强教师培训，全面提高教师队伍素质，2010 年 6 月，教育部和财政部印发《教育部财政部关于实施"中小学教师国家级培训计划"的通知》（教师〔2010〕4 号），决定从 2010 年起实施"中小学教师国家级培训计划"（简称国培计划）。国培计划包括"中小学教师示范性培训项目"和"中西部农村骨干教师培训项目"两项内容。其中，"中西部农村骨干教师培训项目"主要包括农村中小学教师置换脱产研修、农村中小学教师短期集中培训、农村中小学教师远程培训。该项目计划通过创新培训机制，采取骨干教师脱产研修、集中培训和大规模教师远程培训相结合方式，对中西部农村义务教育骨干教师进行有针对性的专业培训；通过项目实施，为中西部农村地区培训一批骨干教师，使他们在实施课程改革、素质教育和教师培训上发挥示范辐射作用；同时，引导和鼓励地方完善教师培训体系,科学制定教师培训规划,加大农村教师培训力度,全面提高教师队伍整体素质和专业化水平,为促进教育改革发展提供师资保障。为了保障项目的贯彻落实,项目要求加强"中西部项目"总体规划和统筹管理;按照"公开、公平、公正"的原则,遴选培训机构,组建培训团队,创新培训方式;加强资金支持,强化项目资金监管。为深入推进实施"中小学教师国家级培训计划",教育部、财政部印发《教育部办公厅财政部办公厅关于做好2011年"中小学教师国家级培训计划"实施工作的通知》(教师厅〔2011〕2号)和《教育部办公厅财政部办公厅关于公布"国培计划(2011)"——中西部农村骨干教师培训项目方案评审结果的通知》(教师厅函〔2011〕25号)等文件,对"中西部农村骨干教师培训项目"进行了部署。

中西部农村偏远地区学前教育巡回支教 为探索适合农村偏远地区有效增加幼儿接受基本学前教育机会的新模式,提高农村学前教育普及程度,国务院和教育部、财政部先后发布《国务院关于当前发展学前教育的若干意见》(国发〔2010〕41号)和《财政部教育部关于加大财政投入支持学前教育发展的通知》(财教〔2011〕405号),提出国家要实施推进农村学前教育项目,重点支持中西部地区;从2011年起,开展学前教育巡回支教试点,中西部地区和东部困难地区省份可自行申报试点。为贯彻落实上述文件,2011年9月,教育部、财政部印发《支持中西部农村偏远地区开展学前教育巡回支教试点工作方案》(教基二〔2011〕5号),要求在辽宁、河南、湖南、贵州、陕西5省启动实施中西部农村偏远地区学前教育巡回支教试点工作。2012年教育部和财政部实施该工作,并取得了积极成效。为深入推进试点工作,2013年至2014年,教育部和财政部联合发布《教育部办公厅财政部办公厅关于做好2013年中西部农村偏远地区学前教育巡回支教试点工作的通知》(教师厅〔2013〕4号)和《教育部办公厅财政部办公厅关于做好2014年中西部农村偏远地区学前教育巡回支教试点工作的通知》(教师厅〔2014〕2号),宣布试点工作实施范围新增河北、内蒙古、福建等10个省份,并对支教点的选择设置,卫生、消防、安保,志愿者数量与幼儿数量的比例,志愿者的招募条件与管理作出了规定。为进一步推进学前教育发展,2014年12月,国务院出台《国家贫困地区儿童发展规划(2014—2020年)》(国办发〔2014〕67号),提出未来几年内要扩大实施中西部农村偏远地区学前教育巡回支教试点,在人口分散的山区、牧区设立支教点,通过政府购买服务和动员社会力量招募大中专毕业生志愿者开展巡回支教,中央财政予以适当补助。

中西部农村学前教育推进项目 《国家中长期教育改革和发展规划纲要(2010—2020年)》(中发〔2010〕12号)(简称《教育规划纲要》)要求重点发展农村学前教育,支持贫困地区发展学前教育,重点支持中西部贫困地区充分利用中小学富余校舍和社会资源,改扩建或新建乡镇和村幼儿园。为贯彻落实党的十七届五中全会、全国教育工作会议精神和《教育规划纲要》,积极发展学前教育,国务院印发《国务院关于当前发展学前教育的若干意见》(国发〔2010〕41号),提出努力扩大农村学前教育资源,各级政府要加大对农村学前教育的投入,从2010年开始,国家实施推进农村学前教育项目,重点支持中西部地区;要求地方各级政府安排专项资金,重点建设农村幼儿园。为了实施推进农村学前教育项目,2010年国家发展改革委印发《国家发展改革委关于下达中西部农村学前教育推进工程试点项目2010年中央预算内投资计划的通知》(发改投资〔2010〕2332号),在河北等中西部省份试点"中西部农村学前教育推进项目"。2011年9月,教育部召开通气会,教育部、发改委、财政部有关负责人就学前教育三年行动计划和国家学前教育重大项目答记者问。国家发改委社会司副司长指出,2010年发改委率先安排资金5亿元,在10个省启动农村学前教育推进工程试点,规划建设幼儿园416所;2011年,试点资金增加至15亿元,试点范围扩大到中西部25个省,规划建设幼儿园891所;在试点资金安排上,重点向贫困落后地区和少数民族地区倾斜。2015年,国家发展改革委下发《国家发展改革委关于下达农村学前教育推进工程2015年中央预算内投资计划的通知》(发改投资〔2015〕1250号),对中西部农村学前教育推进项目进行新部署。

中西部幼儿教师国家级培训计划 《国家中长期教育改革和发展规划纲要(2010—2020年)》(中发〔2010〕12号)(简称《教育规划纲要》)和《国务院关于当前发展学前教育的若干意见》(国发〔2010〕41号)(简称《意见》)要求推进农村学前教育,完善学前教育师资培养培训体系,对农村幼儿园园长和骨干教师进行培训。为了贯彻《教育规划纲要》和《意见》的精神,财政部、教育部印发《关于加大财政投入支持学前教育发展的通知》(财教〔2011〕405号),提出实施幼儿教师国家级培训计划。从2011年起,将中西部地区农村幼儿教师培训纳入"中小学教师国家级培训计划",由中央财政安排专项资金予以支持。引导地方科学制定幼儿教师培训规划,创新培训模式,完善培训体系,全面提高幼儿教师队伍整体素质和专业化水平。为实施"幼儿教师国家级培训计划",教育部、财政部相继联合下发《教育部财政部关于实施幼儿教师国家级培训计划的通知》(教师〔2011〕5号)、《教育部办公厅财政部办公厅关于公布2011年幼儿教师国家级培训计划项目方案评审结果的通知》(教师厅函〔2011〕27号)和《"国培计划"中西部农村中小学骨干教师培训项目和幼儿园教师培训项目管理办法》(教师厅〔2013〕1号)。根据上述文件精神,实施中西部"幼儿教师国家级培训计划"的目标任务是通过对农村幼儿园教师进行有针对性的专业培训,提高教师教育教学能力和整体素质,引导各地规范教师培训管理,为普及学前教育提供师资保障。"幼儿教师国家级培训计划"采用置换脱产研修、短期集中培训和转岗教师培训三种模式,对中西部地区农村公办幼儿园(含部门、集体办幼儿园)和普惠性民办幼儿园园长、骨干教师、转岗教师进行培训。为保障"幼儿教师国家级培训计划"的顺利开展,要求省级教育、财政部门负责中西部项目和"幼儿教师国家级培训计划"的组织实施工作,制订项目规划和实施方案,加强组织领导,建立健全项目工作机制,核定承担中西部项目和"幼儿教师国家级培训计划"任务的院校(机构)资质;各级教育部门明确参训学员条件要求,加强培训课程管理,加强教师培训者队伍建设和培训课程资源的整合;同时做好绩效考核和经费管理工作。

中小学家长委员会制度　　为贯彻落实《国家中长期教育改革和发展规划纲要(2010—2020年)》(中发〔2010〕12号),推进现代学校制度建设,完善中小学幼儿园管理制度,2012年2月,教育部印发《教育部关于建立中小学幼儿园家长委员会的指导意见》(教基一〔2012〕2号)(简称《意见》)。《意见》要求,充分认识建立家长委员会的重要意义,把家长委员会作为建设依法办学、自主管理、民主监督、社会参与的现代学校制度的重要内容,作为发挥家长在教育改革发展中积极作用的有效途径,作为构建学校、家庭、社会密切配合的育人体系的重大举措。根据《意见》精神,家长委员会应在学校的指导下,认真履行职责,参与学校管理和教育工作,沟通学校与家庭,促进学校和家庭的相互理解。学校要发挥主导作用,落实组织责任,积极推进家长委员会组建。家长委员会成员应具有正确教育观念,掌握科学的教育方法,热心学校教育工作等。家长委员会要发挥好支持学校工作的积极作用,针对学校教育和家庭教育的突出问题,重点做好德育、保障学生安全健康、推动减轻中小学生课业负担、化解家校矛盾等工作。同时,地方各级教育部门要切实加强对家长委员会组建工作的领导,为家长委员会的建设提供有力保障。

中小学教辅材料规范管理　　为规范中小学教辅材料管理,切实减轻中小学生过重课业负担和学生家长的经济负担,根据《中华人民共和国著作权法》、《中华人民共和国教育法》和《中华人民共和国义务教育法》等法律法规及国务院有关规定,2015年8月,国家新闻出版广电总局、教育部、国家发展改革委出台《中小学教辅材料管理办法》(新广出发〔2015〕45号)(简称《办法》),新闻出版部总署、教育部印发的《中小学教辅材料管理办法》(新出联〔2001〕8号)和《新闻出版总署教育部关于〈中小学教辅材料管理办法〉的实施意见》(新出联〔2001〕26号)同时废止。《办法》规定,中小学教辅材料是指与教科书配套,供中小学生使用的各种学习辅导、考试辅导等出版物;严格中小学教辅材料编写出版管理、印刷复制管理、发行管理、质量管理、评议管理、选用管理、价格管理和监督管理;从事中小学教辅材料编写、出版、印制、发行活动的单位或个人须严格遵守《中华人民共和国著作权法》等有关法律法规,不得侵害著作权人的合法权益。同时,各地要建立工作经费保障机制,确保有关工作顺利开展。

《中小学教科书选用管理暂行办法》　　为加强中小学教科书管理,规范教科书选用工作,保障教学秩序和教学质量,更好地适应各地教育教学需要,2014年9月,教育部颁布《中小学教科书选用管理暂行办法》(教基二〔2014〕8号)(简称《办法》)。《办法》规定,教科书是指经国务院教育行政部门审定和经授权审定的义务教育和普通高中教学用书(含配套教学图册、音像材料等);教科书选用应当坚持适宜性,符合本地中小学教学实际;坚持多样化,满足不同地区的需求;坚持公平、公正,保证选用过程规范、有序;中小学教科书选用单位由省级教育行政部门确定,选用教科书时应当组织成立教科书选用委员会,具体负责教科书的选用工作。教科书的选用应当严格选用程序,由学科组提出初选意见,经选用委员会讨论,投票决定选用结果,再由教育行政部门公示。教科书版本选定使用后,应当保持稳定,小学、初中、高中每一学科教科书版本一经选定使用,在学段周期内,不得中途更换。同时,《办法》规定,任何单位和个人不得违反规定干预教科书选用过程和结果;教科书选用工作接受教育纪检监察部门的全程监督,充分发挥学生家长、社会人士对教科书选用的监督作用;对选用工作违反有关法律法规规定的,将追究法律责任。

中小学教师信息技术应用能力标准 为提高广大中小学教师教育技术能力和水平,促进教师专业能力的发展,2004年9月,教育部发布《教育部关于加快推进全国教师教育网络联盟计划组织实施新一轮中小学教师全员培训的意见》(教师〔2004〕4号),要求实施"全国中小学教师教育技术应用能力培训计划",建立中小学教师教育技术标准、培训、考试和认证体系,使全国绝大部分中小学教师普遍接受不低于50学时的教育技术应用能力培训。为贯彻落实这项要求,同年12月,教育部制定《中小学教师教育技术能力标准(试行)》(教师〔2004〕9号),分别提出教学人员、管理人员和技术人员教育技术能力标准。以《中小学教师教育技术能力标准(试行)》为依据,2005年4月,教育部启动《实施全国中小学教师教育技术能力建设计划》(教师〔2005〕5号),组织开展以信息技术与学科教学有效整合为主要内容的教育技术培训。2010年7月,《国家中长期教育改革和发展规划纲要(2010—2020年)》(中发〔2010〕12号)提出,提高教师应用信息技术水平,更新教学观念,改进教学方法,提高教学效果。为贯彻落实国家教育信息化总体要求,充分发挥"三通两平台"效益,全面提升教师信息技术应用能力,2013年10月,教育部印发《教育部关于实施全国中小学教师信息技术应用能力提升工程的意见》(教师〔2013〕13号)(简称《意见》)。《意见》提出,建立教师信息技术应用能力标准体系,研究制订教师信息技术应用能力标准、培训课程标准和能力测评指南等。为落实《意见》要求,2014年5月,教育部出台《中小学教师信息技术应用能力标准(试行)》(教师厅〔2014〕3号)(简称《能力标准》)。《能力标准》对教师在教育教学和专业发展中应用信息技术提出了基本要求和发展性要求,根据教师教育教学工作与专业发展主线,从技术素养、计划与准备、组织与管理、评估与诊断、学习与发展五个维度对信息技术应用能力提出了发展要求。随后,为指导各地组织实施全国中小学教师信息技术应用能力提升工程,规范引领中小学教师信息技术应用能力培训课程建设与实施工作,教育部又印发了《中小学教师信息技术应用能力培训课程标准(试行)》(教师厅函〔2014〕7号)(简称《课程标准》),提出推行"菜单式、自主性、开放式"的教师培训选学机制,确保按需施训。《课程标准》设置"应用信息技术优化课堂教学"、"应用信息技术转变学习方式"和"应用信息技术支持教师专业发展"三个系列的课程,共二十七个主题。同时,《教育信息化"十三五"规划》(教技〔2016〕2号)也对中小学教师信息技术应用能力工作进行部署,要求实施全国中小学教师信息技术应用能力提升工程,全国教师、校长和教育行政管理者的信息化意识与能力显著增强。

中小学教师信息技术应用能力培训课程标准　　为指导各地组织实施全国中小学教师信息技术应用能力提升工程,规范引领中小学教师信息技术应用能力培训课程建设与实施工作,依据中小学教师信息技术应用能力标准,2014年5月,教育部印发《中小学教师信息技术应用能力培训课程标准(试行)》(教师厅函〔2014〕7号)(简称《课程标准》)。《课程标准》综合考虑我国中小学校教育信息化环境和教师信息技术应用能力水平的差异,旨在满足不同学科(领域)、不同起点教师的能力提升需求,推行"菜单式、自主性、开放式"的教师培训选学机制,确保按需施训。《课程标准》要求实施主题式培训,强化任务驱动,突出实践导向,将问题解决与案例分析相结合,将线上学习与线下实践相结合,促进各地采取符合信息技术特点的培训新模式,推行网络研修与教学实践相结合的混合式培训,推动教师学用结合。《课程标准》依据能力标准对中小学教师信息技术应用能力提出基本要求和发展性要求,设置"应用信息技术优化课堂教学"、"应用信息技术转变学习方式"和"应用信息技术支持教师专业发展"三个系列的课程,共二十七个主题,帮助教师提升信息技术素养,应用信息技术提高学科教学能力、促进专业发展。《课程标准》对教师在培训中的实践任务和学习成果提出明确要求,旨在推动教育行政部门、教师培训机构和中小学校协同开展教师应用成效评价,做好中小学教师信息技术应用能力测评工作,确保教师信息技术应用能力切实得到提升。

中小学教师信息技术应用能力提升工程　　《国家中长期教育改革和发展规划纲要(2010—2020年)》(中发〔2010〕12号)提出,提高教师应用信息技术水平,更新教学观念,改进教学方法,提高教学效果。为贯彻落实国家教育信息化总体要求,充分发挥"三通两平台"效益,全面提升教师信息技术应用能力,2013年10月,教育部印发《教育部关于实施全国中小学教师信息技术应用能力提升工程的意见》(教师〔2013〕13号)(简称《意见》),决定实施全国中小学教师信息技术应用能力提升工程(简称提升工程)。《意见》设定了提升工程的总体目标和任务,要求建立教师信息技术应用能力标准体系,完善顶层设计;整合相关项目和资源,采取符合信息技术特点的新模式,提升教师信息技术应用能力、学科教学能力和专业自主发展能力;开展信息技术应用能力测评,以评促学,激发教师持续学习动力;建立教师主动应用机制,推动每个教师在课堂教学和日常工作中有效应用信息技术,促进信息技术与教育教学融合取得新突破。《意见》要求建立教师信息技术应用能力标准体系,按照教师需求实施全员培训,推行符合信息技术特点的培训新模式,遴选一线教师满意的培训资源,开展教师信息技术应用能力测评,推动教师主动应用信息技术,加强组织保障确保提升工程取得实效。根据《意见》的部署,2014年3月,教育部印发《教育部—中国电信中小学校长信息技术应用能力提升项目》(教师司函〔2014〕10号),提出开始组织实施"教育部—中国电信中小学校长信息技术应用能力提升项目"。项目由教育部、中国电信集团公司统筹规划和组织实施。同年7月,教育部印发《关于做好2014年全国中小学教师信息技术应用能力提升工程相关工作的通知》(教师司函〔2014〕56号),要求明确重点工作,制定培训计划,做好培训机构遴选;遴选高水平机构承担培训任务,严把培训课程资源关,有效开展网络研修服务能力评审,做好"国培计划"——中小学幼儿园教师信息技术应用能力培训招投标工作;加强培训者队伍建设,做好培训过程监测和质量评估,确保教师培训质量;推动应用能力测评,建立完善推动应用的工作机制。

中小学教师资格定期注册制度　为完善教师资格制度,健全教师管理机制,建设高素质专业化教师队伍,2013年之前,国务院先后出台《国务院办公厅关于开展国家教育体制改革试点的通知》(国办发〔2010〕48号)和《国务院关于加强教师队伍建设的意见》(国发〔2012〕41号),提出要开展教师资格定期注册试点,并把师德表现作为教师资格定期注册的首要内容,对教师实行师德表现一票否决制。同时,为贯彻《国家中长期教育改革和发展规划纲要(2010—2020年)》(中发〔2010〕12号)中关于教师队伍建设的需要,我国自2011年开始启动中小学教师资格考试和定期注册改革试点工作。为确保中小学教师资格定期注册试点工作的顺利实施,2013年8月,教育部印发《中小学教师资格定期注册暂行办法》(教师〔2013〕9号)和《教育部关于扩大中小学教师资格考试与定期注册制度改革试点的通知》(教师函〔2013〕2号)。上述文件对中小学教师资格定期注册进行了详细说明,规定取得教师资格、初次聘用为教师的,试用期满考核合格之日起 60 日内,申请首次注册;经首次注册后,每 5 年应申请一次定期注册;定期注册工作不收取教师和学校任何费用。另外,文件决定进一步扩大中小学教师定期注册改革试点范围,在河北、上海、浙江、湖北、广西、海南等 6 个省市试点基础上,新增山西、安徽、山东、贵州 4 个省为试点省。为进一步扩大中小学教师资格定期注册制度试点工作,教育部先后印发《教育部办公厅同意浙江省在全省范围实施中小学教师资格定期注册制度》(教师厅函〔2015〕20 号)、《教育部办公厅同意海南省进一步扩大中小学教师资格定期注册制度试点工作》(教师厅函〔2016〕1 号)和《教育部办公厅同意江苏、河南、湖南省进一步扩大中小学教师资格定期注册制度试点工作》(教师厅函〔2016〕7 号),同意浙江、海南、江苏、河南、湖南等省在全省范围实施中小学教师资格定期注册制度。

中小学教师资格考试 为建立国家教师资格考试制度,严格教师职业准入,保障教师队伍质量,根据国务院颁布的《教师资格条例》(国务院令第 188 号)的规定,不具备教师法规定的教师资格学历的公民,想要申请获得教师资格,应当通过国家举办的或者认可的教师资格考试。同时,《国家中长期教育改革和发展规划纲要(2010—2020 年)》(中发〔2010〕12 号)和《国务院加强教师队伍建设的意见》(国发〔2012〕41 号),提出省级教育行政部门要统一组织中小学教师资格考试,并全面实施教师资格考试制度。依据上述文件精神,2013 年 8 月,教育部印发《中小学教师资格考试暂行办法》(教师〔2013〕9 号)和《教育部关于扩大中小学教师资格考试与定期注册制度改革试点的通知》(教师函〔2013〕2 号),提出教师资格考试实行全国统一考试。教师资格考试包括笔试和面试两部分,笔试主要考查申请人从事教师职业所应具备的教育理念、职业道德、法律法规知识、科学文化素养、阅读理解、语言表达、逻辑推理和信息处理等基本能力;面试主要考查申请人的职业认知、心理素质、仪表仪态、言语表达、思维品质等教师基本素养和教学设计、教学实施、教学评价等教学基本技能。同时决定进一步扩大中小学教师资格考试改革试点范围,先后在河北、上海、浙江、湖北、广西、海南等 10 个省市试点。为完善中小学教师资格考试,教育部先后印发《教育部中央编办国家发展改革委财政部人力资源社会保障部关于加强特殊教育教师队伍建设的意见》(教师〔2012〕12 号)、《教育部办公厅关于全面加强教师法制教育工作的通知》(教政法厅〔2013〕2 号)、《完善中华优秀传统文化教育指导纲要》（教社科〔2014〕3号），提出将特殊教育相关内容、法律相关内容以及中华优秀传统文化加入到教师资格考试中。为全面实施中小学教师资格考试与定期注册制度，不断提高教师队伍整体素质，2015年7月，教育部印发《教育部办公厅关于进一步扩大中小学教师资格考试与定期注册制度改革试点的通知》（教师厅〔2015〕3号），决定新增北京、江西等13个试点省市开展中小学教师资格定期注册试点。

中小学教育质量综合评价改革 为深入贯彻落实党的十八大精神和《国家中长期教育改革和发展规划纲要（2010—2020年）》（中发〔2010〕12号），2013年6月，教育部印发《教育部关于推进中小学教育质量综合评价改革的意见》（教基二〔2013〕2号）（简称《意见》）。《意见》要求，充分认识推进评价改革的重要性和紧迫性，准确把握推进评价改革的总体要求，坚持"育人为本、促进发展、科学规范、统筹协调和因地制宜"的基本原则，建立体现素质教育要求、以学生发展为核心、科学多元的中小学教育质量评价制度，切实扭转单纯以学生学业考试成绩和学校升学率评价中小学教育质量的倾向，促进学生全面发展、健康成长。根据《意见》精神，应依据党的教育方针、相关教育法律法规、国家课程标准等有关规定，突出重点，注重导向，把学生的品德发展水平、学业发展水平、身心发展水平、兴趣特长养成、学业负担状况等方面作为评价学校教育质量的主要内容，着力构建中小学教育质量综合评价指标体系；依据国家中小学课程方案、课程标准、学生体质健康标准和办学行为的要求等开展质量评价，健全评价标准，改进评价方式方法，将定量评价与定性评价相结合，以测试和问卷调查为主要评价方法，辅之以必要的现场观察、个别访谈、资料查阅等，形成学校教育质量综合评价报告，并将其作为完善教育政策措施、加强教育宏观管理的重要参考，作为评价考核学校教育工作的主要依据。为了完善推进评价改革的保障机制，要协同推进课程等相关改革，加强专业基础能力建设，保障经费投入；同时，加强组织领导，完善工作机制，加强宣传引导。

中小学教职工编制标准 为加强中小学编制管理和教职工队伍建设，提高教育教学质量和办学效益，以及落实《国务院关于基础教育改革与发展的决定》（国发〔2001〕21号）中制定科学合理的中小学教职工编制标准的要求，2001年10月，国务院办公厅转发《中央编办、教育部、财政部关于制定中小学教职工编制标准的意见》(国办发〔2001〕74号),提出中小学教职工编制根据高中、初中、小学等不同教育层次和城市、县镇、农村等不同地域,按照学生数的比例核定;中小学校的管理工作尽可能由教师兼职,后勤服务工作应逐步实行社会化。为贯彻落实相关文件精神,教育部先后出台《教育部关于贯彻〈国务院办公厅转发中央编办、教育部、财政部关于制定中小学教职工编制标准意见的通知〉的实施意见》(教人〔2002〕8号)和《教育部关于进一步落实〈国务院办公厅转发中央编办、教育部、财政部关于制定中小学教职工编制标准意见的通知〉有关问题》(中央编办发〔2009〕6号),提出针对城镇学校大量接收进城务工人员子女和不同学段学生规模变化等情况,要合理配置教师资源,同一县域内中小学教职工编制可以互补余缺,要注意保证基层特别是农村中小学教师力量的配备;为解决部分农村地区中小学教职工编制偏紧的问题,进一步改进农村中小学教职工编制核定工作;各地要结合本地实际,切实保障编制紧张学校特别是农村寄宿制学校、教学点分散的地区教职工的基本需求;进一步完善中小学教职工编制动态管理机制,特别是要及时调整接收流动人口子女较多学校的编制;严禁挤占、挪用和截留中小学教职工编制。2010年7月,《国家中长期教育改革和发展规划纲要(2010—2020年)》(中发〔2010〕12号)(简称《教育规划纲要》)要求根据国家标准,结合本地实际,合理确定各级各类学校办学条件、教师编制等实施标准。为贯彻落实党的十八大和十八届三中全会精神,大力促进教育公平,统筹城乡教育资源均衡配置,按照《教育规划纲要》要求,2014年11月,中央机构编制委员会办公室、教育部和财政部联合颁布《中央编办教育部财政部关于统一城乡中小学教职工编制标准的通知》(中央编办发〔2014〕72号),要求统一编制标准,促进城乡中小学教育资源均衡配置;坚持从严从紧,严格控制编制总量;加强部门配合,做好动态调整与统筹使用工作;考虑实际需求,对农村边远地区适当倾斜;深化后勤改革,加大政府购买服务力度;加强督查监管,严格规范中小学教职工编制管理。为促进义务教育事业持续健康发展,2016年7月,国务院颁布《国务院关于统筹推进县域内城乡义务教育一体化改革发展的若干意见》(国发〔2016〕第40号),要求统筹城乡师资配置。各地要依据义务教育学校教职工编制标准、学生规模和教育教学需要,按照中央严格控制机构编制有关要求,合理核定义务教育学校教职工编制;建立城乡义务教育学校教职工编制统筹配置机制和跨区域调整机制,实行教职工编制城乡、区域统筹和动态管理,盘活编制存量,提高使用效益;县级教育行政部门在核定的教职工编制总额和岗位总量内,要按照班额、生源等情况,充分考虑乡村小规模学校、寄宿制学校和城镇学校的实际需要,统筹分配各校教职工编制和岗位数量,并向同级机构编制部门、人力资源和社会保障部门及财政部门备案;全面推进教师"县管校聘"改革,按照教师职业特点和岗位要求,完善教师招聘机制,统筹调配编内教师资源,着力解决乡村教师结构性缺员和城镇师资不足问题;严禁在有合格教师来源的情况下"有编不补"、长期聘用编外教师,严禁挤占挪用义务教育学校教职工编制和各种形式"吃空饷"。

中小学评价与考试制度 为进一步贯彻落实《中共中央国务院关于深化教育改革全面推进素质教育的决定》(中发〔1999〕9号)和《国务院关于基础教育改革与发展的决定》(国发〔2001〕21号)精神,坚持教育创新,全面推进素质教育,2002年12月,教育部印发了《教育部关于积极推进中小学评价与考试制度改革的通知》(教基〔2002〕26号)(简称《通知》)。《通知》明确指出,中小学评价与考试制度改革,要全面贯彻党的教育方针,从德、智、体、美等方面综合评价学生的发展,其根本目的是为了更好地提高学生的综合素质和教师的教学水平,为学校实施素质教育提供保障。因此,对学生、教师与学校评价的内容要多元,评价方法要多样,在评价中,不仅要注重结果,更要注重发展和变化过程。要建立以促进学生发展为目标,有利于促进教师职业道德和专业水平提高,有利于提高学校教育质量的评价体系。同时,要积极探索中小学升学考试与招生制度的改革、普通高中会考制度的改革,继续深化高考改革,寻找综合评价、择优录取的高等学校招生办法。各省、自治区、直辖市教育行政部门要高度重视中小学评价与考试制度的改革,加强领导,组织研究队伍,根据本通知精神制定具体实施办法,报教育部备案。为深化中考改革,2008年4月,教育部印发《教育部关于深入推进和进一步完善中考改革的意见》(教基〔2008〕6号),要求根据《通知》的精神,制定本省(区、市)进一步深化中考改革的指导意见和明确要求,要求在学业考试、综合素质评价以及普通高中招生等方面明确改革政策,积极推进制度和机制建设。

《中小学少数民族文字教材编写审定管理暂行办法》 为进一步加强中小学少数民族文字教材建设,完善中小学民族文字教材编写审查的管理,提高教材的编审质量,根据《国务院关于深化改革加快发展民族教育的决定》(国发〔2002〕14号)和

《中小学教材编写审定管理暂行办法》(教育部令第11号)精神,以及民族文字教材建设的实际,2004年6月,教育部印发《中小学少数民族文字教材编写审定管理暂行办法》(教民厅〔2004〕第5号)(简称《办法》)。《办法》包括总则、教材审查、教材审查原则和管理等方面的内容。《办法》规定,中小学少数民族文字教材是指民族中小学用于课堂教学的教科书(含电子音像教材、图书),以及必要的教学辅助资料;国家鼓励和支持有条件的单位、团体和个人编写符合少数民族中小学教育教学改革需要的高质量、有特色的民族文字教材;民族文字教材编写的条件,按照教育部《中小学教材编写审定管理暂行办法》执行;民族文字教材编写实行核准与备案制;民族文字教材审查,实行教育部和省、自治区教育行政部门两级管理。为进一步加强五省区中小学藏文教材建设,规范中小学藏文教材审查工作,提高教材审查质量,根据《办法》有关规定,2004年10月,教育部批转重新修订的《全国中小学教材审定委员会藏文教材审查委员会章程》(教民〔2004〕第6号),规定全国中小学教材审定委员会藏文教材审查委员会(以下简称全国藏文教材审查委员会)是教育部领导下的藏文教材审查机构,其主要任务是审查中小学(包括民族师范学校)各学科藏文课程标准(教学大纲)、各学科教材以及其他教学辅助资料;全国藏文教材审查委员会可根据使用情况和反馈信息组织进行中小学藏文优秀教科书的评选工作;全国藏文教材审查委员会接受全国中小学教材审定委员会的业务指导。

中小学生守则 为积极培育和践行社会主义核心价值观,进一步增强中小学德育的针对性、实效性,根据学生发展的新特点,2015年8月,教育部印发《中小学生守则(2015年修订)》(教基一〔2015〕5号)(简称《守则》),规范中小学生道德行为。《守则》要求,中小学生要爱党爱国爱人民,了解党史国情,珍视国家荣誉,热爱祖国,热爱人民,热爱中国共产党;好学多问肯钻研,上课专心听讲,积极发表见解,乐于科学探索,养成阅读习惯;勤劳笃行乐奉献;自己事自己做,主动分担家务,参与劳动实践,热心志愿服务;明礼守法讲美德;遵守国法校纪,自觉礼让排队,保持公共卫生,爱护公共财物;孝亲尊师善待人,孝父母敬师长,爱集体助同学,虚心接受批评,学会合作共处;诚实守信有担当,保持言行一致,不说谎不作弊,借东西及时还,做到知错就改;自强自律健身心,坚持锻炼身体,乐观开朗向上,不吸烟不喝酒,文明绿色上网;珍爱生命保安全,红灯停绿灯行,防溺水不玩火,会自护懂求救,坚决远离毒品;勤俭节约护家园,不比吃喝穿戴,爱惜花草树木,节粮节水节电,低碳环保生活。教育部要求各地依据修订后的《守则》,结合实际情况,制订小学生日常行为规范、中学生日常行为规范。

中小学生校服管理 为推进教育治理能力现代化,加快建立和完善中小学生校服管理制度,确保校服品质,发挥校服育人和审美功能,保障广大中小学生健康成长,2015年6月,教育部、国家工商总局和国家质检总局等印发《教育部工商总局质检总局国家标准委关于进一步加强中小学生校服管理工作的意见》(教基一〔2015〕3号)(简称《意见》)。《意见》要求,充分认识加强校服管理工作的意义,多措并举,不断提升校服管理工作水平和校服总体品质。校服管理要严格执行国家标准,安全与质量应符合GB 18401《国家纺织产品基本安全技术规范》、GB 31701《婴幼儿及儿童纺织产品安全技术规范》、GB/T 31888《中小学生校服》等国家标准。有效规范校服市场,充分保障校服市场公平。加强校服质量检查,校服供应和验收应实行"明标识"制度。强化学校选用管理,在深入论证和与家长委员会充分沟通的基础上确定是否选用校服,要健全工作机制,实行信息公开,不断提高校服选用采购的规范性和科学性。加强校服采购管理,当地工商、市场监管部门要加强市场监管,维护校服市场秩序。建立监督惩处机制,各地质监部门要依法查处生产不合格校服的生产企业,建立本地区校服生产企业"黑名单"制度。改进校服设计式样,注重校服面料、功能、式样的研发,逐步健全校服式样推荐评议制度。加强校服发展保障,逐步使更多学生能够穿着校服。健全校服工作机制,中小学生校服工作涉及环节多,需要多部门配合,教育、工商、质监、标准部门要主动负责,充分发挥组织协调的作用。要强化由教育部门牵头的部门联动机制建设,各部门要提高认识、统一思想、分工合作、务求实效。

中小学生学籍管理 为规范中小学生学籍管理,提高新形势下基础教育科学管理水平,保障适龄儿童、少年受教育的权利,根据《中华人民共和国教育法》、《中华人民共和国义务教育法》等有关法律,2013年8月,教育部出台《中小学生学籍管理办法》(教基一〔2013〕7号)(简称《办法》)。《办法》包括学籍建立、学籍变动管理和保障措施等方面的内容。《办法》规定,学生学籍管理采用信息化方式,实行分级负责、省级统筹、属地管理、学校实施的管理体制。学生初次办理入学注册手续后,学校应为其采集录入学籍信息,建立学籍档案,学籍档案包括学籍基础信息及信息变动情况、综合素质发展报告等方面的内容。通过电子学籍系统申请学籍号,学籍号以学生居民身份证号为基础生成,一人一号,终身不变。学校不得以虚假信息建立学生学籍,不得重复建立学籍,学籍管理实行"籍随人走"。各学段各类学籍变动的具体条件和要求由省级教育行政部门根据国家法律法规和当地实际统筹制定。正常升级学生的学籍信息更新,由电子学籍系统完成。学生学籍信息发生变化、学籍进行转接或学生毕业(结业、肄业)时,学校应及时维护电子学籍系统中的有关信息,并将证明材料归入学生学籍档案。学生转学或升学的,转入学校应通过电子学籍系统启动学籍转接手续,转出学校及双方学校学籍主管部门予以核办。同时,《办法》规定,地方教育行政部门和学校应当为学籍管理提供必要的保障条件,配备或指定学籍管理员,完善管理制度,建立工作机制;要建立严格的保密制度;非经学籍主管部门书面批准,学籍信息一律不得向外提供,严防学籍信息外泄和滥用;教育行政部门或学校违反本办法的相关规定的,责令其改正,情节严重的依法追究责任。为了贯彻落实《办法》,要求建立统一规范的学籍信息管理制度,抓紧制订或完善《办法》实施细则,有效开展《办法》教育培训,建立加强学籍管理的长效机制,营造实施《办法》的良好舆论环境。为落实《办法》的规定,教育部印发了《教育部关于做好全国中小学生学籍信息管理系统全面应用工作的通知》(教基一〔2014〕8号)、《教育部办公厅关于建立完善处理群众投诉中小学生学籍管理相关问题工作机制的通知》(教基一厅函〔2014〕50号)、《教育部办公厅关于加快问题学籍处理和建立数据质量核查机制的通知》(教基一厅〔2015〕2号)和《教育部办公厅关于进一步做好内地西藏班和新疆班学生学籍管理工作的通知》(教基一厅〔2016〕6号)等配套措施予以完善。

中小学生学业质量绿色指标体系 为贯彻国家和上海市中长期教育改革与发展规划纲要,落实《上海市教育综合改革方案(2014—2020年)》《教育部关于推进中小学教育质量综合评价改革的意见》(教基二〔2013〕2号)等要求,在开展2011、2012、2014年度中小学生学业质量绿色指标(简称绿色指标)综合评价的基础上,组织开展2015年度初中阶段"绿色指标"综合评价工作。上海在实施国家教育体制改革试点项目"改革义务教育教学质量综合评价方法"过程中,以学业质量评价标准改革为切入口,构建以关注学生健康成长为核心价值追求的"绿色指标"体系,包括学生学业水平指数、学生学习动力指数、学生学业负担指数、师生关系指数、教师教学方式指数、校长课程领导力指数、学生社会经济背景对学业成绩的影响指数、学生品德行为指数、身心健康指数和跨年度进步指数等十项指数,并实施教学质量综合评价改革试验,从过度注重学科知识成绩转向全面发展的评价,旨在形成实施素质教育的导向机制。"绿色指标"的施行有利于发挥科学教育评价的正确导向作用,引导区县、学校、家长和社会树立全面的教育质量观,丰富学业质量评价的内涵,引导区县、学校开展全面质量观指导下的教学与评价活动;有利于优化教育管理的应有之义,全面把握教育质量的真实状况,完善教育教学决策;有利于建立良好教育生态的有效保障,构建"标准—教学—评价"的良性循环系统,指导学校建立以校为本、基于过程的教育质量综合评价体系,引导全社会树立正确的教育质量观,营造有利于学生健康成长的良好氛围。

中小学生艺术素质测评　　为建立健全学校艺术教育工作评价制度,改进美育教学,提高学生的审美和人文素养,促进学生全面健康成长,根据《教育部关于推进学校艺术教育发展的若干意见》(教体艺〔2014〕1号)要求,2015年5月,教育部下发《关于印发〈中小学生艺术素质测评办法〉等三个文件的通知》(教体艺〔2015〕5号),要求各地要高度重视,认识到建立中小学艺术教育测评制度是检验学校艺术教育成果的重要手段,是改进和加强学校艺术教育工作的重要依据,要制订具体的实施方案,探索建立有效的工作机制;并宣布自2015年开始实施中小学生艺术素质测评试点。随文下发《中小学生艺术素质测评办法》,要求学生艺术素质测评覆盖到全体学生;遵循艺术教育规律,坚持科学的教育质量观,既关注学生艺术课程学习水平,也关注学生参与艺术实践活动的经历,既关注学生的学习成果,也关注学生的学习态度,既关注对学生的基本要求,也关注对学生的特长激励。测评指标体系由基础指标、学业指标和发展指标三部分构成,以分数形式呈现,基础指标40分,学业指标50分,发展指标20分(其中加分项目10分)。学生艺术素质测评的依据是学生的写实记录、成绩评定,同时参考教师评语、学生互评、自我评价等。学校要如实记录每一名学生的艺术素质测评结果,纳入学生综合素质档案,初中和高中阶段学校学生测评结果作为学生综合素质评价的重要内容。学校可分年级段组织实施测评工作,测评结果应及时汇总、整理、存档、上报。地方教育行政部门要将学生艺术素质测评情况作为评价学校教育教学质量的重要指标。教育督导部门要将学生艺术素质纳入中小学校督导评估指标体系。

中小学书法教育　为贯彻《国家中长期教育改革和发展规划纲要（2010—2020年）》（中发〔2010〕12号）精神，全面实施素质教育，继承与弘扬中华民族优秀文化，2011年8月，教育部印发《教育部关于中小学开展书法教育的意见》（教基二〔2011〕4号），要求充分认识开展书法教育的重要意义，本着打好技能基础、坚持循序渐进、注重书法修养、提高文化素质的原则，通过有关课程及活动开展书法教育，明确写字和使用毛笔书写的基本要求。同时，2013年1月，教育部出台《中小学书法教育指导纲要》（教基二〔2013〕1号）（简称《指导纲要》）。《指导纲要》要求，书法教育要坚持"面向全体，让每一个学生写好汉字；硬笔与毛笔兼修，实用与审美相辅；遵循书写规范，关注个性体验；加强技能训练，提高文化素养"的基本理念，以实现书法教育的总目标：学习和掌握硬笔、毛笔书写汉字的基本技法，提高书写能力，养成良好的书写习惯；感受汉字和书法的魅力，陶冶性情，提高审美能力和文化品位；激发热爱汉字、学习书法的热情，珍视中华优秀传统文化，增强文化自信与爱国情感。另外，《指导纲要》对各个学段（小学3—4年级、小学5—6年级、初中和高中）毛笔学习的目标与内容提出了要求。为了实施书法教育，要求合理安排书法教育的教学时间，注重培养学生的书法基本功，重视养成良好的书写习惯和态度，遵循书法学习循序渐进的规律，强化书写实践，明确书法教学中文字的使用要求，发挥教师的示范作用，倡导多样化的教学方式方法，重视课内外结合；采用多种方式方法，加强书法教育评价，发挥评价的发展性功能；依照《义务教育语文课程标准（2011年版）》和学生的身心发展特点，编写学生用《书法练习指导》和教师用《书法教学指导》。为了落实《指导纲要》，要求加强书法教育工作的指导和管理，加强书法教师队伍建设，提供必需的保障，各级教研部门要把书法教育纳入教学研究工作的范围，加强督导评估并对书法教育学生用书进行审查。

中小学素质教育督导评估　为完善学校督导评估制度，推动学校全面提高教育质量，根据第四次全国教育工作会议精神和《国家中长期教育改革和发展规划纲要（2010—2020）》（中发〔2010〕12号）要求，2011年10月，教育部出台《中小学校素质教育督导评估办法(试行)》(教督办〔2011〕10号)(简称《评估办法》),其中包括督导评估原则、内容、程序、实施、工作方式和结果运用等方面内容。《评估办法》明确了"中小学校素质教育督导评估指标体系框架",要求督导评估要以"学生发展为本,以促进学校发展为目标,实事求是、客观公正"为基本原则,对育人为本、遵循教育规律、关注学生健康成长的情况,建立以服务教学、服务学生为导向的各项规章制度的情况,遵守法规政策、规范办学行为、消除违法违纪现象的情况,德育渗透于教育全过程、教育教学活动有效开展的情况,以及各项规章制度实施的效果、学生德智体美的发展、学校办学特色的表现等情况等方面的内容进行督导评估。督导评估要严格遵循评估程序,运用科学的测量方法和评估工具等督导工作评估方式,逐步建立全国数据信息系统。学校和各级教育督导部门要明确职责,保证督导评估的实施,地方各级政府和教育行政部门要将学校督导评估结果作为学校问责、干部考核和实行奖惩的重要依据。

中小学图书馆建设与应用　　为贯彻党中央关于深化教育领域综合改革精神,提升学校内涵与品质,形成书香校园,带动全民阅读,助推学习型社会和书香社会建设,2015年5月,教育部、文化部和国家新闻出版广电总局联合印发《教育部文化部国家新闻出版广电总局关于加强新时期中小学图书馆建设与应用工作的意见》(教基一〔2015〕2号)(简称《意见》)。《意见》要求,必须深刻认识加强中小学图书馆建设与应用工作的重要意义,不断完善措施,将中小学图书馆建设与应用工作提高到新水平;工作目标是到2018年,有条件地区补充新建图书馆,改善不达标图书馆,不具备条件的农村中小学、教学点要建有图书柜、图书角,到2020年,绝大部分中小学要按照国家规定标准建有图书馆。为了实现这一目标,要求推进基础条件建设,将图书馆纳入中小学建设规划,加快推进中小学图书馆建设;结合实际合理确定中小学图书馆藏书复本量标准及馆藏定向补充和剔旧原则,确保馆藏资源质量;依据《全国中小学图书馆(室)推荐书目》,规范馆藏采购机制;推进中小学数字图书馆及配套阅览条件建设,不断提高信息化水平;充分利用中小学图书馆的各项功能,发挥育人作用;积极开展形式多样的读书专题活动,带动书香社会建设。为了保障中小学图书馆的建设和运用,各地教育部门要加强组织领导,落实经费保障,强化队伍建设;同时把图书馆建设与应用纳入督导评估。

《中小学文明礼仪教育指导纲要》 为贯彻落实全国教育工作会议精神和《国家中长期教育改革和发展规划纲要(2010—2020年)》(中发〔2010〕12号),深入贯彻落实《中共中央国务院关于进一步加强和改进未成年人思想道德建设的若干意见》(中发〔2004〕8号),大力推进中小学文明礼仪教育工作,2010年12月,教育部印发《中小学文明礼仪教育指导纲要》(教基一〔2010〕7号)(简称《指导纲要》)。《指导纲要》提出,中小学文明礼仪教育要坚持"贴近实际、贴近生活、贴近学生,知行统一,学校教育与家庭教育、社会教育相结合"的基本原则,让学生掌握基本的谈吐、举止、服饰等个人礼仪,以及在家庭、校园、公共场所等社会生活领域的交往礼仪,养成文明礼貌的行为习惯,做优雅大方、豁达乐观、明礼诚信的合格公民。《指导纲要》根据学生年龄特点和认知水平确定文明礼仪教育的内容体系,体现科学性、系统性、层次性和实践性。《指导纲要》要求学校始终坚持育人为本,德育为先,将文明礼仪教育贯穿于学校教育全过程,注重提高文明礼仪教育的针对性和实效性,通过课堂教学使学生全面了解文明礼仪,通过学校日常管理强化学生文明礼仪意识,通过丰富多彩的校园文化活动营造文明礼仪氛围,通过社会实践活动使学生践行文明礼仪,通过教师模范行为引领文明礼仪。各地教育行政部门和学校要统一思想,加强领导;全员参与,注重实效;开发资源,丰富内容;加强督导,完善评价;各方协作,形成合力。

中小学校舍安全保障长效机制 为贯彻落实《国家中长期教育改革和发展规划纲要(2010—2020年)》(中发〔2010〕12号),进一步提高全国中小学校舍防震减灾能力,实现城乡中小学校舍安全达标,2013年11月,国务院印发《国务院办公厅转发教育部等部门关于建立中小学校舍安全保障长效机制意见的通知》(国办发〔2013〕103号),要求建立中小学校舍安全保障长效机制(简称长效机制)。建立长效机制是提高中小学校舍安全管理水平和防灾减灾能力的制度保障,是坚持以人为本、落实国家防灾减灾总体部署的必然要求,是坚持教育优先发展、办好人民满意教育的重要内容。长效机制要覆盖全国城镇和农村、公立和民办、教育系统和非教育系统的所有中小学(含幼儿园)。建立中小学校舍安全保障长效机制,要求:明确和落实各级政府及其相关部门责任,紧密结合教育事业发展、防灾减灾、校园建设等规划和各类教育建设专项工程,统筹实施校舍安全保障长效机制;坚持建管并重,逐步使所有校舍满足国家规定的建设标准、重点设防类抗震设防标准和国家综合防灾要求,同时加强对校舍的日常管理和定期维护;加强对中小学校舍规划布局、安全排查、施工建设、使用维护、信息公告、责任追究等各环节的管理,建立健全符合国情的中小学校舍安全保障制度体系。长效机制主要包括建立校舍安全年检制度、完善校舍安全预警机制、建立校舍安全信息通报公告制度、完善校舍安全隐患排除机制,严格校舍安全项目管理制度和健全校舍安全责任追究制度等六方面的内容。为保障建立长效机制工作的顺利落实,各级政府要加强组织领导,合理分担资金投入,落实扶持鼓励政策,提高管理信息化水平,加强监督检查,加大安全教育和宣传力度。

中小学校责任督学挂牌督导制度　为了健全学校督导制度,加强对中小学的监督指导,根据《教育督导条例》的有关规定,国务院教育督导委员会出台《中小学校责任督学挂牌督导办法》(国教督办〔2013〕2号)(简称《办法》)。《办法》规定,挂牌督导是指县(市、区)人民政府教育督导部门(简称教育督导部门)为区域内每一所学校设置责任督学,对学校进行经常性督导。责任督学由教育督导部门聘任、颁发督学证、实行注册登记、直接管理,履行对学校依法依规办学进行监督与受理、核实相关举报和投诉等职责。发现危及师生安全的重大隐患,责任督学应及时督促学校和相关部门处理;对各种突发事件或重大事故,责任督学应第一时间赶赴现场,及时了解并上报有关情况。责任督学可采取随机听课、查阅资料、列席会议、座谈走访、问卷调查、校园巡视等方式进行经常性督导。学校必须接受责任督学的监督和指导,按要求提供情况和进行整改。根据文件要求,教育督导部门要建立责任督学考核制度。教育督导部门定期听取责任督学工作汇报,研究处理相关问题。为了落实《办法》精神,国务院和教育部分别印发《国务院教育督导委员会办公室关于印发深化教育督导改革转变教育管理方式意见的通知》(国教督办〔2014〕3号)和《教育部关于印发刘延东副总理在深化教育督导改革暨第十届国家督学聘任工作会议上讲话的通知》(教督〔2016〕5号)等文件,要求建立中小学校责任督学挂牌督导制度,实现中小学校责任督学挂牌督导全覆盖。

中小学校长国家级培训计划　为贯彻党的十八届三中全会精神,落实《教育部关于进一步加强中小学校长培训工作的意见》(教师〔2013〕11号),造就一支高素质专业化中小学校长队伍,教育部办公厅、财政部办公厅印发了《教育部办公厅财政部办公厅关于做好2014年中小学幼儿园教师国家级培训计划实施工作的通知》（教师厅〔2014〕1号）（简称《通知》）。按照《通知》要求，要拿出一定比例的经费，保障农村中小学校长和幼儿园园长培训班工作的实施。落实"校长国培计划"，要坚持"学员为本、分类施训、连续培养、注重实效"的理念，按需科学施训，优化培训内容，建设培训团队；同时，加强组织领导，实行竞争择优，强化评估监管以及对经费规范使用。《教育部人才工作协调小组2014年工作要点》（教人厅〔2014〕1号）提出启动中小学校长国家级培训计划。2014年6月，教育部为了启动实施中小学校长国家级培训计划，印发了《教育部办公厅关于启动实施中小学校长国家级培训计划的通知》（教师厅函〔2014〕9号）。"校长国培计划"包括中小学校长示范性培训项目和中西部农村校长培训项目。其中，中小学校长示范性培训项目主要包括边远贫困地区农村校长助力工程、特殊教育学校校长能力提升工程、卓越校长领航工程、培训者专业能力提升工程。边远贫困地区农村校长助力工程主要面向国家级贫困县、集中连片特殊困难地区乡镇以下农村中小学校长开展培训；特殊教育学校校长能力提升工程主要面向全国特殊教育学校校长开展培训；卓越校长领航工程主要是面向全国中小学校长开展的高端培训；培训者专业能力提升工程是对中小学校长培训工作的专职培训机构、高等学校、中小学等单位管理者开展的培训。中西部农村校长培训项目是中央财政专项支持、中西部省份按照"国培计划"要求实施的培训项目，是对中西部农村校长开展有针对性的培训，旨在提高中西部农村校长自身素质。

中小学心理健康教育特色学校争创计划　　为贯彻落实《国家中长期教育改革和发展规划纲要（2010—2020年）》（中发〔2010〕12号），根据教育部《中小学心理健康教育指导纲要（2012年修订）》（教基一〔2012〕15号）和《教育部2014年工作要点》（教政法〔2014〕1号）的要求，2014年3月，《教育部办公厅关于实施中小学心理健康教育特色学校争创计划的通知》（教基一厅函〔2014〕14号）（简称《通知》）出台，决定在全日制普通中小学校实施中小学心理健康教育特色学校争创计划。《通知》旨在通过特色学校争创计划，树立一批心理健康教育工作先进典型，推动广大中小学全面普及心理健康教育，落实心理健康教育指导纲要的各项要求，明确学校在促进学生身心健康发展方面的义务和责任，规范学校心理健康教育工作，保证心理健康教育时间和必要的活动场地，丰富课程内容，建立稳定的专业化教师队伍,形成全体教师关心关爱每一个学生心灵成长的良好氛围,切实提高中小学生的心理素质和健康水平。为确保中小学心理健康教育特色学校争创工作规范有序开展,教育部制定了《中小学心理健康教育特色学校标准(试行)》(简称《标准》),并随《通知》下发。《标准》详细规定组织领导、条件保障、教育教学和科学发展四个方面的标准。其中,条件保障标准包括配齐配好教师、加强师资培养培训、保障教师待遇、加强阵地建设和加大经费投入等方面的内容;教育教学标准包括保证课堂教学、注重学科渗透、加强文化建设、做好心理辅导和密切社会合作等五方面的内容;科学发展标准包括开展科学研究、提高教育实效和杜绝不良行为三方面内容。按照《通知》要求,2015年9月,教育部印发《关于公布首批全国中小学心理健康教育特色学校名单并启动第二批特色学校争创工作的通知》(教基一厅函〔2015〕44号),认定中国人民大学附属中学等205所中小学校为首批全国中小学心理健康教育特色学校。

中小学心理健康教育指导 2002年8月,教育部印发《中小学心理健康教育指导纲要》(教基〔2002〕14号),对各地中小学开展心理健康教育起到了指导和推动作用。为深入贯彻党的十八大精神,落实《中共中央国务院关于进一步加强和改进未成年人思想道德建设的若干意见》(中发〔2004〕8号)和《国家中长期教育改革和发展规划纲要(2010—2020年)》(中发〔2010〕12号)要求,进一步科学地指导和规范中小学心理健康教育工作,在总结心理健康教育工作经验的基础上,2012年12月,教育部发布《中小学心理健康教育指导纲要(2012年修订)》(教基一〔2012〕15号)(简称《指导纲要》)。《指导纲要》要求开展中小学心理健康教育,必须坚持"科学性与实效性相结合,发展、预防和危机干预相结合,面向全体学生和关注个别差异相结合,教师的主导性与学生的主体性相结合"的基本原则,实现心理健康教育的总目标,即提高全体学生的心理素质,培养他们积极乐观、健康向上的心理品质,充分开发他们的心理潜能,促进学生身心和谐可持续发展,为他们健康成长和幸福生活奠定基础。《指导纲要》还提出通过开展心理健康专题教育、建立心理辅导室、密切联系家长、充分利用校外教育资源等心理健康教育途径和方法,开展心理健康教育,普及心理健康知识,树立心理健康意识,了解心理调节方法,认识心理异常现象,掌握心理保健常识和技能。其重点是认识自我、学会学习、人际交往、情绪调适、升学择业以及生活和社会适应等方面的内容。为保障心理健康教育的组织实施,各级教育行政部门要加强对中小学心理健康教育工作的领导和管理,加强心理健康教育教师队伍建设,大力开展心理健康教育教师培训,重视教师的心理健康教育工作,加强心理健康教育材料的管理和心理健康教育的科学研究。

中小学学生学籍信息化管理 为规范中小学学生学籍管理,加快推进中小学学生学籍管理信息化工作,2007年9月,教育部印发《中小学学生学籍信息化管理基本信息规范》(教基厅〔2007〕10号)(简称《规范》)。《规范》遵照《教育管理信息化标准》和《教育管理信息系统互操作规范》、结合中小学学生学籍管理的实际需要制定,适用于我国中小学学生学籍管理,以促进全国范围内学籍管理信息的共享。《规范》分为范围、规范性引用文件、数据结构概述、主管单位信息模型、学校信息模型、班级信息模型和学生信息模型等部分内容。《规范》规定中小学学生学籍管理应涉及入学、转学、借读、休学、复学、升级、毕业、综合素质评价、学业考试、奖励、处分等管理工作所需的基本信息,以主管单位信息、学校信息、班级信息和学生信息等为主要内容;同时建立了主管单位信息模型、学校信息模型、班级信息模型和学生信息模型,并且规定了这些信息模型中数据的多值性、约束性和数据类型等属性。

中小学幼儿园教师国家级培训计划 为进一步推动教师培训综合改革,提升培训质量,根据《乡村教师支持计划(2015—2020年)》(国办发〔2015〕43号)总体部署,2015年8月,教育部和财政部发布《教育部财政部关于改革实施中小学幼儿园教师国家级培训计划的通知》(教师〔2015〕10号),就改革实施中小学幼儿园教师国家级培训计划(简称国培计划)作出了调整。通知提出:从2015年起,"国培计划"集中支持中西部乡村教师校长培训;继续实施"国培计划"—中西部项目和幼师国培项目,以及"国培计划"—示范性项目;推进"国培计划"改革创新,改进培训内容,创新培训模式,加强培训者队伍建设,建立乡村教师专业发展支持服务体系,形成乡村教师常态化培训机制。为了实现这一目标任务,要加强统筹规划,分步推进乡村教师培训;实施协同申报,择优遴选乡村教师培训机构;改进培训内容,贴近乡村教师教育教学实际;推行混合式培训,促进乡村教师学用结合;打造本土化团队,服务乡村教师区域与校本研修;优化项目管理,建立乡村教师常态化培训机制。为了保障各项工作的顺利开展,各部门要加强组织领导,健全监管评估体系,严格经费使用管理。为保障"国培计划"的顺利实施,规范和加强中小学幼儿园教师国家级培训计划专项资金管理,提高资金使用效益,财政部、教育部制定了《中小学幼儿园教师国家级培训计划专项资金管理办法》(财教〔2015〕524号),要求遵循"明确目标、突出重点,科学规划、合理安排,责任清晰、规范管理,专款专用、注重实效"的原则管理专项资金。为扎实推进"国培计划"的改革实施工作,2016年1月,教育部和财政部印发《教育部办公厅财政部办公厅关于做好2016年中小学幼儿园教师国家级培训计划实施工作的通知》(教师厅〔2016〕2号),提出加快实施进度,做好2015年项目评估总结工作;突出培训重点,做好2016年项目规划设计;完善评审机制,择优遴选培训机构与项目区县;优化培训模式与内容,着力提升乡村教师教育教学能力;落实管理责任,推进精细化与规范化管理。

中学教师专业标准 为促进中学教师专业发展,建设高素质中学教师队伍,2012年2月,教育部根据《中华人民共和国教师法》和《中华人民共和国义务教育法》,制定《中学教师专业标准(试行)》(教师〔2012〕1号)(简称《专业标准》)。《专业标准》是国家对中学合格教师专业素质的基本要求,是教师培养、准入、培训、考核等工作的重要依据。《专业标准》要求教师坚持师德为先、学生为本、能力为重、终身学习的基本理念。《专业标准》从专业理念与师德、专业知识、专业能力三个维度出发,包括了职业理解与认识、对学生的态度与行为、教育教学的态度与行为、个人修养与行为、教育知识、学科知识、学科教学知识、通识性知识、教学设计、教学实施、班级管理与教育活动、教育教学评价、沟通与合作、反思与发展等十四个具体的领域,并作了基本的规定。各级教育行政部门要把《专业标准》作为中学教师队伍建设的基本依据:制定中学教师准入标准,严把中学教师入口关;制定中学教师聘任(聘用)、考核、退出等管理制度,保障教师合法权益,形成科学有效的中学教师队伍管理和督导机制。同时《专业标准》提出完善中学教师培养培训方案,科学设置教师教育课程,改革教育教学方式;重视中学教师职业道德教育,重视社会实践和教育实习;加强师资队伍建设,建立科学的质量评价制度。《专业标准》要求制定中学教师专业发展规划,注重教师职业理想与职业道德教育;开展校本研修,促进教师专业发展;完善教师岗位职责和考核评价制度,健全中学教师绩效管理机制。中等职业学校教师参照执行。中学教师要将《专业标准》作为自身专业发展的基本依据,制定自我专业发展规划,大胆开展教育教学实践,积极进行自我评价,主动参加教师培训和自主研修,逐步提升专业发展水平。

中职质量年度报告　2014年5月,国务院下发《国务院关于加快发展现代职业教育的决定》(国发〔2014〕19号),提出要完善职业教育质量评价制度,定期开展职业院校办学水平和专业教学情况评估,实施职业教育质量年度报告制度。2015年10月,教育部下发《职业院校管理水平提升行动计划(2015—2018年)》(教职成〔2015〕7号),要求建立中职学校质量年度报告制度。为促进中等职业学校强化内涵发展,全面提高人才培养质量,2016年1月,教育部下发《教育部办公厅关于开展中等职业教育质量年度报告工作的通知》(教职成厅函〔2016〕2号)(简称《通知》)。文件要求各地各中等职业学校充分认识到开展中等职业教育质量年度报告工作是完善中等职业教育质量评价制度、全面提高人才培养质量的重要举措,是各地各中等职业学校向社会宣传办学理念和办学成果,展示学校风采风貌和办学特色的重要途径,是促进中等职业学校加强信息公开、回应社会关切、接受社会监督的重要体现,对于促进中等职业学校与社会沟通,全面提高人才培养质量具有重要意义。《通知》规定教育质量年度报告工作要坚持分级负责、分步实施、持续改进的基本原则;要明确报告的主体和责任,把握报告的内容要点,及时面向社会公开发布,加强报告的抽查和监督,强化组织保障,加大宣传力度,营造良好舆论氛围。随文下发的《教育行政部门中等职业教育质量年度报告编制参考提纲》从基本情况、学生发展、质量保障措施、校企合作、社会贡献、政府履责、特色创新、学校党建工作情况、主要问题和改进措施等几个方面规定了报告内容。

重大教育决策事项的民意调查制度　为深入推进依法行政,加快建设法治政府,如期实现法治政府基本建成的奋斗目标,针对法治政府建设实际,中共中央、国务院印发了《法治政府建设实施纲要(2015—2020年)》(中发〔2015〕36号),提出为增强公众参与实效,事关经济社会发展全局和涉及群众切身利益的重大行政决策事项,应当广泛听取意见,与利害关系人进行充分沟通,各级行政机关特别是市县两级政府要加强公众参与平台建设,对社会关注度高的决策事项,应当公开信息、解释说明,及时反馈意见采纳情况和理由,推行文化教育、医疗卫生、资源开发、环境保护、公用事业等重大民生决策事项民意调查制度。在教育领域,为全面推进依法治教,以法治思维和法治方式推进教育综合改革,2016年1月,教育部出台《依法治教实施纲要(2016—2020年)》(教政法〔2016〕1号),提出要推进决策科学化、民主化、法制化;事关教育发展全局和涉及群众切身利益的重大决策事项,应当广泛听取意见;建立重大教育决策事项的民意调查制度;提高专家论证和风险评估质量;建立教育决策咨询论证专家库,鼓励专家、专业机构长期跟踪研究重大教育问题。健全依法决策机制,在重大决策中,全面落实公众参与、专家论证、风险评估、合法性审查和集体讨论决定的程序要求,确保决策制度科学、程序正当、过程公开、责任明确。

专业教育服务机构 《国家中长期教育改革和发展规划纲要(2010—2020年)》(中发〔2010〕12号)要求培育专业教育服务机构,完善教育中介组织的准入、资助、监管和行业自律制度,积极发挥行业协会、专业学会、基金会等各类社会组织在教育公共治理中的作用。2012年6月,教育部发布了《国家教育事业发展第十二个五年规划》(教发〔2012〕9号),要求减少和规范政府对学校的行政审批,培育专业教育服务机构,积极发挥行业协会、专业学会、教育基金会等各类社会组织在教育公共治理中的作用,提高各级教育行政部门综合运用立法、拨款、规划、信息服务、政策指导和必要的行政措施进行管理的能力。2015年4月,教育部发布的《教育部关于深入推进教育管办评分离促进政府职能转变的若干意见》(教政法〔2015〕5号)(简称《意见》)突出强调了专业教育服务机构在教育评价方面的作用。《意见》要求支持专业机构和社会组织规范开展教育评价,大力培育专业教育服务机构,整合教育质量监测评估机构,完善监测评估体系,定期发布监测评估报告;扩大行业协会、专业学会、基金会等各类社会组织参与教育评价;制定专业机构和社会组织参与教育评价的资质认证标准。

卓越教师培养计划 为推动教师教育综合改革,全面提升教师培养质量,2014年8月,教育部出台《教育部关于实施卓越教师培养计划的意见》(教师〔2014〕5号)(简称《意见》)。《意见》指出,明确实施卓越教师培养计划的目标要求,主动适应国家经济社会发展和教育改革发展的总体要求,坚持需求导向、分类指导、协同创新、深度融合的基本原则,针对教师培养的薄弱环节和深层次问题,深化教师培养模式改革,建立高校与地方政府、中小学(包括幼儿园、中等职业学校、特殊教育学校,下同)协同培养新机制,培养一大批师德高尚、专业基础扎实、教育教学能力和自我发展能力突出的高素质专业化中小学教师。分类推进卓越教师培养模式改革,包括卓越中学教师培养、卓越小学教师培养、卓越幼儿园教师培养、卓越中等职业学校教师培养和卓越特殊教育教师培养。建立高校与地方政府、中小学"三位一体"协同培养新机制,明确全方位协同内容。强化招生就业环节,推进多元化招生选拔改革,开展生动有效的就业教育。推动教育教学改革创新,建立模块化的教师教育课程体系,突出实践导向的教师教育课程内容改革,推动以师范生为中心的教学方法变革,开展规范化的实践教学,探索建立社会评价机制。整合优化教师教育师资队伍,建立教师教育师资队伍共同体,形成教师教育师资队伍共同体持续发展的有效机制。同时,加强卓越教师培养计划的组织保障。根据《意见》的部署,2014年12月,教育部出台《教育部办公厅关于公布卓越教师培养计划改革项目的通知》(教师厅〔2014〕5号),确定了华东师范大学"德业双修的卓越中学教师开放式养成计划"等80个卓越教师培养计划改革项目。2017年1月,国务院印发《国家教育事业发展"十三五"规划》(国发〔2017〕4号),对卓越教师培养作出部署,要求继续实施卓越教师培养计划,扩大教育硕士招生规模,培养高层次中小学和中等职业学校教师。

卓越人才培养计划　为提升高等教育质量,《国家中长期教育改革和发展规划纲要(2010—2020年)》(中发〔2010〕12号)(简称《教育规划纲要》)提出"实施基础学科拔尖学生培养试验计划和卓越工程师、医师等人才教育培养计划"(简称卓越人才培养计划)。为贯彻《教育规划纲要》精神,2011年1月,教育部下发《教育部关于实施卓越工程师教育培养计划的若干意见》(教高〔2011〕1号),阐述了卓越人才培养计划的目标,即:面向工业界、面向世界、面向未来,培养造就一大批创新能力强、适应经济社会发展需要的高质量各类型工程技术人才。依据文件精神,培养卓越人才要遵循"行业指导、校企合作、分类实施、形式多样"的原则;卓越人才培养计划实施的专业要特别重视新兴产业的人才需求,适度超前培养人才,实施的层次包括工科的本科生、硕士研究生、博士研究生三个层次。教育部联合有关部门成立卓越工程师教育培养计划委员会、专家委员会和专家工作组等加强组织管理。高校自愿提出加入卓越人才培养计划的申请,教育部根据专家工作组论证意见批准参与卓越人才培养计划的高校资格。企业要配备经验丰富的工程师担任学生在企业学习阶段的指导教师,建立工程实践教育中心等措施保证计划的实施。参与卓越人才培养计划的高校和企业通过校企合作途径联合培养人才,教育部对开展卓越人才培养计划的高校,在招生、教师标准改革、国际合作交流等给予优先支持。教育部支持卓越人才培养计划企业的工程师继续教育,毕业生享有优先聘用权。卓越人才培养计划在具体学科领域取得进展。2011年12月,教育部、中央政法委员会下发了《教育部中央政法委员会关于实施卓越法律人才教育培养计划的若干意见》(教高〔2011〕10号),力求经过10年左右的努力,形成科学先进、具有中国特色的法学教育理念,形成开放多样、符合中国国情的法律人才培养体制,培养造就一批信念执著、品德优良、知识丰富、本领过硬的高素质法律人才。卓越人才培养计划也在教师教育领域得到落实。为推动教师教育综合改革,全面提升教师培养质量,2014年8月,教育部下发《教育部关于实施卓越教师培养计划的意见》(教师〔2014〕5号),要求明确实施卓越教师培养计划的目标要求,分类推进卓越教师培养模式改革,建立高校与地方政府、中小学"三位一体"协同培养新机制,强化招生就业环节,推动教育教学改革创新,整合优化教师教育师资队伍,加强卓越教师培养计划的组织保障以确保计划顺利实施。

自主招生 为贯彻落实党中央、国务院决策部署,2014年9月,国务院印发了《国务院关于深化考试招生制度改革的实施意见》(国发〔2014〕35号)(简称《意见》)。《意见》提出深化考试招生制度改革的主要任务和措施是:改进招生计划分配方式,改革考试形式和内容、招生录取机制和监督管理机制,并启动高考综合改革试点。在招生录取机制方面,要完善和规范自主招生,选拔具有学科特长和创新潜质的优秀学生。为贯彻落实《意见》,进一步完善和规范高校自主招生试点工作,2014年12月,教育部印发《教育部关于进一步完善和规范高校自主招生试点工作的意见》(教学〔2014〕18号),要求各部门完善申请报名和审核程序,合理确定考核内容和形式,规范录取程序和要求,明确规定了自主招生考核的时间安排在全国统一高考后进行。同时,需完善教育部、各省级招生考试机构、试点高校和中学四级信息公开制度,高校出现发布未经教育部备案的自主招生简章进行虚假招生宣传,或在高考前以任何形式组织与自主招生挂钩的考核工作等违规行为将严厉查处。

综合评价　为促进中小学评价与考试制度的改革,进一步贯彻落实《中共中央国务院关于深化教育改革全面推进素质教育的决定》(中发〔1999〕9号)和《国务院关于基础教育改革与发展的决定》(国发〔2001〕21号)精神,2002年12月,教育部印发《教育部关于积极推进中小学评价与考试制度改革的通知》(教基〔2002〕26号)(简称《通知》)。《通知》指出要加快中小学升学考试与招生制度的改革,初中升高中的考试与招生中,综合考虑学生的整体素质和个体差异,改变以升学考试科目分数简单相加作为唯一录取标准的做法。高中录取标准除考试成绩以外,可试行参考学生成长记录、社会实践和社会公益活动记录、体育与文艺活动记录、综合实践活动记录等其他资料,综合评价进行录取。要积极探索建立招生名额分配、优秀学生公开推荐等制度。除此之外,要继续深化高考改革,积极探索综合评价、择优录取的高等学校招生办法。高校招生制度改革要继续按照有助于高等学校选拔人才、有助于中学实施素质教育、有助于高等学校扩大招生自主权的原则,坚持德智体全面衡量、择优录取和公平竞争、公正选拔。高考内容改革要更加注重对考生素质和能力的考查,积极引导中学加强对学生全面素质的培养。高考科目设置改革要将统一性与选择性相结合,在满足高等学校选拔人才的同时,促进学生全面发展与个性发展。高等学校选拔方式的改革要进一步探索建立在文化考试基础上的综合评价、择优录取的办法。高中应探索建立综合性的评价体系,增加反映学生在校期间参加研究性学习、社会公益活动及日常表现等的真实、典型的内容,为高等学校招生工作提供更多的学生成长信息,逐步使中学对学生的评价记录成为高等学校招生择优录取的重要参考之一。

综合实践活动　为进一步贯彻落实《中共中央国务院关于深化教育改革全面推进素质教育的决定》(中发〔1999〕9号)和《国务院关于基础教育改革与发展的决定》(国发〔2001〕21号)精神,坚持教育创新,全面推进素质教育,2002年12月,教育部印发《教育部关于积极推进中小学评价与考试制度改革的通知》(教基〔2002〕26号)(简称《通知》)。《通知》指出,现行的中小学评价和考试制度与全面推进素质教育的要求不相适应,需要改革。从这一现状出发,《通知》提出中小学评价与考试制度改革的原则是:全面贯彻党的教育方针,对学生、教师与学校利用多种方法进行多元评价;评价不仅要注重结果,更要注重发展和变化过程;评价的目的是为了更好地实现提高学生的综合素质和教师的教学水平,为学校实施素质教育提供保障。在此基础上,要求建立以促进学生发展为目标、有利于促进教师职业道德和专业水平提高、有利于提高学校教育质量的评价体系。初中升高中的考试与招生要综合考虑学生的整体素质和个体差异,改变以升学考试科目分数简单相加作为唯一录取标准的做法。高中录取标准除考试成绩以外,可试行参考学生成长记录、社会实践和社会公益活动记录、体育与文艺活动记录、综合实践活动记录等其他资料,综合评价进行录取。为落实《通知》的相关要求,各级教育行政部门要高度重视,加强领导,组织研究队伍,根据本通知精神制定具体实施办法,报教育部备案;教育督导部门要将中小学评价与考试制度改革作为督导评估的一项重要内容;教研部门应认真研究评价内容和评价方式,提高为学校和教师服务的能力,促进教师的发展和学校课程实施水平的提高;各级教育行政部门要加强对本地区中小学校长、教师的培训,使中小学广大教育工作者了解评价与考试制度的改革方向和要求,掌握评价的基本方法,克服在部分地区、学校和教师中存在的陈旧的评价和考试观念以及对评价与考试制度改革的疑虑。

数字·字母

211 工程 为贯彻落实《中国教育改革和发展纲要》(国发〔1994〕39号),实施科教兴国的战略,迎接世界新技术革命的挑战,1995年11月,国家计委、国家教委、财政部印发《"211工程"总体建设规划》(计社会〔1995〕2081号)(简称《建设规划》),正式启动"211工程"。"211工程"即面向21世纪,重点建设100所左右的高等学校和一批重点学科。《建设规划》要求,通过学校整体条件、重点学科和高等教育公共服务体系三大部分建设,面向21世纪,使100所左右的高等学校以及一批重点学科在教育质量、科学研究、管理水平和办学效益等方面有较大提高,一部分重点高等学校和一部分重点学科,接近或达到国际同类学校和学科的先进水平,大部分学校的办学条件得到明显改善,总体处于国内先进水平,起到骨干和示范作用。为保证"211工程"建设的顺利实施,确保工程建设达到预期目的,"211工程"部际协调小组印发《211工程建设实施管理暂行办法》(211部协办〔1998〕1号),对"211工程"建设项目的组织实施、管理职责、建设资金、检查验收和项目评价等方面的内容进行了规定。同时,1999年1月,国务院批转教育部《面向21世纪教育振兴行动计划》(国发〔1999〕4号)和《2003—2007年教育振兴行动计划》,强调继续并加快进行"211工程"建设,大力提高高等学校的知识创新能力。为继续加强"211工程"建设,2002年1月,国家计委、教育部和财政部印发《国家计委教育部财政部关于"十五"期间加强"211工程"项目建设的若干意见的通知》(计社会〔2002〕1505号),要求深刻认识加强"211工程"建设的重要意义,坚持"上质量、上水平"的宗旨,推进重点学科建设、公共服务体系建设和"211工程"院校整体建设,实现使其中大多数学校整体教学、科研水平达到国内领先地位的总目标。为保证"211工程"建设的顺利实施,在总结"九五""211工程"建设和管理经验的基础上,"211工程"部际协调小组重新修订了《"211工程"建设实施管理办法》(211部协办〔2003〕1号)。为贯彻落实科教兴国和人才强国战略,根据建设创新型国家和《中华人民共和国国民经济和社会发展第十一个五年规划纲要》的要求,国家启动"211工程"三期建设。2008年以来,教育部、国家发展改革委和财政部相继联合印发《教育部办公厅国家发展改革委办公厅财政部办公厅关于做好"211工程"三期建设项目规划编制及论证工作的通知》(教重厅〔2008〕2号)、《高等教育"211工程"三期建设总体方案》(发改社会〔2008〕462号)和《教育部国家发展改革委财政部关于高等教育"211工程"三期建设规划的通知》(教重〔2009〕1号)等文件,不断推进"211工程"建设项目。2011年3月,全国政协十一届四次会议教育界别联组会上提出,教育部决定不再增设"211"院校。2010年7月,《国家中长期教育改革和发展规划纲要(2010—2020年)》提出加快建设一流大学和一流学科。2015年10月,国务院印发《统筹推进世界一流大学和一流学科建设总体方案》(国发〔2015〕64号)(简称"双一流"建设),公布建设世界一流大学和一流学科的总体方案,以"双一流"建设引领我国高等院校建设的新方向。

《3—6岁儿童学习与发展指南》 为深入贯彻《国家中长期教育改革和发展规划纲要(2010—2020年)》(中发〔2010〕12号)和《国务院关于当前发展学前教育的若干意见》(国发〔2010〕41号),指导幼儿园和家庭实施科学的保育和教育,促进幼儿身心全面和谐发展,2012年10月,教育部制定《3—6岁儿童学习与发展指南》(教基二〔2012〕4号)(简称《指南》)。《指南》以为幼儿后继学习和终身发展奠定良好素质基础为目标,以促进幼儿体、智、德、美各方面的协调发展为核心,通过提出3—6

岁各年龄段儿童学习与发展目标和相应的教育建议,帮助幼儿园教师和家长了解3—6岁幼儿学习与发展的基本规律和特点,建立对幼儿发展的合理期望,实施科学的保育和教育,让幼儿度过快乐而有意义的童年。《指南》从健康、语言、社会、科学、艺术五个领域描述幼儿的学习与发展,每个领域按照幼儿学习与发展最基本、最重要的内容划分为若干方面,每个方面由学习与发展目标和教育建议两部分组成。《指南》详细描述了3—4岁、4—5岁、5—6岁三个年龄段末期幼儿的发展水平,提出了对应的合理期望,指明了幼儿学习与发展的具体方向,并列出有效帮助和促进幼儿学习与发展的教育途径与方法。为贯彻实施《指南》的意见,要关注幼儿学习与发展的整体性,尊重幼儿发展的个体差异,理解幼儿的学习方式和特点,重视幼儿的学习品质;要开展全员培训,建设一批实验区,抓好幼小衔接,加强社会宣传。

985工程 1998年5月,国家主席江泽民在庆祝北京大学建校100周年大会上提出:为了实现现代化,我国要有若干所具有世界先进水平的一流大学。1999年1月,国务院出台《面向21世纪教育振兴行动计划》(国发〔1999〕4号),提出创建若干所具有世界先进水平的一流大学和一批一流学科,标志着"985工程"正式启动建设。"985工程"一期建设率先在北京大学和清华大学开始实施。2004年2月,国务院转发教育部《2003—2007年教育振兴行动计划》(国发〔2004〕5号),要求继续实施"985工程",努力建设若干所世界一流大学和一批国际知名的高水平研究型大学。根据国务院的部署,教育部和财政部印发《教育部财政部关于继续实施"985工程"建设项目的意见》(教重〔2004〕1号),启动"985工程"二期(2004—2007)工程建设,要求:充分认识继续实施"985工程"的重要意义,坚持以国家目标为导向、改革与创新和重点建设与整体统筹相结合的建设思路,巩固一期建设成果,为创建世界一流大学和一批国际知名的高水平研究型大学进一步奠定坚实基础,使一批学科达到或接近国际一流学科水平;重点落实机制创新、队伍建设、平台建设、条件支撑和国际交流与合作的建设任务。同时下发《"985工程"建设管理办法》(教重办〔2004〕2号),《办法》规定了"985工程"建设项目的审批程序、管理职责、建设资金和检查验收等方面的内容。从2008年开始,教育部与地方政府开始了新一轮"985工程"重点共建签约工作。2010年,根据《国家中长期教育改革和发展规划纲要(2010—2020年)》(中发〔2010〕12号)(简称《教育规划纲要》)

加快建设一流大学和一流学科的部署，教育部和财政部印发《教育部财政部关于加快推进世界一流大学和高水平大学建设的意见》（教重〔2010〕2号）（简称《意见》）。《意见》总结了"985工程"十年建设取得的主要成效及存在的不足，提出了加快推进世界一流大学和高水平大学建设的指导思想和建设目标，明确了加快推进世界一流大学和高水平大学建设的主要任务等。同时，根据相关文件精神，教育部修订了《"985工程"专项资金管理办法》（财教〔2010〕596号）。2011年12月，在十一届全国人大常委会第二十四次会议上，教育部表示，"985工程"的规模已经稳定，不再新设"985"工程的学校，同时为了注重学科导向、引入竞争机制，实施了"985工程优势学科创新平台"，对非"985工程"学校中的特色和优势突出的学科给予支持。根据《教育规划纲要》提出的"加快建设一流大学和一流学科"的要求，2015年10月，国务院印发《统筹推进世界一流大学和一流学科建设总体方案》（国发〔2015〕64号）（简称"双一流"建设），明确建设世界一流大学和一流学科的总体方案，以"双一流"建设接替"985工程"建设项目。

STEAM教育 STEAM是一种教育理念，有别于传统的单学科、重书本知识的教育方式。STEAM是一种重实践的超学科教育概念。STEAM教育理念的理论假设是：单一技能的运用已经无法支撑未来人才的发展，未来，我们需要的是多方面的综合型人才。STEAM缘起于STEM教育，STEM即科学（Science）、技术（Technology）、工程（Engineering）、数学（Mathematics）的首字母。美国最早实施STEM教育，旨在鼓励学生在科学、技术、工程和数学领域进行发展和提高，培养学生的综合素养，从而提升其全球竞争力。随后，美国在STEM教育的基础上，加入Art（艺术）学科，形成了多学科广泛融合的STEAM教育。STEAM教育不仅仅提倡学习这五个学科知识，更提倡以整合的教学方式，培养学生跨学科思维以及灵活迁移解决真实问题的能力。近年，国内也掀起了机器人、创客等科技教育形式。2016年6月，教育部出台了《教育信息化"十三五"规划》（教技〔2016〕2号），明确提出：有效利用信息技术推进"创客空间"建设，探索STEAM教育、创客教育等新教育模式，使学生具有较强的科技信息意识与创新意识；有条件的地区要积极探索信息技术在"众创空间"、跨学科学习（STEAM教育）、创客教育等新的教育模式中的应用，着力提升学生的信息素养、创新意识和创新能力，养成数字化学习习惯，促进学生的全面发展，发挥信息化面向未来培养高素质人才的支撑引领作用。

STEM 教育　2005 年，美国科学院应国会委托研究美国竞争力问题，并提交了咨询报告《站在风暴之上》。以此报告为基础，2006 年 1 月，美国总统公布了"美国竞争力计划"，提出了促进美国未来竞争力发展的目标：在基础研究、人才和创造力方面领先世界。为此，该计划强调要加强学校的数学与科学教育，鼓励学生主修科学、技术、工程和数学（Science Technology Engineering and Mathematics，简称 STEM）。2007 年 6 月，美国师资培训学院协会发布《STEM 师资培养——赢得全球竞争的金钥匙》研究报告。报告展示了近年来美国各州从幼儿园到 12 年级教育中实施的科学、技术、工程和数学教育项目的详细信息和进展状况。美国科学界、工商界、教育界已达成共识：美国在全球市场上的创新力和竞争力与美国的公立学校能否充分保障学生 STEM 素养直接相关。STEM 素养是一种个体在科学、技术、工程和数学领域及其交叉领域运用知识的能力，包括科学素养、工程素养、数学素养等内容。2009 年 1 月，美国国家科学委员会向奥巴马总统提交了主题为"改善所有美国学生的 STEM 教育"的信件，目的在于动员全国力量支持美国学生发展高水平的 STEM 知识和技能。2011 年，奥巴马政府推出了旨在确保经济增长与繁荣的《美国创新战略》，提出"创新教育运动"口号，指引公共和私营部门的联合，以加强 STEM 教育。2011 年 3 月，由美国技术教育协会主办的第 73 届国际技术教育大会在美国举行，会议主题是"准备 STEM 劳动力：为了下一代"。美国从三个方面建立了一套 STEM 教育体系：将各州幼儿园到 12 年级的 STEM 教育的评估标准与中学后的教育与工作要求加以对应；增强各州在 STEM 教育体制上的一致性以提高各州 STEM 教育的质量；支持 STEM 教育的创新实践模型，推广优秀示范项目，发展职业技术教育。

分类索引

德育与学生发展

爱读书读好书善读书　1
爱国主义教育　1,2,20,179,227
"爱学习、爱劳动、爱祖国"教育　2,3
安全教育　4,5,33,251,281,367
大学生思想政治教育　20
法治教育　30–33,292,293
防治中小学生欺凌和暴力　33
高等学校学生奖学金制度　43
核心素养　84,147,194
加强少先队活动　95,96
加强中小学劳动教育　96
家庭经济困难学生资助体系　97
"节粮、节水、节电"教育　139
立德树人　3,20,23,30,43,84,94,147,188,
　193,286,290,291,321,332
培育和践行社会主义核心价值观　3,4,94,
　139,178,193,194,216,231,360
未成年人保护　95,250,251,274
未成年人犯罪　251,252
学生申诉制度　121,275
学生违纪处分　277
中华经典诵读　338
中小学生守则　360
《中小学文明礼仪教育指导纲要》　366
中小学心理健康教育特色学校争创计划　368
中小学心理健康教育指导　107,146,368,369
综合实践活动　4,88,96,150,152,376,377

高等教育

211工程　8,34,144,187,217,236,377,378
985工程　8,34,217,236,379,380
本科教学评估　7,8
本科教学质量报告　8,9,110
本科质量标准　9
产教融合发展　11,257
长江学者奖励计划　12
创新创业教育　17–19,218,267
地方本科高校转型　23
高等教育质量提升工程　34
高等教育自学考试　21,34,35,58,67–69,
　71,104
高等学校本科教学质量与教学改革工程
　35,36,71
高等学校创新能力提升计划（"2011计划"）
　36
高等学校会计制度　39
高等学校青年骨干教师国内访问学者接受计
　划　40
高等学校青年骨干教师培养计划　41,42
高等学校学位评定委员会　46
《高等学校预防与处理学术不端行为办法》
　44
高等学校哲学社会科学繁荣计划　46,47
高等学校智库建设　47
教育对口支援　113–115
科教结合协同育人行动计划　143,144
内涵式发展　107,182,183,218,237

《普通高等学校学生管理规定》 203,204,275,277

千人计划 210,247,348

全面提高高等教育质量 47,58,69,79,110,182,217,218,236,237

"双一流"建设 236,237,378,380

万人计划 247,248

学位证书制度 279,280

研究生教育综合改革 288

允许科研人员和教师依法依规适度兼职兼薪 317

《中华人民共和国学位条例》 46,343

中西部高等教育振兴计划 34,183,217,233,263,264,346,347

卓越人才培养计划 374,375

国际教育交流与合作

高校国际交流与合作 51

国际化课程 64

教育服务贸易 115,116

教育国际合作交流综合改革 118

教育国际化 7,64,118,119

境外办学 116,118,141,142

孔子学院 116,118,141,144,145

区域教育中心 212,213

人才回流 221

涉外办学规范管理 229

学历学位互认 268,269

"一带一路"教育行动 119,142,269,289,290

英语授课品牌课程 305

中外合作办学 51,52,115,118,142,229,345,346

国外教育改革

STEAM 教育 380

STEM 教育 380,381

不让一个孩子掉队法 10,154

国际学生评估项目 65

国家教育进步评价 66

每一个学生成功法案 153

美国大学入学考试 154

数学和科学学习趋势国际测评项目 232

学术能力评估测试 154,278,279

伊拉斯谟计划 292

基础教育

规范农村义务教育学校布局调整 62,87

国家课程/地方课程/学校课程 72

《基础教育课程改革纲要(试行)》 72,88

基础性发展目标 88,89

减轻中小学生课业负担 78,79,98,238,352

教育扶贫工程 114,115,175,196

进城务工人员随迁子女教育 140

"控辍保学"工作机制 145,302

"两免一补"政策 14,148,149,177

农村留守儿童教育 185

农村义务教育阶段学校标准化建设 188

农村义务教育阶段学校教师特设岗位计划 183,184,189,190,239,259

农村义务教育学生营养改善计划 146,190,191

农村义务教育学生营养健康监测 191

贫困地区义务教育薄弱学校基本办学条件改善计划 196,197

贫困地区优质教育资源共享 197

普及高中阶段教育 79,86,94,115,200,201,223,348

区域·城乡入学机会 212

示范高中制度 231

素质教育 12,16,17,24,26,29,37,38,43,50,78,79,88,98,106,111,112,133,134,184,186,187,203,206,214-216,237,238,245,251,273,281,285,287,299,302,310,327,338,344,345,348,357,359,363-

365,376
校车安全管理　62,260,261
《学生伤害事故处理办法》　274
学校安全　280,281
"一师一优课、一课一名师"活动　224,290,291
义务教育均衡发展　5,10,14,29,78,79,83,86,109,133,134,185,186,188,189,198,223,234,294,295,297－299,301,304,344,348
义务教育课程标准　152,194,244,299
义务教育免试就近入学　16,273,299－301
义务教育学校标准化建设　13,78,79,185,188,294,298,301,302
义务教育学校管理标准　145,302
治理中小学有偿补课　327,328
《中华人民共和国义务教育法》　238,243,294,299,309,331,343,344,352,361,371
中西部教育发展行动计划　347
中小学教辅材料规范管理　352
《中小学教科书选用管理暂行办法》　352
中小学生校服管理　361
中小学生学籍管理　24,25,361,362
中小学图书馆建设与应用　365
中小学校舍安全保障长效机制　366
中小学学生学籍信息化管理　370

教师与教师教育

边远艰苦地区农村学校教师周转宿舍建设项目　10
国培计划　82,83,227,348,349,351,355,368,370,371
集中连片特困地区乡村教师生活补助　89
绩效工资制度　91,92
教师的权利与义务　99
教师教育　83,99－104,107,183,213,230,231,235,240,242,260,302,309,351,353,

370,371,373－375
教师教育课程标准　100－102
教师教育课程改革　100,101,314
教师教育信息化建设　102
教师培训课程学分互认　103
教师申诉制度　104
教师招聘制度　105
教师职称制度改革　105
教师职业道德　101,103,106,184,230,359,371,377
教师专业标准　66,78,106,107,241,260,331
教师专业发展　30,66,78,103,107,108,242,260,291,302,308,309,325,331,332,354,370,371
教师资格证制度　108
免费师范毕业生在职攻读教育硕士　155
免费师范生　99,100,155,156,347
农村教师队伍补充机制　183
农村教师队伍建设　184,189
农村校长助力工程　186,368
普通高中校长专业标准　207,263,332
师德建设长效机制　186,194,230,231,271
师范生教育实践　231
"双师型"教师队伍建设　235,236,325,327
特岗教师在职攻读教育硕士　239,240
特级教师　120,184,222,240,241,297
特殊教育教师专业标准　107,241,242
乡村教师荣誉制度　115,184,258,259
乡村教师支持计划　83,89,94,115,184,259,260,370
小学教师专业标准　107,260
校长专业标准　263
义务教育教师队伍"县管校聘"管理改革　295,296,298
义务教育阶段学校校长教师交流轮岗　297
义务教育学校校长专业标准　120,186,263,303

幼儿园教师专业标准　107,308,309,314
幼儿园教师资格准入制度　309
幼儿园园长专业标准　120,263,313,314,332
幼儿园园长资格准入制度　313,314
中等职业学校教师专业标准　107,236,331,332
中等职业学校校长专业标准　236,263,332
《中华人民共和国教师法》　99,103,104,108,230,309,331,339,371
中西部农村骨干教师培训　82,348,349
中西部农村偏远地区学前教育巡回支教　349
中西部幼儿教师国家级培训计划　350
中小学教师信息技术应用能力标准　107,353,354
中小学教师信息技术应用能力培训课程标准　353,354
中小学教师信息技术应用能力提升工程　5,91,249,353－355
中小学教师资格定期注册制度　355,356
中小学教师资格考试　355－357
中小学教职工编制标准　65,357,358
中小学校长国家级培训计划　120,186,367,368
中小学幼儿园教师国家级培训计划　83,259,266,368,370,371
中学教师专业标准　107,371
卓越教师培养计划　101,373－375

教育督导、考试评价与招生制度改革

初中毕业生学业考试　16
初中就近免试入学　16
大学水平考试　21
档案袋评价　23
第四代教育评价　24
督导评估制度　27,295,364
督学责任区建设　28,29
督政、督学、评估监测三位一体的督导体系　29
儿童发展综合统计制度　29,30
发展性评价　30
高等学校分类入学考试　37
高等学校考试招生制度改革　38
高等职业教育考试招生制度改革　48
高考综合改革试点　38,50,51,375
高校招生"阳光工程"　54
高职院校分类考试　56
高中毕业证书考试　56
高中阶段学校考试招生制度改革　57,141,208
规范性文件备案审查制度　63
规范中小学服务性收费和代收费管理　63
国家教育标准体系　65,66,136
国家教育考试　67－69,204,340
国家教育考试机构　67,68
国家教育考试违规处理　67,68
国家教育考试指导委员会　37,69
国家外语能力测评体系　76
国家义务教育质量基本标准　78
计算机自适应测验　90
教师考核评价　30,102,103,108
教学质量保障体系　7,55,110
《教育督导条例》　28,29,111,112,134,136,367
教育督导制度　28,111,112,136,340
教育领域纠纷处理机制　104,121,275,292
教育内部审计制度　123
教育收费治理　124,125
教育现代化监测　126
教育质量监测　29,132－134,136,249,373
教育质量监测评估体系　133,238
教育质量评价　79,98,134,218,287,323,357,372
教育重大突发事件专项督导　136,137
录取加分　150

录取批次　151,198
民办高等学校督导专员制度　157
民办高校自主招生制度　158
农村学生单独招生　186,187,196
贫困地区定向招生专项计划　115,146,186,187,195,196,212
平行志愿投档　151,198,199
《普通高等学校招生违规行为处理暂行办法》　204
普通高中会考　205,206,359
普通高中学生综合素质评价　207,238
普通高中学业水平考试　49,207,208
新增招生计划向中西部高等教育资源短缺地区倾斜　263,264
学分认定与学分转换　85,266
学分银行　58,59,72,91,267,268
学科评估　268
学区制对口招生　273
学生课业负担监测公告制度　273
学生运动技能等级评定标准　278
学业发展水平　98,134,287,357
一年多次考试　37,290
义务教育标准化　294
义务教育基本均衡县(市、区)评估　294
义务教育均衡发展督导评估　295,298,299
语言生活监测　314,315
语言文字规范(标准)　315
预算管理全过程审计　316
中等职业学校注册入学　332
中国教育监测与评价统计指标体系　335,336
中小学教育质量综合评价改革　98,133-135,287,357,362
中小学评价与考试制度　88,206,359,376,377
中小学生学业质量绿色指标体系　362
中小学素质教育督导评估　364
中小学校责任督学挂牌督导制度　29,367

自主招生　38,39,48,57,156,158,375
综合评价　38,48,49,69,98,132,134,135,152,287,290,357,359,362,363,376,377

教育信息化

班班通、堂堂用　5
创客教育　17,266,380
大数据　19,229,317,329
电子学籍　24,25,125,362
翻转课堂　32
泛在学习环境　32
高校现代远程教育试点工作　53
高校在线课程　53
个性化的学习环境　57
国家教育科学决策服务系统　70
国家教育云基础平台　70,264
国家精品开放课程　36,70,71
国家开放大学　71,72,234
互联网+教育　84,85
技术教育创新人才培养计划　90,91
教育管理公共服务平台　70,116,117,148,224,262,264,307
教育管理信息化　25,117,118,127,370
教育行业信息技术安全　119
教育统计基础数据库　125
教育系统信息化公共服务和管理体系　126
教育信息化　5,6,25,30,32,57,62,70,79,114,117,119,123,125-128,132,137,138,147,148,178,197,198,221-224,232-235,248,249,262-266,291,294,306,307,317,318,322,329,353,354,380
教育信息化标准体系　127,128
教育政务信息化　131,132
教育资源公共服务平台　137,138,148,197,224,234,248,262-264,307
利用信息化手段扩大优质教育资源覆盖面有效机制　5,70,116,117,137,147,148,234,

264,291,306,307
慕课（MOOC） 180
农村中小学现代远程教育工程 177,191,192,256
全国教师教育网络联盟计划 213,214,353
人人皆学、处处能学、时时可学 127,221,248
"三个课堂"建设 222
"三通工程" 223,224
"三通两平台" 127,148,223,224,262,307,353,354
深度学习 229
数字化教室 232,233,264
数字化图书馆 233,264
数字教育资源 5,6,85,127,137,138,148,222,224,233,234,263,291,307
数字校园建设 224,234,235,322
网络化、数字化、个性化、终身化教育体系 248
网络教学资源体系 248
微课 249,266
西部中小学现代远程教育项目 253
现代远程教育工程 53,191,253,256
"校校通" 262
信息化公共服务平台 264,347
信息化基础设施 264,265
信息技术安全 265
信息技术与教育教学深度融合示范培育推广计划 265,266
信息素养 102,266,322,380
学习型社会 32,57,71,72,79,126,127,148,213,221,224,234,248,280,365
优质教育信息惠民行动计划 5,306
优质数字教育资源共建共享机制 306
云计算 265,316,317,329
在线开放课程 32,53,85,180,181,222,267,318
职业教育信息化建设 322

智慧城市 328,329

教育综合治理

办学自主权 6-8,21,38,61,62,79,85,123,135,161,173,254,255,257,282,334,341
城乡教育一体化 13,298,301
城乡统一、重在农村的义务教育经费保障机制 13,14,94
大学章程 21,58,254
"放管服"改革 33,34
《高等学校理事会规程》 40
高等学校信息公开制度 43
《高等学校学术委员会规程》 45,141,282
公办高校党委领导下的校长负责制 57,58
购买教育服务 59,136
管办评分离 7,8,34,59,61,62,66,117,123,129,130,135,136,211,212,230,249,250,255,282,373
《国家中长期教育改革和发展规划纲要（2010—2020年）》 4-10,12,13,16,21,25,27-31,34-38,41,42,44,46,48,51,52,54,57,58,60,61,66,69-71,73,77-80,82,86,91,92,95,97,98,100,101,105,106,108,110,113,114,116-119,121,122,124,126,127,129,130,132,134,138,140,142,147,151,153,158,159,161,163-167,169,171-175,177,179,180,182,185,186,188,190,192,194-197,199-201,207,208,214-217,220,222,227,229,234-236,238,242,243,245,248,249,253,255,257,260,262,263,265-268,270,276,278,282,283,286-289,292-295,297-299,301-303,305,306,308-311,313,318,320-322,324-326,330-333,335,345-348,350,351,353-358,364,366,368,369,373,374,378,379
基本公共教育服务体系 86

基础教育集团化办学　87
继续教育政策　91
加快基本公共教育均衡发展　94
加强家庭教育指导　95
《教学成果奖励条例》　109
教育法律顾问制度　113
教育家办学　119,120,155
教育领域综合改革　11,30,122,123,127,
　　135,166,290,365
教育收费决策听证制度　124
教育行政处罚　128,129
教育行政审批制度改革　129,135,136
教育行政执法　33,61,130,131,292
教育与宗教相分离原则　131,202
教育治理现代化　135,136
教职工代表大会　22,45,99,138,139,253,
　　255,283,308
扩大教育消费　146
清单管理　61,211,212
《扫除文盲工作条例》　224,225
省级政府教育统筹　61,79,123,135,229,230
委托第三方参与教育评价　249
委托管理　59,85,136,249,250
现代大学制度　21,40,71,72,79,218,253,
　　254,282,292
现代学校制度　58-61,79,129,136,138,
　　162,255,287,292,302,351
《宪法》教育条款　258
学校的权利与义务　281
学校内部治理结构　21,40,61,135,164,254,
　　255,282
学校章程　21,22,28,40,45,61,136,138,
　　163,164,168-170,173,253,255,258,282,
　　286,287,293,342
"一市两校"教育综合改革　291
依法治教　31,33,66,79,104,114,121,130,
　　131,136,151,178,229,249,255,275,292,
　　293,373
依法治校　43,79,104,113,114,130,136,
　　138,151,255,275,287,292-294
依法治校示范校建设　293
义务教育"以县为主"管理体制　303
《中共中央关于教育体制改革的决定》
　　102,333
《中国教育改革和发展纲要》　65,122,159,
　　200,206,231,335,377
《中国人民政治协商会议共同纲领》的教育规
　　定　336
《中华人民共和国国家通用语言文字法》　74,
　　338,339
《中华人民共和国教育法》　58,67,68,91,
　　123,129,131,142,204,243,274,280,307,
　　310,340,345,352,361
中小学家长委员会制度　351
重大教育决策事项的民意调查制度　372,373
专业教育服务机构　249,373

美育与艺术教育

大中小学生艺术展演　22
高雅艺术进校园　22,54,55
农村学校艺术教育实验　187,188
全面加强和改进学校美育工作　22,216,217,
　　286
《学校艺术教育工作规程》　22,285
学校与社会美育资源的统筹整合　286
艺术特长生招考　304
中华优秀传统文化艺术传承学校建设　345
中小学生艺术素质测评　216,363
中小学书法教育　364

民办教育

独立学院　26,27,166
鼓励社会力量兴办教育促进民办教育健康发
　　展　59,167

混合所有制学校　85
教育领域 PPP 项目　120
教育领域特许经营　122
捐资助学　97,142,312
民办非企业单位　156,157,169,219
民办教师年金制度　158
民办教育发展专项资金　159,342
民办教育"十六字方针"　159
民办教育收费管理　160
《民办教育收费管理暂行办法》　160,161,
　　169,171
民办教育综合改革试点　161,162,166
民办学校办学许可制度　162,163
民办学校变更与终止　163
民办学校董事会制度　164
民办学校法人财产权　164,165
民办学校法人登记　165
民办学校法人治理结构　161,165
民办学校分类管理　6,161,166
民办学校风险防范机制　167
民办学校教师保险制度　167
民办学校举办者　163,164,167,168,172,341
民办学校会计制度　169
民办学校年度检查制度　169
民办学校设立　170
民办学校收费　160,161,170
民办学校税收优惠　171
民办学校退出机制　163,172
民办学校学生学籍管理　172
民办学校与公办学校同等法律地位　173
民办学校章程　166,173
民办学校政府扶持　174
民办学校资产过户　174,175
《中华人民共和国民办教育促进法》　59,131,
　　138,157,158,160,341,346
《中华人民共和国民办教育促进法实施条例》
　　158-160,162-164,168-173,341

民族教育

高校民族预科班　52
国家通用少数民族语言文字规范　74
加快发展民族教育　6,60,92,93,131,146,
　　175-178,180,181,201,225,259,263,265,
　　359
民汉双语教学　175
民族地区 9+3 免费职业教育　176
民族地区寄宿制中小学　176,177
民族教育　16,41,76,79,92-94,175-180,
　　202,227,348
民族团结教育　93,175,177-179
民族文化进校园　179,180
民族自治地方贫困县义务教育学校标准化建
　　设　180
内地民族班　115,178,181,182
普通高等学校民族班　202
"三区"人才支持计划教师专项计划　222,223
少数民族高层次骨干计划　225
少数民族汉语水平等级考试　226,227
少数民族双语教师培训　227
《中华人民共和国民族区域自治法》　342
《中小学少数民族文字教材编写审定管理暂
　　行办法》　359,360

特殊教育

聋校义务教育课程设置实验方案　149,150,
　　152,195,296
盲校课程标准　151
盲校义务教育课程设置实验方案　149,
　　152,195
培智学校课程标准　194,243
培智学校义务教育课程设置实验方案　149,
　　152,195
普通学校特殊教育资源教室建设　209,220
全纳教育　220,242

随班就读　209,220,238,239,241

特殊教育改革实验区　241

特殊教育提升计划　151,194,220,241－243

特殊教育学校建设标准　243

特殊教育学校课程标准　243

无障碍环境建设　209,252,253

学前特殊教育　272,273

义务教育阶段聋校教学与医疗康复仪器设备配备标准　296

体育

初中毕业升学体育考试　15,278

高等学校体育工作标准　42

国家体育锻炼标准　74,284

国家学生体质健康标准　15,77,78,276－278

国民体质测定标准　81

加快发展青少年校园足球　93,94,238,278

每天一小时校园体育活动　153

普通高等学校体育教育本科专业课程方案　202,203

普通高校招收高水平运动员　205

青少年体育活动计划　211

《全国普通高等学校体育课程教学指导纲要》　214

全国中小学生系列广播体操　215,216

全民健身计划　218

《全民健身条例》　74,219

社会体育指导员管理　228

体育传统项目学校　244,245

体育与健康课程标准　245,246,300

体育与健康课程目标　245

学生体质健康标准　66,82,134,276,289,357

学生体质健康监测评价　276,277

学校体育报告公示制度　283

《学校体育工作条例》　15,214,283

《学校卫生工作条例》　284

阳光体育运动　211,216,283,288,289

学前教育

《3—6岁儿童学习与发展指南》　271,314,378

城市住宅小区配套幼儿园建设　13

国家学前教育三年行动计划　77

开展0—3岁婴幼儿早期教育试点　142,143

普惠性幼儿园　94,199,272

普及学前教育　79,83,178,201,223,271,351

《托儿所幼儿园卫生保健管理办法》　246,307

学前教育成本分担机制　77,269,271

学前教育发展指导意见　270

学前教育公共服务体系　199,201,270,271

学前教育国家实验区　271

学前教育资助制度　115,199,270,272

《幼儿园工作规程》　307,310,311

《幼儿园管理条例》　308,310

幼儿园教玩具配备标准　310

《幼儿园教育指导纲要(试行)》　310,311

幼儿园教职工配备标准　311,312

《幼儿园收费管理暂行办法》　312

"幼小衔接"　314

《中国儿童发展纲要》　334

中西部农村学前教育推进项目　350

职业教育

顶岗实习　25,26,262

高等职业教育创新发展行动计划　48,85,159,337

高等职业教育生均拨款制度　49

高职高专人才培养评估　55

构建终身教育体系　58,280

国家示范性高等职业院校建设计划　73,74

国家中等职业教育改革发展示范校建设计划　80

国家专业教学标准精品教材建设　81

农民工学历与能力提升行动计划　192,198

全国职业院校职业技能大赛　215
现代学徒制　11,49,254,255
现代职业教育体系　11,12,23,48,81,158,
　　257,320,322,323,333
现代职业学校制度　257,258
校企合作/产教融合/工学结合　261
职业教育活动周　319
职业教育集团化办学　319,320
职业教育教学改革　238,262,266,267,320-
　　322,332
职业教育双证书制度　321
职业教育质量提升计划　201,323

职业教育专业教学资源库建设　323,324
职业培训　12,192,324,325
职业学校兼职教师管理制度　325
职业学校教师企业实践制度　325
职业院校教师素质提高计划　326,327
中等职业教育国家助学金政策　329
中等职业教育免费政策　330
中等职业学校办学能力评估　330,331
中高职衔接　49,320,333
中国制造2025与职业教育转型　337
中职质量年度报告　372

图书在版编目(CIP)数据

教育政策辞典/范国睿主编. —上海:华东师范大学出版社,2017
 ISBN 978-7-5675-6460-2

Ⅰ.①教… Ⅱ.①范… Ⅲ.①教育政策-中国-词典 Ⅳ.①G520-61

中国版本图书馆 CIP 数据核字(2017)第 100063 号

教育政策辞典

主　　编	范国睿
策划组稿	王　焰
责任编辑	王国红
责任校对	张多多
装帧设计	卢晓红

出版发行	华东师范大学出版社
社　　址	上海市中山北路 3663 号　邮编 200062
网　　址	www.ecnupress.com.cn
电　　话	021-60821666　行政传真 021-62572105
客服电话	021-62865537　门市(邮购)电话 021-62869887
地　　址	上海市中山北路 3663 号华东师范大学校内先锋路口
网　　店	http://hdsdcbs.tmall.com
印 刷 者	上海盛通时代印刷有限公司
开　　本	787×1092　16 开
印　　张	26.5
字　　数	438 千字
版　　次	2017 年 7 月第 1 版
印　　次	2017 年 7 月第 1 次
书　　号	ISBN 978-7-5675-6460-2/G·10355
定　　价	196.00 元
出 版 人	王　焰

(如发现本版图书有印订质量问题,请寄回本社客服中心调换或电话 021-62865537 联系)